中华孔子学会　　什刹海书院

中國儒學

中石题

【第十四辑】

王中江　李存山◎主编

本辑主题　心学传统与政教实践

中国社会科学出版社

图书在版编目(CIP)数据

中国儒学．第十四辑／王中江，李存山主编．—北京：中国社会科学出版社，2019.10

ISBN 978－7－5203－5056－3

Ⅰ.①中…　Ⅱ.①王…②李…　Ⅲ.①儒家—研究—中国
Ⅳ.①B222.05

中国版本图书馆 CIP 数据核字(2019)第 204057 号

出 版 人　赵剑英
责任编辑　郝玉明
责任校对　张依婧
责任印制　王　超

出　　版　中国社会科学出版社
社　　址　北京鼓楼西大街甲 158 号
邮　　编　100720
网　　址　http://www.csspw.cn
发 行 部　010－84083685
门 市 部　010－84029450
经　　销　新华书店及其他书店

印　　刷　北京明恒达印务有限公司
装　　订　廊坊市广阳区广增装订厂
版　　次　2019 年 10 月第 1 版
印　　次　2019 年 10 月第 1 次印刷

开　　本　710×1000　1/16
印　　张　24.25
插　　页　2
字　　数　373 千字
定　　价　99.00 元

目　　录

心学的不同进路

阳明学的思想与实践

经学与政教

儒学史新研

心学的不同进路

张载心学思想研究

林乐昌

（陕西师范大学哲学系）

摘要：张载作为北宋理学的创建者和关学宗师，建构了一套涵盖天论、道论、性论、心论的哲学体系。尽管他不同于以“心”标宗的心学家，但其理学体系当中却含有丰富的心学思想。鉴于古今学者对张载心性论命题的质疑和误解，也鉴于时下有学者对张载“心—物”关系形态只知其一而不知其二的偏向，故有理由认为，张载心性论视域中的命题是研究其心学思想的理论背景，而“心—物”关系的两种形态及其理论基础则构成了张载心学思想的主要内容。因而，有必要从三个方面对张载心学思想进行研究：一、心性论视域中的三个命题；二、“心—物”关系的两种形态；三、“心—物”关系的理论基础。

关键词：张载　心性论　心学思想　“心—物”关系　因物为心　去物　虚心

张载（1020—1077，字子厚，学者称横渠先生）作为北宋理学的创建者和关学宗师，建构了一套涵盖天论、道论、性论、心论的哲学体系。尽管他不同于以“心”标宗的心学家，但其理学体系当中却含有丰富的心学思想。鉴于古今学者对张载心性论命题的质疑和误解，也鉴于时下有学者对张载“心—物”关系形态只知其一而不知其二的偏向，因此本文提出，张载心性论视域中的命题是研究其心学思想的理论背景，而“心—物”关系的两种形态及其理论基础则构成了张载心学思想的主要内容。以下拟从三个方面对张载心学思想进行研究：一、心性论视域中的三个命题；二、“心—物”关系的两种形态；三、“心—物”关系的理论基础。

一　心性论视域中的三个命题

研究张载心学思想，不能脱离其心性论视域。在张载心性论视域中，有三个值得关注的命题：一是“心统性情”；二是“合性与知觉，有心之名”；三是“心小性大”。① 这三个命题，是研究张载心学思想的理论背景。

命题之一：“心统性情”

张载提出的“心统性情”，是一个与其心性论密切相关的命题，也是宋代理学心性论研究中的难题。对此，笔者曾经撰写过专题论文②，这里仅概述其要点。该文认为，“心统性情说”是张载前期对为学初级工夫形态的思考尚不成熟的产物。后来，他注意到，在“心统性情”中，说“心”统“情”是可以成立的，然而由于“性”乃“万物之源”，故说“心”统“性”则甚难成立。因而，“心统性情”并未成为张载终生坚持不变的学说。张载在其思想步入成熟期后，逐渐以“变化气质”“知礼成性”工夫取代了早期的“心统性情”。虽然“心统性情”与后来提出的“变化气质”等工夫有相通之处，但相形之下，毕竟后者才是他在初学工夫方面更加合理，也比较成熟的形态。“心统性情说”中的“心”统“性”，被张载晚年用“心能尽性”③ 的说法取代。“心统性情”这个被张载弃置不用的命题，后来却由朱熹接了过去，在其心性理论中以不同于张载的诠释使之得以复活。在这篇专题论文中，笔者通过张载“心统性情说”的基本意涵和历史定位两部分，对以上观点做了比较充分的论证。

---

① 张岱年先生说：“到宋代，张载提出关于心的两个命题”，指本节的前两个命题。参见张岱年《中国古典哲学概念范畴要论》，中国社会科学出版社 1987 年版，第 192 页。按，“心小性大”，是笔者增补的第三个命题。

② 林乐昌：《张载“心统性情”的基本意涵和历史定位——在张载工夫论演变背景下的考察》，《哲学研究》2003 年第 12 期。

③ （宋）张载：《正蒙·诚明篇》，《张载集》，章锡琛点校，中华书局 1978 年版，第 22 页。

命题之二："合性与知觉，有心之名"

在《正蒙·太和篇》中，张载提出了著名的四句话："由太虚，有天之名；由气化，有道之名；合虚与气，有性之名；合性与知觉，有心之名。"这四句话可以简称"《太和》四句"。多年前，笔者曾提出以"《太和》四句"作为张载的理学纲领①，但当时尚缺乏能够支持这一判断的文献依据。随着张载理学新文献的发现，使问题得到了解决。中华书局版《张载集》外佚著《礼记说》辑本②，是张载理学新文献之一。依据张载佚著《礼记说·中庸第三十一》发现，张载"《太和》四句"原来是对《中庸》首章前三句"天命之谓性，率性之谓道，修道之谓教"的解说。③ 朱熹认为，"读书先须看大纲"，如《中庸》首章前三句，便是"大纲"④。作为解说《中庸》纲领的张载理学新文献《礼记说》，既还原了"《太和》四句"的语境，又提供了具有关键意义的资料，使"《太和》四句"作为张载理学纲领的性质和地位得到确证。

张载理学纲领的四大概念序列是"天""道""性""心"。作为张载理学纲领经典依据的"《中庸》纲领"，并未涉及"心"这一概念；而张载却在其理学纲领的概念序列中，特意补入"心"，并这样加以界定："合性与知觉，有心之名"。这是张载论"心"的重要命题，具有重要的创新意义。这里的"合"字，是整合的意思；"知觉"，主要指人的意识活动及其能力。但张载并非仅以知觉为心，而是认为知觉与"性"整合在一起才构成"心"。也正是在这里，遭到了朱熹、牟宗三等古今学者的诟病。朱熹认为："横渠之言大率有未莹处。有心则自有"知觉"，又何'合性与知觉'之有！"⑤ 牟宗三对张载如此言"心"也颇不以为然，认

---

① 林乐昌：《张载两层结构的宇宙论哲学探微》，《中国哲学史》2008 年第 4 期；《论张载理学对道家思想资源的借鉴和融通——以天道论为中心》，《哲学研究》2013 年第 2 期。

② （宋）张载：《补遗一·礼记说》，《张子全书》，林乐昌编校，西北大学出版社 2015 年版，第 309—405 页。

③ 同上书，第 384 页。

④ （宋）朱熹：《中庸一·纲领》，载（宋）黎靖德编《朱子语类》，王星贤点校，中华书局 1986 年版，第 1480 页。

⑤ （宋）朱熹：《孟子十·尽心上》，载（宋）黎靖德编《朱子语类》，第 1432 页。

为此语“不得当。‘合性与知觉’好像是说性体中本无知觉，性是性，加上知觉才有‘心之名’”①。朱熹认为“心”自有“知觉”，而牟宗三则认为“性”自有“知觉”。研究一位哲学家的思想命题，应当从这位哲学家对概念、范畴的界定出发，把握这些概念、范畴的实质，并看这些概念、范畴之间的关系能否自洽；研究者不应当撇开哲学家对概念、范畴的原有界定，肆逞己说。朱熹未能理解张载言“性”是有其客观意指的，也未能理解张载论“心”为何要把“性”与“知觉”整合在一起的深意。牟宗三不顾张载论“性”和论“心”的实质所在，仅基于自己对“性体”的规定来解读张载的心性论。这种解读方法是不可取的，从而对张载的批评也很不中肯。张载论“性”并不是完全就人而言的，而是就包括人在内的宇宙万物发生和构成的根源而言的。这是一个客观层面的哲学规定，尚未涉及“知觉”。“合性与知觉”的主体，是指宇宙万物中那些有“知觉”的存在者，也就是人，由此而进入“心”的层次。无论是朱熹还是牟宗三，都把张载所谓“性”仅局限于人性的范围加以解读，因而对其“心”的解读便易于产生误解。正因为如此，他们二人都不认同张载论“心”定义。张载所谓“心”，指主体以“性”为宇宙生成根据的认知结构及其能力，强调宇宙生生之德在转化为人性之后，能够对“知觉”活动发挥制约和范导作用。他对“心”的这一界定，既凸显了“知觉”的德性根据，又表明“心”只有通过“知觉”活动所形成的知识才能够得到表达。

命题之三：“心小性大”

在张载的传世著述中，与“心小性大”接近的说法仅一见。② 这一说法，与其理学纲领将“性”置于“心”之上的排序是吻合的。程、朱对“心小性大”之说多有批评。在他们的批评中，“心小性大”逐渐成为一种固定的说法。所有这些都表明，张载的确曾提出过“心小性大”之说。也可能是为了避免误解，晚年的张载便不再把“心小性大”作为自己的

① 牟宗三：《心体与性体》，台北：正中书局 1990 年版，第 1 册，第 529—530 页。
② 张载的这一说法为：“性又大于心。”《张子语录·语录上》，《张载集》，第 311 页。

标志性说法了。程颐说："体会必以心。谓体会非心，于是有'心小性大'之说。圣人之心，与天为一。或者滞心于智识之间，故自见其小耳。"① 此外，《东见录》也记载了一段程颐批评张载"以体会为非心"的话。在这段话中，他还说："此心即与天地无异，不可小了它，不可将心滞在知识上，故反以心为小。"在这段话下面，还有一条注解："横渠云：'心御见闻，不弘于性。'"② 程颐的批评，显然是针对注解中张载这句话而发的。归纳程颐的这两段话，他是从三个方面批评张载"心小性大"之说的。

第一，程颐批评张载"谓体会非心"，认为这是他之所以提出"心小性大"说的一个根据。其实，这是对张载的误解。"体会"，是宋儒的常用语。张载不可能认为"体会"可以脱离"心"的作用。例如，他曾提出"大其心体天下之物"。其"体"，就是通过"大心"体会万物的意思。与程颐不同的是，张载又认为，"体会"作为"知觉"能力，必须与"性"整合在一起才能构成"心"。在程颐看来，张载对"心"的这一界定不免抬高了"性"，贬低了"心"，从而导致了"心小性大"。

第二，程颐批评张载割裂了"心"与"天"之间的关系，主张"圣人之心，与天为一"。就是说，程颐认为"圣人之心"与"天"的关系是直接同一的。在"心"与"天"的关系问题上，程颢的主张更激进，认为"只心便是天"，"天人一也，更不分别"③。而张载则认为，就"心"与"天"二者的地位看，"天"高于"心"；但他并不因此就否认"心"具有能动作用，不否认人通过为学和修养的努力，最终实现"心"与"天"的统一，亦即实现"天人合一"的可能性。

第三，程颐批评张载"将心滞在知识上"，不能使"心"直接上接于"天"，"故反以心为小"。这一批评，针对的是张载所谓"心御见闻，不弘于性"这句话。据朱熹的解释，"御"，有桎梏、束缚之意。因而这句

① （宋）程颢、程颐：《河南程氏粹言》卷2《心性篇》，《二程集》，王孝鱼点校，中华书局1981年版，第1261页。

② （宋）程颢、程颐：《河南程氏遗书》卷2下《东见录》，《二程集》，第22页。

③ 同上书，第15、20页。

话是说，心若被“见闻”所束缚，便无法“尽性”，使“性”得到弘扬。① 张载的本意，是反对“心”被“见闻之知”所束缚，主张“心”必须摆脱“见闻之知”，进而提升到“德性所知”乃至“诚明所知”的高度，而绝不是说“心”必须停滞在见闻知识层面。

围绕“心小性大”的议题，朱熹与学生有两段对话。第一段对话：学生问：“‘不当以体会为非心’，是如何?”朱熹答曰：“此句晓未得。它本是辟横渠‘心小性大’之说。心、性则一，岂有小大！横渠却自说‘心统性情’，不知怎生却恁地说?”第二段对话：学生问：“‘不当以体会为非心，故有心小性大之说’，如何是体会?”朱熹答曰：“此必是横渠有此语，今其书中失之矣。横渠云‘心御见闻，不弘于性’，却做两般说。渠说‘人能弘道，非道弘人’。处云‘心能检其性，人能弘道也；性不知检其心，非道弘人也’。此意却好。又不知它当初把此心、性作如何分？横渠说话有差处，多如此。”②

朱熹主要是从以下两方面批评张载“心小性大”之说的“差处”的。

第一，朱熹主张“心、性则一，岂有小大”？因而批评张载的“心小性大”之说。而张载则认为，“心”“性”的地位和作用各不相同，因而不能将二者等同起来。

第二，朱熹在批评张载“心小性大”之说的同时，却肯定其“心统性情说”，尤其肯定其“心能检其性，人能弘道也；性不知检其心，非道弘人也”的说法，认为“此意却好”。对于“心统性情说”，如上所述，张载晚年已不再坚持。而朱熹却并不了解这一点。应当指出，在第二段对话中，朱熹所引张载“心能检其性”一句，原文作“心能尽性”③。“检”与“尽”，二者字义出入很大。对“检”字，张载解作“管摄”或“推弘”。④ 显然，张载不可能认为“心”能够“管摄”或“推弘”于宇宙万物生成之“性”，否则就夸大了“心”的作用。而“心能尽性”，则指主体通过发挥“心”的能动作用，便有可能彻底领悟万物的本性并最

① 参见林乐昌《正蒙合校集释》，中华书局2012年版，上册。

② （宋）朱熹：《程子之书三》，载黎靖德编《朱子语类》，第2502页。

③ （宋）张载：《正蒙·诚明篇》，《张载集》，第22页。

④ （宋）张载：《张子语录·语录上》，《张载集》，第315页。

终完成自己的人性。而且，朱熹同样也不了解张载晚年用“心能尽性”对“心统性情”中的“心”统“性”做了修正。这一修正的关键，是用以“心”“尽性”取代以“心”“统性”。朱熹肯定张载的“心统性情”，却批评他的“心小性大”，不了解“心”与“性”在张载理学纲领概念序列中的定位不同，强调“性”高于“心”，但这并不是要否认“心”对“性”能够发挥能动作用。

在佚著《孟子说》中，张载指出：“性，原也；心，派也。”又指出：“性大于心。”①“性大于心”与“心小性大”的意思是一致的。所谓“性，原也”，是说“性”是宇宙万物的本原或根源。这与张载主张“性者万物之一源”②，完全一致。所谓“心，派也”，是认为相对于“性”而言，“心”是派生的。由于“心”不能作为宇宙万物的根源，故其地位低于“性”。这与朱熹认为“心”“性”不应分小大的看法是不同的，而且也与后来陆、王视“心”为本体的观点也是不同的。可见，张载所谓“心小性大”，其依据在于“性，原也；心，派也”，而并不在于“体会非心”。

总之，程、朱都混淆了张载之“心”的理学体系定位与能动作用之间的关系。澄清这三个命题的真实意涵，有助于我们把握张载心性（情）理论的早期认识和晚年修正，也有助于把握张载有关“心”之结构特征、体系定位和能动作用之间的复杂关系。

二　“心—物”关系的两种形态

“知必周知”③ 的知识论，是张载心学思想的重要组成部分。对于张载的知识论，也可以称为“知论”④。“心—物”关系问题，是张载知识

① （宋）张载：《孟子说》，《张子全书》，第447页。按，这与张载传世著述中“性又大于心”（《张子语录·语录上》，《张载集》，第311页）的说法，完全一致。

② （宋）张载：《正蒙·诚明篇》，《张载集》，第21页。

③ 同上。

④ 张岱年先生最早提出中国哲学的“知论”这一理论形态。参见张岱年《中国哲学大纲》，中国社会科学出版社1982年版。

论的基本问题。时下学者研究张载的知识论，多从“因物为心”这一角度切入，将其视作“心—物”关系的唯一形态。“因物为心”，是指以耳目感官认知外在经验事物，可以将此“心”称作感性认知心。在此意义上，这些学者还以“唯物论的反映论”为张载的知识论定性。但是，当运用“因物为心”的形态无法解释张载超越感性知识的“德性所知”乃至“诚明所知”时，这些学者又认为张载在知识论上抛弃了感性认知心的作用，变为“十足的唯心主义”①。其实，对于张载的“心—物”关系，这些学者只知有“因物为心”的形态，而不知此外还有“去物”“虚心”的形态。因此，对于张载论说“心—物”关系的这两种不同形态，需要分别加以考察。

（一）张载论说“心—物”关系的“因物为心”形态

张载论说“心—物”关系的第一种形态，是“因物为心”。张载说：“人本无心，因物为心。”② 如上所述，这里所谓“心”，是指感性认知心。多年来，时下研究者多强调张载“因物为心”的一面，据此认为他的知识论属于“唯物论的反映论”。这样理解张载的“心—物”关系，是相当片面的。完整地看，张载这句话是这样说的：“人本无心，因物为心，若只以闻见为心，但恐小却心。今盈天地之间者皆物也，如只据己之闻见，所接几何，安能尽天下之物?”不难理解，张载强调的是，“因物为心”之“心”其实质是“只以闻见为心”，这就大大缩小了“心”的作用范围。他认为，为了“尽物”“穷理”的目的，恰恰不能够满足于“因物为心”。“因物为心”，仅仅是张载就“见闻之知”这种特定的认知活动范围而言的，而不是他对“心”的来源及其认知作用的全面规定。

这里，还应当联系《正蒙·大心篇》的一段话来理解张载对“心—物”关系的论说。他说：“见闻之知，乃物交而知，非德性所知；德性所知，不萌于见闻。”又说：“由象识心，徇象丧心。知象者心，存象之心，

① 姜国柱：《张载的哲学思想》，辽宁人民出版社 1982 年版，第 75 页。

② （宋）张载：《张子语录·语录下》，《张载集》，第 333 页。

谓之心可乎?"① 这里所谓"存象之心",其语意近于"因物为心"。据此不难看出,张载只是在有限范围内认可"因物为心"和"存象之心"这种感性认知心。与此同时,他特别强调的恰恰是通过"大其心"对感性认知心的超越。这时,所要运用的不是被"小却心"的感性认知心,相反,而是"大其心"。他说:"大其心则能体天下之物,物有未体,则心为有外。"② 能够真正做到"体天下之物"而"尽物"的"心",恰恰需要超越"因物"而生的感性认知心。因此,张载反对"以耳目见闻累其心而不务尽其心"。③ 在"心—物"关系中,张载并未将"物"置于首位;相反,他认为"心"具有"尽物"亦即广泛认知事物本质的能力,因而与"物"以及反映"物"的"见闻"相比,"大其心"之"心"处于更加重要的位置。正因为如此,张载特别强调说:"舍此见闻,别自立见,始谓之心。"④

与此同时,张载还揭示了由"因物为心"而产生的"见闻之知"的局限。他指出:"今盈天地间者皆物也,如只据己之闻见,所接几何?安能尽天下之物?"⑤ 所以,在他看来,对于认知活动中的这个矛盾,只有依赖"尽性"和"尽心"才能够得到解决。因而张载说:"今所言尽物,盖欲尽心耳。"⑥ "尽心",不是徒劳地从数量上穷尽天下所有之物,而是从宇宙整体和造化之道中去建构宇宙意识,并体悟"德性"的根源。

张载所谓"因物为心",除了其感性认知的意义之外,也有其社会认知和人生认知的意义。他曾经引用《礼记·乐记》的一段话:"夫物之感人无穷,而人之好恶无节,则是物至而人化物也。人化物也者,灭天理而穷人欲者也。于是有悖逆诈伪之心,有淫泆作乱之事。是故强者胁弱,众者暴寡,知者诈愚,勇者苦怯,疾病不养,老幼孤独不得其所,此大乱之道也。"对此,张载评价说:"徇物丧心,人化物而灭天理者乎!"⑦

---

① (宋)张载:《正蒙·大心篇》,《张载集》,第24页。
② 同上。
③ 同上书,第25页。
④ (宋)张载:《孟子说》,《张子全书》,第447页。
⑤ (宋)张载:《张子语录下》,《张载集》,第333页。
⑥ 同上。
⑦ (宋)张载:《正蒙·神化篇》,《张载集》,第18页。

这是说，由于人被物欲控制而导致人性扭曲，则进而影响人的认知判断，在处理人际关系和社会事务时必然丧失“天理”这一道德价值，从而造成“大乱之道”，使“淫泆作乱之事”层出不穷的严重后果。这表明，人对经验事物的认知，也不能不引发道德的思考。

综上所论，若就张载“因物为心”的感性认知形态看，它虽然貌似“唯物论的反映论”，但其实质却是“小却心”。由于“因物为心”的形态与张载论说“心—物”关系的第二种形态亦即“去物”“虚心”形态相比，并不是主要的形态；还由于“因物为心”的形态必然导致“徇物丧心”的困境，因而需要借助“去物”“虚心”形态，超越以耳目闻见为主导的感性认知形态，使“大其心”“虚心”成为知觉活动的主导力量。

（二）张载论说“心—物”关系的“去物”“虚心”形态

张载论说“心—物”关系的第二种形态，是“去物”而“虚心”。在佚著《礼记说》中，张载解释《大学》的“格物”含义时，把“格”训解为“去”，指出：“格去物，则心始虚明。”① 他又指出：“格物，外物也。外其物则心无蔽，无蔽则虚静，虚静故思虑精明，而知至也。”② 在张载看来，格物之“物”，是主体耳目感官知觉的经验感知对象，只有在去除一切外在经验物之处，“虚明”知觉才开始发挥作用，这是一种超越见闻之知的“神明”之知，它的对象是“形上之道”③。这种“神明”之知，属于主体超越耳目见闻等感觉能力的更高层次的直觉能力和体验能力。按张载本人的说法，这是一种通过“大其心”而达到“虚心”“合天心”的精神能力。

张载提出：“虚明照鉴，神之明也。”④ 他认为，这种“虚明”知觉或“神明”知觉，源于“性”和“神”，不是人先天便具有的“己力”，而是有别于人的认知能力的“天功”。张载说：“成吾身者，天之神也。

---

① （宋）张载：《礼记说·大学第四十二》，《张子全书》，第 403 页。

② 同上。

③ （明清）王夫之：《读四书大全说》，中华书局 1989 年版，第 701 页。

④ （宋）张载：《正蒙·神化篇》，《张载集》，第 16 页。

不知以性成身而自谓因身发智，贪天功为己力，吾不知其知也。”① 正因为如此，张载反复强调，“德性所知”不源于“见闻”，而源于“虚明”知觉或“神明”知觉。他说：“世人之心，止于闻见之狭。圣人尽性，不以见闻梏其心，其视天下无一物非我，孟子谓尽心则知性知天以此。天大无外，故有外之心不足以合天心。见闻之知，乃物交而知，非德性所知；德性所知，不萌于见闻。”② 张载虽然强调“德性所知”对于“见闻之知”的优先性，但并不完全否认“见闻之知”的作用。他说：“耳目虽为性累，然合内外之德，知其为启之之要也。”③ 值得注意的是，张载对耳目闻见作用的认可，是有条件的，就是说，必须属于“闻见之善者”，才能够发挥积极的“启之之要”的作用。例如，要“自幼闻见莫非义理文章”④，要“多识前言往行以畜德”⑤，等等；若不属于“闻见之善者”，则“多闻见适足以长小人之志”。⑥

总之，张载认为，通过“去物”而“虚心”的能力，人的认知或体验就能够超越日常经验，而以宇宙整体及其本体（“天”或“太虚”）作为最高的存在对象，从而据以获得“德性所知”乃至“诚明所知”，并实现“天人合一”的境界。这种认知追求，其目的并不是具体的经验知识，而是为了建构宇宙意识和持守至善追求的价值立场。由于张载把这种获得“德性之知”乃至“诚明所知”的能力归因于“天之神”，因而在其理性主义的知识论当中，不免渗透着某种神秘主义的因素，值得深入探讨。

三 “心—物”关系的理论基础

本文第一节所论述的张载心性论的三个命题，是研究张载心学思想

---

① （宋）张载：《正蒙·大心篇》，《张载集》，第25页。
② （宋）张载：《正蒙·诚明篇》，《张载集》，第24页。
③ （宋）张载：《正蒙·大心篇》，《张载集》，第25页。
④ （宋）张载：《经学理窟·义理》，《张载集》，第273、274页。
⑤ （宋）张载：《经学理窟·气质》，《张载集》，第266页。
⑥ 同上书，第269页。

的理论背景。尤其是其中的第二个命题“合性与知觉，有心之名”，更是与本节的讨论直接相关。这一命题，是张载对“心”的界定。由此可见，张载所谓“心”，是由“性”与“知觉”这两个部分整合而成的。先看其中的“性”。在张载那里，“性”包括“虚”与“气”两个不同层次，或“天地之性”与“气质之性”两个不同层次。这就是张载所谓“性”的“合两”“其总”结构。① 对此，张载说得很清楚，无需赘述。再看其中的“知觉”。在张载著述中，“知觉”仅一见。对于“知觉”，张载从未做过像“性”那样清楚的界定和分析，因而便成为本议题探究的难点所在，有必要重点解析。近现代西方哲学和心理学所谓“知觉”的含义，一般特指外在对象直接作用于人的感觉器官而产生的整体映象。例如，德国近代哲学家黑格尔认为，“知觉”是“以事物作为它的对象的意识”②。美国当代心理学家阿瑞提则认为，“知觉”具有感性的和简单性的特征。③ 包括张载在内的宋儒所使用的“知觉”一词则不同，它是泛指人的一切身体感觉器官和思维器官的活动，其含义包括认知的和精神的不同作用形式，相当于现代所谓感觉、认识、思维、意志、直觉等所有的认知和精神活动及其能力。值得注意的是，张载的“知觉”也有其层次结构。张载对“知觉”层次的论说，是其“心—物”关系的理论基础。与“知觉”两种层次的论说相关，张载对两种“合内外”的论说，也是其“心—物”关系的理论基础。

（一）张载关于“知觉”两个层次的理论

对我们分析张载的“知觉”含义有帮助的是，张载认同孟子以“心之官”为“大体”，“耳目之官”为“小体”。据此，可以把张载的“知觉”解析为“大体之知觉”与“小体之知觉”，或“心之知觉”与“耳目知觉”。“小体之知觉”或“耳目知觉”，亦即“感官知觉”。对此，牟宗三称为“感触的直觉”，认为它是“认知的呈现原则”。④ 这种“知觉”

---

① （宋）张载：《正蒙·诚明篇》，《张载集》，第22页。

② ［德］黑格尔：《精神现象学》上卷，贺麟译，商务印书馆1979年版，第77页。

③ ［美］S. 阿瑞提：《创造的秘密》，钱岗南译，辽宁人民出版社1987年版，第50页。

④ 牟宗三：《智的直觉与中国哲学》，台北：台湾商务印书馆2000年版，第184页。

的含义不难理解，它的对象是一切“形下之物”，它的功能是产生见闻之知（感知）和声色臭味之欲（情欲），这里无需多作解释。而对于“大体之知觉”或“心之知觉”，则需要加以解释。张载说：“虚明照鉴，神之明也。”① 在佚著《礼记说》中，张载解释《大学》“格物”含义时，把“格”训解为“去”，指出：“格去物，则心始虚明。”② 据此，“大体之知觉”或“心之知觉”又可称作“虚明知觉”。对此，牟宗三称为“智的直觉”，认为它“不但为认知的呈现原则，且同时亦即创造的实现原则”。③ 在张载看来，格物之“物”是主体耳目感官知觉的感知对象，只有去除一切外在经验物的消极影响，“心之知觉”或“虚明知觉”才开始发挥作用。这是一种超越见闻之知的“神明”之知，它的对象是万化根源和形上之道及其造化，它属于主体超越耳目见闻等感觉能力的更高层次的直觉能力和体认能力。按照张载本人的说法，这是通过“大其心”而达致的“虚心”“合天心”“穷神知化”的精神能力。总之，在张载看来，“大体之知觉”或“心之知觉”，是“知觉”的高级形态；而“小体之知觉”或“耳目知觉”则是“知觉”的低级形态。

在张载那里，作为“知觉”活动结果的“知”（知识），也是有层次的。在以上分析的基础上，可以经由张载论“知觉”的含义及其层次，做出如下推导：一方面，如果人的“耳目知觉”或“感官知觉”与“气质之性”结合在一起的话，便构成所谓“见闻之知”；另一方面，如果人的“心官知觉”或“虚明知觉”与“天地之性”结合在一起的话，便构成所谓“德性之知”。张载关于两种“知”的划分，特别凸显了道德知识超出一般感性知识的优先性，但也并不一概抹杀“见闻之知”的价值。

（二）张载关于两种“合内外”的理论

张载说：“有无一，内外合，庸圣同。此人心所自来也。”④ 所谓

① （宋）张载：《正蒙·神化篇》，《张载集》，第16页。

② （宋）张载：《礼记说》，《张子全书》，第403页。

③ 牟宗三：《智的直觉与中国哲学》，台北：台湾商务印书馆2000年版，第184页。

④ （宋）张载：《正蒙·乾称篇》，《张载集》，第63页。

"有无一",指"性"是"虚"与"气"的统一。所谓"内外合",张载有时也说"合内外",指"内"在的人的知觉能力与"外"在对象这两方面的整合。所谓"人心所自来",说的是"心"的根源。与以上所述"知觉"有两个层次相对应,"合内外"的"内"与"外"也有两个层次。与"大体之知觉"或"心之知觉"相对应,其"内"指主体超越耳目见闻等感觉能力的更高层次的直觉能力和体认能力,其"外"指作为知觉对象的宇宙万物的生成根源,以及"形上之道"及其造化;与"小体之知觉"或"耳目知觉"相对应,其"内"指主体的见闻感知能力,其"外"指作为知觉对象的一切经验事物,包括声色臭味等生理现象。基于这种认识,张载关于"合内外"的理论便也有两种情况。

关于"合内外"的第一种情况。张载说:"人谓己有知,由耳目有受也;人之有受,由内外之合也。"① 人的耳目之官"有受",亦即人的耳目感官接受外在对象的作用,二者发生相互作用,从而产生感觉亦即耳目闻见之知。在这种情况下, "心"是受"耳目"引导的,因而是"以闻见为心"的;而作为认知对象的,是一切有形之物和感性之物。这种闻见之知,是"内外之合"的结果。这是在耳目感官作用下的"合内外"。

关于"合内外"的第二种情况。在前引张载所说"有无一,内外合,庸圣同。此人心所自来也"这句话之后,他紧接着说:"若圣人,则不专以闻见为心,故能不专以闻见为用。"可见,有别于在耳目感官作用下的"合内外",还有另外一种"不专以闻见为心",因而"不专以闻见为用"的"合内外"。这第二种"合内外",是"知合内外于耳目之外"的,其作用是"合内外,平物我,自见道之大端"。② 人具有运用心这一思维器官的虚明知觉能力,超越于耳目感官知觉之外,从而产生"德性所知",甚至"诚明所知"。张载将其称作"合内外于耳目之外"。这时,作为"心"之认知对象的,是无形的,是一切经验之物的直接根源("性")或终极根源("太虚"),是"道之大端",亦即宇宙及其造化。人必须通

① (宋)张载:《正蒙·大心篇》,《张载集》,第25页

② (宋)张载:《经学理窟·义理》,《张载集》,第273页。

过“尽道”“尽性”“穷神知化”的努力，才能够对“道”“性”“神”加以把握，从而形成更高层次的“合内外”。

四　结语

就张载心学思想的理论特征看，尤其是就其知识论的理论特征看，以“唯物论的反映”为其定性，只具有局部意义，不能据以概括张载知识论的全部内容。

就张载心学思想的历史影响看，正如前辈学者邱汉生所指出的：张载心学下启陆象山心学。① 由于张载之学不以“心”标宗，故其心学思想又不同于后来陆、王视“心”为本体的心学。由于二程批评张载“性大心小”之说，朱熹质疑张载“合性与知觉”以说“心”，故张载的心性论也不同于程、朱学派。在张载区分“德性之知”与“见闻之知”之后，宋明儒者无不尊信之。② 总之，与宋明理学其他学派相比，张载心性论视域下的心学思想别具特色，值得深入研究。

就张载心学思想的现代意义看，其学说与理学其他主要学派的共同点是，都特别强调社会伦理的健全和道德的提升，不能仅仅仰赖物质力量，而是必须依靠人“心”亦即人的精神力量，必须依靠“德性之知”的社会推广普及，才能够逐渐得以解决。此外，张载的知识论，包括其“见闻之知”的学说，除了其局限性之外，对于人类观察和认识自然的奥秘是具有一定积极意义的。正是基于这一学说，张载在天文学等博物学领域取得了至今仍被国际科学技术史研究界所称道的成就，就是很好的证明。③

---

① 邱汉生：《〈张载理气观析疑〉的评议》，《中国社会科学》1981年第1期。

② 牟宗三：《智的直觉与中国哲学》，第188页。

③ 有关张载天文学的贡献，参见其《正蒙·参两篇》第4章、第7章等。英国著名学者李约瑟对张载天文学贡献的评价，参见《中国科学技术史》第4卷《天文学》，《中国科学技术史》翻译小组译，香港：中华书局1978年版，第123—124、126—127页。

朱陆之学论战与《朱子晚年定论》的诞生

——一桩五百年来"陆化朱学"理学公案的破解[*]

束景南

（浙江大学宋学研究中心）

摘要： 王阳明的《朱子晚年定论》，是王阳明与两京程朱派进行朱陆之学异同论战的产物。是在借用程敏政的"朱子晚年定论说"的掩盖下以陆学攻朱学，以陆化朱学消解朱学。要彻底解开《朱子晚年定论》这一以陆化朱学消解朱学的秘密，必须把《朱子晚年定论》同他与两京程朱派的朱陆之学论战的大背景结合起来进行考察。王阳明同两京程朱派的朱陆之学论战，是正德以来新兴起的心学派向官方程朱理学发起的第一次挑战，王阳明用"朱子晚年定论"的反讽武器对官方程朱理学的挑战虽然失败，但却为他后来用"良知说"的批判武器对官方程朱理学发起的挑战准备了条件。

关键词： 朱子晚年定论　朱陆之学论战　陆化朱学　消解朱学

王阳明作的《朱子晚年定论》，自来是一部有争议的著作，五百年来人们围绕此书展开了朱王之学是非得失异同的纷争，余波一直延续震荡到近代、现代及当代，成为一桩难解的理学大公案。实际这场争论的焦点在于：朱熹晚年究竟是不是转向了陆学？朱熹思想的发展上有没有一

---

[*] 本文为作者提供给中华孔子学会 2018 年年会的论文，另已发表于《孔子研究》2018 年第 5 期。

个转向陆学的“晚年定论”？王阳明作《朱子晚年定论》的真意究竟是什么？王阳明自己真的相信朱熹有一个转向陆学的“晚年定论”吗？对这些尖锐争论的焦点，人们多回避作正面明确的回答，而好从侧面含混作一些委曲回护、微言大义的解说。如日本阳明学专家高濑武次郎认为：“王阳明先生编撰《朱子晚年定论》则是想要简化朱子的学说，并取其‘主心’的部分，并不是限定何时开始是其中年，何时开始是其晚年。所以按照年、月时段的考证来责难王阳明先生的人只是不了解他的用意罢了。在此没有必要一一辨明。”① 现代有的学者还进一步提出了《朱子晚年定论》是旨在“会通朱陆”的著作，甚至认为“王阳明‘朱子晚年定论’的文本和考证研究方法，为许多学者提供了榜样……越来越多的学者也都以王阳明为榜样而投身于儒家文本的考证实践”②。本文认为，王阳明的《朱子晚年定论》实际是他同南北两京的程朱派进行朱陆之学异同论战的产物，是在借用程敏政的“朱子晚年定论”之说的掩盖下以陆学攻朱学，以陆化朱学消解朱学，最终达到是陆非朱、标举自己王学（心学）学派的目的。要彻底解开王阳明“朱子晚年定论说”的这一以“陆化朱学”消解朱学的秘密，就必须把他的《朱子晚年定论》同他与两京程朱派的朱陆之学论战的大背景结合起来进行考察。

一　阳明与南都程朱派的论战：是陆非朱

正德九年（1514）五月，阳明在进南都前夕写给王道的信，可以看作是他向南都程朱派发出的朱陆之学异同论战的信号，他在信中尖锐地批评朱学“琐碎支离”，“终非积本求原之学”，批评王道“句句是，字字合，然而终不可入尧舜之道”。可以说这封给王道的信标志着阳明同南都程朱派展开朱陆之学异同论战的开始。他一进入南都，正好同王道相

① ［日］高濑武次郎：《知行合一：王阳明详传》，赵海涛、王玉华译，北京时代华文书局 2013 年版，第 121 页。

② 徐公持：《朱陆异同论的历史形态考察》，《江淮论坛》2016 年第 5 期。

居密迩，两人立即开始了当面的朱陆之学论辩。他后来在给黄绾的信中说："仆在留都，与纯甫住密迩，或一月一见，或间月不一见，辄有所规切，皆发于诚爱恳恻，中心未尝怀纤毫较计。"① 作为留都的南京成为程朱派士人麇集的大本营，王道在应天府学任教授，他的主朱非陆的立场得到了南都程朱派同道中坚魏校、余祐、夏尚朴等人的支持，使最初阳明同王道的朱陆之学论辩扩大成了一场同两京程朱派"攻之者环四面"的朱陆之学异同论战。

关于这场耸动两京士人耳目的朱陆之学异同论战的起因，阳明自己解释说："留都时偶因饶舌，遂致多口，攻之者环四面。取朱子晚年悔悟之说，集为《定论》，聊借以解纷耳。"② 所谓"偶因饶舌"，就是指阳明多说了一些批评朱学的话，这些话其实早已载在《传习录》中。他带着《传习录》与《游海诗》走进南都，这本充满了批评朱学话语的《传习录》立即成了南都程朱派们攻击的目标。在《传习录》中，阳明引人注目地主要批评了朱熹的思想。

批评朱熹的《大学》新本把"亲民"改为"新民"，认为"'亲民'犹孟子'亲亲仁民'之谓，亲之即仁之也……又如孔子言'修己以安百姓'，'修己'便是'明明德'，'安百姓'便是'亲民'。说'亲民'便是兼教养意，说'新民'便觉偏了"。主张恢复《大学》古本"亲民"之说。

批评朱熹的"事事物物皆有定理"的说法，认为"于事事物上求至善，却是义外也"。心外无理，心外无物，否定朱熹向外就事事物物求理的说法，认为求理"只在此心"，"至善只是此心纯乎天理之极便是，更于事物上怎生求?"

批评朱熹的"先知后行"的说法，主张知行合一，"今人却就将知行分作两件去做，以为必先知了然后能行，我如今且去讲习讨论做知的工夫，待知得真了，方去做行的工夫，故遂终身不行，亦遂终身不知"。

---

① （明）王守仁：《与黄宗贤》书五，《王阳明全集》（新编本），吴光、钱明、董平、姚延福编校，浙江古籍出版社2010年版，第1册，第164页。

② （明）王守仁：《与安之》，《王阳明全集》（新编本），第186页。

批评朱熹的向外格物的说法，认为格物即是正心，“格物……是去其心之不正，以全其本体之正”，“格物是止至善之功”，“朱子格物之训，未免牵合附会，非其本旨”，“朱子错训‘格物’，只为倒看了此意，以‘尽心知性’为‘物格知至’，要初学便去做生知安行事，如何做得?”

批评朱熹烦琐的章句训诂之学，认为“天下所以不治，只因文盛实衰，人出己见，新奇相高，以眩俗取誉。徒以乱天下之聪明，涂天下之耳目，使天下靡然争务修饰文词，以求知于世，而不复知有敦本尚实、返朴还淳之行，是皆著述者有以启之”。因此“使道明于天下，则《六经》不必述”。

批评朱熹的经学之说，认为《六经》既是经，也是史。在《春秋》学上，朱熹认为《春秋》是史不是经，所以他终生不给《春秋》作注。阳明认为“《春秋》亦经，《五经》亦史”，“以事言谓之史，以道言谓之经。事即道，道即事”。在《诗经》学上，朱熹认为《诗经》中的《郑风》《卫风》就是郑卫淫声，孔子存留《诗经》不删，“可以惩创人之逸志”。阳明认为今传《诗经》已非当初孔本原貌。孔子明说“放郑声，郑声淫”，“郑、卫之音，亡国之音也”，早从《诗经》中删去。今本《诗经》中仍有《郑风》《卫风》，阳明认为“此必秦火之后，世儒附会，以足三百篇之数”。

阳明这些对朱熹的尖锐批评已经涉及朱学的根本思想，把朱学全盘推倒，这就必然会招来一场两京程朱派的“攻之者环四面”的论战。阳明对朱学的批判实际已清楚划判了朱陆之学的异同。从陆澄与薛侃当时所记的语录来看，阳明在南都也确是从这些方面同学子士人进行朱陆之学的论辩，他说的“饶舌”论辩之语都被陆澄、薛侃记录下来，阳明也正是从这些方面切入同南都的程朱派展开了朱陆之学异同的论战，《传习录》成为阳明同南都程朱派进行朱陆之学异同论战的“圣经”。

阳明在南都，除了他的门人弟子与来学士子之外，他几乎是以一个“孤家寡人”面对着南都芸芸众多的程朱派们的辩难。这时的南都，聚集了不少有名的程朱派中坚人物，他们主要有罗钦顺（南京太常少卿）、吕柟（南京吏部考功司郎中）、魏校（南京刑部广东司郎中）、余祐、夏尚朴（南京礼部主事）、王道（应天府学教授）、杨廉（南京吏部右侍郎）、寇天叙（南京大理寺副）、邵锐（南京礼部员外郎）等。其他像南京礼部尚书乔宇、南京吏部左侍郎石珤、南京国子祭酒吴一鹏、南京国子司业汪伟、鲁铎等，也都是尊信程朱学的名家。此外还有一些程朱派的著名人物如许浩、胡世宁、李承勋、顾璘、胡铎、汪循、程瞳、秦金等虽然不在南京，却也密切关注南都的朱陆之学论战，加上江右多陆学士子，安徽多朱学士子，浙中多王学士子，他们构成了“攻之者环四面”的外围人物。朱陆之学异同论战分两个阶段展开：从正德九年（1514）五月到正德十年（1515）二月，主要是阳明同南都的程朱派进行论战；从正德十年（1515）三月到十一月，主要是阳明同北都的程朱派论战，最终以阳明作《朱子晚年定论》结束。

论战从阳明同王道、魏校、余祐、夏尚朴的朱陆之学论辩开始。《太常寺卿魏公校传》上说：“正德元年丙寅授南京刑部云南司主事，迁陕西司员外郎，广东司郎中……暇则与余公子积、夏公敦夫、王公纯甫讲明圣贤之学。正德九年，召为兵部职方司郎中。”① 这三个尊程朱学士子，余祐与阳明为同年，夏尚朴是敬斋胡居仁弟子，魏校在弘治十八年（1505）中进士，观政武选，已与阳明相识。魏校是他们当中的领袖，但他在正德九年（1514）下半年赴京任职，所以阳明在南都主要同王道、夏尚朴、余祐之间展开论辩。严嵩《吏部右侍郎王公道墓碑》上说：

> 应天学二载，升南京仪部主事，召改吏部验封……始也驰骋词章，既而叹曰：“此无益也！”乃遂研精于义理之学，取宋儒程朱读之。既又取《论语》一部，反复潜玩，有悦于心，曰：“圣门平实简易之学，固如是也。”公虽潜心理学，而见世之立门户相标榜者，则深耻之。尝言：“汉以前，无名道学者。其人品如张文成、曹相国、黄叔度、管幼安，皆真道学之流。虽老释二氏，亦各有所见，不可厚非。”②

① （明）焦竑：《国朝献征录》卷70，台北：台湾学生书局1984年版，第3031页。
② （明）焦竑：《国朝献征录》卷26，第1094—1095页。

这里说的“世之立门户相标榜者”，就是隐指阳明。王道从一进南都任应天府教授，就同魏校、余祐、夏尚朴打成一片，在对朱陆之学认识上同阳明的矛盾公开暴露。由于论辩主要采取见面进行讨论交流的方式，相关论辩的资料多没有能保存下来，但在各人的文集与语录中还是留下了明显的痕迹。特别是《夏东岩先生文集》中的《语录》，保存了较多的朱陆之学异同论战的宝贵资料，这里选录关键的几条：

> 白沙云：“斯理也，宋儒言之备矣，吾尝恶其太严也。”此与东坡要与伊川打破“敬”字意思一般。盖东坡学佛，而白沙之学近禅，故云尔。然尝观之程子云：“会得底，活泼泼地；不会得底，只是弄精神。”又曰：“与其是内而非外，不若内外之两忘。两忘，则澄然无事矣。”又云：“必有事焉，而勿正，心勿忘，未尝致纤毫之力。”此其存之之道也。朱子云：“才觉得间断，便已接续了。”曷尝过于严乎？
>
> 《朱子语类》解敦厚以崇礼云：“人有敦厚而不崇礼者，亦有礼文周密而不敦厚者。故敦厚又要崇礼。”此解胜。《集注》由是推之……盖有尊德性而不道问学者，亦有道问学而不尊德性者，故尊德性又要道问学。如柳下惠，可谓致广大矣，而精微或未尽，故致广大又要尽精微；如伯夷可谓极高明矣，稽之中庸或未合，故极高明又要道中庸。又《集注》以尊德性为存心，以极道体之大；道问学为致知，以极道体之细。恐亦未然。窃谓二者皆有大小，如涵养本原是大，谨于一言一行处是小；穷究道理大原大本处是大，一草一木亦必穷究是小。尝以此质之魏子才，子才以为然。
>
> 张子云：“心统性情。”程子云：“性即理也。”又云：“心如谷种，仁则其生之性也。阳气发处是情。”朱子云：“灵的是心，实的是性。性是理，心盛储该载，敷施发用的。”又云：“心者，气之精爽。”愚谓心无形体，是人身一点灵处，其中所具之理为性。佛氏之徒徒只指那灵妙处为性，以理为障，故为异端。后世儒者本学圣贤，只是源头认得不真，故流入异学而不自知。如告子以知觉为性，象山之学以收拾精神为主。至门人杨慈湖论学，每云：“心之精神为之

性。”故朱子闢其为禅。近者诸公以良知为话头，接引后学，恐不免此弊。

《遗书》云：“仁者浑然与物同体。义礼智信，皆仁也，识得此理，以诚敬存之而已。”又云：“学者识得仁体，实有诸己，只要义理栽培。”如求经义，皆栽培之意。以诚敬存之，复涵泳经义，以栽培浇灌之，庶几生意条达，自有不容已者。然必先识此理，譬之五谷不知，其种得不误认稊稗为五谷耶？虽极力培壅，只成稊稗耳。近世儒者用尽平生之力，卒流入异学而不自知者，正坐未识其理耳。

象山之学，以收敛精神为主，曰：“精神一霍便散了。”杨慈湖论学，只是“心之精神谓之性”一句，更无他说，此其所以近禅。朱子云：“收敛得精神在此，方看得道理尽；看得道理不尽，直是不专一。”如此说，方无病。

尧之学以“钦”为主，以“执中”为用，此万古心学之源也……曰钦、曰中、曰敬，皆本于尧而发之。且精一执中之外，又欲考古稽众，视尧加详焉。盖必如此，然后道理浃洽，庶几中可得以执矣。近世论学，直欲取足吾心之良知，而谓诵习讲说为支离，率意径行，指凡发于粗心浮气者皆为良知之本然。其说蔓延已为天下害，揆厥所自，盖由白沙之说倡之耳。

象山之学虽主于尊德性，然亦未尝不道问学，但其所以尊德性、道问学与圣贤不同……象山之学谓能收敛精神在此，当恻隐自恻隐，当羞恶自羞恶，更无待于扩充。此与告子不知性之为理，而以所谓气者当之，虽能坚持力制；至于不动心之速，适足以为心害也。朱子曰：“以天下之理处天下之事，以圣贤之心观圣贤之书。”象山所引诸书，多是驱率圣贤之言，以就己意，多非圣贤立言之意。①

夏尚朴这些语录虽是后来所辑，但也包含了他在南都进行朱陆之学论辩

① 参见夏尚朴《夏东岩先生文集》卷1《语录》，载北京图书馆古籍出版编辑组编《北京图书馆古籍珍本丛刊》，书目文献出版社1998年版，第102册。

时的主要思想。大致他们围绕心、性的重要问题展开论辩，先是余祐在正德八年（1513）就写出了专论性的文章《性书》，到正德九年（1514）初夏尚朴来南都任职后，余祐便把这篇《性书》拿出来同魏校、夏尚朴与阳明讨论，成为他们朱陆之学异同论辩的开场争论。夏尚朴后来在给余祐的信中详细谈到他们在性上的分歧争论说：

> 钦闻盛誉，无由拜觌。往岁（按：指正德八年）舟过龙江（按：指南京），拟约与子才、纯甫同出一拜，以领高论。偶以贱疾中止。继闻先大夫奄弃荣养，有失具疏吊慰，至今犹以为歉。开岁（按：指正德九年初）到此，得接乎教，与子才、纯甫论性诸书，足见留心理学，且不以疏漏见外，感慰之至。敬斋之学笃信程朱，摈斥异教，有功于吾教甚大，非得执事裒集遗书而表章之，将遂泯灭而无闻矣。是执事有功于敬斋也为不浅。但《性书》之作兼理、气论性，深辟性即理也之言，重恐得罪于程朱，得罪于敬斋，不敢以不复也。人得天地之气以成形，气之精爽以为心。心之为物，虚灵洞彻，有理存焉，是之为性。性字从心从生，乃心之生理也。故朱子谓："灵底是心，实底是性。性是理，心是盛贮该载，敷施发用底。"浑然在中，虽是一理，然各有界分，不是侊侗之物，故随感而应，各有条理。程子谓："冲漠无朕，万象森然已具。未应不是先，已应不是后者，此也。"孟子言人性本善，而所以不善者，由人心陷溺于物欲而然，缺却气质一边，故启荀、扬、韩子纷纷之论。至程、张、朱子，方发明一个气质出来，此理无余蕴矣。盖言人性是理，本无不善；而所以有善不善者，气质之偏耳，非专由陷溺之然也。其曰："天地之性者，直就气禀中指出本然之理而言，孟子之言是也；气禀之性，乃是合理与气而言，荀、扬、韩子之言是也。"程朱之言明白洞达，既不足以服执事之心，则子才、纯甫之言宜其不见取于执事也，又况区区之言哉！尝思之天下无性外之物，而性无不在日用之间，种种发见，莫非此性之用。今且莫问性是理是气，是理与气兼，但就发处认得是理即行，不是理处即止，务求克去气质之偏，物欲之蔽。

俟他日功深力到，豁然有见处，然后看是理耶，是气耶，是理与气兼耶，当不待辨而自明矣。①

夏尚朴是在这些程朱派中把朱熹的性论思想辨析得最清楚准确的人。朱熹认为性即理，人性即天理。因此在人性上，朱熹认为人有天命之性，有气质之性：得自于理的性构成天命之性，故天命之性无不善；得自于气的性构成气质之性，故气质之性有善有恶。因此说朱熹是兼理、气言性也未尝不可，但这同他说性即理并不矛盾，而是相辅相成。朱熹所以要在人性上兼理、气说性，正是针对陆学在人性上说理不说气的弊病。但是余祐却把性即理与兼理、气说性两个命题对立起来，肯定朱熹的兼理、气说性，而大辟他的性即理说，可以说是本末颠倒。余祐的说法遭到夏尚朴、王道的反对，却得到魏校的肯定，但很快也被魏校否定。魏校后来作《复余子积论性书》谈到他的这种思想转变说：

窃观尊兄前后论性，不啻数十万言，然其大意，不过谓性合理与气而成，固不可指气为性，亦不可专指理为性。气虽分散万殊，理常浑全。同是一个人物之性不同，正由理、气合和为一，做成许多般来。在人在物，固有偏全，而人性亦自有善有恶……曩尝妄谓尊兄论性虽非，论理气却是。近始觉得尊兄论性之误，正坐理气处见犹未真耳……尝记曩在南都，交遊中二三同志，咸乐闻尊兄之风而向往焉。至出《性书》观之，便掩卷叹息，反度尊兄自主张太过，必不肯回。纯甫面会尊兄，情不容已，故复其书论辩……②

---

① 《夏东岩先生文集》卷4《答余子积书》。按："北新"（北新关）在南京。魏校在正德九年（1514）下半年即召为兵部郎中离南都赴京师任职，故可肯定夏尚朴此书作于正德九年（1514）五六月间。书中所言及余祐《性书》一文乃作于正德八年（1513）。后来余祐在正德十一年（1516）被逮锦衣狱作《性论》三卷（十余万言），仍持旧说，或其中收入正德八年（1513）所作之《性书》一篇。

② （清）黄宗羲：《恭简魏庄渠先生校》，载沈善洪主编、吴光执行主编《黄宗羲全集》，浙江古籍出版社2005年版，第7册，第48页。

魏校这封信是针对正德十一年（1516）余祐作的《性论》（三卷）而言[①]，所谓“尊兄前后论性”，就指余祐从正德八年（1513）到十一年的论性之文。所谓“曩尝妄谓”“曩在南都”，就指魏校正德九年（1514）在南都与余祐的性说论辩。可见他最初肯定余祐兼理、气说性，后来又否定余祐的性说，认为他“正坐理气处见犹未真”。

余祐仍坚持自己的看法，他到正德九年（1514）四月更写出了《文公先生经世大训》的大书，全面论述了朱熹的性学思想体系。这本书成了程朱派宣扬朱学的一面理性旗帜，立即引起了刚进南都的阳明的注意。他一开始对余祐的性论的批判态度就十分明确。在他看来，心即理，理即性，心即性，吾性自足，这种性论简易精微，后人无须再多加一句支离苛细的烦琐论说。故他反对朱熹论性的支离烦琐，也否定了余祐的支离烦琐的性说。阳明在南都的这种论辩性说的立场，反映在他正德十二年（1517）写给余祐的信中。

> 《性论》一篇，尤见潜心之学，近来学者所未能道。详味语意，大略致论于理、气之间，以求合于夫子“相近”之说，其盛心也。其间敝意所未能信者，辞多不能具，辄以别幅写呈，略下注脚求正，幸不吝往复，遂以蹇劣见弃也。夫析理愈精，则为言愈难；立论愈多，则为谬愈甚。孔子性善相近之说，自是相为发明，程朱之论详矣。学者要在自得，自然循理尽心；有不容已，毫分缕析，此最穷理之事。言之未莹，未免支离，支离判于道矣。是以有苦心极力之状，而无宽裕温厚之气，意屡偏而言之窒，虽横渠有所不免。故仆亦愿吾兄之完养思虑，涵泳养理，久之自当条畅也……学术不明，人心陷溺之余，善类日寡，诸君幸勉力自爱，以图有成也。尝有论性一书，录去一目。[②]

---

① 按：余祐《性论》三卷作于正德十一年（1516）。《明史》卷282《余祐传》：“祐之学，墨守师说，在狱中作《性书》三卷。其言程、朱教人，专以诚敬入。学者诚能去其不诚不敬者，不患不至古人。”魏校所言“论性书”，即指此《性论》三卷。

② （明）王阳明：《答余子积》，载束景南、查明昊辑编《王阳明全集补编》，上海古籍出版社2016年版，第152—153页。

阳明这封信也是针对余祐正德十一年(1516)作的《性论》(三卷)而言,所谓"《性论》一篇"就是指余祐面呈阳明的《性论》中的一篇,阳明对他的性论明确表示"未能信",另作了"别幅"加以注脚评说(文今亡佚)。所谓"尝有论性一书",就是指阳明在南都时所作论辩性说的一篇文章,这篇论性文章虽然已亡佚,但他的看法却在这篇《答余子积》中反映出来:他认为朱熹的性论"毫分缕析","未免支离",余祐追随其说也不免"苦心极虑","无宽裕温和之气","意屡偏而言之窒"。他劝告余祐论性"要在自得",不必字字句句强求与古人合。显然,阳明在性论上认同陆学的论性不论气的简易精微之说,而否定了朱学的兼理、气说性的支离烦琐之说。

阳明与余祐、魏校、夏尚朴、王道在性论上的论辩最终未能调和,反而进一步暴露了他们在朱陆之学异同认识上的矛盾分歧。他们的论辩由论性进入到论心,展开对朱熹"主敬""格物"直至朱熹《大学》新本的论辩,分歧进一步扩大,最终把阳明推上了作《朱子晚年定论》以调和朱陆之学异同的困境。张岳在《吏部右侍郎讱斋余公祐神道碑》中透露这一事情的真相说:

> 公学务有用,不事空言,发端于敬斋,而推其本原,以为出于程朱。故于程朱之书尤究心焉,微言精义多所自得,其言曰:"程朱教人,拳拳以诚敬为入门,学者岂必多言?惟去其念虑之不诚不敬者,使心地光明笃实,邪僻诡谲之意勿留其间,不患不至于古人矣。"其时公卿间有指主敬存养为朱子晚年定论者,公摭朱子初年之说以折之,谓:"其入门工夫,非晚年乃定。"又辑朱子书之切治道者为《经世大训》,其论及文章辞翰者为《游艺录》,见其学之备体用,兼大小,非近时所谓单传妙诀者可拟也……所交遊皆贤士大夫,而于庄渠魏公子才尤善。人有过不能忍,常面斥之,而退无后言。有以其过攻之者,欣然乐受。①

① (明)焦竑:《国朝献征录》卷26,第1090—1091页。

朱熹主张“主敬”与“格物”的工夫交相为用，这就是他提出的敬知双修，是依据二程说的“涵养须用敬，进学则在致知”在乾道五年（1169）“己丑之悟”中建立的生平学问大旨，并不是朱熹晚年才提出来的“定论”。余祐、王道、夏尚朴同阳明讨论到主敬存养、格物致知这些问题时，完全认同朱熹的敬知双修和他的《大学》新本，而阳明坚决否定了朱熹的敬知双修及其《大学》新本，他对蔡希渊批评朱熹说：“如新本（《大学》）先去穷格事物之理，即茫茫荡荡，都无着落处；须用添个‘敬’，方才牵扯得向身心上来，然终是没根源。若须用添个‘敬’字，缘何孔门倒将一个最紧要的字落了，直待千余年后要人（按：指朱熹）来补出？正谓以诚意为主，即不须添‘敬’字，所以提出个诚意来说，正是学问的大头脑处。”① 这些话也显然是说给余祐、王道、夏尚朴等程朱派听的。阳明把朱熹理学的大旨（敬知双修）连同他的文本依据《大学》新本都否定，而提出了自己一个以“诚意”为主的心学与其相抗衡。他在正德九年（1514）五月作的《应天府重修儒学记》中喊出了“圣贤之学，心学也”，在正德十年（1515）七月作的《谨斋记》中喊出了“君子之学，心学也”，就是向余祐、王道、夏尚朴这些程朱派宣告了自己以“诚意”为主的心学的诞生。余祐、王道、夏尚朴等同他的朱陆之学异同论战已经难以进行下去。论战的焦点集中在朱熹的“格物说”及其文本依据《大学》新本上，无法调和。正德十年（1515）二月，阳明正式公开了他定的《大学》古本与《格物说》。表面上是他献给湛若水看的②，实际却更是要出示给余祐、王道、夏尚朴们看的，是对这些程朱派们尊信朱熹《大学》新本及其“格物说”的最好回答。如果说阳明正式定的《大学》古本，是对他自龙场驿觉悟到朱熹《大学》新本之误的《大学》思想的一个总结；那么他正式写的《格物说》，就是他自龙场驿觉悟到吾性自足、格物即正心的格致思想的一个总结。两者相得益彰，破除了400年来朱熹的补作“格物”章的《大学》思想体系：《大学》古本代替了朱熹的《大学》新本，《格物说》代替了朱熹的《格物章》。

① （明）王守仁：《传习录》卷上，《王阳明全集》（新编本），第1册，第42页。

② （明）王守仁：《答甘泉》，《王阳明全集》（新编本），第1册，第187页。

二 阳明与京师程朱派的论战：调和朱陆

值得注意的是，阳明用新定的《大学》古本与“格物”新说宣告了他同南都的程朱派们的朱陆之学异同论战的结束，同时也宣告了他同北都的程朱派们的朱陆之学异同论战的开始。正是在阳明正式公开《大学》古本与《格物说》的同时，王道改任吏部验封赴京师。魏校在他之前已先入都，夏尚朴则在他之后不久也入都。他们三人在京又形成了一个新的讲论程朱理学的群体，在京的程朱派人物吕柟、杨廉、邵锐、董玘等同他们声气相应，一些不在京中的程朱派名士如李承勋（魏校师）、许浩、胡世宁、胡铎、程曈、汪俊、汪循、张文渊等也都加入了与阳明的朱陆之学异同的论战，形成“攻之者环四面”的局面，阳明在南都更陷孤立。正德十年（1515）三月，阳明在给黄绾的信中谈到自己在南都的处境说：

> 春初，姜翁自天台来，得书，闻山间况味，悬企之极……甘泉丁乃堂夫人忧，近有书来索铭，不久且还增城。道途渺绝，草亭席虚，相聚尚未有日。仆虽相去伊迩，家累所牵，迟迟未决，所举遂成北山之遗文矣。应原忠久不得音问，想数会聚。闻亦北上，果然否？此间往来极多，友道则实寥落。敦夫（夏尚朴）虽住近，不甚讲学。纯夫近改北验封，且行。曰仁又公差未还。宗贤之思，靡日不切！……承欲与原忠来访，此诚千里命驾矣，喜慰至极！日切瞻望，然又自度鄙劣，不足以承此。曰仁入夏当道越中来此，其时得与共载，何乐如之！①

阳明这封信流露了他企盼黄绾、应良与徐爱来南都以助朱陆之学论战的急迫心情。因为王道一赴北都就公开唱起了是朱非陆的调子，态度急遽

① （明）王守仁：《与黄宗贤》书四，《王阳明全集》（新编本），第1册，第164页。

转变，甚至拒绝同阳明论辩。到七月阳明在给黄绾的信中谈到王道等人态度的变化说：

> 书来，及纯甫事，恳恳不一而足，足知朋友忠爱之至。世衰俗降，友朋中虽平日最所爱敬者，亦多改头换面，持两端之说，以希俗取容……仆在留都，与纯甫住密迩，或一月一见，或间月不一见，辄有所规切，皆发于诚爱恳恻，中心未尝怀纤毫较计。纯甫或有所疏外，此心直可质诸鬼神。其后纯甫转官北上（按：指改吏部验封北上），始觉其有恝然者。寻亦痛自悔责，以为吾人相与，岂宜有如此芥蒂，却是堕入世间较计坑陷中，亦成何等胸次？当下冰消雾释矣。其后人言屡屡而至，至有为我愤辞厉色者。仆皆惟以前言处之，实是未忍一日而忘纯甫。盖平日相爱之极，情之所钟，自如此也。旬日间，复有相知自北京来，备传纯甫所论。仆窃疑有浮薄之徒，幸吾党间隙，鼓弄交构，增饰其间，未必尽出于纯甫之口……仆平日之厚纯甫，本非私厚，纵纯甫今日薄我，当亦非私薄。然则仆未尝厚纯甫，纯甫未尝薄仆也，亦何所用心于其间哉！……仆近时与朋友论学，惟说"立诚"二字。杀人须就咽喉上著刀，吾人为学当从心髓入微处用力，自然笃实光辉。虽私欲之萌，真是洪炉点雪，天下之大本立矣。若就标末妆缀比拟，凡平日所谓学问思辩者，适足以为长傲遂非之资，自以为进于高明光大，而不知陷于狠戾险嫉，亦可哀也已！①

这封信表明阳明是用自己的以"诚意"为主的心学同两京的程朱派展开朱陆之学异同的论战的，也道出了王道最终同他在思想上决裂的根本原因。王道回避了同阳明的正面论辩，但是却在给徐爱的信中极力贬损阳明，几乎表现了要"割席断交"的决绝态度。阳明立即写了一封回信：

---

① （明）王守仁：《与黄宗贤》书五，《王阳明全集》（新编本），第1册，第164页。按：《王阳明全集》于此书题下注"癸酉"作，乃误。

> 屡得汪叔宪书，又两得纯甫书，备悉相念之厚，感愧多矣！近又与曰仁书，贬损益至，三复赧然！大趋向同而论学或异，不害其为同也；论学同而趋向或异，不害其为异也。不能积诚反躬，而徒腾口说，此仆往年之罪，纯甫何尤乎？因便布此区区，临楮倾念无已。①

这是阳明给王道的最后一封信，从此以后两人再无往来。这时两京的程朱派魏校、李承勋、邵锐等人也都采取了像王道一样的态度，主张“各尊所闻，各行所知”，朱陆之学异同的论战已难以进行下去。阳明还想挽回同王道等人的关系，他请出了黄绾来同王道、魏校、李承勋、邵锐等人斡旋，实际是把黄绾拉进了朱陆之学异同的论战中，代“师”参战。黄绾一连写了两封信给王道。第一封信论辩朱陆之学说：

> 仆卧病山中，与世隔越，忽邵思逸寄到兄手书，有“各尊所闻，各行所知”，不知何以有此？即欲修书请问，度或无益，姑止未敢。昨再得书，知不终弃，喜慰何如！且令仆言以尽同异，尤知与善盛心。夫圣人事业，广博极乎天地，其道虽大，其本只在一心。盖一心之眇，君临百骸，道德仁义由此而备，礼乐刑政由此而出，《六经》《四子》由此而作。累于私则蔽而昏，反其本则明而通。蔽而昏则无所不害，明而通则无所不用。用之则三极之道立，害之则三极之道废。今欲学圣人，惟求之吾心而已。不知反之于心，求其累与害者去之，徒以博物洽闻为有事，旁寻远觅为会通，是乃逐物而滋蔽也。故古圣传授皆以克己去私为至要，私去则心无所蔽，其体清明而天下之本立矣。故曰“皇建其有极”也，非若释、老专事生死，不恤其他。昔者朱、陆二先生皆欲明此言者也，但所造各有深浅、偏纯之异，不可皆为已知，不思补救其弊，以求自成自得之妙，从事纸墨为按图索骏之误，卒堕俗学之归，以贻轮扁之笑。昨兄书云：

---

① （明）王守仁：《与王纯甫》书四，《王阳明全集》（新编本），第1册，第170页。按：《王阳明全集》于此书题下注“甲戌”作，亦误。

"讲于子才，参之《论语集注》，无有不合。"仆不敢易，但谓兄更能以我观书，深求至当，以为先贤忠臣，岂不尤妙？仆尝曰："苟求之能变吾气质而有益于得，虽百家众说皆可取也。苟求之不能变吾气质而无益于得，虽圣言不敢轻信。若朱有益于此，则求之于朱；陆有益于此，则求之于陆，何彼我之间朱、陆之得亲疏哉？"今若不求其至，不求其是，妄立门户以为异，自矜功能以夸耀，各离合以为党，圣人之学绝不如此，吾人又可以此谓之学哉？①

黄绾论辩的口气竟比阳明还激烈。表面上，他站在超越朱陆之学的立场，用夸饰的语言全盘肯定了阳明的王学，而认为朱、陆之学各有所偏，"朱、陆二先生皆欲明此言者也，但所造各有深浅、偏纯之异"，所以对朱、陆"不可皆为已知，不思补救其弊，以求自成自得之妙"。但实际上他是偏向陆学而否定朱学，只是畏于朱学定为官方统治之学，不敢公然全盘推倒，所以他表面上又发调和朱、陆之学的论调，认为朱、陆之学所造各有深浅，"若朱有益于此，则求之于朱；陆有益于此，则求之于陆，何彼我之间朱、陆之得亲疏哉"。黄绾的这种调和朱陆之说同阳明的"朱子晚年定论"的调和之说有异曲同工之妙，可以说黄绾的调和朱陆之说为阳明的"朱子晚年定论"的出场作了先行的铺垫与暗示。

王道对黄绾的无论独尊王学还是调和朱陆之说都不能接受，他拒绝回答。黄绾便给他写了第二封信：

向日一笺，未蒙回示，深用企仰。吾兄尝称魏子才者，虽未识其人，向已闻其略矣。知子才爱玩《易传》，仆于《易》亦尝用心，但求下手之实，苟非心地精一，则不能立天下之大本；本既不立，则将何变易，随时以从道哉？且《易》为洁净精微之教，舍此不求，不知所谓洁净者何有？况体用一源，显微无间，未有体不立而用独

① （明）黄绾：《复王纯甫》书一，《黄绾集》，张宏敏编校，上海古籍出版社 2014 年版，第 335—336 页。

行，显微而二致者。阳明向与吾辈所讲，先此用力而已，自谓原无不同。子才以为不同，谅子才必自有说，吾兄必得之深矣。便中乞不惜详教，使仆得究所以同、不同之实，以俟“同人于野”，彼此之益，何如?①

黄绾旁敲侧击地批评了魏校对程颐《易传》的态度，认为要识宇宙的变易之道必须从心体上下手，心地精一，才能随时随处默识体认随顺变易之道。魏校不从心体上入手，而只就《易传》中潜玩易说，这是心体未明，大本未立，有用无体，显微二致。这是黄绾从《易》学上论辩朱陆之学的异同，是对王道、魏校的进一步批评。

因为王道、魏校仍拒不回答，黄绾把批评指向了魏校的老师李承勋，想托他从中调停。逊庵李承勋也是程朱派的中坚人物，同程朱派的胡世宁、魏校、余祐号称“南都四君子”。这时李承勋任浙江按察使，实际在背后支持魏校、王道。黄绾给他写了一封详细的长信，却转而唱起了不辨朱陆之学异同的调子。

近者京师朋友书来，颇论学术同异，乃以王伯安、魏子才为是非：是伯安者则以子才为谬，是子才者则以伯安为非。若是异物，不可以同。子才，旧于公处见其数书，其人可知。伯安，绾不敢阿所好，其学虽云高明，而实笃学，每以去心疚、变气质为本，精密不杂，殊非世俗谤议所言者，但未有所试，而人或未信。向者公尝语绾曰：“凡遇事，须将己身放开一边，则当洒然自得其理。”绾每诵以为数字符。及读《易·艮卦》云：“艮其背，不获其身。行其庭，不见其人。”然后知公言之有自，实与伯安之旨无二。子才素讲于公，学问根本宜无不同。盖皆朋友用功未力，好起争端，添驾为疑，以致有此，诚可慨也。昔者二程之学似不同于濂溪，伊川之言若有异于明道，邵、张之绪若不同于二程，但其大本之同，相观相长，卒以同归，而皆不失为善学。他如司马、吕、文、韩、富诸公，

① （明）黄绾:《复王纯甫》书二,《黄绾集》,第336—337页。

> 虽功名道德各有其志，然皆为深交笃契，为国家共济，岂如今日动辄分离也！至于晦翁、象山，始有异辩，然亦未尝不相为重。至晦翁门人，专事简册，舍己逐物，以争门户，流传至今，尽经纂辑为举业之资，遂满天下，三尺童子皆能诵习，腾诸颊舌。或及德性，即目为禅，乃以德性为外物，圣学为粗迹，道之晦蚀，一至此矣！殊不知古人所谓问学者，学此而已，学不由德性，其为何学？贤如子才，岂宜有此？绾知必不然矣。况为学之时，不啻晓天微星，并力共图，犹患寥落磨泯，颓而不振，况志之未笃，工之未力，各相排摈，销沮阻丧，实乃自坏。此事关系非细，区区朱陆之辨，姑置之可也。朱果有益于此，则求之于朱；陆果有益于此，则求之于陆，要皆自成其身而已。辱深爱，敢并及此。倘得一言子才，只以天地为度，各通其志，各尽其力，斯道之幸何如！①

黄绾的态度与看法已经暗中有了转变。一是他认为朱熹、陆九渊之学从大本上相同，虽有异辩，却相互为重，皆不失为善学；只是后来晦翁一班门人后学舍己逐物，争立门户，才使大道晦蚀，目陆学为禅学。二是他从调和朱陆之学更进一步提出了不辨朱陆之学，既然朱陆之学大本相同，因此无须争辩朱陆之学异同，“区区朱陆之辨，姑置之可也”。“无辨”，正是阳明的一贯主张。他提出的“朱子晚年定论”，也正是以为朱陆之学大本相同，区区朱陆之辨可以置而不论。可见黄绾这封信说出了阳明的心里话，也道出了阳明所以要作《朱子晚年定论》的秘密。这封信是阳明的“朱子晚年定论”接踵登场的信号，也预示着一场不同凡响的朱陆之学异同的论战竟反向地要以不辨朱陆之学异同结束了。

黄绾这种论战态度与看法的转变，更鲜明地表现在他同时给邵锐的信中。他写信给邵锐说：

> 吾人学问，惟求自得，以成其身。故曰：“诚者自成，而道自

① （明）黄绾：《复李逊庵书》，《黄绾集》，第334—335页。

道也。”实无门户可立，名声可炫，功能可矜，与朱陆之同异，有如俗学者也。苟求之能成吾身而有益于得，虽百家众说，皆可取也，况朱陆哉！……若朱有益于此，则求之于朱；陆有益于此，则求之于陆，何彼我之间朱、陆之得亲疏哉？且仆于朱书曾极力探讨，几已十年，虽只字之微，必咀嚼数四，至今批抹之本，编纂之册，皆可验也。请兄于陆书姑读之，久看所得，比之于朱何如？又比之濂溪、明道何如？则可知矣。世皆以陆学专德性而不及道问学，故疑之曰禅。凡其有言，概置之不考。有诵其言者辄命之曰禅，不复与论。是以德性为外物，圣学有二道哉！殊不知象山每以善之未明、知之未至为心疚，何不道问学之有？又其言曰：“束书不观，遊谈无根。”何不教人读书也？但其所明、所知与所读有异于人者，学者类未之思耳……又闻魏君子才学行绝出，仆极倾仰，但与阳明时有门户之驰，浅陋念此，不堪忧怅，惟恨无由一讯其故。然求吾道于此时，真所谓不绝如线。海内有志如吾徒，能有几人？只此几人而又分裂如此，不肯合并切磋，深求至当，往往自高自止，转相讥刺如世俗，斯道一脉，岂不自吾徒坏也？阳明素知其心如白日，绝无此事。魏君虽未接，得自李逊庵，及见其数书，虚己平恕，可知亦必无此。窃意为其徒者，各持胜心，或私有所怀，巧添密劓，推附开合，如昔朱陆门人，以自快一时。却不知此道塞天地，亘古今，无物不该，无人不同，可独为阳明、子才之私，象山、考亭之有也？吾兄明烛几微，身居其间，何不据理一言，以使共学吾兄之贤，何如也？①

黄绾的《复李逊庵书》与《答邵思抑书》，几乎可以说是他代阳明向两京程朱派发出的停止朱陆之学异同论战的“免战牌”。在这场论战中，阳明从开始旗帜鲜明主张明辨朱陆之学异同到最后走向调和朱陆之学与不辨朱陆之学异同，这是有不言自明的原因的：一方面，他的心学思想遭到两京保守的程朱派们的坚决抵制与反对，“攻之者环四面”，使他

① （明）黄绾：《答邵思抑书》，《黄绾集》，第332—333页。

无从展开正常的朱陆之学的论辩；另一方面，他的心学思想在论战中成了众矢之的，谤讪诋毁朝他汹汹而来，攻诋他的心学为禅，指斥他诬毁儒家圣人朱熹，奉陆氏禅学为正统；再一方面，他对定于一尊的官方程朱理学的公然批判，也引起了官方的反感与不满，把他的心学视为是同“钦定”的程朱理学相对抗的“异学”，这给阳明也造成了不小的心理压力。在论战中，就曾发生过两个不祥的小插曲，使阳明陷入了论战进退两难的困境。一是在正德十年（1515）四月，朝廷考察两京官员，监察御史方凤同时举荐了阳明与吕柟、魏校为馆阁之臣。结果朝廷起用吕柟、魏校为馆阁之臣，而阳明却落选。这显然是因为吕柟、魏校尊信官方程朱理学的“古学”，而阳明推崇陆氏心学的“异学”，深为朝廷所忌。① 二是也在正德十年（1515）四月，御史杨琠（白沙弟子）举荐阳明任南京国子祭酒。但南雍是国家传授教习程朱理学的大本营，从教授到诸生都早对阳明的朱陆之学论战怒目相视，拒斥尊崇陆学的阳明来任国子祭酒。朝廷最后选中尊信程朱理学的鲁铎任国子祭酒，阳明又一次落选。这两件事表明阳明在南都进行的朱陆之学异同论战已引起朝廷严重关注，他的朱陆之学异同论战已触犯官方程朱理学的禁网，这就是阳明最终从明辨朱陆之学异同走向调和朱陆之学异同、提出“朱子晚年定论”消泯朱陆之学异同的真正原因。他急于要从这场变得扭曲与凶险的朱陆之学异同论战的困境中挣脱出来，恰好这时加入“攻之者环四面”论战的程朱派中坚程瞳写出了《闲辟录》，并把它寄给了阳明，从反面触发了阳明作《朱子晚年定论》以调和消泯朱陆之学异同的“灵感”。

---

① 方凤《改亭奏草》中《为崇古学用正人以裨圣治事》：“臣见南京鸿胪寺卿王守仁，性资沉毅，学识渊深，忠节不变于险夷，才猷可济于纷乱。翰林院养病修撰吕柟，学行纯明，出处高洁，养之深而有不可测之度，持之固而有不可易之守。兵部职方清吏司养病郎中魏校，禀赋既充，学力尤邃，修己有实践之功，应物无虚余之行。之三臣者，心慕古人，望隆当世，诚圣代之人瑞，士林之师式也。使隆以馆阁之任，必能敬敷教化，而覃至治之泽，其守经之仁，行权之智，必有异乎寻常者。臣近见王守仁议论英发，精力方强；及闻吕柟、魏校前疾愈可，而乃置之善地，讬以病乡，揆之事体，似非所宜。伏望皇上特敕吏部，将三臣越次起用……”

三 《朱子晚年定论》的诞生："陆化朱学"

程曈的《闲辟录》写成于正德十年（1515）四月。[①] 他作《闲辟录》就是要大力排辟程敏政《道一编》中的"朱子晚年定论"之说。阳明深受程敏政《道一编》的影响，从贬谪龙场驿以来就形成了"朱子晚年定论"的思想。在朱陆之学异同论战中，他也同门人弟子与程朱派谈起自己的"朱子晚年定论"思想，其说已经传出，所以程曈把自己专攻程敏政"朱子晚年定论"之说的《闲辟录》寄给阳明，也显然有旁攻阳明"朱子晚年定论"之说的深意。阳明当然不会接受程曈《闲辟录》的批判责难，恰相反，它倒及时"提醒"了阳明仿效程敏政的手法作《朱子晚年定论》来终结这场朱陆之学异同论战的纷争。正德十年（1515）十一月一日，阳明写成《朱子晚年定论》，一方面是对程曈的《闲辟录》的回击，另一方面径自宣告了朱陆之学异同论战的结束。

阳明明确说自己所以作《朱子晚年定论》是要停息朱陆之学异同论战的纷争，"取朱子晚年悔悟之说，集为《定论》，聊藉以解纷耳"。但是他却有意隐去了他的"朱子晚年定论"之说袭用自程敏政《道一编》的事实，用《朱子晚年定论》掩盖了他对朱陆之学异同的真实看法。他在《朱子晚年定论序》中说了一大段言不由衷的话：

> 圣人之道坦如大路……独于朱子之说有相牴牾，恒疚于心，切疑朱子之贤，而岂其于此尚有未察？及官留都，复取朱子之书而检求之，然后知其晚岁固已大悟旧说之非，痛悔极艾，至以为自诳诳

---

① 按：程曈《闲辟录》写成于正德十年（1515）四月，《闲辟录》前有程曈《闲辟录序》，署"正德乙亥四月既望新安程曈序"。阳明《朱子晚年定论序》云："然且慨夫世之学者徒守朱子中年未定之说，而不复知求其晚岁既悟之论，竞相呶呶，以乱正学。"这里说的"竞相呶呶"，首先就指程曈，可见阳明在作《朱子晚年定论》之前已见到程曈的《闲辟录》。又阳明《与安之》书中云："近年篁墩诸公尝有《道一》等编，见者先怀党同伐异之念，故卒不能有入，反激而怒。"这里说的"怀党同伐异之念""反激而怒"的"见者"，也指程曈。

> 人之罪，不可胜赎。世之所传《集注》《或问》之类，乃其中年未定之说，自咎以为是旧本之误，思改正而未及，而其诸《语类》之属，又其门人挟胜心以附己见，固于朱子平日之说犹有大相谬戾者，而世之学者局于见闻，不过持循讲习于此。其于悟后之论，概乎其未有闻，则亦何怪乎予言之不信，而朱子之心无以自暴于后世也乎？予既自信其说之不谬于朱子，又喜朱子之先得我心之同然，且慨夫世之学者徒守朱子中年未定之说，而不复知求其晚岁既悟之论，竞相呶呶，以乱正学，不自知其已入于异端，辄采录而裒集之，私以示夫同志，庶几无疑于吾说，而圣学之明可冀矣。

只要把阳明《朱子晚年定论序》中说的这番话同他同时由陆澄、薛侃记的传习语录（《传习录》卷上）相比较，就可以清楚看出《朱子晚年定论序》中的说法是完全不真实的。在陆澄、薛侃所记的传习语录中，充满了大量激烈批判朱学的话语，并把自己的心学同朱学划清了不可调和的界限，他反朱学的立场是毫不动摇的，终其一生他都坚持是陆反朱的批判立场不变，这才是阳明对朱学的真实看法与态度。就在阳明写《朱子晚年定论》的同时，他自定了《大学》古本，作了《格物说》，把它们献给了湛若水，这个《大学》古本与《格物说》都是严辨朱陆之学、批判朱学的，这才是阳明的真实看法，所谓“朱子晚年定论”的调和之说，不过是对他一贯的是陆反朱的心学立场的一种掩饰与托词，也是针对当时程朱派的攻诋与自己触犯官方程朱理学禁网的巧妙的自我保护与反讽。阳明提出“朱子晚年定论”的真实目的，不过是要将朱学陆化，以此消解朱学，尊崇陆学。他在序中说朱熹“晚岁固已大悟旧说之非，痛悔极艾，至以为自诳诳人之罪，不可胜赎”，分明是阳明在“陆化朱学”时子虚乌有的虚构，正像他在《游海诗》中虚构了一个“游海遇仙”的荒诞故事一样。因此他的《朱子晚年定论》也同他的《游海诗》一样，不过是他的论战自我保护与反讽程朱派“世儒”的诡辩游戏文字，用阳明自己的话说，就是“聊藉以解纷”而已，本不能视为一部严肃的学术著作。

程敏政是“朱子晚年定论说”的始作俑者（其说可上溯到元末赵汸

的朱陆“合并于暮岁”说），阳明的《朱子晚年定论》完全承袭了程敏政的《道一编》而又加以极端的发展。程敏政早在弘治二年（1489）写成的《道一编》中提出了“朱子晚年定论说”，认为朱陆二家的思想“始异而终同”。《道一编》无根据地分朱陆思想同异为三个阶段：“始焉如冰炭之相反，中焉则疑信相参半，终焉若辅车之相依，晚年定论终同”。于是他从朱熹集中捕风捉影地选取了十五篇书，以证成其所谓“朱子晚年定论”之说。但他对这十五篇书的写作年代没有考订，究竟每篇书作于何时，朱熹晚年“悟”到了什么，“同”在哪里，他自己都无法说清，所以他的朱陆思想“始异终同说”一眼可见是不能自圆其说的荒诞虚构。程瞳在《闲辟录》中考订了朱熹这十五篇书的写作年代，指出程敏政故意颠倒书的写作时间，或将早年之书当作晚年，或将晚年言论当作早年，揭露了他的虚构、伪造，实际已推翻了程敏政的“朱子晚年定论”的伪说，误案已判。尽管如此，阳明却还是发现了程敏政的“朱子晚年定论”之说的特殊价值，对他当下用来回击程朱派的攻诋与结束朱陆之学异同论战有着说不出的用处，所以他仍然绕开了程瞳的批判，全盘袭用程敏政的“朱子晚年定论”之说，写出了《朱子晚年定论》。阳明的“晚年定论”说法比程敏政走得更远，他从朱熹集中选取了三十四篇书信，想以此来进一步证成己说。在这三十四篇书信中，有八篇同于程敏政的《道一编》，阳明袭用《道一编》之迹一目了然。因为程敏政的“朱子晚年定论”之说本来漏洞百出，不攻自破，所以阳明的《朱子晚年定论》在袭用程敏政的《道一编》的同时，也就承袭了程敏政之说的两个致命的错误。

一是同程敏政一样，阳明对所选的三十四篇书信的写作年代也没有考订，想当然地一概定为朱熹晚年的书信，实际其中不少都是朱熹的早年书信，反映的是他早年的思想，而不是晚年的思想。用早年的书信来论证晚年的“定论”，这在逻辑上是悖谬不通的。尤其是在朱熹的文集中，有成百上千的大量的朱熹晚年写的书信文章（还有著作），可以清楚地看出朱熹晚年的真实思想，根本不存在什么朱熹晚年思想已转向陆学的事，阳明不顾朱熹这些大量的晚年书信文章上反映的真实思想，只拈取几篇书信似是而非地从“字面”上指认朱熹晚年思想已转向陆学，这种只举一点、不论其余、罔顾事实、自我臆断的手法，在逻辑上也是悖谬不通的。

二是同程敏政一样，阳明只是罗列了三十四篇书信，不作分析论述，不指明每一篇书信究竟反映了朱熹什么样的“定论”，他究竟转向了陆学什么样的思想。实际上，对朱熹晚年的“定论”究竟是什么，朱熹晚年究竟“大悟”到了什么，阳明从来不明说，含糊其辞，使人捉摸不透。本来，所谓朱陆思想早异晚同，自然是指朱熹晚年思想已转向陆学，与陆学相同。所以阳明说的朱熹的“晚年定论”应该是指朱熹晚年放弃了自己的朱学，转以陆学为定论。但是阳明为此所引证的三十四篇书信，没有一篇能够证明朱熹晚年已转向了陆学，没有一篇能够证明朱熹晚年大悟到了陆学。因为朱熹书信中说的“自觉其误”“自悔”“自悟”，不过是说他对某一事物或某个问题认识上的变化提高，如对《四书》的注说，他的认识不断变化，自觉前说之误，不断修改旧说，一直到死他都在修改他的《四书集注》，这哪里是说他大悟到了陆学，转向了陆学呢？所以他引证的三十四篇书信，充其量只能证明朱熹对某一事物认识的前后变化提高，完全不能证明朱熹晚年已大悟陆学，转向陆学，与陆学同。结果，这三十四篇书信适得其反地倒过来有力地证明了阳明“朱子晚年定论”的错误。如阳明引了一篇朱熹《答何叔京书》：“向来妄论‘持敬’之说……钦夫之学所以超脱自在，见得分明，不为言句所桎梏，只为合下入处亲切。”朱熹这篇书信作在乾道中，分明是说他早年的“主敬”之悟的，他在张栻（张栻“持敬”）的影响下，大悟了二程的“涵养须用敬，进学则在致知”，确立了自己朱学的学问大旨（敬知双修），这时陆九渊的陆学尚未形成，哪里是什么大悟陆学、与陆学“同”呢？事实正相反，朱熹的“主敬”恰同陆九渊的“主悟”相对立，而阳明也最激烈反对批判朱熹的“主敬”思想（见《传习录》中陆澄、薛侃所记语录），他在《朱子晚年定论》中引证朱熹这篇书信，却肯定了他的“主敬”之悟，这不是自攻己说，反叛己说了吗？他引证的三十四篇朱熹书信类多如此。

正因《朱子晚年定论》承袭了程敏政《道一编》的两个致命错误，所以他公开刊刻《朱子晚年定论》不仅没能停止朱陆之学异同的论战，相反激起了程朱派更猛烈的攻击。钱德洪在《朱子晚年定论序》中居然连起码的事实都不顾说:“朱子病目静久,忽悟圣学之渊薮,乃大悔中年著述误己误人,遍告同志。师阅之,喜己学与晦翁同,手录一卷,门人刻行之。自是为朱子论异同者寡矣。师曰:‘无意中得此一助!’”这种为师尊讳的夸饰虚言掩盖了事情的真相。实际阳明的《朱子晚年定论》公开刊刻后,信之者寥寥无几,攻之者汹汹而至。像程瞳一连写出了《朱子晚年定论考》《朱子早年定论》《阳明传习录考》等,抨击的矛头从程敏政的《道一编》直接指向了阳明的《朱子晚年定论》与《传习录》。余祐写出了《性论》三卷,同阳明展开进一步论辩。《明史》中的《余祐传》说:

> 祐之学,墨守师说……时王守仁作《朱子晚年定论》,谓其学终归于存养。祐谓:“朱子论心学凡三变,《存斋记》所言,乃少时所见;及见延平,而悟其失;后闻五峰之学于南轩,而其言又一变;最后改定已发未发之论,然后体用不偏,动静交致其力,此其终身定见也。安得执少年未定之见,而反谓之晚年哉?”其辨出,守仁之徒不能难也。

汪循写出了《闲辟辩》,为程瞳的《闲辟录》张大声势,推波助澜。“姚江三廉”之一的胡铎写出了《异学辨》,以陆学为异学,专攻阳明的《朱子晚年定论》。张文渊写出了《卫道》一书,捍卫朱学不被“陆化”,完全否定了阳明的“朱子晚年定论”之说。夏尚朴也一针见血地指出了阳明“朱子晚年定论说”的错误,他在《滁州省愆录》中说:

> 朱陆同异之辩,前辈已有定论,细观其书,当自见之。今就其中摘其一二稍稍同处,遂欲会而为一,非所谓不揣其本而齐其末、方寸之木可使高于岑楼者耶?近时诸公力扶象山之学,极诋朱子之学支离,盖亦未能平心易气细观其书以致然耳。王钦佩尝谓予云:“朱子所著诸书,或有初言未定之论,兼门人记录未能尽得其意者,亦或有之。吾辈观之,但择其好处。今王阳明专择其不好处来说,岂不是偏耶?”

对阳明《朱子晚年定论》批判最有力的是罗钦顺。他本来在南都就加入了朱陆之学异同的论战，对阳明的是陆反朱的真实立场十分清楚。当阳明把《朱子晚年定论》连同他定的《大学古本》（按：这两本书是矛盾对立的）寄给罗钦顺时，罗钦顺写了一封长信尖锐地批判说：

又详《朱子定论》之编，盖以其中岁以前所见未真，爰及晚年，始克有悟，乃于其论学书尺三数十卷之内，摘此三十余条，其意皆主于向里者，以为得于既悟之余，而断其为定论。斯其所择宜亦精矣，第不知所谓晚年者，断以何年为定？羸躯病暑，未暇详考，偶考得何叔京氏卒于淳熙乙未，时朱子年方四十有六，而后二年丁酉，而《论孟集注》《或问》始成。今有取于答何书者四通，以为晚年定论。至于《集注》《或问》，则以为中年未定之说。窃恐考之欠详，而立论之太果也。又所取《答黄直卿》一书，监本止云“此是向来差误”，别无“定本”二字。今所编刻，增此二字，当别有据。而序文中又变“定”字为“旧”字，却未详本字同所指否？朱子有《答吕东莱》一书，尝及定本之说，然非指《集注》《或问》也。凡此，愚皆不能无疑，顾犹未足深论。窃以执事天资绝出，而日新不已，向来恍若有悟之后，自以为证诸《五经》《四子》，沛然若决江河而放诸海，又以为精明的确，洞然无复可疑，某固信其非虚语也。然又以为独于朱子之说有相牴牾，揆之于理，容有是耶？他说姑未敢请，尝读《朱子文集》，其第三十二卷皆与张南轩答问书。内第四书，亦自以为“其于实体似益精明，因复取凡圣贤之书，以及近世诸老先生之遗语，读而验之，则又无一不合。盖平日所疑而未白者，今皆不待安排，往往自见洒落处”。与执事之所以自序者，无一语不相似也。书中发其所见，不为不明，而卷末一书，提纲振领，尤为详尽。窃以为千圣相传之心学，殆无以出此矣，不知何故，独不为执事所取，无亦偶然也耶？若以此书为然，则《论语集注》《学庸章句》《或问》不容别有一般道理，虽或其间小有出入，自不妨随处明辨也。如其以为未合，则是执事精明之见，决与朱子异矣。凡此三十余条者，不过姑取之以证成高论，而所谓“先得我心之所同然者”，安知不有毫厘之不同者为祟于其间，以成牴牾之大隙哉！恐不可不详推其所以然也。

又执事于朱子之后，特推草庐吴氏，以为见之尤真，而取其一说，以附于三十余条之后。窃以草庐晚年所见端的与否，良未易知。盖吾儒昭昭之云，释氏亦每言之，毫厘之差，正在于此。即草庐所见果有合于吾之所谓昭昭者，安知非其四十年间鉆研文义之效，殆所谓“真积力久而豁然贯通”者也？盖虽以明道先生之高明纯粹，又早获亲炙于濂溪，以发其吟风弄月之趣，亦必反求诸《六经》而后得之。但其所禀，邻于生知，闻一以知十，与他人极力于鉆研者不同耳，又安得以前日之鉆研文义为非，而以堕此科臼为悔？夫得鱼忘筌，得兔忘蹄可也，矜鱼兔之获，而反追咎筌蹄以为多事，其可乎哉？然世之徒事钻研，而不知反说约者，则不可不深有儆于斯言也。抑草庐既有见夫所谓昭昭者，又以“不使有须臾之间断”，为庶几乎尊之之道，其亦然矣。而下文乃云：“余此有未能，则问于人，学于己，而必欲其至。”夫其须臾之间间断与否，岂他人之所能与？且既知所以尊之之道在此，一有间断则继续之而已，又安得以为“未能”，而别有所谓学哉？是则见道固难，而体道尤难。①

罗钦顺对阳明的《朱子晚年定论》作了中肯的评说。到嘉靖中，随着“学禁”的兴起，更有陈建起来作《学蔀通辨》，对程敏政的《道一编》与阳明的《朱子晚年定论》作了全面的批判考辨，了结了这一桩朱陆之学异同纷争中的“奇案”。因此可以说，阳明同两京程朱派的朱陆之学异同的论战，因他的《朱子晚年定论》这一部有争议的书而最终失败了，也为后来的嘉靖“学禁”的兴起埋下了祸种。但是阳明却更坚定不屈地走着自己的心学之路，他对这场论战挫折进行了自我反思，升华自己的批判朱学的心学思想，走上了“良知说”的觉悟新路，扬弃了“朱子晚

① （明）罗钦顺：《与王阳明书》（一），《困知记》附录，阎韬点校，中华书局 1990 年版，第 110 页。

年定论”旧说，到晚年他就像否弃了《游海诗》一样否弃了《朱子晚年定论》。不可思议的是后来钱德洪在隆庆六年（1572）编订阳明全书时，又莫名其妙地捡起这本《朱子晚年定论》，不伦不类地编入《传习录》中（附最末），反倒贬损了《传习录》中阳明鲜明批判朱学的心学锋芒，误导了不明真相的后人对阳明“朱子晚年定论”旧说的认识。五百年来人们竟为阳明的“朱子晚年定论”这一桩早已了结的过时公案展开了纷争论辩，就不能不说是一场喜剧性的历史误会了。①

自然，从批判僵化保守的官方程朱理学的积极意义看，阳明同两京程朱派的朱陆之学异同论战却产生了巨大的影响与效应。可以说这是正德以来新兴崛起的心学派向禁锢士人头脑的官方程朱理学统治思想发起的第一次公开的挑战。他的《朱子晚年定论》，与其说是他在对朱陆之学的异同作严肃的经院式的学术讨论，不如说是他在用调侃嘻嘲的笔法讽刺那些保守可笑的程朱派“世儒”，冲击被官方定为神圣独尊偶象的程朱理学的禁网。他用“朱子晚年定论说”的反讽武器对官方程朱理学的挑战虽然失败，但却为他后来用“良知说”的批判武器对官方程朱理学的挑战准备了条件。从这一意义上说，阳明的以“陆化朱学”消解朱学的《朱子晚年定论》，在实际上也仍起到了一定的批判当时官方僵化的程朱理学与保守的程朱派的作用。

---

① 按：今人又有把阳明的“朱子晚年定论说”视为是一种“会通朱陆”“和会朱陆”的思想，把它归入元明以来兴起流行的“会通朱陆”的思潮中，也是错误的。阳明的“朱子晚年定论说”实质上是一种是陆反朱的思想，是在虚构所谓“朱子晚年定论”的掩盖下以陆反朱。阳明的心学就是一种反朱学的思想体系，他一生都持批判否定朱学的立场，从来没有想要“和会朱陆”“会通朱陆”。

朱子论天地以生物为心*

唐文明

（清华大学哲学系）

摘要：朱子在《仁说》中明确提出天地以生物为心的思想，但要充分理解这一思想，最好结合《太极图说解》：周敦颐太极图的五层圈实际上与《易传》“太极生两仪，两仪生四象，四象生八卦，八卦定吉凶”直接对应，且其中第四层圈“乾道成男，坤道成女”的确切含义即是以八卦命名的家庭人伦秩序；按照朱子的理解，我们可以推知，太极图每相邻的两层都有天地之心的作用，也就是说，太极图其实也可以称作天地之心图；朱子特别重视天地之心的主宰含义，在其思想架构中，天地之心的理论功能是统合理气，也就是说，与工夫论层面的心统性情相应，宇宙论层面则是心统理气。

关键词：朱子　《仁说》　天地之心

《仁说》一文，是朱子“中和新悟”之后所作，对于理解朱子的思想有着极其重要的意义。① 《仁说》分五段，除最后一段只是一句写作说明外，前面四段从结构上来说包括总论、拓论与驳论三部分。第一段是

---

* 本文为作者提供给中华孔子学会2018年年会的论文，另已发表于《清华大学学报》（哲学社会科学）2019年第1期。

① 陈来认为，《仁说》作于乾道壬辰，即朱子43岁时。参见陈来《朱子哲学研究》，华东师范大学出版社2000年版，第221页。牟宗三在《心体与性体》第3册用了近200页的篇幅专章论述朱子《仁说》及与《仁说》相关的论辩过程，显然他意识到《仁说》一文的重要性，尽管他对朱子在宋明儒学史上的地位的评价充满偏见。参见牟宗三《心体与性体》，上海古籍出版社1999年版。

总论，提出一篇的核心观点，即以天地之心说仁，具体内容包括三层意思：天地以生物为心；人物之生，各得夫天地之心以为心；心之德之总名曰仁。第二段是拓论，是对总论的进一步展开，包括两部分内容：先讲心之德，以仁包四德说明心之德何以总摄贯通无所不备；后讲心之道，以即物而在说明道无非是天地之心的临在与充满，然后聚焦于情之未发已发引出圣贤工夫即在求仁，而归之于克己复礼。① 第三段和第四段是驳论，辩驳程门弟子在工夫问题上的流离与偏失。本文结合《太极图说解》及《朱子语类》中的相关文献记载，探讨总论中的“天地以生物为心”。

在现代以来关于宋代儒学的研究中，只有少数学者把天地作为单独的主题加以探讨。大多数学者在讨论相关问题时往往聚焦于太极与天地万物之间的关系这一主题。在这样一个问题化的方式中，天地与万物被合并在一起笼统言之，并不一定分开进行专门的讨论。既然天地是万物的创生者，那么，严格来说，天地不能被等同于万物。因此，在理解朱子“天地以生物为心”的观点时，首先将天地作为单独的主题提出来是有意义的。

然而，仅《仁说》一篇并不能呈现朱子对天地的深层看法。就朱子的思想体系而言，《太极图说解》其实是进入天地主题的一个恰当线索。周敦颐的《太极图说》以赞易作结，且在结尾处引用了《易传》中的两段话：“故曰：‘立天之道曰阴与阳，立地之道曰柔与刚，立人之道曰仁与义。’又曰：‘原始反终，故知死生之说。’”朱子在解释这两段引文时说：

> 阴阳成象，天道之所以立也；刚柔成质，地道之所以立也；仁义成德，人道之所以立也。道，一而已，随事著见，故有三才之别，而于其中又各有体用之分焉，其实则一太极也。阳也，刚也，仁也，物之始也；阴也，柔也，义也，吾之终也。能原其始而知所

① 有些版本也将这一段分为两段，以两个“盖”字起头。

以生，则反其终而知所以死矣。此天地之间，纲纪造化，流行古今，不言之妙。圣人作《易》，其大意盖不出此，故引之以证其说。①

将朱子这里的解释与周敦颐所传太极图的五层圈对照起来看，我们能够得到这样的理解：太极图中的第一层圈是太极，我们知道朱子以理言之；第二层圈是阴阳，对应天道；第三层圈是五行，对应地道；第四层圈是男女，对应人道；第五层圈指向生活世界，对应万物化生之道。这个理解的要点首先当然在于朱子继承周敦颐援引《易传》来解释太极图，即以阴阳论天道，以五行（刚柔）论地道，其次还在于朱子以阴阳与五行分论气与质，所谓"阴阳五行，气质交运"，类似的说法也见诸《语类》。

阴阳是气，五行是质。有这质所以做得物事出来。五行虽是质，他又有五行之气做这物事，方得。然却是阴阳二气截做这五个，不是阴阳外别有五行。②

从这里"不是阴阳外别有五行"的引文可以清楚地看到，说太极图的第二、三、四层圈分别对应天、地、人之道，并非是在提出一种将三者隔绝的理解，恰恰相反，《太极图说》显然是要强调太极到万物之间的连续性。但也恰恰是在连续性这一运思方向上，太极图中仍有隐含的意蕴至今没有被揭示出来。朱子明确说到了第二层圈与第一层圈、第三层圈与第二层圈之间的关系：阴阳无非太极，太极以动静呈现于阴阳，所以阴阳属气，太极具焉；五行无非阴阳，阴阳不分则不合，分而相合则有四，

---

① （宋）朱熹：《太极图说解》，载朱杰人、严佐之、刘永翔主编《朱子全书》，上海古籍出版社、安徽教育出版社2010年版，第13册，第76页。

② （宋）朱熹：《朱子语类》卷1，载朱杰人、严佐之、刘永翔主编《朱子全书》，第14册，第123页。朱子论阴阳五行，推崇邵雍和张载，故《朱子语类》卷1中有这样的记载："论阴阳五行，曰：'康节说得法密，横渠说得理透'。"载朱杰人、严佐之、刘永翔主编《朱子全书》，第14册，第124页。

故阴阳之流行有五，谓之五行。那么，在第四层圈与第三层圈、第五层圈与第四层圈之间，是否也存在着类似于第二层圈与第一层圈、第三层圈与第二层圈之间的关系呢？

答案无疑是肯定的，否则整个太极图就会出现一种不应有的断裂。第四层圈与第三层圈之间的关系，也就是“乾道成男，坤道成女”与五行之间的关系。那么，究竟该如何理解这里的人道与道之间的关系呢？一个现成的看法似乎是，既然人得阴阳五行之秀气而生，那么，分为男女不同性别的人类与前一层的五行就具有连续性。这样理解自然没有错，但并没有把这一关系的全部意蕴揭示出来。既然周敦颐引用《易传》天道、地道、人道来对应中间这三层圈，那么，第四层圈就不是简单地说明人作为一个种类得阴阳五行之秀气，而是试图刻画人道。于是问题就在于：究竟如何理解人道？朱子依据《易传》解释说：“仁义成德，人道之所以立也。”思考到这一步，答案或许就呼之欲出了，只要我们不会忽略仁义与人伦的紧密关联。孟子说：“仁之实，事亲是也；义之实，从兄是也。”（《孟子·离娄上》）既然仁义之实是事亲从兄，那么，人道无非就是人伦之道。回到太极图，我们不难想到，第四层圈“乾道成男，坤道成女”的确切含义实际上就是在《周易》中以八卦命名的家庭人伦秩序：乾坤为父母，生养了长男、长女、中男、中女、少男、少女六个子女。其实，另一个理解的途径是，周敦颐所传太极图实际上与《易传》中论及八卦的那段话是完全对应的：“易有太极，是生两仪；两仪生四象，四象生八卦；八卦定吉凶。”请注意这里的对应关系：两仪对应天道，四象对应地道，八卦对应人道。① 也就是说，太极图中“乾道成男，坤道成女”这一层圈对应八卦，其切实的伦理含义即指向由夫妇、父子、兄弟共同构成的家庭人伦秩序，此即王夫

---

① 在《阴阳与象数》一文中，笔者曾经指出，《周易》中论及太极与八卦的那段话与《老子》中“道生一，一生二，二生三，三生万物”的看法也是完全一致的，并进而指出了很多流行的错误理解，其中关键的是要意识到，《老子》中的“道”对应《周易》中的“太极”，“一”对应“两仪”，“二”对应“四象”，“三”对应“八卦”。参见万俊人主编《清华哲学年鉴》，2005 年卷，当代中国出版社 2007 年版。在这一理解中，四象与五行属于同一个层次，至于为何在这里呈现出四与五的差异，尚需专门论述。

之所谓“圣学为人道之本”。①

① 王夫之《张子正蒙注》卷9“乾称篇上”云：“此篇张子书于四牖示学者，题曰《订顽》；伊川程子以启争为疑，改曰《西铭》。龟山杨氏疑其有体无用，近于墨氏，程子为辨明其理一分殊之义，论之详矣。抑考君子之道，自汉以后，皆涉猎故迹，而不知圣学为人道之本。然濂溪周子首为《太极图说》，以究天人合一之原，所以明夫人之生也，皆天命流行之实，而以其神化之粹精为性，乃以为日用事物当然之理，无非阴阳变化、自然之秩叙，有不可违。然所疑者，自太极分为两仪，运为五行，而乾道成男，坤道成女，皆乾、坤之大德，资生资始，则人皆天地之生，而父母特其所禅之几，则人可以不父其父而父天，不母其母而母地，与《六经》《语》《孟》之言相为蹠盭，而与释氏真如缘起之说虽异而同。则濂溪之旨，必有为推本天亲合一者，而后可以合乎人心，顺乎天理而无敝。故张子此篇不容不作，而程子一本之说，诚得其立言之奥，而释学者之疑。窃尝沉潜体玩而见其立义之精。其曰‘乾称父，坤称母’，初不曰‘天吾父，地吾母’也。从其大者而言之，则乾坤为父母，人物之胥生，生于天地之德也固然矣；从其切者而言之，则别无所谓乾，父即生我之乾，别无所谓坤，母即成我之坤。惟生我者，其德统天以流形，故称之曰父；惟成我者，其德顺天而厚载，故称之曰母。故《书》曰：‘唯天地万物父母’，统万物而言之也；《诗》曰：‘欲报之德，昊天罔极’，德者，健顺之德，则就人之生而切言之也。尽敬以事父，则可以事天者在是；尽爱以事母，则可以事地者在是；守身以事亲，则所以存心养性而事天者在是；推仁孝而有兄弟之恩、夫妇之义、君臣之道、朋友之交，则所以体天地而仁民爱物者在是。人之与天，理气一也，而继之以善，成之以性者，父母之生我，使我有形色以具天性者也。理在气之中，而气为父母之所自分，则即父母而溯之，其德通于天地也，无有间矣。若舍父母而亲天地，虽极其心以扩大而企及之，而非有恻怛不容已之心，动于所不可昧。是故于父而知乾元之大也，于母而知坤元之至也，此其诚之必几，禽兽且有觉焉，而况于人乎！故曰‘一阴一阳之谓道’，乾、坤之谓也；又曰‘继之者善，成之者性’，谁继天而善吾生？谁成我而使有性？则父母之谓矣。继之成之，即一阴一阳之道，则父母之外，天地之高明博厚，非可躐等而与之亲，而父之为乾，母之为坤，不能离此以求天地之德，亦昭然矣。张子此篇，补天人相继之理，以孝道尽穷神知化之致，使学者不舍闺庭之爱敬，而尽致中和以位天地、育万物之大用，诚本理之至一者以立言，而辟佛、老之邪迷，挽人心之横流，真孟子以后所未有也。惜乎程、朱二子引而不发，未能洞示来兹也！”（明清）王夫之：《张子正蒙注》，中华书局1975年版，第313—315页。王夫之这一段话概括性很强，指出周敦颐《太极图说》对宇宙秩序的开示在关键处尚欠明晰，而张载的《西铭》则将宇宙秩序中的差等性进一步呈现出来了，程颐则以其“理一分殊”之论进一步表达出对差等的高度尊重，揭示了周、张二人立言的奥秘，解释了后学者可能的疑惑，虽然他也批评“程、朱二子引而不发，未能洞示来兹”。其实，正如程颐明确提出“理一分殊”使我们对于《西铭》不会再有杨时那样的疑惑或可能的误解一样，只要我们明确指出《太极图说》中第四层圈的“乾道成男，坤道成女”对应指向家庭人伦秩序的八卦系统，那么，对于《太极图说》中的宇宙秩序及其伦理含义，类似的疑惑或可能的误解也就不会再有了。相应地，那种认为《太极图说》并未呈现儒教宇宙观从而质疑周敦颐是否有资格成为理学开山鼻祖的看法也就可以平息了。

第五层圈与第四层圈之间的关系，即万物化生之道与人道的关系。①周敦颐的《太极图说》在说明这种关系时诉诸“人极”：“惟人也，得其秀而最灵。形既生矣，神发知矣，五性感动，而善恶分、万事出矣。圣人定之以中正仁义而主静，立人极焉。”朱子在解释这一段时正是以天地之心论“人极”。

> 盖人物之生，莫不有太极之道焉。然阴阳五行，气质交运，而人之所禀独得其秀，故其心为最灵，而有以不失其性之全，所谓天地之心，而人之极也。然形生于阴，神发于阳，五常之性，感物而动，而阳善阴恶又以类分，而五性之殊散为万事。盖二气五行，化生万物，其在人者又如此。自非圣人全体太极有以定之，则欲动情胜，利害相攻，人极不立，而违禽兽不远矣。②

一方面，人之为人，在于与万物相比“其心为最灵”，“有以不失其性之全”，在于天地之心；另一方面，人禀受天地之气以为形体，不免驳杂而有利欲之求。正是人的这两个不同方面共同决定了人在三才之道中的独特地位：作为有行动能力的践行者，人是道得以流行的最关键因素。人若利欲熏心而不以天地之心主之则道断不能行，道不能行则万物不能各得其所。万物的成就离不开人的精心呵护与照看，而天地之心正是人能

---

① 以地道、人道与万物之道分别刻画《太极图说》的第三、四、五层圈，或许还需要解释一些可能的疑惑。有人会说，既然第三层圈的五行就已经是在讲万物了，那么，这与第五层圈讲万物如何区别？还有，既然人也属于万物，那么，将人道置于地道与万物之道之间的理据何在？这两个疑惑显然具有一定的相关性，对此笔者的回答是，第三、四、五层圈的确皆可关联于万物来理解，但各自的关联方式并不相同，具体来说，第三层圈指向万物的产生，因而还停留于对万物的质的分类，即五行；第四层圈则是从万物中分出人类这一独特的物种，就其独特性而言则在于人的性不同于其他物种的性，因而也可以说是进一步对万物的性的分类；第五层圈则指向万物的化生，包含着应然的维度，因而不再停留于分类，而是指向具体的生活世界，由具体的人来照管具体的事物，要求对于个体的差异给予充分的尊重，且以“各正性命、保合太和”为人文化成的理想方向。因此，从程、朱等人更成熟、更完善的理学形态看，《太极图说》所揭示的，正是“理一分殊”的宇宙化生过程。

② （宋）朱熹：《太极图说解》，载朱杰人、严佐之、刘永翔主编《朱子全书》，第13册，第74页。依据陈来，《太极图说解》初稿成于乾道庚寅，定稿成于乾道癸巳。见《朱子哲学研究》，第77页。

够呵护和照看万物的终极依凭，所以才能说“苟非此心寂然无欲而静，则亦何以酬酢事物之变，而一天下之动哉”①。换言之，如果说天地是万物的创造者，那么，人就是万物的成就者。无疑这正是《易传》关于人与万物的关系的核心思想，也是孟子说“万物皆备于我”的确义。因此，第五层圈与第四层圈之间的关系应当这么来理解：人天生就是万物的成就者，因其有最灵之心，能得天地之心以为心。在这个意义上，人其实就是道的枢纽，人文化成就是宇宙运行的一个本来向度。

不难注意到，如此理解的两层圈之间的关系和前面几层圈之间的关系似乎并不在同一个意义上：前面几层圈之间的关系看起来是在描述实然，这两层圈之间的关系则是在启示应然。既然人能够赞天地之化育的根本原因在于人能得天地之心以为心，那么，这里就不存在实然与应然的断裂，反倒是说，实然要求应然，应然成就实然。换言之，只要还能在包含天、地、人三极的宇宙目的论的高度上理解人的意义，也就是把握住了人在三才之道中的地位与功能，实然与应然就保持着原始的统一性。

因此，概括来说，太极图的五层圈分别对应太极、天道、地道、人道和万物之道，太极通贯于天，天通贯于地，地通贯于人，人总承太极天地而通贯于万物。② 如果皆以道之总名来刻画的话，那么，可以说，太极为道之源，天为道之运，地为道之行，人为道之枢，万物为道之器。这也意味着，就人的认知而言，论天不能脱离太极，论地不能脱离天，论人不能脱离地，论物不能脱离人，一环承接一环，一环紧扣一环。

在基本上澄清了朱子在理气论思想架构中如何理解天地之后，我们就可以直接进入朱子关于天地之心的看法了。③ 关于天地有心还是无心，

---

① （宋）朱熹：《太极图说解》，载朱杰人、严佐之、刘永翔主编《朱子全书》，第13册，第75页。

② 前文说“人道无非就是人伦之道”，是仅就人的生活秩序而言，是狭义的人道；这里说“人总承太极天地而通贯于万物”，也可以说是广义的人道，是就宇宙运行、万物化生而言的。

③ 对于天地之心这一观念的思想史考察，可参见陈来《仁学本体论》，生活·读书·新知三联书店2014年版，第227页；另亦参见陈来《宋明儒学的“天地之心”论及其意义》，《江海学刊》2015年第3期。对于究竟如何理解天地之心，迄今为止的探讨远远不够，这正是本文的着力之处。这一义理导向的探讨自然也涉及朱子如何综合前人的理解而形成对天地之心的更为全面的看法这一思想史问题，因而本文也有材料方面的补充，特别是挖掘了王弼、孔颖达在《周易正义》中相关论说的思想史意义。

朱子与其弟子有一些讨论，最著名的、也常常被引用的是以下一段问答：

道夫言："向者先生教思量天地有心无心。近思之，窃谓天地无心，仁便是天地之心。若使其有心，必有思虑，有营为。天地何尝有思虑来。然其所以'四时行，百物生'者，盖以其合当如此便如此，不待思惟，此所以为天地之道。"曰："如此，则《易》所谓'复见天地之心''正大而天地之情可见'，又如何？如公所说，只说得他无心处尔。若果无心，则须牛生出马，桃树上发李花，他又却自定。程子曰：'以主宰谓之帝，以性情谓之乾。'他这名义自定，心便是他个主宰处，所以谓天地以生物为心。中间钦夫以为某不合如此说。某谓天地别无勾当，只是以生物为心。一元之气，运转流通，略无停间，只是生出许多万物而已。"问："程子谓：'天地无心而成化，圣人有心而无为。'"曰："这是说天地无心处。且如'四时行，百物生'，天地何所容心？至于圣人，则顺理而已，复何为哉！所以明道云：'天地之常，以其心普万物而无心，圣人之常，以其情顺万事而无情。'说得最好。"问："普万物，莫是以心周遍而无私否？"曰："天地以此心普及万物，人得之遂为人之心，物得之遂为物之心，草木禽兽接着遂为草木禽兽之心，只是一个天地之心尔。今须要知得他有心处，又要见得他无心处，只恁定说不得。"①

这一段问答包含着朱子关于天地之心的许多重要看法，值得仔细分析。首先，杨道夫所持的观点是"仁便是天地之心"，其背后隐含的意思是，天地本身无心，而既然仁是人的本性，那么，说"仁便是天地之心"的意思也就等于说人是天地之心。这个观点其来有自，可以追溯得很早。在《礼运》所记载孔子对子游所说的话中，明确提出"人者天地之心"的看法："故人者，天地之心也，五行之端也。"董仲舒在《春秋繁露·

① （宋）朱熹：《朱子语类》卷1，载朱杰人、严佐之、刘永翔主编《朱子全书》，第14册，第117页。

俞序第十七》中则以仁为天心："春秋之道，大得之则以王，小得之则以霸。故曾子、子石盛美齐侯，安诸侯，尊天子，霸王之道，皆本于仁。仁，天心，故次之以天心。"不难看出，如果将这里的"人者天地之心"与"仁为天地之心"与"仁是人之本性"的观点结合起来，就可能得到杨道夫的理解。在思想史上明确提出"天地本无心，人为天地之心"的观点的可能是为王弼作解释的孔颖达。在《易经·复卦》彖辞"复其见天地之心乎"下，王弼以"寂然至无"说"天地之心"，对此，孔颖达进一步解释说："天地养万物，以静为心，不为而物自为，不生而物自生，寂然不动，此天地之心也。……天地非有主宰，何得有心？以人事之心托天地以示法尔。"① 正如杨道夫所说，这种观点的关键在于认为天地没有思虑与营为，用现在的话来说，这是一种比较接近自然主义的解释，但朱子显然并不同意，他恰恰援引《易传》"复见天地之心""正大而天地之情可见"等文献提出反驳，认为不应当否认天地生物的主宰之义，所以不应当只说天地无心，更应当说天地有心。

其次，这段话涉及朱子如何继承二程思想遗产这一理学史上的重大问题。在朱子强调不能放弃天地生物的主宰之义之后，杨道夫引用程颐的话问朱子，实际上是向朱子提出了自己的疑问：您说天地有心，但程颐却说"天地无心而成化"，这如何解释？朱子则用程颢的话来回答，认为程颢在这一点上说得最好："天地之常，以其心普万物而无心"。在朱子看来，应当同时注意到天地有心与天地无心两个方面，二者并不矛盾，而是各有所当，且能够统一起来，因此在这段问答的最后他总结说："今须要知得他有心处，又要见得他无心处，只恁定说不得。"

于是，问题在于，究竟如何理解天地有心与天地无心这两个方面，才不至于陷入矛盾呢？我们看到，在说天地无心时，杨道夫引用了"四时行，百物生"这一条，朱子在解释程颐说天地无心时又引用了这一条，并以"天地何所容心"感叹之；在说天地有心时，朱子所举的例子分析地来说是牛生出牛，马生出马，桃树发桃花，李树发李花。将

---

① （三国）王弼、（东晋）韩康伯注、（唐）孔颖达疏：《周易正义》，载（清）阮元校刻《十三经注疏》（上），中华书局1980年影印本，第39页。

这两方面联系起来，我们能够发现，有心与无心其实对应特殊与普遍，或者说有限与无限。特殊的事物生来就有其特殊性，因而具有有限性，这是天地有心的表现，但所有特殊的事物都是天地所生，都在生生这个大化流行的普遍过程之中，因而又都具有无限性，这又是天地无心的表现。因此，天地有心是就万物生来就有其特殊性或有限性这一面而言的，而天地无心则是就万物生来就有其普遍性或无限性这一面而言的。在此或许不难想到，天地既有心又无心的看法其实是与"理一分殊"的观念直接对应的：天地有心一面对应"分殊"；天地无心一面对应"理一"。① 因此，对于天地有心或天地之心的主宰之义，这里应当区分出两个层次。首先，天地之心的主宰之义意味着只有将天地之心理解为灵或神明才是恰当的，这是天地有心的一般含义；其次，基于天地有心再说天地无心，则是将天地之心的主宰之义主要落实在了保证万物的差异性这一点上。

这一思想自然来自二程，其渊源仍然能够回溯到王弼和孔颖达。在进一步解释王弼提出的"寂然至无"时，孔颖达说：

> 言"寂然至无是其本矣"者，凡有二义：一者，万物虽运动于外，而天地寂然至无于其内也，外是其末，内是其本，言天地无心也；二者，虽雷动风行、千化万变，若其雷风止息、运化停住之后，亦寂然至无也。若其以有为心，则异类未获具存者。凡以无为心，则物我齐致，亲疏一等，则不害异类，彼此获宁。若其以有为心，则我之自我，不能普及于物，物之自物，不能普赖于我，物则被害，故未获具存也。②

王弼继承《老子》的有无论来解说《周易》，以"寂然至无"来说明天地之心，孔颖达的解释将这一点又有所推进：若以有为天地之心，则此

---

① 只有基于天地有心说天地无心，才能说天地有心、无心分别对应"分殊"与"理一"，因为这里"无心"的确切含义是"心普万物"。参看下文的进一步分析。

② （三国）王弼、（东晋）韩康伯注、（唐）孔颖达疏：《周易正义》，载（清）阮元校刻《十三经注疏》（上），第39页。

心不能普及于万物而不配称万物之本，因此只能以无为天地之心，因其能普及于万物而堪当万物之本。二程的观点显然受了王弼和孔颖达的影响，但在根本处有大异。我们知道，对于玄学家所说的有无，理学家代之以动静来刻画，即以有无为动静，其中有对应于动，无对应于静。在对“复见天地之心”的理解中，王弼以静极而复，故主“静而见天地之心”，这与他以“寂然至无”为天地之心的看法是完全一致的；程颐则以天地之大德曰生，故主“动而见天地之心”，实际上是在充分认可“理一”的基础上又特别强调“分殊”的重要性，因为通过对动的强调更能突显万物的“分殊”，如果说静侧重于表达“理一”的话。二者之间的一个根本差别在于，在玄学家那里，天地之心是虚说，所谓“以人事之心托天地以示法尔”；在理学家那里，天地之心必然是实说而不可能是虚说，因为如果是虚说则分殊这一面就难免落空了，进而“理一”这一面也就失去了意义。也就是说，承不承认天地之心的主宰之义，实际上是玄学家与理学家的一大差别，背后则是不言天理、以无统有的宇宙论与“理一分殊”、动静一如的宇宙论之间的差别。① 从仁为天地生物之心这一点来说，这种差别的伦理意味也是明显的，正如钱穆在叙述朱子论宇宙之仁时概括的：“朱子专就心之生处、心之仁处着眼，至是而宇宙万物乃得通为一体。当知从来儒家发挥仁字到此境界者，正惟朱子一人。《老子》曰：‘天地不仁，以万物为刍狗。’从《老子》道家义，则此宇宙大整体，乃是一不仁之体。由朱子言之，则此

① 虽然程颐以“理一分殊”来解释张载的《西铭》，但张载却主纯粹的天地无心说：“天则无心、无为、无所主宰，恒然如此，有何休歇?”（宋）张载：《横渠易说·上经》，《张载集》，章锡琛点校，中华书局 1978 年版，第 113 页。这其实表明，持“人者天地之心”的观点与是否认为天地生物有主宰之义这二者之间并不具有必然的关联：一种可能是持“人者天地之心”且不认为天地生物有主宰之义，如张载；另一种可能是持“人者天地之心”但仍认为天地生物有主宰之义，如下文论及的张栻。此外，天地之心的主宰之义与高度肯定万物的特殊性或有限性直接相关，这一点也暗示了天地之心的主宰之义与天理思想的密切关联，正如笔者将在下文所要分析的。万物的特殊性与普遍性的原始统一从理的方面讲就是朱子曾明确表达过的万理来自一理，或物物皆有一太极。在此，重要的或许是要指出，有限并非意味着局限，而是意味着成就，于是，从根本上来说，无限也并非是对有限的克服，而是有限的根源，因而也意味着是对所有有限之物的认可、容纳与成全。

宇宙大整体，乃是一至仁之体。”①

在这段问答中，朱子还提到，张栻曾经和他讨论，认为说“天地以生物为心”不如说“天地生物之心”，朱子则相反，认为说“天地以生物为心”比说“天地生物之心”更为恰当。② 这两种表述看起来只有非常细微的差别，在朱子的著作中也都被多次使用。不过，朱子还是认为“天地以生物为心”的表述更为恰当，背后自有理由。直观地看，既然朱子强调天地生物的主宰之义，那么，一个可能的考虑在于，“天地以生物为心”的表述更有可能被理解为一种实在的描述，从而隐约透露出天地生物的主宰之义，而“天地生物之心”的表述更容易被理解为一种修辞上的比拟，从而使得天地生物之心成为虚说而失落其中的主宰之义。③ 进一步讲，如果以“天地生物之心”为单说，以“天地以生物为心”为统

① 钱穆：《朱子学提纲》，《钱穆先生全集》（新校本）之《朱子新学案》，九州出版社2011年版，第1册，第61页。然而，钱穆这里的“心”仍是在朱子所谓人得夫天地之心以为心的层次上讲的，所以，关联于他的“心属气”的持论，钱穆其实在根本处误解了朱子而在宇宙论层次上持类似于王弼或张载等人的天地无心论，故钱穆对于“人者天地之心”的理解是，“朱子之意，实似谓天地并无主宰，乃须人来作为天地之主宰”。《朱子新学案》，第1册，第407页。这一点也可以从钱穆认为朱子“会通了庄、老道家之自然义”而结合以儒家的人生义这一论断中清晰地看出：“道家主张乃是一本于自然，朱子理气论则自然只是一道，故说有气则必有理。在宇宙形上界，理是无情意，无计度，无造作，无作用。但一落到人生形下界，人却可以凭此理来造作，理乃变成了有作用。人生界在气的圈子之内，自当有情意、有计度。只要此情意计度合乎理，则此理便会发生作用与造作。如是则又从庄、老道家转回到孔、孟儒家来。”《朱子学提纲》，《朱子新学案》，第1册，第42页。

② 在与朱子的通信中，张栻曾说：“《仁说》如‘天地以生物为心’之语，平看虽不妨，然恐不若只云‘天地生物之心，人得之为人之心’似完全，如何？”（宋）张栻：《南轩先生文集》，载朱杰人、严佐之、刘永翔主编《朱子全书外编》，华东师范大学出版社2010年版，第4册，第330—331页。

③ 此义已由许家星从另一个角度指出，参见许家星《朱子、张栻〈仁说〉辨析》，《中国哲学史》2011年第4期。另外，这么分析并不意味着张栻落入类似于玄学家的理解而不承认天地有主宰之义。实际上，张栻的观点仍与朱子更为接近。一方面，张栻明确持“人为天地之心”的观点：“天下之生久矣，纷纭轇轕，曰动曰植，变化万端。而人为天地之心，盖万事具万理，万理在万物，而其妙著于人心。一物不体则一理息，一理息则一事废。一理之息，万理之紊也；一事之废，万事之隳也。心也者，贯万事，统万理，而为万物之主宰者也。致知所以明是心也，敬者所以持是心而勿失也。故曰‘主一之谓敬’，又曰‘无适之谓一’。”另一方面，张栻也强调天的意志的重要性：“一日奏事，帝问天。先生曰：‘不可以苍苍者便为天，当求诸视听言动之间。一念才是，便是上帝监观，上帝临汝，简在帝心；一念才不是，便是上帝震怒。’”前段引文出自《敬斋记》，（宋）张栻：《南轩先生文集》，载朱杰人、严佐之、刘永翔主编《朱子全书外编》，第4册，第202页；后段引文详见（清）黄宗羲《宋元学案》，中华书局1986年版，第2册，第1633页。

说，那么，张栻似乎认为，统说不如单说，因为单说是单就“天地生物”这一件事而言天地之心，而统说则将天地之心全部落在“生物”这一件事上了。朱子则不然，他认为这里应该统说，因为在他的理解中，天地与万物之间的关系其实就只有“生”这一件事，此即“某谓天地别无勾当，只是以生物为心。一元之气，运转流通，略无停间，只是生出许多万物而已”。

朱子的这个理解仍与他试图综合二程关于天地有心和天地无心的论说有关，也直接关联于他对仁包四德的论证，因为其实只有将天地与万物的关系统说为“生”，才能拒斥天地除生物之外别有思虑、别有营为的观点，因而才能清晰地阐明天地无心的一面；同样，也只有将天地与万物的关系统说为“生”，才能说仁包四德。① 再进一步讲，说天地只以生物为心就是要求我们只从生生的意义上领会天地之心，超出这一界限难免流于虚妄不实，或者说有心与无心都同归于对这一界限的认识，这是对天地之心最清晰、最理性的把握；同样，既然仁义礼智皆为天命之性，而仁为天地之心，那么，四德统于仁，一定是因为天地之心统于“生”。换言之，持天地只以生物为心的观点其实是为仁包四德奠定了一个宇宙论基础。②

---

① 思虑和营为的主题自然是将天地之心与人心相对照而言的，因为人心的思虑和营为是显然的，《朱子语类》中言及此义的不少，兹引两条。“问：‘天地之心亦灵否？还只是漠然无为？’曰：‘天地之心不可道是不灵，但不如人恁地思虑。伊川曰：天地无心而成化，圣人有心而无为。’”“苍苍之谓天。运转周流不已，便是那个。而今说天有个人在那里批判罪恶，固不可，说道全无主之者，又不可。这里要人见得。”（宋）朱熹：《朱子语类》卷1，载朱杰人、严佐之、刘永翔主编《朱子全书》，第14册，第116—117、118页。更进一步，将朱子的意思概括为“天地除生物之外别无思虑、别无营为”是恰当的，类似的说法如：“‘天地以生物为心’。天包着地，别无所作为，只是生物而已。亘古亘今，生生不穷，人物则得此生物之心以为心，所以个个肖他。”（宋）朱熹：《朱子语类》卷53，载朱杰人、严佐之、刘永翔主编《朱子全书》，第15册，第1756页。就是说，生物就是天地全部的思虑和营为，而我们也只能通过生物这件事去理解天地的思虑和营为。

② （宋）朱熹：《朱子语类》卷95：“问：‘仁包四者，只就生意上看否？’曰：‘统是一个生意。如四时，只初生底便是春，夏天长，亦只是长这生底；秋天成，亦只是遂这生底，若割断便死了，不能成遂矣；冬天坚实，亦只是实这生底。如谷九分熟，一分未熟，若割断，亦死了。到十分熟，方割来，这生意又藏在里面。明年熟，亦只是这个生。如恻隐、羞恶、辞逊、是非，都是一个生意。当恻隐，若无生意，这里便死了，亦不解恻隐；当羞恶，若无生意，这里便死了，亦不解羞恶。这里无生意，亦不解辞逊，亦不解是非，心都无活底意思。仁，浑沦言，则浑沦都是一个，义礼智都是仁；对言，则仁义与礼智一般。’”载朱杰人、严佐之、刘永翔主编《朱子全书》，第17册，第3180页。

概括一下，关于天地有心还是无心的问题，可能有三种不同观点：单纯的天地有心说、单纯的天地无心说和天地既有心又无心说。朱子显然持第三种观点，这也是他在这个问题上充分认可二程并试图综合二程的一个表现。不过，第三种观点仍可能有两种截然异趣的版本。如果是以天地无心为第一义，即否认天地有主宰之义，那么，再说天地有心就只能是比拟地说，即虚说；如果是以天地有心为第一义，即承认天地有主宰之义，那么，天地之心既然是实说，再说天地无心的意思就是，天地之心普及万物，如日月之容光普照，且天地除了以生生之意行使其主宰功能外，并不以另外的思虑和营为随意插入、干涉世间的事务。很显然，朱子综合二程而以天地之心为“无心之心”的看法只能归于后一种。

以上辨析有助于我们明白，朱子特别重视天地之心的主宰之义，但对于如何理解这里的主宰之义，仍是有待说明的。翻检《朱子语类》，不难发现，在被问到应当如何理解经典中有关上帝或天之“降”“命”等明显具有主宰含义的记载时，朱子的回答往往更强调理的规定性这一面，这自然提示我们应当从理的规定性方面去理解天地之心的主宰之义。

> 问：“‘上帝降衷于民’，‘天将降大任于人’，‘天祐民，作之君’，‘天生物，因其才而笃’，‘作善，降百祥，作不善，降百殃’，‘天将降非常之祸于此世，必预出非常之人以拟之’，凡此等类，是苍苍在上者真有主宰如是邪？抑天无心，只是推原其理如此邪？”曰：“此三段只一意。这个也只是理如此。”①

> 问：“命之不齐，恐不是真有为之赋予如此。只是二气错综参差，随其所值，因各不齐。皆非人力所与，故谓之天所命否？”曰：“只是从大原中流出来，模样似恁地，不是真有为之赋予者。那得个人在上面分付这个。《诗》《书》所说，便似有个人在上恁地，如

① （宋）朱熹：《朱子语类》卷1，载朱杰人、严佐之、刘永翔主编《朱子全书》，第14册，第118页。问题中引经典共六句，朱子则说是“此三段”，或许是按照他的理解，引文每两句意义相关，从而可以划为一段。

‘帝乃震怒’之类。然这个亦只是理如此。天下莫尊于理，故以帝名之。‘惟皇上帝，降衷于下民’，降，便有主宰意。”问：“‘大哉乾元！万物资始。乾道变化，各正性命。’万物盈乎两间，生生不穷，日往则月来，寒往则暑来，风雷之所以鼓动，山川之所以流峙，皆苍苍者实有以主其造化之权邪；抑只是太极为万化枢纽，故万物自然如此？”曰：“此与前只一意。”①

在第一段问答中，针对“有主宰抑或只是理”的问题，朱子回答“只是理如此”。需要明确指出的是，朱子的这一回答并不意味着他不认可主宰之义。如果说天之主宰是经典旧义，而理之规定是理学新说，那么，对于朱子来说，重要的恰恰在于，后者是作为对前者的解释而存在的，于是也就预设了二者在理解上的统一性。更进一步，正如前文所分析的，朱子特别重视天地之心的主宰之义，其中的一个重要理由恰恰在于，只有指出天地之心的主宰之义才能真正确立理对万物的规定性，从而才能阐明“理一分殊”的宇宙生成论。在第二段问答中，针对“有主宰抑或只是气”的问题，朱子同样回答“只是理如此”，同时也明确肯定了“有主宰”；针对“主宰还是自然”的问题，朱子则说与前一问“只一意”，仍然是强调理的规定性。如果我们将理的规定和气的流行同归于自然，那么，笼统来说，在这两段问答中，问者其实都是在自然之义与主宰之义之间感到无法取舍才请教于朱子，而朱子的回答虽然强调了理的规定性这一面，但这绝不意味着他否弃主宰之义而独取自然之义。反过来，如果说思考自然之义与主宰之义的统一性才是理解朱子思想的正确方向，那么，是不是说朱子直接将主宰之义等同于理的规定性了呢？这种常见的误解似乎还有文本上的根据。

问：“天地之心，天地之理。理是道理，心是主宰底意否？”曰：“心固是主宰底意，然所谓主宰者，即是理也，不是心外别有个理，

① （宋）朱熹：《朱子语类》卷4，载朱杰人、严佐之、刘永翔主编《朱子全书》，第14册，第190—191页。另可参看钱穆《朱子新学案》，第1册，第405页。

理外别有个心。”又问：“此‘心’字与‘帝’字相似否?”曰：“‘人’字似‘天’字，‘心’字似‘帝’字。”①

很多人根据“所谓主宰者，即是理也”这一句认为，朱子所谓的主宰，就是指理的规定性。这显然是错误的，因为规定与主宰并非一回事。规定与主宰的确有密切关系，如前所述，朱子的真实看法可能是，万物皆被理所规定，正是万物皆被主宰的表现或后果。但是，问题还在于，如果没有天地之心来推动天地之理去执行其规定性，理的规定性就无法实现，因此，天地之心所承担的主宰功能，在宇宙创生的过程中具有不可抹杀的独特意义。② 正是基于这一必要的澄清，我们才能正确地理解朱子所说“不是心外别有个理，理外别有个心”。首先，从第二问及朱子的答语来看，将“人”与“心”分别对应“天”与“帝”似乎表明此条中的“心”并非直接就天地之心来说，而是就人所得夫天地之心以为心来说。如果是在这个层次上理解“不是心外别有个理，理外别有个心”，那么，其确切含义应当是朱子在很多地方阐发过的“心具众理”，如《孟子集注》中所说，“心者，人之神明，具众理而应万事者也”，或如《大学章句》中所说，“明德者，人之所得乎天而虚灵不昧，以具众理而应万事者也”。不过，既然朱子说“人”与“天”相似，“心”与“帝”相似，我们仍然能够将之上推到天地之心的终极层次。质言之，如果说人之为人在于其性，在于其理，那么，心就是从主宰之义上说人；类似地，如果天之为天也在于其理，那么，帝就是从主宰之义上说天。将这个意思概括一下就是，心的功能若关联于理则表现为理的能动性。

另一种可能的思路是从气的方面来理解心，然后在此基础上再谈自然之义与主宰之义的统一性。实际上，滥觞于明代而流行于现代的一种

① （宋）朱熹：《朱子语类》卷1，载朱杰人、严佐之、刘永翔主编《朱子全书》，第14册，第117页。

② 就理的规定性的实现而言，作为推动力的天地之心显然涵摄了天地之心、人得夫天地之心以为心、物得夫天地之心以为心三个层次；如果将第一和第三个层次上的天地之心取消而将第二个层次上的天地之心置换为人的理性之心，那就可能得到一种心学的现代版本，其流弊正在于天理被取代或被废黜，因为如此置换后的理不再是天理。

观点就如此推论：既然朱子并不主张“心即理”，而又有“心者气之精爽”等从气的方面说心的不少言论，那么，可以认为朱子思想中的“心”不是属于理而是属于气。根据这种观点，天地生物的自然之义主要从理的方面讲，天地生物的主宰之义则只能从气的方面讲，这也意味着自然之义与主宰之义的统一性只能从气之精爽的方面讲。在《朱子哲学中“心”的概念》一文中，陈来已经通过详细的检索而得出结论说，“在全部《文集》《语类》中，没有一条材料断言心即是气，这清楚表明朱子思想中并没有以心为气的看法”①。需要指出的是，陈来此文中的“心”，并非直接指作为宇宙根源的天地之心，而是在人得夫天地之心以为心的层次上而言的，因此他会说：“‘心即理’和‘心即气’同样是朱子所反对的，可以说，惟其有人心，故心不即是理，惟其有道心，故心不即是气。”② 不过，从这一结论仍然可以推导出，在宇宙论的层次上，既不能将心等同于理，也不能将心等同于气。那么，基于这一定见，又如何看待朱子“心者气之精爽”等说法呢？其实，正如能够从与理的关联这一面理解心的功能一样，同样可以从与气的关联这一面理解心的功能，换言之，如果说心的功能关联于理表现为理的能动性，那么，心的功能关联于气则表现为气的灵敏性。

既然心的功能无非就是主宰，而我们同时能够从理的能动性和气的灵敏性两方面去理解心的功能，那么，自然可以说，理的能动性与气的灵敏性都是天地之心的主宰之义的具体表现。基于这一看法再来看太极图，我们不难得出这样的结论：其实，整个太极图所展示的无非就是一个天地之心，改为叫天地之心图也毫无不妥，甚至更为恰当。具体一点来说，天地之心作用于宇宙化生的每一个环节，作用于太极与阴阳之间，作用于阴阳与五行之间，作用于五行与男女之间，作用于人与万物之间——无需赘言，天地之心的作用一旦到了人的层面，就是作为应然而提出来的。这正是朱子对程颢所言“天地之常，以其心普万物而无心”

---

① 陈来：《朱子哲学中“心”的概念》，见《中国近世思想史研究》（增订版），生活·读书·新知三联书店 2010 年版，第 129 页。

② 同上。

这句话的确解，自然也是朱子宇宙论的定论。①

由此必然引出一个重要的问题：同样作为宇宙根源的心与理哪个更为优先？从朱子非常重视理这一点来看，似乎他更倾向于理优先于心，正如我们前面已经看到的，他有不少从理的角度来说天地之心的言论。不过，仔细分析一下会发现，我们不仅无法坐实这种观点，还极有可能倒向这种观点的对立面。钱穆在总结相关问题时说：

> "天即理"是新说，天作主宰是旧义。旧义新说，当知其同，而不妨其为异。又当知其异而不害其为同。抑朱子直至晚年，其心中似不认为此宇宙此自然界可以全凭一理字而更无主宰。因理之为名，仅一静辞，非动辞。只能限制一切，却不能指导鼓舞一切。故在理之上，似应仍须一主宰，始可弥此缺憾。然朱子于此，亦终不曾作一肯定语为此问题作解答。若定要朱子为此问题肯定作一解答，则朱子之意，实似谓天地并无主宰，乃须人来作为天地之主宰。②

可以看到，钱穆已经明确意识到在朱子的思想中，恰当的推论在于肯定"在理之上"有一个主宰的力量，但他却错误地认为朱子始终没有作出这种肯定，且更为错误地认为朱子持"天地并无主宰，乃须人来作为天地之主宰"的观点，虽然在说到这一点时仍流露出犹疑的语气。

将心与理哪个更为优先的问题重新叙述一遍可能更容易看到正确的理解方向。既然"天地之大德曰生"，"生生之谓易"，那么，分别用生生之意、生生之理和生生之气来刻画宇宙论层面的心、理、气就是恰当的，而宇宙运行的整个过程也能被恰当地刻画为生生之道。于是问题就转换

---

① 联系前文阐明的《太极图说》与"理一分殊"思想的关联，这里存在一个以心论"理一分殊"的思路，简而言之，"理一分殊"的每一个环节，都离不开天地之心的作用。

② 钱穆：《朱子新学案》，第1册，第407页。田浩就此评论说："尽管朱熹被描述成备受天之主宰的问题所困扰、并很不情愿讨论天作为独立于理的主宰，钱穆先生仍然承认：朱熹在假设存在一种难以言状的统治性力量时，是把天（主宰）与理区别开来说的。无视朱熹在讨论天时的窘态毕露，钱穆先生强调以天为主宰的观念植根于古代经典，以理释天则是全新的观念，并成为定型后朱熹哲学的核心。"田浩《旁观朱子学：略论宋代与现代的经济、教育、文化、哲学》，华东师范大学出版社2011年版，第205—206页。

为：生生之意与生生之理哪个更为优先？很显然，以生生而言，说生生之意优先于生生之理更为通顺，因为如果连生生之意都没有，又哪能谈得上生生之理呢？①《语类》中也有记载可以更为清楚地说明朱子其实是有生生之意优先于生生之理的主张的：

> “其体则谓之易，其理则谓之道，其用则谓之神。”人杰谓：“阴阳阖四库本多辟，屈伸往来，则谓之易；皆是自然，皆有定理，则谓之道；造化功用，不可测度，则谓之神。”程子又曰：“其命于人，则谓之性；率性，则谓之道；修道，则谓之教；只是就人道上说。”人杰谓：“《中庸》大旨，则‘天命之谓性，率性之谓道’，是通人物而言；‘修道之谓教’，则圣贤所以扶世立教，垂法后世者，皆是也。”先生曰：“就人一身言之：易犹心也；道，犹性也；神，犹情也。”翌日再问云：“既就人身言之，却以就人身者就天地言之，可乎？”曰：“天命流行，所以主宰管摄是理者，即其心也；而有是理者，即其性也，如所以为春夏、所以为秋冬之理是也；至发育万物者，即其情也。”②

可以清楚地看到，此条最后一节中的“其心”“其性”“其情”都是在讲天地，而朱子在讲天地时直接以理为心所主宰管摄的对象，是很值得注意的。对此，田浩评论说：“令人吃惊的是，朱熹如此强调天之心有别于理，而且是理的指导者。”③ 其实更值得注意的是朱子在“就人一身言之”时是以心、性、情分别对应易、道、神。既然按照朱子的意思，这种对应关系可以合理地扩展到“就天地言之”，那么，天地之心自然只能对应易、道、神中的易。朱子当然重视理，这一点在当时特别针对佛老

---

① 若以人物既生以后说，则生理优先于生意，如朱子说枯槁也有生理，但无生意：“枯槁之物，谓之无生意则可，谓之无生理则不可。”（宋）朱熹：《朱子语类》卷 4，载朱杰人、严佐之、刘永翔主编《朱子全书》，第 14 册，第 189 页。

② （宋）朱熹：《朱子语类》卷 95，载朱杰人、严佐之、刘永翔主编《朱子全书》，第 17 册，第 3187—3188 页。

③ 田浩：《旁观朱子学：略论宋代与现代的经济、教育、文化、哲学》，第 209 页。以“指导”来说“主宰管摄”似乎并不精确，但田浩此文还是表达出了对主宰之义的强调。

而言，因此他的很多讲法都是围绕如何凸显理的重要性而展开的，但也正是在这个方向上，他的思想必然导向承认一个超越的天地之心的观念作为宇宙的终极根源。质言之，讲心不讲理容易流于佛，讲气不讲理容易流于老；鉴于此，朱子继承二程的思想既讲理气不杂又讲理气不离，以此厘定理在儒门宇宙论中的重要地位，而天地之心作为一个超越的观念正是被用来统合理气之间的这种复杂关系的。这也就解释了，为什么心的功能既要从理一边讲又要从气一边讲。以“易、道、神”的结构来说，不仅有工夫论层面的心统性情，更有宇宙论层面的心统性情，而宇宙论层面的心统性情显然为工夫论层面的心统性情奠定了基础，而心统理气正是对这两个层面的心统性情的一个恰当解释。①

总而言之，按照本文的分析和推论，既然在朱子的宇宙论中天地之心是个更为根本的观念，那么，我们对于朱子宇宙论的整个架构的理解就应当得到相应的调整。相对于朱子学界长期以来只重视理、气二元的状况，本文的理解自然更加凸显了天地之心的超越意义与统合功能。② 反过来说，既然天地之心比天地之理更为优先，那么，我们是否可以脱离

---

① 我们知道，在“中和”问题上朱子经历过一个从二分到三分的思想转变，最终确定的正是“以心为主而论之”的思想架构：“然比观旧说，却觉无甚纲领。因复体察，得见此理须以心为主而论之，则性情之德、中和之妙，皆有条而不紊矣。”（宋）朱熹：《晦庵先生朱文公文集》卷32《答张钦夫》，载朱杰人、严佐之、刘永翔主编《朱子全书》，第21册，第1418—1419页。另外，在一定程度上，唐君毅已经注意到这一点，虽然他对天地之心的主宰之义也不甚措意，基本上也是在人得夫天地之心以为心的层次上来运思的：“人之实现理于气，赖于人心之内外之感通，正如天之生物之依于阴阳之感通。故在天，可以无心之心而成化之‘易’，为统摄理气之概念；在人则当以心为统摄理气之概念，心正为一面内具理，而一面能求表现此理于气者。此内具之理，在人在心，即名曰性，此相当于在天所言之道；此理之表现于气，以应万事万物，曰情，此相当于天之神，而此心则相当于天之易，亦相当于天之无心之心。”唐君毅：《中国哲学原论：原性篇》，香港：新亚研究所1968年版，第378—379页。田浩指出，唐君毅与现代以来研究宋代儒学的其他重要权威人士一样，“往往贬低天的哲学意义”：“唐君毅先生认为，宋代儒学的创建者以天为基础观念，就如同佛教把其思想建立在心的基础上；然而，唐先生更大的兴趣在于注意到二程、朱熹对天与理、道等量齐观。”田浩《旁观朱子学：略论宋代与现代的经济、教育、文化、哲学》，第201页。

② 林乐昌指出，张载在思想的成熟期放弃了他早年提出的“心统性情”的工夫论主张。在我看来，正因为张载持“人为天地之心”的观点（类似的说法还有广为流传的“为天地立心”），也就是说，他所谓的“天地之心”只是在人的层面上讲，他才在后来意识到只能讲心统情而不能讲“心统性”。这一点也反衬出，只有基于一个真正超越的天地之心的观念，才能讲心统性情的工夫论，也就是说，当朱子重拾张载提出的“心统性情说”时，他必然会意识到这里的“心”不能只在人的层面上讲，否则就得面对心无法统性的难题。参见林乐昌《张载“心统性情”说的基本意涵和历史定位》，《哲学研究》2003年第12期。

天地之理而只谈天地之心呢？无疑，这正是朱子所极力反对的。[①] 仍以宇宙论层面的生生而言，脱离生生之理而空谈生生之意或生生之道，都难免流于异端，所谓“弥近理而大乱真”；生生之意始终通过生生之理和生生之气发挥作用，从而落到实处。也就是说，我们必须始终在心、理、气三者相统一的架构中理解朱子的宇宙论，即使我们顺着前面的思路对心与理孰先孰后的问题作出了明确的回答。

① 现代性给儒教带来的挑战也主要在理上而不在心上。

“互藏交发说”的困境及出路：王船山的人心道心思想新探

谢晓东

（厦门大学哲学系）

摘要： 王船山的人心道心思想存在前后两说。前说为“互藏交发说”，其文本基础为《尚书引义》；后说为“人心通孔说”，其文献依据为《读四书大全说》。“互藏交发说”存在两个支柱，互藏与交发，而交发要求四端与四情数量完全一致。但该说面临着性情不分的基本困境，而解决困境的出路在于回归朱子的“人心通孔说”。在第二阶段的人心道心思想中，船山既回归朱子，又区别于朱子。其基本差异在于：朱子认为道心是情，而船山则规定道心是性。

关键词： 王船山　互藏交发说　朱子　人心通孔说

人心道心问题是王夫之（号船山，1619—1692）哲学中的重要问题，故而引起了海内外一些研究者的注意。① 但是，现有研究存在着一个根本缺陷，即没有对王船山人心道心思想的前后转变予以关注，从而就没能够注意到其人心道心思想事实上存在两种形态。本文认为：以《尚书引

① 参见王孝鱼《人心道心》，《船山学谱》，中华书局 1984 年版；曾昭旭《王船山哲学》，台北：远景出版事业有限公司 1983 年版；郭齐勇《朱熹与王夫之的性情论比较》，《文史哲》2001 年第 3 期；张立文《正学与开新——王船山哲学思想》，人民出版社 2001 年版；陈来《诠释与重建：王船山的哲学精神》，北京大学出版社 2013 年版；［日］松野敏之《王夫之“人心道心”说》，早稻田大学大学院《文学研究科纪要》第 50 辑第 1 分册（哲学、东洋哲学），东京，2005 年版；张学智《王夫之心性观新论》，《中国儒学》（第 6 辑），中国社会科学出版社 2011 年版。

义》为文本基础的人心道心“互藏交发说”构成了船山人心道心思想的前说，而以《读四书大全说》为文本基础的“人心通孔说”则构成了船山人心道心思想的后说。一般而言，学者对船山的前说比较关注，也进行了较为细致的叙述。[①] 相对来说，学界对船山后说的探讨非常缺乏。[②] 因此，本文试图在东亚学人的研究基础之上分析“互藏交发说”的基本内容是什么？其面临何种困境？解决困境的出路何在？对这些问题的回答就构成了论文的主体部分：第一节考察“互藏交发说”的基本内容；第二节分析前说面临的基本困境，即性情不分；第三节指出解决困境的出路在于回归“人心通孔说”；第四节阐明几个相关问题。

一 “互藏交发说”的基本内容

东亚儒学中人心道心问题的文献依据是《古文尚书·大禹谟》里的“人心惟危、道心惟微、惟精惟一、允执厥中”这十六个字。南宋的朱熹以上述文字为基础，对人心道心问题予以了系统的经典性阐释，从而影响了东亚儒学的相关论述。可以说，朱子是东亚儒学中人心道心问题的范式确立者，其他人则主要通过和朱子对话的形式而提出自己的相关思想。他们可以较为赞成朱熹的观点，比如李栗谷（1536—1584）[③]；也可以反对朱熹的观点，比如罗整庵（1465—1547）[④]。但是，他们绝不会忽视朱熹的观点。不过，船山在很大程度上和那些人不同。从形式上看，他在阐发其人心道心思想的前说时和朱子的对话意识不强。应该说，船

① 这些研究者以曾昭旭、张立文和日本学者松野敏之为代表。

② 陈来对此有过约两页的论述，具体参阅氏著《诠释与重建：王船山的哲学精神》，第78—80页。

③ 具体论述可以参阅谢晓东关于李栗谷人心道心思想研究的三篇论文《人心道心相为始终说是李栗谷的最终定论吗?》，《中国哲学史》2015年第2期；《李栗谷对人心、道心的诠释》，《学术月刊》2015年第11期；《李栗谷〈人心道心图说〉中的“图”纠错》，《中国哲学史》2017年第1期。

④ 林月惠：《异曲同调：朱子学与朝鲜性理学》之第四章《罗整庵的人心道心说》，台北：台大出版中心2010年版，第193—238页。

山是出于自己的独特问题意识而阐述其人心道心思想的前说，即确立正统儒家意识、反对儒门内外的异端。在他看来，“十六字”传心诀是儒家道统所在，故而具有辟异端、阐正学的功能。此前，朱子、王阳明和湛甘泉等人都把“十六字”看成是儒家道统所在，并明显区别于异端。不过，他们没有以此为基础对该观点给予具体阐述。而在船山看来，释、老、告子以及儒门内的歧出派陆王等所探讨的心其实指的是人心，所谓的“天下之言心者，则人心而已矣”①。无独有偶，“天下之言性者，人心而已矣”②。换言之，异端所说的心、性其实都只不过是儒门正统所说的人心而已。从道心人心这一对范畴的角度来看，他们都没有达到道心的层次。就此而言，王船山通过道心人心之辨区别了儒学正统及其反对派。关于此点，前人已经有所论述。③ 本着“详人之所略，略人之所详”的原则，下文拟对船山的“互藏交发说”予以简略地描述。

（一）命题之提出

对于船山来说，其人心道心“互藏交发说”的文本依据也是《尚书》。他对五经予以了新诠释，其《尚书》学的成果之一就是《尚书引义》。该书中有这样的表述，“喜、怒、哀、乐，人心也。恻隐、羞恶、恭敬、是非，道心也。斯二者，互藏其宅而交发其用”④。此处，船山认为，以喜、怒、哀、乐为代表的四情（自然情感）属于人心，而恻隐之心之类的四端（道德情感）则属于道心，人心道心之间的关系则可以归结为“互藏其宅而交发其用”这么一个命题。由于这个命题比较长，本文把它精简为“互藏交发”这个短语。⑤ 于是，船山在《尚书引义》中发明的人心道心思想就可以概括为人心道心“互藏交发说”。应该说，认为七情（或四情）属于人心、四端属于道心，就东亚儒学的视野来看，

---

① （明清）王夫之：《尚书引义》，王孝鱼点校，中华书局 1962 年版，第 20 页。

② 同上。

③ 向世陵：《王夫之对理学诸命题的总结》，《哲学研究》2006 年第 10 期；陈明《王船山〈尚书引义〉中对理学心说之反省及其治心工夫论》，《中国哲学史》2016 年第 2 期。

④ （明清）王夫之：《尚书引义》，第 22 页。

⑤ 曾昭旭在论述人心道心之关系时也明确提出了“道心人心之互藏交发”的命题，具体论述可以参见曾昭旭《王船山哲学》，台北：远景出版事业有限公司 1983 年版。

在船山之前就有不少同道，比如16世纪朝鲜李朝的李退溪①（1501—1570）和成牛溪（1535—1598），故而没什么新奇的。但是，船山对人心道心之关系的处理，却是非常独特的，故而需要进一步解释。在此之前，先略为介绍一下船山对人心道心的概念规定是颇为必要的。

（二）释人心、道心概念

船山认为，人心概念是十六字传心诀的第一概念。“且夫人之有人心者，何也？成之者性，成于一动一静者也。一动一静，则必有同、异、攻、取之机。同、异、攻、取而喜、怒、哀、乐生矣。”② 他告诉我们，人心起源于阴阳之气的动静循环，具体来说就是阴阳之气的“同异攻取”。阴阳之气的相互作用导致了“喜怒哀乐”的产生。阴阳之气的动静也可以说是“开合”，“故人心者，阴阳开合之不容已”③。船山从气化宇宙论的角度思考人心的起源，或可视为是对朱熹“四端是理之发，七情是气之发”④ 的话语的一项具体化。在船山那里，“人心之几是一待用之虚郭也”⑤。“几”字来自于周敦颐的“诚无为，几善恶”⑥ 命题。朱熹是以人心一词来理解周敦颐的“几”，并以天理人欲来指示人心的两种走向。应该说，朱熹的观点对后世影响很大。对于船山来说，人心就是一物几。“故人心者，根本是一物几……然人心之本身，则唯是一虚无之动几，而不足为人之定体者也。”⑦ 从道德的角度来讲，人心可善可恶，具有某种虚无性，故而人无法仅于此立足。

同样地，船山对道心之起源的探讨也颇为独特。“若夫人之有道心也，则‘继之者善’，继于一阴一阳者也。则实有柔、刚、健、顺之质。

---

① “人心，七情是也；道心，四端是也。”《答李宏仲问目》，《退溪文集》卷36，《韩国文集丛刊》第30辑，首尔：景仁文化社1998年版，第310页。

② 王夫之：《尚书引义》，第24页。

③ 同上书，第26页。

④ （宋）黎靖德编：《朱子语类》卷53，王星贤点校，中华书局1986年版，第1297页。

⑤ 曾昭旭：《王船山哲学》，第423页。

⑥ （宋）周敦颐：《周敦颐集》，陈克明点校，中华书局2009年版，第16页。

⑦ 曾昭旭：《王船山哲学》，第428页。

柔、健、刚、顺，斯以为仁、义、礼、智者也。"① 他告诉我们，道心来自于《易传》所说的"继之者善"，具体来说就是阴阳本身。而所谓的阴阳，其实指的是乾坤之德。基于健顺刚柔的规定性，就出现了道德层面的仁义礼智。故而，道心具有善的特性，或者说，善构成了性。而王夫之又认为，"性，道心也"②。于是，可以认为善也凝聚成了道心。前述引文中值得注意的是"实"这个字，其对于理解道心的本质及属性非常关键。"道心者，动静之实，成材建位之富有，和顺而为光晖之自发也。"③ 此处的"实"和"动静"相互联结，那么，二者是什么关系？"阴阳变合而有动静，动静者，动静夫阴阳也。"④ 动静是阴阳变合的结果，而动静乃是阴阳之动静。据此，或许可以得出"实"就是"阴阳"。总的来说，道心虽微，来自宇宙实体的阴阳，故而具有自主性。人心来自于阴阳的动静，或者说"待一动一静以生"⑤，故而没有自主性。

（三）"互藏交发说"的具体内容

除了前文所引述的那条用来概括"互藏交发说"命题的材料之后，在《尚书引义》中还有几条类似的提法。比如，"斯二者藏互宅而各有其宅，用交发而各派以发"⑥。以及"然则判然其为二乎？而又非也。我固曰互藏其宅，交发其用"⑦。可见，船山之有该命题可能不是一时心血来潮，而是具有一定明确意图的。他在提出该命题之后，还仔细地解释了其具体含义。

"于恻隐而有其喜，于恻隐而有其怒，于恻隐而有其哀，于恻隐而有其乐，羞恶、恭敬、是非之交有四情也。于喜而有其恻隐，于喜而有其羞恶，于喜而有其恭敬，于喜而有其是非，怒、哀、乐之交有四端也。

---

① （明清）王夫之：《尚书引义》，第24页。
② （明清）王夫之：《读四书大全说》，中华书局1975年版，第572页。
③ （明清）王夫之：《尚书引义》，第26页。
④ 同上。
⑤ 同上书，第24页。
⑥ 同上书，第23页。
⑦ 同上书，第26页。

故曰互藏其宅。以恻隐而行其喜，以喜而行其恻隐，羞恶、恭敬、是非，怒、哀、乐之交待以行也。故曰交发其用。”①

此处，船山以举例的方式说明了什么是“互藏其宅”，什么是“交发其用”，倒是比较形象。简单地说，从存有的角度来看，四端中的任何一端都可以和四情中的任一情构成一种排列，于是就构成了 16 种关系。反之亦然，也构成 16 种关系。这就是“互藏其宅”。需要引起注意的是“有”这一个字，这是把性情联结成有意义之话语的关键。船山此处使用的是四情，其来源是《礼记·中庸》系统。可以假设一下，如果此处使用的是《礼记·礼运》系统中的七情②，那么四端和七情则可以构成 28 种排列。而“交发其用”则指的是恻隐和喜、羞恶和怒、恭敬和哀、是非和乐具有内在关系，从而从表现的角度来看，这四对情感总是相伴而行。同样可以假设一下，如果此处使用的是《礼记·礼运》系统中的七情，那么四端和七情能否构成交发其用的关系呢？此点下文会详细分析。需要引起注意的是“行”字，其也是把性情联结成有意义之话语的关键。从哲学角度来讲，“有”与“行”这两个字分别具有存有和表现的含义。而我们知道，存有和表现话语的实质其实是传统哲学中的体用范畴。此外，上述引文中分别出现了“互”和“交”字，这或构成了现代汉语中所说的交互或交互性这么两个词。交互性或“交互作用论”的英文是 interactionism③，这个词主要用来说明笛卡尔哲学中“心—身”二元的相互作用。在对王船山的形而上学的研究中，有人使用了“交互体用论”去指称船山的体用模式，并把该短语以英文表达为 interaction between *Ti* and *Yong*。④ 应该说，用上述的汉语拼音而不是用英文 substance and function 来表述体用的做法比较好，避免了产生一些误解。本文假设，“交互体用说”对“互藏交发说”在一定程度上起到了奠基作用。

---

① (明清) 王夫之:《尚书引义》，第 22 页。

② 喜、怒、哀、乐、爱、恶、欲。

③ 《牛津哲学词典》，上海外语教育出版社 2000 年版，第 196 页。

④ 陈赟:《回归真实的存在——王船山哲学的阐释》，上海人民出版社 2002 年版，第 145—150 页，英文摘要第 3 页。

二 “互藏交发说”的困境

以上就是船山人心道心“互藏交发说”的基本内容。总的来看，这种学说在东亚儒学的人心道心思想史中，具有很大的独特性。但是，该说存在着基本困境，而这似乎未被先前的研究者注意到。

（一）心统性情新论

在理解了船山的人心道心“互藏交发说”之后，或许就可以较为合理地阐释他关于“心统性情”的新解释了。其新诠释的要点在于化心统性情为人心统性情与道心统性情。“心统性情”的命题来自张载，不过真正赋予其重要性的是朱熹。“中和新说”之后，朱熹就以此来组织自己的心性论与工夫论。对于船山来说，由于心可以区分为人心与道心，故而，“心，统性情者也。但言心而皆统性情，则人心亦统性，道心亦统情矣”①。船山或许认为，从程朱的传统来看，道心和性是同一的，而人心和情是同一的，故而道心统性、人心统情是不言而喻的。因此，他强调了事情的另一面，即“人心亦统性，道心亦统情”。那么，“统”又是什么意思呢？他曾经说过：“心统性情，统字只作兼字看。”此处船山的理解同于朱熹。但是接下来他又认为，由于“性情有先后之序而非并立者”，故而“实则所云‘统’者，自其函受而言”。② 可见，船山实际上还是以“函受”来理解“统”的含义的。所谓“说性是体，才说心时已是用”。③ “人心统性，气质之性其都，而天命之性其原矣。原于天命，故危而不亡；都于气质，故危而不安。道心统性，天命之性其显，气质之性其藏矣。显于天命，继之者善，惟聪明圣知达天德者知之。藏于气质，成之者性矣，舍则失之者，弗思而矣。……人心括于情，而情未有非其性者，故曰人心统性。道心藏于性，性亦必有其情者也，故曰道心

① （明清）王夫之：《尚书引义》，第 22 页。

② （明清）王夫之：《读四书大全说》，第 554 页。

③ 同上书，第 503 页。

统情。性不可闻，而情可验矣。”① 船山在此处使用了天命之性与气质之性这对概念，应该说，此时这种关于性二元论的使用是不寻常的。其对气质之性的使用是在张载的意义还是朱熹的意义?② 应该是前者才是。“道心统性”就意味着天命之性表现于心中构成道心，此时气质之性就不再显现而是隐藏起来了。而“人心统性”则是气质之性表现于心中构成人心，此时天命之性作为本原的存在而潜藏着。性是一个本质概念，所以不可闻。而情是一个现象概念，所以可见可闻，具有经验性。道心是性表现于心者，其本质具有同一性，就此而言，可以说道心和天命之性所指相同，也可以简称为“道心是性”。关于“道心是性”的观点，船山一直是坚持的。

（二）道心既属于情，也属于性

道心人心在朱熹那里都是情，都是已发。但是，在船山这里，情况比较复杂。“夫道心者，于情则异彼也，故危微之势分；于性则异彼也，故执中之体建。”③ 从这句话来看，道心从情上来看和人心不同，所以才会有“微”和“危”的差别。应该说，船山的这个看法是比较稳定的。再看下一个句子，“今夫情，则迥有人心道心之别也”④。可见，人心道心确实都属于情。就上述观点而言，船山同于朱子。但是，船山关于人心道心的观点不仅于此。

在他看来，从性上去看，道心和人心是不一样的，道心来自于体。上述引文中人心属于情有明说，但是人心是否属于性，却没有明说，不过似乎可以推出属于性。不过，此点不重要，本文集中考察道心的属性即可。笔者以为，船山此阶段的性情关系具有合一的特点。但是，该观点是不稳定的。这是因为，说道心既属于性也属于情，这会导致已发未

① （明清）王夫之：《尚书引义》，第22页。

② 李明辉区分了气质之性短语在张载和朱熹那里的不同含义。对于前者来说，是气质本身的性；对于朱熹来说，是纯善的天命之性落在气质中而形成的现实的性。具体论述参阅氏著《四端与七情：关于道德情感的比较哲学探讨》，华东师范大学出版社2008年版，第198—199页。

③ （明清）王夫之：《尚书引义》，第22页。

④ 同上书，第23页。

发范畴失效。而船山关于已发未发，论述极少，这不是偶然的。此外，性情合一其实也就是性情不分。对于陆象山和王阳明一系的心学来说，可以说性情合一，因为他们的情是本性的直接表达。而船山实际上又明确批评了上述观点，这在《读四书大全说》中有明显体现。这种视道心既是性又是情的独特观点，或许正是交互性体用模式的一种集中体现。

（三）可能的根源：交互性体用模式的误用

西方哲学意义上的交互性和中国哲学中的体用论的两种含义有相通之处吗？如果“交互体用论”仅仅指的是体用之间的相互转化，那么这种所谓的转化是可能的吗？如果“交互体用论”仅仅指“与道为体”，其是否是真正的创新或许还存在疑问。因为我们知道，朱熹本人就已经有“与道为体”的表述了。[①] 哲学中有交互主体性的说法，同于主体间性（inter-subjectivity）。问题在于：“交互体用论”是否成立？如果成立的话，那么其成立条件是什么？从存有的角度来看，实体可以自在存在，一旦其发动，就表现出作用了。“体”和“用”如何相互转化？或许可能存在某一种体用关系中的用在另一种体用关系中成为了体，但这不是原有的体用关系而是新的体用关系。在这种情况下，是不能说体用的相互转化的。工夫论是中国哲学的一种特殊构造，其从表现层面入手对本体的把握，和所谓的体用的相互作用或转化，可能没有关系。而且，就船山的人心道心“互藏交发说”来看，道心人心之间的关系也不是体用关系。在船山那里存在性体心用的结构，所谓“性之发是心，不是情”[②] 是也。或许，运用“交互体用论”在人心道心之关系上面，导致了明显的裂缝。那就是：人心道心的具体表现的数量必须是一样的，比如四端与四情，而不能说四端与七情，否则就无法交发了。此外，在《尚书引义》之后，船山再也不曾提起人心道心“互藏交发说”，即便是在《读四书大全说》中就有大量专门阐发人心道心思想的段落的情况下。或许，船山也认识到了人心道心“互藏交发说”存在致命缺陷，故而以此方式实现了对该说的不废而废吧？

---

① （宋）朱熹：《四书章句集注》，中华书局1983年版，第113页。

② 陈来：《诠释与重建——王船山哲学的精神》，第224页。

三 “人心通孔说”：“互藏交发说”的出路

人心道心“互藏交发说”充满辩证意味，但是在概念上可能就过于强调连接而不是区别，在一定程度上就牺牲了概念的清晰性。故而，在两年后的《读四书大全说》中[①]，船山人心道心思想在很大程度上就向朱熹的正统思想复归了。

（一）人心知觉说的复活

在这一阶段，船山使用了较为精确的语言来诠释道心人心。“性，道心也；情，人心也。恻隐、羞恶、辞让、是非，道心也；喜、怒、哀、乐，人心也。”[②] 很明显，王夫之在此处严格区分了性情概念，分别把道心系属于性人心系属于情的名义之下。陈来认为，《尚书引义》里的“今夫情则迥有人心道心之别也”的说法，和其在读《中庸》中所揭示的有所不同。[③] 确实是这样的。但是陈氏没有意识到船山的人心道心思想前后存在两说，故而也就无法合理地解释这个现象。与此同时，船山仍然重复了第一阶段的观点，即四端是道心、七情是人心。不过，差别之处在于，船山提出四端是性而不是情，而七情则是情。“恻隐、羞恶、恭敬、是非之心，性也，而非情也。夫情，则喜、怒、哀、乐、爱、恶、欲是已。”[④] 上述两则材料告诉我们，性是道心，而四端又是性，故而四端也是道心，换言之，性、道心与四端具有某种同一性。此处，船山终于开始使用七情的话语，再辅以四端，于是就构成了关于四端七情的论述。就此而言，可视为呼应了朝鲜性理学的四端七情之辨。可以发现，类似

---

① 刘春建：《王夫之学行系年》，中州古籍出版社 1989 年版，第 127、152 页。刘春建认为，《尚书引义》撰于 1663 年，而《读四书大全说》著于 1665 年。故而，前者比后者成书要早两年。

② （明清）王夫之：《读四书大全说》，第 572 页。

③ 陈来：《诠释与重建——王船山哲学的精神》，第 80 页。

④ （明清）王夫之：《读四书大全说》，第 673 页。

“情便是人心，性便是道心”① 的观点在《读四书大全说》中比比皆是。比较前后两阶段的人心道心论述，可以发现一个基本差异：第二阶段否认了四端是情，从而和第一阶段形成了鲜明对比。对此，学界同仁已经有了很好的论述②，笔者这里就不再多说了。这说明，船山抛弃了道心是情（以四端不是情的方式）的观点，向朱学迈进了一步。此阶段，其“交发说” 的思想是被放弃了。这是由于“交发说” 是建立在严格的数量一致的基础之上的，比如四端与四情。如果抛弃四情而在更为一般的意义上谈情感，也就是七情，那么由于数量不对应，故而就无法交发了。“互藏交发说” 是由两部分构成的，即互藏和交发。换言之，“互藏交发说” 有两个支柱，如果其中一支倒塌的话，那么该说就崩溃了。对于一部分欣赏“互藏交发说” 的人，或可继续保留船山在四端与七情之间设置的互藏关系。

相对于第一阶段注重从本体论角度对人心道心之概念分析，第二阶段则大多复归了朱子的传统观点，其中的转折点是船山开始发掘人心的知觉义。“心含性而效动，故曰仁义之心也。仁义者，心之实也，若天之有阴阳也。知觉运动，心之几也，若阴阳之有变合也。”③ 在上述引文中，船山在心与天之间作类比，心有实与几，前者是指仁义/性，后者是指知觉运动。那么，船山又是如何把知觉运动纳入人心道心思考模式的呢？他是通过对张载的名句“合性与知觉有心之名” 予以解释时，引入了道心人心这对范畴。“性者，道心也；知觉者，人心也。人心、道心合而为心，其不得谓之‘心一理也’又审矣。”④ 我们知道，在其人心道心思想的晚年定论《中庸章句序》中，朱熹首句即为“心之虚灵知觉，一而已矣”⑤。可以说，船山在一定程度上呼应了朱子的观点。只不过，船山把知觉能力明确划归到人心那里。既然心有道心的层面，也有人心的层面，所以陆王心学的基本命题“心即理也” 就是错误的。对于人类来说，仅

---

① （明清）王夫之：《读四书大全说》，第 674 页。

② 郭齐勇：《朱熹与王夫之的性情论之比较》，《文史哲》2001 年第 3 期。

③ （明清）王夫之：《读四书大全说》，第 502 页。

④ 同上书，第 723 页。

⑤ （宋）朱熹：《四书章句集注》，第 14 页。

仅从知觉运动的角度无法凸显其独特性，因为动物也有知觉运动。“知觉运动，将与物同，非人之心也。”① 从道德哲学的角度来看，人之独特的地方在于道心而不是人心。故而，“所以《中庸》契紧说一‘择’字，正人心道心之所由辨也”②。即便如此，作为知觉运动的人心，对于道心来说也是不可或缺的。准确地讲，人心构成了道心得以显现的物质基础。

（二）性情的区分

既然道心人心分属性情，那么性情的特点也就是道心人心的特点。船山认为，“性自是心之主，心但为情之主，心不能主性也”③。此处，性情和心的关系完全不同，性是心之主，心是情而不是性之主，这和第一阶段的心既统性又统情的观点大相径庭。此外，船山还附和了朱子的观点，即“性，无为也；心，有为也”④。对于朱熹来说，性即理也，理是不动的，当然就是无为；而心属于气，气是运动的，故而心有为。对于船山来说，其特有的观点是情不是生于性而是生于心。“发而始有、未发则无者谓之情。乃心之动几与物相往来者，虽统于心而与性无与。”⑤ 再具体点说，情是这么产生的。“情元是变合之几……情之始有者，则甘食悦色。到后来翻变流转，则有喜、怒、哀、乐、爱、恶、欲之种种者。性自行于情之中，而非性之生情，亦非性之感物而动则化而为情也。”⑥ 王夫之否认了情是性所生，其实否认的是七情乃性所生。性是纯善的，如果情由性生，那么情也必然是善的。但是，情是可善可恶的。“延平曰：‘情可以为善。’可以为善，抑可以为不善，是所谓惟危之人心也。”⑦ 这就意味着，如果性生情，而纯善的性生出可能不善的情来，那么就会导致体用的不一致。在这种情况下，可行的选择就是否认情生于性。于是，情生于心就是必然的选择。朱学的传统就是心是可善可恶的，

① （明清）王夫之：《读四书大全说》，第689页。
② 同上书，第693页。
③ 同上书，第554页。
④ 同上书，第573页。
⑤ 同上。
⑥ 同上书，第674页。
⑦ 同上书，第81页。

而情也是如此，于是心、情之间就保持了一致。七情中至少四情是可感的，喜怒哀乐是也，而四情也是可以由心予以控制的，因为其是心与外界相互作用的产物，几是也。而四端之心也就是性，是本有的，看不见摸不着的，不来自心与外界的相互作用。就此而言，其符合孟子所说的“恻隐之心，仁也”（《孟子·告子上》）。但是，其不容易解释“恻隐之心，仁之端也”（《孟子·公孙丑上》）。不过，船山也有类似说法，也就是所谓的四端是性之尾和情之首。“四端是情上半截，为性之尾。喜怒哀乐是情下半截，情纯用事。”① 当然，该句也有模糊性情的倾向。

（三）性情的联结

虽然性情之间具有明显区分，但是它们之间也有联结。“情虽不生于性，而亦两间自有之机，发于不容已者。”② 具体来说就是，“不善虽情之罪，而为善则非情不为功。盖道心惟微，须籍此以流行充畅也”。（自注：如行仁政，必以喜心助之）（同上）换言之，道心的表现需要借助于七情。但是，这种借助是必须的吗？“道心终不离人心而别出，故可于情说心；而其体已异，则不可竟谓之情。”③ 答案是肯定的。笔者在研究朱熹的人心道心思想时，曾经提出朱子在很大程度上把人心视为通孔，这就是“人心通孔说”。④ 其实，对于船山来说，他也是持有这种观点的。“惟性生情，情以显性，故人心原以资道心之用。道心之中有人心，非人心之中有道心也。”⑤ 人心是通孔，故而道心必然通过人心而表现自己，这就是“道心之中有人心”或“人心原以资道心之用”。而人心也可以堕落为人欲，故而人心与道心的联结不是必然的而是偶然的，这就是“非人心之中有道心”。陈来认为“道心之中有人心，非人心之中有道心也”

① （明清）王夫之：《读四书大全说》，第534页。

② 同上书，第677页。

③ 同上书，第554页。

④ 谢晓东、杨妍：《朱熹哲学中道心人心论与天理人欲论之内在逻辑关系探析》，《江苏社会科学》2007年第2期。

⑤ （明清）王夫之：《读四书大全说》，第81页。笔者怀疑，正文中笔者所加的黑体字“性”乃“心”之误。否则的话，就和前面一直宣称的性不生情构成了矛盾。

一语，似嫌粗略，意义非明。① 其实，以“人心通孔说”来解释，意义就是明确的。人心是知觉，知觉到性理就是道心，或者说“性在则谓之道心”，而没有知觉到性理或“性离则谓之人心”。船山进一步解释道：“性在而非遗其知觉运动之灵，故养大则必不失小；性离则唯知觉运动之持权，故养小而失大。”② 就是说，道心意味着性在心上表现了出来，这种表现一定是通过知觉运动表现出来的，所以养其大体必然连带着关照了知觉运动。相反，道心没有在心上表现出来就意味着是纯粹的知觉运动在做主，而知觉运动必然会顺着自己的本性去追逐感性的东西，所以养小必然失大！

四　余论

行文至此，尚有几个问题需要进一步的阐明。

第一，船山第二阶段的道心是性、人心是情的观点和罗整庵（1465—1547）的道心人心性情体用论有何差别？罗整庵非常重视人心道心问题，他曾经说道：“人心道心之辨明，然后大本可立而得，斯讲学第一义。”③ 罗氏人心道心思想的基本观点是“道心，性也。人心，情也。心一也，而两言之者，动静之分，体用之别也”④。也就是说，道心人心之关系是性情关系，性是体、情是用，道心人心之关系也就是体用关系。比较船山和整庵的观点可以发现，他们都认为道心是性，人心是情，故而给人一种形式上一致的印象。但是，他们的观点，其实有比较明显的差别。其最大的差别就是，对于罗整庵来说，道心人心是体用关系，但是对于船山来说，情不是性而是心所生发，故而道心人心不是体用关系。相反，船山认为性心之间的关系是体用关系，从而构成了“性体心用说”。

---

① 陈来：《诠释与重建——王船山哲学的精神》，第79页。

② （明清）王夫之：《读四书大全说》，第695页。

③ 罗钦顺：《困知记》，中华书局1990年版，第130页。

④ 同上书，第2页。

第二，道心人心是不离不杂的关系吗？张立文认为，在船山那里道心人心是一种不离不杂的关系。① 根据“人心通孔说”，道心不能离开人心而表现自己，故而道心不离人心；而道心虽然不离人心，但是道心是性、人心是情，具有明显不同的属性，故而可以说不杂。就此而言，张说不为无见。但是，这只是问题的一个方面。人心既可以上达返天理，亦可以下达徇人欲，因而人欲之表现自身也离不开人心。此时，人心和人欲不离而和道心背离。故而，人心可以离开道心而堕落为人欲。故而结论是：道心人心是不离不杂的观点至少是片面的。

第三，对船山的论著需要仔细鉴定、甄别和分疏。予在研读船山著作的过程中，时有觉得窒碍不通的地方，令人颇费脑筋。比如，道心是否是中？陈来认为，船山的“道心即中、人心为情”的说法和朱熹的明显不同，并认为王氏的“这种讲法就传统力图呈现道心与人心的互动冲突而言，似非妥当”②。应该说，陈来的观察是敏锐的。无独有偶，张立文认为船山下面的这段话中有误。③ “未发（自注：人心）有其中（自注：道心），已发（自注：人心）有其和（自注：道心），有其固有。”④其看法是“应自注未发为道心，‘有其中’为人心”，理由是船山在《读四书大全说》中有未发之中就是道心的看法。当然，张氏此处也存在杂糅船山人心道心前后两说的问题。引用上述两位作者的观点，笔者就是想强调，类似的可疑之处在船山那里还有一些。这些都为廓清其人心道心思想的迷雾制造了不少障碍。

内在于东亚儒学的视阈，本文较为系统地考察了船山的人心道心思想，发现其存在前后两种形态，或者说两个阶段，即“互藏交发说”与“人心通孔说”。前者以《尚书引义》为文本基础，而后者以《读四书大全说》为文献依据。可见，不同于以往对船山人心道心思想的研究，本文的基本思路是明确区分两说。在第一阶段的人心道心思想或前说里，

① 张立文：《正学与开新——王船山哲学思想》，第183页。
② 陈来：《诠释与重建：王船山的哲学精神》，第78页。
③ 张立文：《正学与开新——王船山哲学思想》，第181页。
④ （明清）王夫之：《尚书引义》，第22页。

船山存心立异[①]，故而和朱子明显不同；在第二阶段的人心道心思想或后说中，船山既回归朱子，又区别于朱子。就后说而言，船山和朱子的共同点是：人心是情，道心为主人心听命；其差异在于：朱子认为道心是情，而船山则规定道心是性（道心不是情）。可见，相对于朱子而言，船山缩小了情的范围，他剔除了四端而只剩下七情，换言之，四端不是情。相应地，他扩大了性的范围从而涵盖了四端，换言之，四端是性。在第一阶段，“互藏交发说”需要四四合拍，故而需要满足四端与四情数量完全一致的硬条件；而在第二阶段，通孔说中的通孔之涵盖范围要尽可能地宽泛，故而在“喜怒哀乐”之外也开始强调“爱恶欲”，由此，由匹配四端的四情发展到七情。船山人心道心思想的前说重四情，后说重七情[②]，这绝不是偶然的。

---

① 据船山的夫子自道，其为学喜立异。“窃自意可不倍于圣贤，虽或加以好异之罪，不敢辞也。”王夫之：《读四书大全说》，第676页。

② 这只是一个大概的说法，“交发说”不提七情可以肯定，而“通孔说”偶提四情却也无妨，特别是在诠释《中庸》首章时（该章就仅提到“喜怒哀乐”四情）。比如，在《读中庸说》中，船山讲到，“朱子为贴出‘各有攸当’四字，是吃紧语。喜怒哀乐只是人心，不是人欲。‘各有攸当’者，仁义理智以为之体也。仁义理智，亦必于喜怒哀乐显之。性中有此仁义理智以为之本，故遇其攸当，而四情以生”。《读四书大全说》，第83页。

近世东亚的圣贤像及其成圣工夫论

——基于阳明、退溪的中韩比较论*

钱　明

（浙江省社会科学院哲学所）

摘要： 本文以王阳明、李退溪的圣贤像及其成圣工夫论为线索，从比较思想史的角度对中、韩两国历史上理想人格的塑造及其异同关系进行了论述。本文认为，退溪强调的是圣人之学，而阳明强调的圣人之志。所以阳明的成圣工夫论凸显的是个体的主体性、随遇成务的灵活性，而退溪的成圣工夫论凸显的则是君国的主体性、以敬为主的真实性。与忽视知识论、重视实践论和意志论的阳明的成圣工夫论不同，退溪的《圣学十图》可以说是儒家知识论与道德论、实践论的完美统一。若从政治学意义上说，阳明的圣人观可谓德性实践的、平等的圣人观，而退溪的圣人观则是德性知识的、精英的圣人观。

关键词： 王阳明　李退溪　圣贤像　成圣工夫论　比较论

在孔子的人格学说里，君子与圣人是互补的，圣人高于君子，是人格的完美典范和最高境界。但在孔子看来，圣人在现实中是不存在的，《论语·述而》曰："圣人吾不得而见之矣，得见君子者，斯可矣。"对于普通人来说，完美无缺、崇高无比的圣人是高不可攀的，即使有德有能之人，也会对圣人产生极大的距离感和焦虑感，从而放弃提升自己的努力。为此，孔子提出了在现实中"得而见"的君子人格，以作为圣人之

---

* 本文为作者提供给中华孔子学会 2018 年年会的论文。

补充，从而使圣人变为植根于现实社会的理想人格。于是，当圣人还处在神的高位时，君子人格便成为在选择理想人格面前人人平等理想的一种补充，儒家“人皆可为尧舜”的人格平等论便是由此而生的。这一理论对于儒家内圣外王之理想人格的塑造具有极大的引领作用，同时也是圣人与君子这两种人格在后世儒者那里被逐渐趋同化的重要原因。本文拟以王阳明、李退溪的圣贤像及其成圣工夫论为线索，从比较思想史的角度，对中、韩两国历史上理想人格的塑造及其异同关系作一考量。

一　阳明、退溪的圣贤像

王阳明（名守仁，1472—1529）和李退溪（名晃，1501—1570）的圣人形象，可以说就是现实存在的、具有极高境界和完美人格的君子形象。在儒家看来，君子有三立，即立德、立功、立言，世称“三不朽”。立德属于道德层面，是最高的道德理想人格；立功属于政治层面，是治国平天下的帅才；立言属于文化层面，是儒家精神文化的继承者和捍卫者。后来胡适把这三者推广到宗教的层面，成为衡量古代圣贤的标准。孔颖达认为，尧、舜、文、武、周公、孔子乃至颜、曾、思、孟等圣人，皆为立德之典范，也就是说，在立德、立功、立言的关系上，儒家主张以立德为本，立功、立言为用，德为根本，功和言是德的自然延伸。南宋时的心学家杨简所记录的“孔子曰‘心之精神是谓圣’。人皆有是心，皆具此圣，而百姓日用而不知也”①，即是借孔子之口，确立了以内在的道德精神为成圣标准的价值取向。于是“三不朽”中的立德即道德上的成就，便成了儒家人生追求的最高境界，也就是圣人境界。但要立德，就必须从格物、致知、诚意、正心、修身做起，也就是要从提高自己的品德做起，培养浩然正气，以仁爱为怀，以至博施济众。只有达到这样的境界，才能成为真正的圣人。而这种境界又是通过内在修养来实现的，

① （明）周广辑：《慈湖遗书》卷2，《四明丛书》，广陵书社2000年据张氏约园刊本影印，第11册，第6618页。

所以又称“内圣”；有了这种境界的人，就能有先“齐家”进而“治国”的可能性，而其最大的追求目标便是“平天下”，所以又称“外王”。如果说“内圣”是孟子学说的出发点，那么“外王”便是荀子学说的出发点；内圣与外王的协调统一，是儒家精神的基本内核。但凡儒者，皆具有积极救时救世、以天下苍生为己任的目标诉求，这几乎成为所有儒者的自觉意识和自觉行动，并构成了薪火相传的文化传统。

韩国儒者的圣人观可以说是对中国传统儒家圣人观的继承与发展，故而以“三不朽”为核心的“内圣外王”之道，同样也成为韩国儒者最高的理想追求。李退溪的《圣学十图》所反映的便是韩国儒者中最具典型意义的圣贤观。

李退溪作为一代儒宗，在“外王”方面似乎并没有表现出传统儒家那种“得君行道”的急切愿望。他的一生，屡召屡辞，旋进旋退，“欲退之志，如水必东”，并因请退不遂而苦恼终身。他曾明确表示，欲“自断一生，以退为义”，向往过安贫乐道、恬淡寡欲的恬静生活。他的一生至少有 60 多次谢绝了国王的征召。43 岁以后，他更是“七进七退”，立志奉身而隐。在他看来，臣子之义并非盲目服从君命，一切当以古义为标准决其进退。这就意味着，古义的地位高于君命，一旦违背古义，则君命可以不受。由此可见，执着古义，乃是退溪苦辞退伏的真正原因。于是，他坚决否定了唯君命是从的所谓“君臣之义”，而是按照儒家“君臣义合”的原则，详细区分了君臣各自的权利和义务，认为君臣的结合必须以理性的“义”为基础，在“义”面前君臣是平等的，君要臣尽服从的义务，就必须首先履行自己的义务，如果“义”的基础被破坏，臣便有权退出君臣之间的合作，甚至有权要求彻底解除君臣关系。所以他对“出处、进退、辞受、取予之节，不敢分毫错过”；“一循乎义，义有未安则奉身而退；难进易退之节壁立万仞，尤著于晚节”；并且通过上疏国王、复信友人以及回答弟子问难等多种渠道，详尽阐发了与绝对君权观形成激烈冲突的自己的处世之道。当然，被世人誉为“贤者之山林气象”“士林之廉节高风”的退溪先生，在坚守“义有未安则奉身而退”的处世之道的同时，并没有放弃传统儒家积极入世的根本立场。他的所作所为，只不过是儒家在特定的历史条件下积极入世的另一种表现方式而已。[1]

众所周知，儒家的经世之学，既可以通过“居庙堂之上”来实现，又可以通过“处江湖之远”来实现，这就是范仲淹《岳阳楼记》中的名句——“居庙堂之高则忧其民，处江湖之远则忧其君”所体现的儒家的为学宗旨，到底采取哪种方式来实现自己的经世之学，完全是由当时所处的社会历史条件来决定的。面对“国势颠危”“士祸炽发”的严峻现实，退溪采取“以退为义”[2]，“介洁自守”[3]，身虽隐而心未隐的对策立场，是完全可以理解的。尽管他执意退隐的公开理由，是因身患疾病，担心旷废职守，有失臣义，但其实是想实现自己避祸山林、以退为义的政治诉求。

由于所处的政治环境不同，王阳明的处世之道、治世之学相比李退溪要显得积极主动一些。与退溪只经历了10年的官僚生涯不同，阳明尽管也有强烈的归隐之心，但他28岁中进士后，直到59岁去世，基本上都是在官场上度过，身隐的机会极少，只有正德元年（1506）至四年贬谪贵阳期间和正德十六年（1521）至嘉靖六年（1527）朝廷准令其归省时期，才基本做到了心隐与身隐的统一。而且即使在贬谪期间，他依然是龙场驿丞，虽不入品，但大小也是个官员；在归省期间，他仍担任着南京兵部尚书兼参赞机务之要职，名义上依然是朝廷命官，所以都算不上是真正的退隐。

与退溪相比，阳明的还有一个重要特点，就是在繁忙的军政活动中，随处讲学，自立宗旨，意与君王“共治天下”。如果说退溪是急于退隐，却常苦于恩命屡加而不得脱身，那么阳明便是急于“正君心”，却常苦于不得君信而无缘施策。阳明身处的明朝中叶，文臣少杀戮之祸，故儒者之浩气尚存，不但“君臣义合”的意识依旧强烈，而且“得君行道”也

---

① 参见谢宝森《李退溪处世之道述评》，《浙江学刊》1986年第1、2期合刊号；《李退溪“以退为义”的处世哲学》，《浙江学刊》1987年第2期。

② 李退溪《戊辰辞职疏》曰：“此臣所以累被误恩之后，不得不以退归为义，而不敢复为陈力就列之计也。”（《退溪先生文集》卷6，《韩国文集丛刊》，第29册，首尔：景仁文化社1990年版，第179页）

③ 《退溪先生文集》卷45，《成均生员金公墓碣铭并序》，《韩国文集丛刊》，第30册，第506页。

有嘉靖、乾隆、万历时期常有的君臣遇合为现实样版。所以阳明及其弟子大多有做“帝者师”的梦想，敢于以孟子所谓的“格君心之非”为己任。而退溪生活的朝鲜朝中期，君权专断，党争纷起，文臣之处境日趋穷蹙，“君臣义合”已然成为空想，于是退溪不得不选择不同于阳明的处世之道，以自己委婉坚韧之品格，固守着“以退为义”的做人准则。但即使如此，退溪仍念念不忘儒者的“经世行道之责”。① 他虽避祸山林，却时刻关注政治；“其爱君忧国之心，未尝一日而忘于怀，每闻朝廷一政事有失，则忧形于色，一举措之得，则喜见于言”②；以至“忧国之念，老而益笃，往往与学者言及国事，辄嘘唏感奋”③。在退溪看来，真正的儒者，就应该做到“居则怀仁而抱义，出则尊主而庇民焉”④；“处则正家而表俗，出则匡国而济时，斯无负立院养士之本意矣”⑤。质言之，就是要做到：“夫士生于世，或出或处，或遇或不遇，归洁其身、行其义而已，祸福非所论也。”⑥ 正因为此，退溪对当时一些尚空谈而不务实际的儒者进行了猛烈抨击：“为学之要，悉具于此，然苟不深（身）体而力行之，虽格言至论日陈于前，犹为无益。”⑦ 认为如果不在“知行两进”⑧上下工夫，而只知在“心先动”“性先动”这些无关紧要的问题上打笔墨官司的人，那就是在误国害民。⑨

与退溪所坚守的身隐大于心隐的处世之道有所不同的是，阳明可以说是心隐大于身隐。阳明是中国历史上被誉为达到“三不朽”者中仅有的几位思想家之一。他在孩提时代就把成圣当作自己的根本志向。隆庆

---

① 《退溪先生文集》卷16，《答奇明彦》，《韩国文集丛刊》，第29册，第404页。

② 参见《退溪先生年谱》卷3，载贾顺先主编《退溪全书今注今译》，四川大学出版社1992年版，第1册。

③ 参见《退溪先生言行录》卷3，载贾顺先主编《退溪全书今注今译》，第5册。

④ 《退溪先生文集》卷42，《易东书院记》，《韩国文集丛刊》，第30册，第454页。

⑤ 同上书，第447页。

⑥ 《退溪先生文集》卷16，《答奇明彦》，《韩国文集丛刊》，第29册，第404页。

⑦ 《退溪先生文集》卷43，《箴铭诸训跋》，《韩国文集丛刊》，第30册，第468页。

⑧ 李退溪《与郑子中》曰：“庶几知行两进，言行相顾，不得罪于圣门，而免受诃于高世之士矣。”（《退溪先生文集》卷24，《韩国文集丛刊》，第30册，第107页）

⑨ 李退溪说：“心先动、性先动之说，窃恐未然。”（《退溪先生文集》卷29，《答金而精》，《韩国文集丛刊》，第30册，第172页）

版的《王文成公全书》中提到“圣”字（包括圣人、圣贤、成圣等）的有1200多处，其中《传习录》上卷有“圣”字92处，中卷有89处，下卷有92处。这说明，阳明在其思想形成发展的各个阶段都把“求为圣人之志”作为自己的根本诉求，所不同的只是在如何成圣，即成圣的方法和途径上前后有所变化和调整。

然而，后人并不是一开始就把“三不朽”的桂冠一起戴在阳明头上，三顶帽子中，是先有立功和立言，然后才加上立德的。也就是说，阳明的“三不朽”之完整的圣人形象是逐渐获得认同的。

据阳明高足邹守益嘉靖十五年（1536）所撰的《阳明先生文录序》中载：“当时有称先师者曰：‘古之名世，或以文章，或以政事，或以气节，或以勋烈，而公克兼之，独除却讲学一节，便是全人。’”① 说明阳明还在世时，就已被门生们视为集“三不朽”于一身的“全人”，即圣人。但晚年的阳明以讲学为首务，并未把成圣之“三不朽”看得太重，于是笑着回答道：“某愿从事讲学一节，尽除却四者，亦是全人。”② 所以整个中晚明时期，多数士人包括王门学者，一般都只把立言、立功的桂冠戴在阳明头上，而回避立德。如江右王门的郭子章曾在《黔记》中把阳明比作学问上的孔子，军功上的诸葛亮；阳明再传弟子耿定向的门人祝世禄曾说：“王新建在事业有佐命之功，在学问有革命之功。盖支离之说，浸灌人人心髓久矣，非有开天辟地大神力、大光明，必不能为吾道转此法轮。”③ 其中的“佐命之功”可相对于“立功”，“革命之功”则相对于“立言”。崇祯八年（1635）黄道周撰《王文成公集序》时也说：“有圣人之才者，未必当圣人之任；当圣人之任者，未必成圣人之功。……明兴而有王文成者出。文成出而明绝学，排俗说，平乱贼，驱

① （明）邹守益：《邹守益集》，董平编校整理，凤凰出版社2007年版，第38页。按：“全人”即圣人。《荀子·儒教篇》：“涂之人百姓，积善而全尽谓之圣人。彼求之而后得，为之而后成，积之而后高，尽之而后圣。故圣人也者，人之所积也。”《性恶篇》：“故圣人者，人之所积而致矣。”换言之，有道德、知识等积累的人谓之“全人”，亦即圣人。

② 同上注。

③ 沈善洪主编、吴光执行主编：《黄宗羲全集》，浙江古籍出版社1992年版，第8册，第110页。

鸟兽……自伊尹以来，乘昌运，奏显绩，未有盛于文成者也。”① 其中的“圣人之才”和“圣人之任”皆相对于“立言”，“圣人之功”则相对于“立功”。说明郭子章、祝世禄和黄道周都有意回避了阳明的立德问题。而郭子章、祝世禄、黄道周等人都是游离于朱、王之间的人，他们一方面主张调和朱、王；另一方面对王学进行矫正。由此不难看出，除了纯正的王门弟子，当时就连受过阳明学感染的人对阳明成圣的完整性也是有异议的，“三不朽”其实只有“二不朽”，事功形象要远远高于道德形象，甚至把阳明视为外王之象征，而有意无意地回避了内圣问题。

反倒是崇尚朱子学的清代，但凡褒奖高评阳明者，大多以立德为重，且将其放在首位。如清儒王士禛说：“王文成公为明第一派人物，立德、立功、立言皆居绝顶。”② 后王梓编《三立编》，“取明王守仁著述，分类编辑。以讲学者为立德，以论事者为立功，以诗文为立言。立德编摘述《传习录》及文录，立功编载奏疏咨文，行牒、批呈告谕，立言编载古今体诗、杂文，末附年谱”，全书共十二卷。③ 其中的“以讲学者为立德”，既是对儒家立德标准的重大修正，也是对包括阳明在内的宋明儒者有关讲学之定位的颠覆。因为对于相当多数的明清士大夫来说，王门讲学乃是导致学风衰败、明朝灭亡的原因之一，“以讲学者为立德”，可以说是对明人此一观点的否定。

总之，尽管阳明在世时已有人把立德、立言、立功三顶桂冠一起戴在阳明头上，但不仅阳明自己不认可，而且多数明人亦只看重阳明的立言和立功，而有意回避立德这一成圣的根本性问题。真正视阳明为“三不朽”之圣人，应该是从清代开始的。换言之，阳明完整的圣人形象，并非确立于王学流行的明代中后期，而是形成于倡导朱学的清代前期。这是因为，清代前期有一部分人吸取了明代道德失范、空疏误国的沉痛教训，而有意识地要把王阳明塑造成一位既不空疏又是道德之典范的完整的圣人形象。在一部分清代知识分子看来，导致明代灭亡的是王学末

① （明）王守仁：《王阳明全集》（新编本），吴光、钱明、董平、姚延福编校，浙江古籍出版社2010年版，第6册，第2130页。

② （清）王士禛：《池北偶谈》，中华书局1982年版，第122页。

③ （清）永瑢等撰：《四库全书总目》，中华书局1965年版，第1406页。

流而非阳明本人。因此故，阳明去世后各地所兴建的阳明祠，其名称也逐渐由开始时的只突出立功的“报功祠”，改变为后来的既突出立功又突出立德而回避其立言的“勋贤祠”。① 其中之原委，或许只有在对阳明的“三不朽”形象逐渐形成共识的历史过程中才能有透彻的了解。

相对于中晚明阳明的外王形象高于内圣形象的舆论环境，退溪可以说一直是内圣形象高于外王形象的一代儒宗。但到了清代，当阳明的“三不朽”之“全人”即圣人形象被完整确立后，退溪之形象则表现出强于立德而弱于立功的明显特征。但即使如此，退溪仍在经世治世方面表现出自己的独到之处，尤其是针对如何拯救“国势颠危”的政治局面，退溪更是提出了独到的解决方案，即所谓“明君德以救治”，他的《圣学十图》，就是为落实这一根本之策而创作的。退溪毕生于穷究理学，立志于圣贤事业，虽病魔缠身，不堪重任，仍十分关心君国大事，留意民生疾苦。尽管退溪没有像阳明那样建立起自己的丰功伟业，但却能做到远承孔孟心法，近守朱子遗教，“其术足以匡时，其言足以救世”，在忠实践行儒家经世致用这点上与阳明并无二致。而退溪践行儒家经世致用之学的最好范本，就是浓缩在《圣学十图》中的圣人观。

众所周知，由于受儒家经典《周易》的影响，韩国儒者也非常重视以图解义的经典诠释方式。《周易》的思想世界是用“象”和“数”来表现的，这种诠释方式发展到宋代而臻于完善，并且以“太极图”等图解的形式展示在中、韩两国的儒者面前。在退溪之前，韩国儒者就已通过权近（1352—1409，字可远，号阳村）所作的《入学图说》（共有四十幅“图”与“说”）而试行了以图述理的研究方式，后来又有郑之云（1509—1591，字静而，号秋峦）的《天命图》对这种表现方式作了进一步的提升与展开。这种权近以后为大多数朝鲜儒者所采用的研究方法，其核心即在于以《太极图说》为内核的性理学说，并以此为基础而发展起来的朝鲜“以图解经”“以图为说”的“图示”学术现象

① 如建于杭州的天真书院，后改为“勋贤祠”。按：称阳明为“勋贤”，当源自隆庆二年（1568）穆宗朱载垕诏赠阳明为新建侯，谥文成，颁铁券。“券文有‘两间正气，一代伟人，具拨乱反正之才，展救世安民之略。功高不赏，朕甚悯焉！因念勋贤，重申盟誓’诸语。”（引自毛奇龄《王文成传本》卷2，《四库全书存目丛书》史87，齐鲁书社1997年版，第18页）

和研究范式。这种范式为在朝鲜普及儒家经典和儒家思想曾发挥过积极作用。

然而，对于退溪的《圣学十图》来说，与其说是受了宋儒的影响，倒不如说是受了明儒的启迪。早在23岁时，退溪就系统研读过明初学者程敏政（字复兴，号林隐）的《心经附注》①，这比他开始研究朱熹思想要早得多。后来他作《圣学十图》也是模仿了程敏政所作的《心图》。除此之外，金华学派王柏的《敬斋箴图》也是他模仿的对象之一。② 因此，从某种意义上可以说，退溪继承的是从真德秀到王柏、吴澄再到程敏政等以《心经》为线索而提出的心学传统。这一心学传统的发展与完成，具有以个体的道德人格之修养和以成圣为人生根本坐标的一些基本特征，而这些特征也同样具备于阳明心学。尽管退溪把阳明心学划入禅学，甚至把阳明视为"贼仁义、乱天下"的"洪水猛兽"③，但他在学理上与阳明存在着某种内在关系，却也是不争的事实，这已为诸多退溪学研究者所证实。

---

① 据说李退溪"平生尊信此书（指《心经附注》），亦不在四子《近思录》之下矣。及其每读至篇末也，又未尝不致疑于其间。"（《退溪先生文集》卷41《心经后论》，《韩国文集丛刊》，第30册，第410页）认为"初学下手用功之地，莫切于《心经》一部。"（《退溪先生言行录》卷4，《学问一·读书之法》，载贾顺先主编《退溪全书今注今译》，四川大学出版社1992年版，第5册）由于对于注《心经》的程敏政，以及注中所引吴澄的朱、陆混同思想和崇陆倾向，退溪抱有一定警惕，并且担忧吴澄、程敏政的思想有可能把天下人心引向陆、王心学，故而其每读程氏所注《心经》，至篇末"又未尝不致疑于其间"，目的就是为了坚守自己思想的主体性和自主性原则。

② 王柏（1197—1274），字会之，号鲁斋，浙江金华人，学于黄勉斋，得朱子之传。少慕诸葛孔明，自号长啸。读书精密，旨趣自见，尝谓："古人左图右书，后世图学几绝。"（《宋元学案》卷90《鲁斋学案》）遂作《研几》七十余图，又作《敬斋箴图》，以日用行事。退溪的《夙兴夜寐箴图》，就是仿《敬斋箴图》而作。

③ 退溪在论辩白沙、阳明时说过："陈白沙、王阳明之学，皆出于象山，而以本心为宗，盖皆禅学也。然白沙犹未纯为禅，而有近于吾学……后学从其善而改其差，可也。至如阳明者，学术颇忒其心，强狠自用。其辩张皇震耀，使人眩惑而丧其所守。贼仁义、乱天下，未必非此人也。……持此而揆诸圣贤之训而不合，则又率以己意改变经训，以从其邪见，乃敢肆为诐淫邪遁之说，畔道非圣，无所畏惮。欲排穷理之学，则斥朱说于洪水猛兽之灾；欲除繁文之弊，则以始皇焚书为得。……朱子晚年，见门弟子多缴绕于文义，果颇指示本体，而有归重于尊德性之论。然是岂欲全废道问学之功，泯事物之理，如阳明所云者哉？而阳明乃欲引此以自附于朱说，其亦误矣。"（张立文主编：《退溪书节要》，中国人民大学出版社1989年版，第259—260页）

事实上，退溪思想中不仅具有鲜明的“明本心之体，达本心之用”的心学思维，而且在本心论、知行观上亦与阳明心学有颇多相似之处。① 只不过在退溪看来，阳明“徒患外物之为心累”，故而把“事事物物一切扫除”，这样就背离了圣人心学的宗旨，而与“释氏之见”无异矣。② 退溪还强调，这种背离了圣人之学的所谓学问，“本欲极其高妙而言心，而乃反滞体用于形器，归心性于茫昧。非但于自己学问有害，使后生相仿效一例，学为虚谈，其流弊斯文不少，故不得不尽底蕴以言之”③。

而最能综合概括退溪圣贤心学之纲目的便是其所作的《圣学十图》。该书可以说是作者体认圣学大端、心法至要的心得与总结。退溪以图解的方式，既示人以圣学入道之门，又给人以简明易懂的启迪；“其规模之宏大，操履之功用，在李朝理学史上均属罕有”④。由于退溪作《圣学十图》的目的是教导宣祖，以拯救衰颓之国势，故而《圣学十图》不仅受到宣祖的充分肯定，而且还将其推广到士者阶层，遂使以图解义的经典诠释成为韩国儒者释解性理学形上问题的典范。又因程敏政的《心图》大多涉及人道观，所以退溪的《圣学十图》亦多用《西铭》《小学》《大学》《白鹿洞规》《心统性情》《心学》《仁说》《敬斋》《夙兴夜寐》来命名，所阐述的内容也主要是人伦问题，并且是围绕着懋德业、勉日用等现实课题而展开，从而把儒家的经世致用之学发挥到极致。此外，退溪还借助朱熹的《仁说图》，对四端与四德的关系作了系统阐述，认为恻隐贯四端，周流贯彻，无所不通；仁包四德，涵育浑全，无所不统。在他看来，“仁”乃贯通天、地、人之精魂，而张载《西铭》中的“民胞物与”说，则是对仁说的最好概括。正因为《圣学十图》的实质在于人学，其根本目的是教君王如何提升人格境界，以成为圣人，所以退溪在

---

① 张立文认为：“退溪晚年思想与朱子学在明代的发展是相一致的。”（张立文主编：《退溪书节要》，第259页）而朱子学在明代的发展，其实就是理学心学化的过程，阳明心学的出现可谓这种发展的必然结果。

② 张立文主编：《退溪书节要》，第254页。

③ 同上书，第239页。

④ 同上书，第6页。

《圣学十图》中较全面地阐释了学做圣人的纲领条目、修养方法、程序节次、标准规范、行为践履、情感意志等，向世人系统地展现了自己的圣人观。

二　阳明、退溪的成圣工夫论

退溪比阳明小 30 岁。退溪 68 岁时，为“敦圣学以立治本”而上疏宣祖，先陈六条，后献《圣学十图》。此时正好是明隆庆年间（1567—1572），阳明的名誉已得到恢复，由谢廷杰监制、钱德洪等主编的《王文成公全书》在浙江出版，阳明崇祀圣庙的问题也有重大进展。与此同时，阳明著作亦被陆续传入朝鲜，使朝鲜儒者对阳明的思想学说有了进一步了解。退溪在作《圣学十图》前，对阳明学说已比较熟悉，甚至还可能从中汲取了一些养分。在退溪看来，阳明学说尽管有混同朱陆、陷入释氏之弊端，但它具有片面的真理性，故而在一定程度上是可以容忍的。当然，退溪最后所作的选择，是站在正统朱子学的立场上，对阳明学说进行批判和辩驳。① 这一点与退溪心学和阳明心学之间存在本质差异有很大关系。正因为在心学根本问题上存在分歧，才导致了退溪和阳明在成圣工夫论上的较大差异。

第一，成圣之“心”。阳明要求弟子“务要立个必为圣人之心”，退溪亦认为“圣门之学，不求诸心，则昏而无得”，是故二人之学问，皆可称为“心学”。但阳明重“心”之本体，主张“心即理”，以“致良知”为宗旨，认为“良知之外，别无知矣，故‘致良知’是学问大头脑，是圣人教人第一义”②；而退溪重“心”之工夫，强调思与学，把心视为至

---

① 在退溪作《圣学十图》前两年，即 1566 年，便撰写了《心经后论》，并对陈白沙《诗教》、王阳明《传习录》等书进行了论辩。

② （明）王守仁：《王阳明全集》（新编本），第 1 册，第 77 页。按：此前阳明曾强调：“若‘诚意’之说，自是圣门教人用功第一义，但近世学者乃作第二义看，故稍与提掇緊要出来，非鄙人所能特倡也。”（同上书，第 45 页）关于“致良知”与“诚意”的关系，可参见拙著《阳明学的形成与发展》，江苏古籍出版社 2002 年版，第 45—84 页。

虚至灵之思，以心为学思之载体，认为心既非用，亦非体，而是主宰和照管思与学的主体之存在。① 况且阳明在转向心学之前有过一段笃志二氏之学的较长经历，直到 37 岁谪居龙场后才真正转向圣人之学。他曾坦言："吾亦自幼笃志二氏，自谓既有所得，谓儒者为不足学。其后居夷三载，见得圣人之学若是其简易广大，始自叹悔错用了三十年气力。"② 正因为有这样的经历，使得阳明的内心深处残留着较深的佛道印迹，而退溪则一生崇奉朱子学，是朱子"理学"的忠实继承者，并在许多方面发挥了理学，使之更加彻底，更为缜密，即使在"心学"方面，退溪实际上也主要是发挥了朱子心性学的思想，而为了避免同阳明心学相混淆，退溪还特地把"心学"解释为"心性之学"，他说："心在，或云在躯壳内，或云在视听上，窃谓当通看。盖心在躯壳方能在视听上，乃主于内而应于外，非两在也。若心不在躯壳，则未有能在视听上之理，心已逐物而不能主宰故也。"③ 因此可以说，阳明强调的是心本体论，而退溪强调的是心有体有用论。

在"心"的体用关系上，虽然阳明、退溪都主张"体用一源"，但阳明的出发点是"合"，即体用合一、内外合一、寂感合一、本体工夫合一，是故强调"事即道，道即事"。④ 而退溪的出发点是"分"，即体用之分、理气之分、心性之分、道心人心之分、四端七情之分，⑤ 是故反对

---

① 李退溪《进圣学十图札并图》曰："夫心具于方寸，求至显至实之理，宜无有不得者，则思而得之，睿而作圣。岂不足以有征于今日乎。然而心之虚灵，若无以主宰，则事当前而不思；理之显实，若无以照管，则目常接而不见。"又曰："盖圣门之学，不求诸心，则昏而无得，故必思以通气微。不习其事，则危而不安，故必学以践其实。思与学，交相发而互相益也。"（张立文主编：《退溪书节要》，第 3—4 页）

② （明）王守仁：《王阳明全集》（新编本），第 1 册，第 40 页。

③ 张立文主编：《退溪书节要》，第 269 页。

④ （明）王守仁：《王阳明全集》（新编本），第 1 册，第 11 页。

⑤ 李退溪说："情之有四端七情之分，犹性之有本性、气禀之异也。……恻隐、羞恶、辞让、是非，何从而发乎？发乎仁义礼智之性焉尔。喜怒哀惧爱恶欲，何从而发乎？外物触其形而动于中，缘境而出焉尔。四端之发……则主于理……七情之发……则在乎气……。四端，皆善也；……七情，善恶未定也。"（张立文主编：《退溪书节要》，第 184 页）又说："人心为七情，道心为四端，以《中庸序》朱子说及许东阳说之类观之，二者之为七情、四端，固无不可。"（《退溪先生文集》卷 37，《答李平叔》；《韩国文集丛刊》，第 30 册，第 343 页）

“心无体用”论。①

总的来说，退溪承朱子，把万事万物分为两个层次，一是形而上的“理”的世界或“性”的世界；二是形而下的“气”的世界或“情”的世界。就“理”的世界而言，有太极、道、性、心等同一层次的不同序列；就“气”的世界而言，有阴阳、器、情、物等不同序列。② 然而阳明则把万事万物合二为一，因而即使在成圣工夫论上，他也主张圣凡合一，声称“益有以信人性之善，天下无不可化之人也”③。

第二，成圣之功。阳明的心本体论也就是“良知”论和“致良知”论。良知本体即诚，诚意工夫即本体工夫，故而阳明的成圣工夫论以“诚”为内核。

周敦颐以诚为“圣人之本”。《通书》曰：“圣，诚而已矣。诚，五常之本，百行之源也，静无而动有，至正而明达也。”④ 阳明承周子之说，认为“良知只是一个天理自然明觉发见处，只是一个真诚恻怛，便是他本体。……只是一个良知，一个真诚恻怛”⑤。所谓“真诚恻怛”，即孟子的四端之情，也就是周子的“诚”。在这一点上，阳明与退溪有相通之处。但“诚”在阳明那里，还包含活泼自然的成分，“诚”是本体，又是工夫，是本体与工夫的合一。所以阳明所说的成圣，是活泼自然的过程，这样的圣人，自然不可“拘得死格”。⑥ 于是他说：“圣人之学，不是这等捆缚苦楚的，不是装做道学的模样。”⑦“圣人之学，只是一诚而已。”⑧

---

① 李退溪说：“滉为学浅陋，惟知谨守先儒定本之说，白直加工，而犹未通解。此外幽深玄妙之论，实未暇及也。……姑以所闻先儒‘心有体用’之说明之，而其说皆有所从来。其一寂感为体用，本于《大易》；以动静为体用，本于《戴记》；以未发已发为体用，本于子思；以性情为体用，本于孟子。皆心之体用也。盖人之一心，虽弥六合，亘古今，贯幽明，彻万微，而其要不出乎此二字。故体用之名，虽未见于先秦之书，而程朱以来诸儒，所以论道论心，莫不以此为主，讲论辩析，惟恐不明，而陈北溪心说，尤极言之，何尝有人说‘心无体用’耶?”（张立文主编：《退溪书节要》，第 237 页）

② 张立文主编：《退溪书节要》，第 38 页。

③ （明）王守仁：《王阳明全集》（新编本），第 3 册，第 936 页。

④ 周文英主编：《周敦颐全书》，江西教育出版社 1993 年版，第 96 页。

⑤ （明）王守仁：《王阳明全集》（新编本），第 1 册，第 92 页。

⑥ 同上书，第 122—123 页。

⑦ 同上书，第 114 页。

⑧ 同上书，第 107 页。

“圣人教人，不是个束缚他通做一般，只如狂者便从狂处成就他，狷者便从狷处成就他。”① 不仅如此，阳明所提出的三大命题“心即理”“知行合一”“致良知”的核心，也都包含在“诚”上，把握了“诚”，也就把握了“心”的内核。②

然而退溪学的成圣工夫论却以“敬”为内核。朱熹以“敬字工夫”为“圣门第一义”，强调主敬工夫要“彻头彻尾，不可顷刻间断”③；认为“‘敬’之一字，真圣门之纲领，存养之要法”④；只要“理会个敬，一日则有一日之效，一月则有一月之效”。⑤ 这与阳明所主张的“圣人之学，只是一诚而已”似成对比。朱熹讲格物，“格”时需要“敬”，“敬”对应“物”；而阳明认为，“既知至善，即知格物”，看重的是内心修养，强调的是“诚”。

在中国古代思想史上，“敬”的观念出现得比较早。尽管“敬”和“诚”皆与“事”相连，但“敬”为敬事，而“诚”为践行；诚是对上古以来“敬”的思想的发展。《论语》中“敬”出现了21次，其中与“事”相连的有18次。大略说来，“敬”是一种侧重于外在世界的态度，而“诚”更强调内在的真实。“敬”是外在之践行，“诚”是一种由内到外的践行态。⑥

退溪承朱子之说，提出了一整套立足于工夫论的“敬”的哲学，强调“心敬工夫”“主敬其功”。他所作的《圣学十图》，即“皆以敬为主焉”。⑦ 在退溪看来，“敬”不仅是心之主宰，还是万事的本根。所以他主张工夫合一于“敬”，不仅思之工夫与行之工夫要合一于“敬”，而且学问思辨与体验栽培也要合一于“敬”。他说：“奋然用力于二者之功，而持敬者，又所以兼思学、贯动静、合内外、一显微之道也。”⑧ 这显然

---

① （明）王守仁：《王阳明全集》（新编本），第1册，第114页。

② 参见张涅《王阳明“诚”的思想与生活儒学》，《宁波市委党校学报》2011年第5期。

③ （宋）黎靖德编：《朱子语类》，王星贤点校，中华书局1981年版，第1册，第210页。

④ 同上。

⑤ 同上书，第209页。

⑥ 参见张涅《王阳明“诚”的思想与生活儒学》，《宁波市委党校学报》2011年第5期。

⑦ 张立文主编：《退溪书节要》，第18页。

⑧ 同上。

不同于阳明所强调的本体工夫合一论。然阳明被刘蕺山视为“流于禅者”。刘子曰：“为学之要，一诚尽之矣，而主敬其功也。敬则诚，诚则天。若良知之说，鲜有不流于禅者。”① 退溪的主张非常接近于刘子的看法，所以退溪强调“敬”，“敬”可以说是退溪论心之工夫的集中概括，或者说是退溪心学的一大特色。正因为此，学术界一般又把退溪心学称为“敬”的哲学。

第三，成圣之人。宋明理学对人性论的预设为“圣人可学而致”，不杂人欲之私便可达至扩然大公的天理，进而成为圣人。然而这只是一种理想假设，要成为现实，不仅有人性之“纯”即“质”的问题，更有人性之“扩”即“量”的问题。阳明的成圣工夫论，基本上克服了后一个难题，而只留下前一个选项。而且阳明还把人性之纯的问题提升到境界的高度，这种形式上的提升，实质却是拉近了普通人（包括“学者”与“愚鄙”②）与圣人之间的距离，使普通人不仅有可能成圣，而且有可能就是圣人，差别就在于是否达到了“信良知”的圣人境界。从而使成圣问题由工夫论变为本体论，由知识论变为境界论。

正因为此，阳明的成圣工夫论主要以个人为对象，把重点放在普通人的教化上，主张圣愚无间、圣凡一致、圣凡平等，强调人人皆为圣人、“满街人都是圣人”。他说：“自己良知原与圣人一般，若体认得自己良知明白，即圣人气象不在圣人而在我矣。”③ “夫良知即是道，良知之在人心，不但圣贤，虽常人亦无不如此。若无有物欲牵蔽，但循着良知发用流行将去，即无不是道。”④ “良知之在人心，无间于圣愚，天下古今之所同也。”⑤ “人胸中各有个圣人，只自信不及，都自埋倒了。”⑥ 还对门

---

① 吴光主编：《刘宗周全集》，浙江古籍出版社 2007 年版，第 6 册，第 170 页。

② 杨简说：“圣人先觉，学者后觉。……谓此非学者之所及，惟圣人可以当之。”（《慈湖遗书》卷 2《绝四记》，《四明丛书》，第 11 册，第 6613 页）“圣贤非有余，愚鄙非不足。”（《慈湖遗书》卷 2《二陆先生祠记》，《四明丛书》，第 11 册，第 6616 页）

③ （明）王守仁：《王阳明全集》（新编本），第 1 册，第 64 页。

④ 同上书，第 75 页。

⑤ 同上书，第 86 页。

⑥ 同上书，第 102 页。

人坚决地说："尔胸中原是圣人！"[1] 对此，主张王（阳明）湛（甘泉）调和的顾应祥曾说过："愚谓王（艮）、董（澐）二子所谓满街都是圣人，不知睹其仪容而知之乎？听其言论而知之乎？不过形容人人皆有良知，皆可以为圣人耳。而言之过高，使学者闻之必曰圣人可一蹴而至，而学问思辨、戒谨恐惧之工夫俱可置而弗讲，率天下之人而为大言不惭者，必二子之言夫。"[2] 这段话可谓道出了王、董之要害。从这一意义上可以说，阳明的圣凡平等观，尽管合情，但不合理，更是为现实人性和现实社会所嘲讽。然而，阳明的成圣工夫论却与其学说的庶民化趋势互为因果，或者说为"草根阳明学"的形成和发展提供了理论依据。

与阳明赞同其门人所谓"满街人都是圣人"的思想背景不同的是，退溪作《圣学十图》，是为了向宣祖奉献自己精心构思的救世治世法宝[3]，目的"则是劝导圣学，辅养宸德，以期致于尧舜之隆"。[4] 所以他要求宣祖把《圣学十图》"作为御屏一坐展之，清燕之所，或别作小样一件，粘贴为帖，常置几案上，冀得于俯仰顾眄之顷，皆有所观省警戒焉"[5]。即作为座右铭，昼夜不离，时刻牢记。从内容上看，退溪在《圣学十图》中所推崇的圣人，似乎更接近于古代政治结构中的"圣王"，即如同尧、舜、禹、文王、武王等具有治国之道的君主。尽管退溪眼里的"圣王"，与荀子所推崇的在政治层面上制定礼义法度的圣王有所区别，而主要是指道德层面上为世人之表率的圣王，但其成圣工夫论以君主等政治家或知识精英为对象的倾向，却与阳明以普通人为对象的成圣工夫论形成了鲜明对照。

退溪和阳明的成圣工夫论之所以有这样的区别，乃是因为他们所面对的政治生态和所要解决的现实课题有所不同。如果说阳明所面对的现实课题主要是受到严重压抑的个人权利的确认和声张，那么退溪所面对

---

① （明）王守仁：《王阳明全集》（新编本），第1册，第102页。

② 顾应祥：《静虚斋惜阴录》，《北京图书馆古籍珍本丛刊》，第64册，书目文献出版社1997年影印版，第33页。

③ 李退溪说："为人臣而欲引君当道者，固无所不用其心焉。"（张立文主编：《退溪书节要》，第2页）

④ 《退溪先生文集》卷7《进圣学十图札并图》，《韩国文集丛刊》，第29册，第197页。

⑤ 张立文主编：《退溪书节要》，第2—3页。

的现实课题便是受到宗主国制约和压抑的国家权利的确认和声张。所以与阳明以个人为本位的自主意识不同，退溪所关注的主要是以国家（君主）为本位的自主意识。这种差异反映在伦理学上，就是个人伦理、家族伦理与社会伦理、君臣（政治）伦理之间的关系。中、朝两国儒学不仅在阳明与退溪之间有这种差异，而且在朱子学与退溪学之间也有类似差异。比如从朱熹编纂的《小学》与朴在馨（1838—1900，字伯翁，号进溪）编纂的《海东续小学》比较论的角度看，朱子《小学》在总共225条明伦关系中，个人伦理和家族伦理有123条（54.7%），社会伦理、君臣（政治）伦理有80条（35.6%），其中君臣伦理43条，仅占19.1%；而朴在馨《小学》在总共205条明伦关系中，个人伦理和家族伦理有78条（38%），社会伦理、君臣伦理有118条（57.6%），其中君臣伦理83条，占40.5%。[①] 而朴在馨的教育理念其实就是退溪教育思想的继承和发展，代表了退溪学的基本精神。这种差异性，从根本上说乃是中、朝两国不同的政治生态和文化意识的反映。中国文化强调齐家、治国、平天下，家是基础，以家为本位。而朝鲜则以忠君为国家意识，以国为本位，作为明朝的附属国，朝鲜的这种自主意识和强化本国国君的意识是必要的、合理的；忠君就是忠于国家，就是为了确保国家的自主性。

由于阳明要解决的是人人成圣的问题，而退溪要解决的是君主成圣的问题，两人的目标诉求不同，成圣的方法、过程、途径也就自然不会一样。故而退溪致力于从小学到大学的成圣的整个系统性工程，而阳明则致力于当下解决问题，用最简易、最便捷的办法来解决大众的教化问题。阳明所说："后世不知作圣之本是纯乎天理，却专去知识才能上求圣人，以为圣人无所不知，无所不能，我须是将圣人许多知识才能逐一理会始得。故不务去天理上著工夫，徒弊精竭力，从册子上钻研，名物上考索，形迹上比拟，知识愈广而人欲愈滋，才力愈多而天理愈蔽。"[②]

① 参见［韩］朴文铉《进溪朴在馨的〈海东续小学〉与退溪的教育思想》，《退溪学论丛》第24辑，釜山退溪学会2012年刊，第62—64页。

② （明）王守仁：《王阳明全集》（新编本），第1册，第30—31页。

"所以谓之圣，只论精一，不论多寡。只要此心纯乎天理处同，便同谓之圣。"① 便是对这种去知识才能化的简易的成圣工夫论的阐释与发挥。

当然，阳明的成圣工夫论，归根结底还只解决了成圣的即时性、简易性课题，而并未在凡人与圣人之间画等号，凡人与圣人之间的人性鸿沟亦未被完全填平。换言之，阳明的成圣工夫论从本质上说仍未脱离宋儒所预设的"圣人可学而致"的知识论构架，与退溪的成圣工夫论亦并无根本性的差异。因为阳明说的是人人心中"有仲尼"，而并非"是仲尼"。人性及恢复人性的平等，不等于人的现实权力的平等；圣愚一致，是本性及复原本性的一致，而并非现在就一致。只不过阳明把这种可能性与现实性的跨度缩得很小，也很容易，声称"心之良知之谓圣"，致良知即当下呈现良知，良知本体即良知见在。阳明的这种成圣工夫论，到了王艮的泰州学派那里，又进一步向圣凡平等（圣愚一致）靠拢，甚至出现了凡人即圣人的思想倾向，犹如禅宗的"立地成佛"说，从而使阳明学的"满街人都是圣人"的成圣工夫论由可能性更加接近于现实性，由将来时变成了进行时乃至完成时！

三　比较论的视界与结语

由上所述不难看出，无论是阳明《传习录》所描述的成圣工夫论，还是退溪《圣学十图》所描述的成圣工夫论，其中心议题都是人的成圣问题，即如何使人成为圣人的问题。他们所关注的，不是"圣人之像"，而是"圣人之学"（简称"圣学"），亦即成圣的方法、途径和手段。他们所共同追求的，也都是要把上古时代圣人的神圣性②转化为现实生活中的成圣的可能性。具体地说，就是把远离现实生活的死的、假的圣人，转化为活的、真的圣人，把抽象的、虚幻的圣人转化为具体的、实在的圣人，把对圣人顶

① （明）王守仁：《王阳明全集》（新编本），第1册，第34页。

② 孔子的"圣人，吾不得而见之矣"（《论语·述而》），使圣人成为可望不可即的神性存在。孟子的"圣而不可知之谓神"（《孟子·尽心下》），进一步使圣人成为被顶礼膜拜的神人。

礼膜拜的依附性人格转化为对主体自觉信仰的个人意志性人格。这可以说是退溪成圣工夫论与阳明成圣工夫论的共同之处。

但是，阳明成圣工夫论与退溪成圣工夫论又有较大差异，主要表现在：退溪的成圣方法、途径和手段是复杂而繁难的过程，属于学思层面德性知识的精英成圣工夫论①；而阳明的方法、途径和手段则是方便而简易的即时，属于境界层面的德性实践的庶民成圣工夫论。退溪的首要任务是在开发精英人士道德自觉的前提下教育政治家成圣，而阳明的首要任务则是在开发一般民众道德自觉的前提下教化普通人成圣。这是两人在面临经世治世的不同时代课题时所作出的不同选择。尽管退溪、阳明都超越了远古的神性圣人观，但退溪的成圣工夫论是理性、知性的，而阳明的成圣工夫论则是个性、感性的。从这一意义上说，退溪的成圣工夫论与宋儒的成圣工夫论并无本质区别，而阳明的成圣工夫论则带有时代的鲜明个性和一定的颠覆意义。随着退溪所倡导的理性、知性的精英成圣工夫论逐渐被朝鲜朝时期的多数政治家和知识分子所接受，中国宋明理学中高度抽象化和玄理化的学风，遂在朝鲜儒学尤其是退溪学中得到了进一步的提炼和放大。与此相反的是，日本儒学则在武士化的过程中，渐渐弱化了这种理性的学风和知性的品格，尤其是日本的阳明学，其简易化、行动性的品格，在儒学本土化的过程中日渐凸显，渐成风气。这也是中、日、朝三国儒学在各自的文化土壤中所进行的自主化选择的结果。

比较而言，阳明的成圣工夫论可以说是一种立足于心本论的意志的成圣工夫论，强调的是“立志”，“使人先立必为圣人之志”②，谓学者

① 退溪的圣人观无疑源自两宋程朱学的圣人观。张艺曦说：“两宋程朱学的圣人观的精英色彩甚浓，在朱熹的口中笔下，圣人常被描写成至高至善、难以企及的境界，一般人必须终其一生追求才有达成目标的可能，加上两宋程朱学的格物穷理之说必须穷尽天下之物之理才能一旦豁然贯通，更增作圣的难度，同时也强化了圣人可望不可即的形象。也因此，两宋程朱学者并不轻易许人为圣，他们所崇奉的圣人往往是儒家经典中的典范人物如周公、孔子等人，近世或当代儒者则无缘于‘圣’之一字。此圣人观所要求对象既多限制在士阶层、尤其以士大夫为主，因此其作圣理想中并未为平民百姓留下一个确定的位置。”（参见氏著《明代阳明画像的流传及其作用——兼及清代的发展》，《思想史》第5期，台北：联经出版事业公司2016年版。）

② （明）王守仁：《王阳明全集》（新编本），第4册，第1233页。

曰："为学须得个头脑工夫，方有着落。"① 头脑即本体工夫，即志向，即觉悟。成圣之道，亦即"反求诸己"的当下工夫；当下良知，立地成圣。"反求诸己"与"圣人只是要删去繁文"②，"须从本原上用力"③，实属于同一性质的问题。阳明说过："良知良能，愚夫愚妇与圣人同。但惟圣人能致其良知，而愚夫愚妇不能致，此圣愚之所由分也。"④ "致"就是从本体上用功，也就是"拔本塞源"之工夫。所以阳明又强调说："夫'拔本塞源'之论不明于天下，则天下之学圣人者将日繁日难。……此圣人之学所以至易至简，易知易从，学易能而才易成者，正以大端惟在复心体之同然，而知识技能非所与论也。"⑤ "但圣人教人，只怕人不简易，他说的皆是简易之规。以今人好博之心观之，却似圣人教人差了。"⑥

而退溪的成圣工夫论则可以说是一种立足于理本论的理性的成圣工夫论，强调的是学问系统，针对的是实体之圣人，而非意志之圣人，故而退溪注重成圣过程的循序、渐进和积累。比如他叙述成圣的过程和途径时说："盖学圣人者求端自此（指太极图），而用力于小、大学之类。""盖《小学》《大学》相待而成，所以一而二，二而一者也。""然非但二说（指朱熹作的《小学提辞》《大学经》即《大学章句》经一章）当通看，并与上下八图，皆当通此二图（指《小学图》《大学图》）而看。盖上二图是求端扩充，体天尽道极致之处，为《小学》《大学》之标准本原；下六图是明善诚身、崇德广业用力之处，为《小学》《大学》之田地事功。……而今兹十图皆以敬为主焉。"（《太极图说》言静不言敬，朱子注中言敬以补之）⑦

应该承认的是，阳明的成圣工夫论具有滑向圣凡绝对平等的可能性，这也是王艮及其泰州王门所要达到的成圣效果之一。明末大儒刘蕺山的以下论述，可谓抓住了阳明成圣工夫论的命脉："满街皆尧舜，亦自阳明

---

① （明）王守仁：《王阳明全集》（新编本），第1册，第33页。
② 同上书，第10页。
③ 同上书，第15页。
④ 同上书，第54页。
⑤ 同上书，第59—60页。
⑥ 同上书，第114页。
⑦ 张立文主编：《退溪书节要》，第15—34页。

先生言之耳。若满街之人，贸贸而趋，焉能自认？且无论满街之人，即座中诸友，孰肯憬然以尧舜自认者？彼途之人，不知尧舜为何如人，望之以为不可几及，而不肯承当，犹名钝汉，此等人尚可拨转。惟退（推）诿之人，明知尧舜人人可为，直自不肯当下承当。此等病根，深入骨髓，正所谓无勇懦夫，终身堕落者也。”① 蕺山的成圣工夫论其实与阳明并无太大差别。蕺山也强调“尧舜人人可为”，认为只要勇于“当下承当”，便可成圣。把成圣的可能性规定为一种“学圣”的信念和意志。蕺山的这种成圣工夫论，其实是融和了宋儒成圣工夫论与阳明成圣工夫论后所得出的结论。如果说包括退溪在内的多数儒者解决的是圣人由神变为人的成圣之可能性问题，而阳明不过是为所有人提供了由成圣的可能性变为现实性的方便法门，那么蕺山的成圣工夫论则可以说是对阳明成圣工夫论的补充和修正。蕺山想要解决的是成圣的信心和意志问题，这与阳明比较接近；但蕺山以为信心和意志也是需要长期磨炼和培养的，这又比较接近于宋儒。换言之，包括退溪在内的多数儒者解决的是“学圣”的途径问题，阳明解决的是“成圣”的意志问题，而蕺山解决的却是“学圣”的信心问题。在蕺山看来，只要有了“学圣”的信心，则无有“学圣而未至者”。②

总之，退溪强调的是圣人之学，而阳明强调的圣人之志。因此，阳明的成圣工夫论凸显的是个体的主体性、随遇成务的灵活性，而退溪的成圣工夫论凸显的则是君国的主体性、以敬为主的真实性。与忽视知识论（知识系统、学问体系）、重视实践论和意志论的阳明的成圣工夫论不同，退溪的《圣学十图》可以说是儒家知识论与道德论、实践论的完美统一。进而言之，阳明的成圣工夫论可谓仁学心志学，具有即时性和实在性，属于庶民化的儒家圣人之学；而退溪的成圣工夫论则可谓仁学心理学，具有论理性和知识性，属于纯粹化的儒家圣人之学。若从政治学意义上说，阳明的圣人观可谓德性实践的、平等的圣人观，而退溪的圣人观则是德性知识的、精英的圣人。

① 吴光主编：《刘宗周全集》，第 2 册，第 502 页。

② 同上书，第 515 页。

牟宗三"良知坎陷说"新论[①]

张学智

（北京大学哲学系）

摘要：牟宗三提出"良知坎陷说"已近70年了。其间赞同、质疑者皆有，而质疑者尤多，其中的原因出自各个方面，最重要的是，笔者认为由不能正确、深刻了解良知之本义而来。"良知"二字王阳明说之既多，后人的理解亦含义多端；牟宗三此说吸收王阳明思想相当多，又能结合新的时代条件加以阐释发挥，所以"良知坎陷说"包含许多精义。但"五四"以来，在理智一元论的主导下形成的先入之见牢不可破，遂对良知能否坎陷，假如其能坎陷，那么能坎陷出什么符合现代社会的内容，皆抱怀疑态度。本文认为，若能对王阳明的良知学说、对牟宗三此说的义理根据与立说苦心做同情的、深入的理解，"良知坎陷说"是能得到新的、合理的解释。

关键词：禅让　唐虞之道　时命　爱亲　尊贤

牟宗三提出"良知坎陷说"已近70年了。其间赞同、质疑者皆有，而质疑者尤多，其中的原因出自各个方面，最重要的是，我认为由不能正确、深刻了解良知之本义而来。"良知"二字王阳明说之既多，后人的理解亦含义多端；牟宗三此说吸收王阳明思想相当多，又能结合新的时代条件加以阐释发挥，所以"良知坎陷说"包含许多精义。但"五四"以来，在理智一元论的主导下形成的先入之见牢不可破，遂对良知能否

---

① 本文为作者提供给中华孔子学会2018年年会的论文，另已发表于《国学学刊》2018年第1期。

坎陷，假如其能坎陷，那么能坎陷出什么符合现代社会的内容，皆抱怀疑态度。本文认为，若能对王阳明的良知学说、对牟宗三此说的义理根据与立说苦心做同情的、深入的理解，"良知坎陷说"是能得到新的、合理的解释。

一　王阳明"大良知"的启示

良知有何种含义，实为解决此问题的关键。王阳明的良知，前人多根据《传习录》，理解为天赋的道德意识。就良知的基本含义来说，这自然不错，因为王阳明的良知定义就以"见父自然知孝，见兄自然知弟，见孺子入井自然知恻隐，此就是良知，不假外求"为最基本内容。但王阳明也说过，"我此良知之学从百死千难中得来，不是容易到此"，这百死千难得到的良知，不能仅仅是道德意识。道德意识是质的不是量的，它的纯净度是它与生俱来的本体所保证的。所以王阳明屡屡说良知就是明德，此明德只有遮隔与否，没有量的增加。王阳明的良知，是在天赋道德意识之上对精神各种含蕴的增加。所以王阳明的良知是大良知，大良知是在道德意识基础上精神活动的种种构成因素的协调、整合。大良知是"精神"或说"心体"的代名词。它由道德意识、理性、意志、情感、直觉等精神活动的因素构成。本来人的精神活动是一个整体，掌管精神活动的身体器官也只有一个。但人出于精细了知的需要，对浑全的"精神"分门别类地进行研究，也是必要的。综观王阳明一生，他的致良知是双向的，即由内而外和由外而内。由内到外即将自己本有的良知推至于具体行为中，使良知具有的道德理性规正做事的动机，具体意念皆在良知的范导之下，这就是王阳明所说的："所谓致知格物者，致吾心良知于事事物物也。吾心之良知，即所谓天理也；致吾心良知之天理于事事物物，则事事物物皆得其理矣。"① 由外到内是在实践行为中，以上所说的精神

---

① （明）王守仁：《王阳明全集》，吴光、钱明、董平、姚延福编校，上海古籍出版社1992年版，第45页。此篇文中引用相关文献皆出自此书，不再另注说明。

活动诸因素被逼出来，并且互相激发、互相协调、互相辅助。如意志的坚毅、理性的明澈、情感的真纯、直觉的敏锐等。这些因素都收摄于良知之内，在实际行为中互相影响，共同实现浑一的精神活动的目的。

这是每一个理智健全的人精神活动的实际情况。王阳明作为一个杰出的思想家的独特之处在于他看到了浑全的精神活动中主与次、指导与被指导的差别，他要在其中立一个价值等次，将道德这一可以范导人的行为的原理、法则视为最高，其余的在价值上不能与之比肩，处在低位层次。王阳明的哲学，就是以道德理性为统领，知识理性为辅翼，既有方向性的、指导的因素，又有实际认知层面的辅从的、被范导的因素的全副理论。王阳明哲学，是牟宗三“良知坎陷说”的重要来源。

牟宗三对良知的德与知的关系论之甚早，在早年的《王阳明致良知教》中即已点出：“每一致良知行为自身有一双重性，一是天心天理所决定断制之行为系统，一是天心自己决定坎陷其自己所转化之了别心所成之知识系统。此二者在每一致良知之行为中是凝一的。”① 这是符合王阳明“不离日用常行内，直造先天未画前”的一贯思想的，也是对孔子“下学而上达”的遵从。他进一步引用唐君毅的相关见解为自己的这一理论做说明：“仁义礼智或其他道德规律之为普遍，皆在其只规定吾人之存心，而不规定吾人在当机之如何表现吾人存心之道德行为方式。……而吾人既有仁义礼智之心，能以仁义礼智存心，吾人自能当机而知所当为并择其所当为。此即为吾人之良知。”② 在《政道与治道》中论道德理性与知识理性的关系时此意说得尤为明显：“诚心求知这一行为却必然为道德理性所要求、所意欲。既要求此行为，而若落下来真地去做此行为，则从‘主体活动之能’方面说，却必须转为‘观解理性’（理论理性），即由动态的成德之道德理性转为静态的成知识之观解理性。这一步转，我们可以说是道德理性之自我坎陷（自我否定）：经此坎陷，从动态转为静态，从无对转为有对，从践履上的直贯转为理解上的横列。”③ 在这几

① 唐君毅：《从陆象山到刘蕺山》，上海古籍出版社 2001 年版，第 179 页。

② 唐君毅：《中国文化之精神价值》，《从陆象山到刘蕺山》，上海古籍出版社 2001 年版，第 187 页。

③ 牟宗三：《政道与治道》，台北：台湾学生书局 1991 年版，第 58 页。

段经典的疏论中，我们可以清楚知道：

第一，是决定方向的、浑全的、直贯的、动态的道德理性，转为具体创设的、分立的、横摄的、静态的知识理性。前者就着实践理性的规范、调谐、指示方向诸义来说，它所用的思维方法是直觉的，它的来源是“维天之命，于穆不已”所表现的道之全体的健动不息、创生不已、活泼有生气，和《中庸》的“大德敦化”，它给人以创造力的启示和万物互相联系、互相作用的动的流行之感。后者则来源于人天生具备的理性认知能力，它的性质是明晰的、符合逻辑的、主客二分的、有架构的。可以说即《中庸》之“小德川流”。二者从来源、性质、功能诸方面说皆不同。

第二，所谓良知坎陷，是良知本身的要求，是同时具备的二种认知方式、二种心灵内涵的转换。人的头脑、心灵、精神本体只有一个，这一个精神本体的各个构成因素是它在不同应用场域的表现。康德三大批判对纯粹理性、实践理性、审美判断力的批导，是对此精神本体分门别类的研究。精神本体是同一的，它的表现是多样的；精神本体是本原的、自然的，人对它的研究是后起的、人为的。人为的就是可变的，门目就是可增减的。如对非理性的研究就可以补充这三大门类。而门类是可以转换的，转换的内容是精神本身内含的、包蕴的，不是外加的。

第三，这就逻辑地决定，精神在某一特定时刻的指向是单一的、不并行的。比如当理论理性正在施行时，不能同时施行实践理性。所谓施行，是为主体所觉知，不包括背后的“黑箱状态”的精神活动的机理和表征。比如正在计算时，不能同时在发怒；或正被美的景象陶醉得忘怀一切时，心里却同时有知觉到恶所带来的羞耻感。如果你因为算不出一道数学题而恼恨时，算的过程和恼恨的被觉知一定是非同时的。所以坎陷是一定会发生的。牟宗三先生论坎陷的动力，强调坎陷是自我否定，自我就有否定的意愿，这个意愿是转出自己的对立面，这就有黑格尔正题的自我否定即反题的意思。此点学界已有论述。坎陷的动力出于自身，坎陷出的内容不是从另一个实体中得到的，所以坎陷就是本身有的内容的自我调整。

第四，就王阳明来说，以上良知内蕴的各种精神要素不是同时呈现的，但是可以转换的。所谓转换，不是此一变为另一，而是此一让开一步，让不能同时存在的另一走向前台。此一、另一皆是这统一的良知所包含的。在王阳明的良知中，道德理性是根本的、基础的，是占上位的精神要素，其余是辅从的，是在道德理性统领下对它的填充、丰富。所以坎陷不是平列的两种要素的转换，而是从高位的良知下落、退隐、自我否定而来。如学者已指出的，牟宗三此义受佛教“一心开二门”思想影响很大。但从文字上说，一心开二门，此二门是一心之闪回，一心之转换，并无本体从高处下落因而否定自己，让本自包含的其他因素显出之义。“一心开二门”给予牟宗三的主要是真如门与生灭门、价值性现象与实在性现象的差别、不共时之义，二者并无高低之分。虽然佛教修习的目标是实现价值性的成佛，涅槃境界与生灭不已之万法似有高低之不同，但从现象着眼，二者并无高低。学者也有以黑格尔的正反合解说坎陷的动力和根源的，因为黑格尔的对立面的互相包含与斗争决定了正题必然否定自身而为反题。以黑格尔以上思想说明牟宗三的良知坎陷的动力是可以的，因为作为正题的良知转换为作为反题的其他因素，其动力在良知自身。并且转换出的反题是自己的对立面，正题与反题仍是平列的，没有价值上的高下之分。但牟宗三有价值上的高下之分的思想实是他的“良知坎陷说”的关键，没有此义就没有坎陷说。

使牟宗三有坎陷思想的，实是康德的实践理性优于理论理性的思想，和王阳明的道德性高于知识性的思想。有高下才有所谓坎陷。坎陷不是并列的两种要素的平行转换，而是一种从高位向下位的有意识的跌落，由跌落而开显，没有跌落就不能开显，所以这个跌落是必然的。

牟宗三的良知坎陷，即占优先、基础、本质地位的道德理性否定自己，从高处跌落下来，退让一步，让本已包含的知识理性开显出来。在王阳明，道德理性不仅仅是“见孺子入井必有怵惕恻隐之心”的道德意识，更有意志和情感的因素在内。“良知只是个是非之心，是非只是个好恶，只好恶就尽了是非，只是非就尽了万事万变”（《传习录》下）说的就是意志。良知是判断是非的根据，但此根据归根结底即能否见善即好、见恶即恶的意志。意志是否纯洁和坚定是最要紧的。好善恶恶是知善知恶的基础，知善知恶本身就包含知道善必好恶必恶这一意识。“打铁还要自身硬”。由反复锤炼得到的意志的纯洁与坚定，是“百死千难”的经历所得到的最重要收获之一。在王阳明这里它指向的是好善恶恶，涉及的是对道德理性本身的守护，仍然属于道德理性之事，它是道德意识之呈露与纯洁之、强固之、守护之的意志融会的结果。也就是说，意志因素是良知必然包含的，是良知题中应有之义。

情感也是王阳明的良知观念所内蕴的。四端特别是其中的恻隐之心，既是道德意识又是道德情感。因为它是一种现象学的呈现，不是分析而出的背后的本质。就现象本身着眼，从它是对性体的自动呈现，就它是对性体的觉知而言，它是一种意识。王阳明多次提道：“良知是天理之昭明灵觉”“良知是理之灵处”；他对良知的描述有“虚灵不昧，众理具而万事出。心外无理，心外无事”，都提到良知的虚灵明觉。良知是灵动的心体，故“良知越思越精明”。从内容上说，它是天理，“天地之大德曰生”所包含的天的生意，天的创造精神，天的充沛的生命力，都通过性体直贯于心落实为良知的基本内涵：仁爱之心。此是由天顺承而下，天、性、心一以贯之。由心的反向上达则是“尽心则知性，知性则知天”。即心即性，对此内容的觉知、呈现，即一种意识，它的内容是天道天理本身。它的作用是把道德理性表现为心的意识从而为人所觉知，心体流行即是天理流行。它属于道德理性，对人的道德生活直接起到规约、范导的作用。这种规约、范导不是通过逻辑推理得到的，而是一种直接呈现，一种觉知。如果分开来说，它是浑一的良知的一个方面；如果从本体本身来说，它就是浑一的良知本身。良知坎陷时，它也作为高位的良知被自我否定而退至幕后，被坎陷出的理论理性因此也不具备内容直接呈现的方式。

从它是一种由内容的体验、觉知随之产生的依从与否的感觉说，它是情感。良知在王阳明这里是一种情感，是一种对善的内容的依恋和归向的态度。中国传统有七情之说，即喜、怒、哀、惧、爱、恶、欲；也有四端之说，即恻隐、羞恶、辞让、是非。朱熹继承张载，主张“心统性情”，性是体，情是用；性是形而上的理，情属形而下的气。良知是性也是情，因为王阳明对性与情本来不作清楚区分，体直接表现为用，形而下即形而上者。就四端说，良知是情，此情是对天理、性体的直接依从与归向。就七情说，良知不是七情，但良知也不能离开七情。王阳明说："乐是心之本体，虽不同于七情之乐，而亦不外于七情之乐。虽则圣贤别有真乐，而亦常人之所同有。"（《传习录》中）良知是性体对七情的导向及态度，换句话说，良知是将七情的内容导向本体之正的一种自觉功能，同时也是七情归向本体而有的一种欣慰、自谦。良知自动自觉地将七情规正为本体，同时享受这规正所带来的心理愉悦。说良知本身是乐，这个乐代表本体之正，不乐不符合良知。具体的乐则是因与本体之乐为一而有的现实情感。体用一源，即用见体，良知亦不能离开七情而别有施用之地。王阳明说："喜、怒、哀、惧、爱、恶、欲谓之七情，七者俱是人心合有的，但要认得良知明白。……七情顺其自然之流行，皆是良知之用，不可分别善恶，但不可有所着。七情有着，俱谓之欲，俱为良知之蔽。然才有着时，良知亦自会觉，觉即蔽去，复其体矣。"（《传习录》下）在良知作为七情的规正者时，它同时是作为情出现的。这种情代表性体本身，仍是道德理性的一种要素内在于其自身之中。

可以看出，王阳明的良知，是意志、情感、理性、直觉诸因素的统会融合。这种融合是自然的、必然的，此即王阳明所说："真知只是一个，随他发见流行处，当下具足，更无去来，不须假借。然其发见流行处，却自有轻重厚薄，毫发不容增减者，所谓天然自有之中也。此良知之妙用，所以无方体，无穷尽，语大天下莫能载，语小天下莫能破者也。"（《传习录》下）因为它是统合的，是作用于人的精神方向的，所以可用牟宗三所谓"理性之运用表现"来看它。而它必须坎陷自己，才能转为"理性的架构表现"，在具体行为中起作用。而坎陷是道德理性内诸因素的转换，不是从外面加入的，而是此浑融的整体中处于价值上的高位层次的因素主动地退开，是让做具体事所用的架构性理性敷施发用。用《中庸》的话说，即由"大德敦化"转为"小德川流"。此义本王阳明良知说题中本有之义。牟宗三将它特别提出来，参之以西方哲学如康德、黑格尔的义理，是大有深意的。他的用意在一方面通过比较参证说明中西哲学中有共通的义理，中国人不必妄自菲薄；而中国长于浑融的、体验的、即体而用的思想方法，通过引入西方哲学可得他山之石之攻错而更加精细、更加有分析论证的说服力。更重要的是，引入中国传统所没有的科学、民主政治等，补足中国当下的社会需要，可以使中国文化、社会更加健全，更加有改造当下、适应未来的生命力。

二 历史理性与价值意识

牟宗三有着纵横两个方面的宽广眼界和深厚学养。横的方面，指他的逻辑分析和架构能力；纵的方面，指他深切的历史文化意识和由历史文化沉积而成的价值内容。这两个方面是他的坎陷说的两大支柱。上述第一部分，可以说主要就它横的方面说。就纵的方面说，牟宗三在对先秦儒、道、墨、法、名、阴阳各家及此后的两汉经学、魏晋玄学、隋唐佛学、宋明理学的精深研究中，把握住了中国哲学的特质，这就是中国哲学突出的主体精神。而在中国哲学的主干儒家这里，主体精神又表现为内在道德性。由于特重内在道德性，中国哲学充量发展的是以上所说的“理性的运用表现”，即内圣之学，外王是内圣之学的推出和延展。在道德基底之上的重境界、重体悟，是广义伦理学的，由此构成的形上学体系是“道德的形上学”。在这套系统中，逻辑学和知识论不发达，客观的、分解的本体论与宇宙论不发达，也没有从中发展出西方近代的自然科学系统。牟宗三承认由西方文化中发展出的诸多优长之处，但他并不鄙薄、轻视中国文化，他希望在保住中国哲学的仁智双彰，德慧并行，由正德带出利用厚生，注重解决实际问题，即内在即超越，以德性的全幅来收摄知识诸特点的基础上，开出对列之局，容纳西方文化诸长处。

在中国思想文化中，牟宗三特别重视的是中国历史文化的悠久广大所具有的积淀与厚重感，这是坎陷的基础。若一个无历史的、单薄的、一眼见底的文化，怎能从中开发出具有普遍意义和较为广泛应用场域的文化要素？牟宗三对中国文化有自豪感，也有因缺乏理性的架构表现因而在科学与民主政治方面落后于西方而有的虚欠感，因此有挽救和纠补文化缺憾的时代悲情。因有时代悲情而有坎陷的要求。这不同于平面的横向的直接拿来、直接应用。直接拿来应用就没有坎陷，没有坎陷就放弃了道德优位意识，同时也就弃置了传统，也就将道德的导正、运用表现所包含的丰富内容一起抛弃。牟宗三在谈到划开道德的指导作用，只用单面的民主政治时曾说道："人只吃现成饭，忘掉前人的奋斗，始只停在观解理性上，囿于政治学教授的立场，遂只割截地把自由下散而为诸权利，并以为一上通着讲，便是抽象的玄虚，形而上学的无谓的争论。这还不算，并以为一通着道德理性、人的自觉讲，便成为泛道德主义，有助于极权，这都是在割截下只知此面不知彼面为何事的片面联想，遂有此一往笼统抹杀之论。此也是孔子所说的'好知不好学，其失也荡'。泛道德主义固然不对，但此种'荡'却亦流入泛政治主义之一型而不自觉。"① 牟宗三是想用历史的厚度，历史中蕴含的多方面丰富性，立体地呈现诸架构表现与道德理性的必然关联，纠治非历史的平面的结构主义方法论。

历史的丰富蕴含和广阔延展、积淀在牟宗三这里，可用庄子的"参万岁而一成纯"来解释。历史不只是历史事件的堆积，过往人物的活剧，也是价值沉淀、历史理性的呈现。历史是有方向的，它不是如虚无主义所说，是人物、事件的盲目堆积，而是各个历史时期所具有的各种力量角斗、争衡的结果，最后呈现出来的，是较为符合人的价值方向、符合人的期待和向往的结果。历史有很多曲折、偶然，甚至是倒退，但从一个较长的历史时段看，它总是向着较为符合多数人意愿的方向趋进。每一个历史时期都淘洗掉不符合真善美目标的东西，留下此时期的个别的善。每个历史时期留下的短暂的、个别的善汇成和融合、造就的是普遍的善。这就是"参万岁而一成纯"。"参万岁"者，就历史的长时段综而计之，"一成纯"者，具体的善、个别的善在历史的行进中被历史理性本身综合、概括成一个符合多数人价值方向的趋势和目标。这里有很强的黑格尔"理性的狡狯"的意思。但历史积淀、整合形成的价值的力量是不可否认的，有现实力量的。

这一点对牟宗三的思想是有影响的。牟宗三认为，真善美是人的普遍价值、一般要求，则真善美在某一具体历史情境下就有其合于当时趋势的具体要求，在中国历史发展至清末以来西方文化大量输入并深刻影

① 牟宗三：《政道与治道》，台北：台湾学生书局 2003 年版，第 60 页。

响中国人的思维方法、政治观念时，此时的普遍要求是科学与民主政治，这是历史理性的选择，不是个人的突发奇想和偶然要求。牟宗三就"科学"说道："凡真善美皆为道德理性所要求，所意欲。科学代表知识，也是'真'之一种。道德理性虽曰实践理性，意在指导吾人之行为，其直接作用在成圣贤人格，然诚心求知是一种行为，故亦当为道德理性所要求、所决定。"① 这是说科学是真善美在当世的内在要求，自然趋势，故为道德理性所要求。他又论民主政治说："科学还是知识方面的事，至于民主政治则是属于客观实践方面的，其与道德理性的关系当更鲜明。盖民主政体之出现是人在政治生活方面自觉地决定其方向，即由此线索，我们可以把它联系于道德理性上。"② 这是说民主政治相较于科学，更是真善美在当世的内在要求、自然趋势，故更与道德理性有直接关联。牟宗三在多处明确提到，科学与民主政治是历史理性所决定的当世最高价值，它是道德理性的内在要求，但它的实现却须经由一步转化，即良知坎陷来实现。他在讲到科学与民主政治时分别提到它们须由坎陷而出，他说："惟此政体既是属于客观实践方面的一个客观的架子，则自不是道德理性之作用表现所能尽。内在于此政体本身上说，它是理性之架构表现，而此理性也顿时失去其人格中德性之意义，即具体地说的实践理性之意义，而转为非道德意义的观解理性。观解理性之架构表现与此政体直接相对应。但此政体本身之全部却为道德理性所要求，或者说，此政体之出现就是一个最高的或最大的道德价值之实现。此即表示欲实现此价值，道德理性不能不自其作用表现之形态中自我坎陷，让开一步，而转为观解理性之架构表现。"③

此中须得注意而牟宗三也再三表明的是，坎陷而出的是观解理性，是"理性的架构表现"，不是直接坎陷出科学与民主政治之内容。内圣自然连带着外王，外王不能离开内圣，这是孔子的"修己以安人"，《尚书》的从正德中开出利用厚生，前人讲的多是由内圣直接开出外王，而牟宗

① 牟宗三：《政道与治道》，第 57 页。

② 同上书，第 58 页。

③ 同上书，第 59 页。

三是"曲通","曲通"须经由一个理性方式上的转变,由道德理性转为观解理性,才有科学与民主政治的实现,因为后者用的理性方式是架构式的、观解式的。牟宗三的着眼点主要在此,他论证的重点也在此,至于科学与民主政治则是众人在此价值观念的指导下共同奋斗的结果,是一套具有"理性的架构表现"品性的制度、设施建构,不是哪一个人仅就理论可以凭空实现的。他在回答某些人曲解良知坎陷时也说,他本人不是如来佛,世间思想与制度可以凭空变出。牟宗三屡次正言告诫,想直接坎陷出民主制度与科学思维的人,是懒汉思想,等着吃现成饭,放弃了自己的责任与义务,同时也厚诬古人,无视无数先驱为实现科学与民主政治而作的流血与奋斗。

"良知坎陷说"是基于纵的历史文化沉积而作的一个理论创设,它是立体的、纵贯的,不是分析哲学的纯逻辑推理,不是结构主义的外在结构分析,不是科学主义的非价值的一元判断与论证,因此它不合某些只知"现代性"的直线式思维的唯科学论的人的脾胃。特别是在20世纪六七十年代科学神话表现强劲、科学一元论如日中天,国人对自己的文化失去信心,一切以欧美马首是瞻,中华文化被贬得一钱不值,民族文化危机深重之时,牟宗三出于时代的悲情而做的这套理论创设,是出于整体的制度设计的考量而作出的,目的在于告诫世人,要立足于自己的文化传统,同时吸收一切域外文化为我所用,鼓励国人自做主宰,自用思想,为破此困局积极建树。牟宗三是自觉地做此实践工夫的。他的坎陷说提出甚早,他后来的一系列著作,都可以看作具体的分解性的努力。如疏解先秦名学的《名家与荀子》①,疏解魏晋玄学的《才性与玄理》②,疏解佛学的《佛性与般若》③,疏解宋明理学的《心体与性体》④、《从陆象山到刘蕺山》⑤,承续明末三大儒顾、黄、王的政治意识而有的"新外

① 参见牟宗三《名家与荀子》,吉林出版集团有限责任公司2010年版。
② 参见牟宗三《才性与玄理》,吉林出版集团有限责任公司2010年版。
③ 参见牟宗三《佛性与般若》,吉林出版集团有限责任公司2010年版。
④ 参见牟宗三《心体与性体》,吉林出版集团有限责任公司2013年版。
⑤ 参见牟宗三《从陆象山到刘蕺山》,吉林出版集团有限责任公司2010年版。

王三书”，疏解中国和西方学术以资对照比观的《智的直觉与中国哲学》[①]、《现象与物自身》[②]，融会孟子与康德思想而有的《圆善论》[③]，甚至以一人之力翻译康德三大批判等，目的皆在于揭示中国思想文化的优秀方面，中国文化发展历程的内在理则，比较中西哲学各自的特点而彰显双方的短长。在他眼里，只有自己的文化足够强大、足够丰富才能做坎陷的本体，才有创设坎陷理论的本钱。一个没有历史文化根基的民族，只有引入、倾销、全盘拿来的资格。而具有深厚文化蕴藏的中国，国人讲全盘西化是可悲的、可耻的，这就是牟宗三的凛凛风骨。把自家的家底亮出来，把其中的美盛之处和瑕疵都讲出来，和世人盛称的完美的文化作比较，扬长避短，这是牟宗三的切实用意。他早年即有《周易的自然哲学与道德涵义》，另有《逻辑典范》《理则学》《名理论》等[④]，对西方哲学如维特根斯坦、罗素的思想用过苦工。但自从被熊十力扭转到中国儒学的基底上之后，他把西方哲学用作他山之石，成了他饱满中国思想，醒豁中国思维，剖析比照中国文化的有益养分。他的这一步工作，少有人及之。他的思想的创发力，他的基于时代悲情而有的强烈的文化意识，都立足于丰厚的中西学养基础之上。这样的成就，只有有宏大的历史感和价值意识才能做到。非历史的、平面的，无积淀、无整合的思维方法，是无法做到这样饱满、深刻和丰富的。

牟宗三强烈的时代悲情，深切的价值关怀、文化忧患意识，都是他作为一个欲以学术救国的有担当的知识人在当时所能做、所当作的。他的老师熊十力是有救世情怀的儒者，熊十力所做的是用儒家的“有”转换佛家的“无”，具体地说，即用《周易》“乾元性海”所具有的乾知简能、翕辟成变的本体论来改换佛教唯识学的空，用对日新不已生动活泼的本体的直觉体证来改换唯识学的识，并通过展现六经之丰富多彩来彰显华夏文化意识。但熊十力对西方哲学所涉不深，稍有了解的是柏格森的生命哲学，以柏氏的“绵延说”作为自己的本体论的助缘。牟宗三则

---

① 参见牟宗三《智的直觉与中国哲学》，中国社会科学出版社 2008 年版。

② 参见牟宗三《现象与物自身》，吉林出版集团有限责任公司 2010 年版。

③ 参见牟宗三《圆善论》，吉林出版集团有限责任公司 2010 年版。

④ 以上四书均载于《牟宗三先生全集》，台北：联经出版事业公司 2003 年版。

对西方以柏拉图、亚里士多德代表的古典哲学，莱布尼茨到罗素的数学、逻辑实证主义，特别对康德至黑格尔的德国古典哲学慧解独具。对西方的古典逻辑、现代逻辑皆有研究并有专书出版。多方面的学养造就了他深刻的洞察力和丰厚的创造力。他不满意本师熊十力的单薄与师心自用（如说熊十力的《新唯识论》[①] 只"体用不二，翕辟成变"八个字，其他晚年所作如《体用论》[②]《乾坤衍》[③] 等皆同义反复；说熊十力做学问心气不平，横撑竖架等），要用西方哲学充满逻辑力量、论辩精神与理性的明澈与缜密去纠补。而同被称为"新心学"、时代年辈稍早的贺麟，主要建树在黑格尔学；虽有与中国哲学参证比较夹辅以行的文字，但终究不十分广大，且主要精力用于翻译黑格尔、斯宾诺莎著作，自己的思想不算大成，没有代表自己哲学思想的成体系的著作。牟宗三在吸收中西思想精华创建、发展自己的哲学思想方面做得尤为出色，成就尤为突出。这方面学界论述已多，不再赘言，这里所要提出的是，有深厚的历史文化意识，相信文化发展过程中历史理性所沉积、所蕴发的价值理想，在此价值理想的指导下对历史文化做出创新性发展，这始终是牟宗三所坚持、所身体力行的。他的坎陷说正是在此意识下的一个哲学理论上的创设与表现。为什么要用这样一个理论？因为这个理论能把他的历史文化意识和价值观念彰显出来，把他的现实关怀与文化意识对接的方法论彰显出来，把他吸收西方文化充实自身的根本意愿贯彻到具体的学问实践中这一根本方向宣示出来。这是一个综合的、立体的表达，不是一个平面的、直白的表达。牟宗三说："吾人自人性的全部活动与文化理想上主张道德理性贯通观解理性，其贯是曲贯，非直贯，故不是泛道德主义，亦不是泛政治主义，故既能明科学与民主的独立性，又能明其与道德理性的关联性。若必停滞在观解理性的架构表现上而不能上通，则虽讲民主政治，而其为弊与蔽与科学一层论同。此为囿于实然境域而窒息文化生命文化理想的泛政治主义。"[④] 这里把以上意识说得非常明白。牟宗三

① 参见熊十力《新唯识论》，商务印书馆 2010 年版。

② 参见熊十力《体用论》，上海书店出版社 2009 年版。

③ 参见熊十力《乾坤衍》，上海书店出版社 2008 年版。

④ 牟宗三：《政道与治道》，第 62 页。

是个哲学家，哲学家须对顶层设计的意图与诸方面的关系做理论创建与说明。这一步工作不能交由别人去做，具体措施的制定和实施是要别人做的，这是把哲学家的思想贯彻下来、实现出来的工作，但它绝不能代替哲学家的理论创建。这是制度设计上的全面综合考量，它着眼的是价值导向、中西文化在具体制度设计中的位置，及个别制度与总体的关系，这是哲学家的本分事。牟宗三在西方文化在各个方面全面占据优势地位的境况下对传统与现实关系所做的以上有洞见的思想主张，对今天的文化建设仍有启发意义。

岛田虔次论阳明学要略[*]

蒋国保

（苏州大学哲学系）

摘要： 岛田先生以研究阳明学终其一生。其阳明学研究，视人和人性问题为阳明学的根本问题，通过对阳明学之人和人性思想的系统阐述，将宋学（以朱子学为代表）到明学（以阳明学为顶峰）再到清学（以乾嘉考据学为典型）的思想衍变描绘为“内面主义”之合理的线性发展历程。并借此描述以强调：儒学研究不应限于中国儒学，应从整个东亚儒教来研究儒学的发展与前途；近代的“启蒙”热情，绝非与中国无缘，中国自有其独特的思想“启蒙”，而阳明学无疑为中国式的思想“启蒙”提供了精神动力；明清时代的客观唯心论与主观唯心论未必截然对立，所以朱子学与阳明学未必不能在“内面主义”意义上统一起来；清学的客观主义精神，未必不贯穿着明学主观主义的立场与态度，等等。这对我们中国学者从事中国思想、中国哲学研究，具有重要的启迪作用。

关键词： 岛田先生　阳明学　宋学　明学　清学　士大夫

岛田虔次（Shimada Kenji，1917—2000），日本京都大学文学部教授，日本学士院会员；日本著名中国学家。他曾于 1960 年、1973 年 3 月、1981 年 5 月三次到中国访学或讲学，与我国中国哲学史界有比较广泛的接触，进行了比较深入的学术交流。他关于中国哲学思想的重要著作，

* 本文为作者提供给中华孔子学会 2018 年年会的论文，另已发表于《阳明学研究》第 4 辑，人民出版社 2019 年版。

主要有九种：（1）《中国近代思维的挫折》（1949年初版，1970年再版）；（2）《大学·中庸译注》（1967年）；（3）《朱子学与阳明学》（1967年初版，1983年9月第18版）；（4）《辛亥革命的思想》（1968年）；（5）《王阳明集》（1975年）；（6）《关于新儒家——熊十力的哲学》（1987年）；（7）《隐者的尊重——中国的历史哲学》（1997年）；（8）《中国的传统思想》（2001年）；（9）《中国思想史研究》（2002年）。其中第五种，当是解说性质的译著；第一、三、九三种，有中文译本；第三种有韩文译本；据说亦有德文译本。

一

岛田先生的中国学术研究，侧重于宋明清学术，而其关于宋明清学术的研究，正如他自己一再申明的那样，始终贯彻一个根本理念，即试图理解宋明清“思想史的正当的联系”①，探讨宋学向明学、明学向清学合理发展之成因与机制。换言之，关注宋明清三代学术思想的内在关联性，是岛田先生中国学研究始终不变的宗旨。围绕这个宗旨，他的学术生涯，因先后所侧重研究的对象不同，大致可以分为三个阶段：20世纪60年代前，侧重研究的是阳明学，尤其是阳明学左派；20世纪80年代以前，是宋学、明学兼顾，但亦涉及清学内容；20世纪80年代后，比较重视清学，且涉及面颇杂，除学术思想外，也关注中国近代政治人物、政治思想等方面。但是，从下列论文——《黄宗羲与朱舜水》（1983年）、《王阳明与王龙溪》（1986年）、《东亚儒教的展开》（1987年）、《黄宗羲·横井小楠·孙文》（1997年）来看，尽管岛田先生不同时期学术研究的重心有所不同，但纵观其学术生涯，他一生都未失去对阳明学的兴趣，阳明学研究可以说纵贯他治学的全过程。因此说岛田先生最擅长的学问是宋明理学，尤其是阳明学，并非言过其实。

阳明学有广狭两种理解，狭义阳明学，特指王守仁（字阳明）的学

① 系指昭和十五年，即公元1940年。

说；广义的阳明学，则是统指自王阳明、王阳明弟子经刘宗周、黄宗羲再到熊十力的整个阳明心学的思想传承。岛田先生一生重视阳明学，但他的阳明学研究，不局限于狭义阳明学，而是自觉地由狭义阳明学扩展到广义的阳明学。为了准确把握岛田先生在广义阳明学研究上的独特见解与杰出贡献，不妨先大致梳理其研究阳明学的学术历程。

岛田先生在京都大学所学专业是"东洋史"，学历史的他，所以钟情于阳明学，据他后来的回忆，是因为他读王阳明《传习录》的一次难以理性解释的心灵感受："儒教之所以成为我一生的课题，有其来由。在我大学三年级时，阅读明代王阳明的《传习录》而深受感动。当时，我两星期一次乘坐电车前往大津市。就在京津电车上阅读完的那一刹那，电车驶出了逢阪山隧道，整个世界陡然一片光明——其实这话说得连我自己都觉得太过（一查看地图便知道，京津在线根本没什么隧道!），无奈我的记忆就是如此。"此回忆见于《儒教之辩护》一文①，是岛田先生在事发50多年之后的追忆。追忆也许与事实有所出入，但他读完《传习录》一刹那间觉得"整个世界陡然一片光明"的感受的确是他的真实的感受。应该说，正是因为这种感受，他在拟定学士学位论文题目时，才毫不犹豫地选择了阳明学方面的题目。在《中国近代思想的挫折·序》中，岛田先生对当时拟定学位论文题目之过程作了这样的说明："本来起草最初之论文时的构想，是以黄宗羲的《明夷待访录》为主题，作为导论概观阳明心学。十五年②秋，必须预先呈报论文题目时，我选择的是《从王阳明到黄宗羲》这样的题目。"③ 四个月后，即1941年1月，岛田先生以《王阳明到黄宗羲》学士学位论文毕业于京都大学文学部。后来，他将这篇学士学位论文加以增订，取名为《阳明学的人概念、自我意识的展开及其意义》，于1943年7月、1944年3月发表在《东洋史研究》八卷第三号及五、六合并号。

虽然此文较之该学位论文"实际上对题目和内容都进行了面目一新

① 1992年5月1日发表于日本《京大日报》。

② 系指昭和十五年，即公元1940年。

③ 本文作者译自岛田虔次《中国近代思维的挫折》，日本筑摩书房1986年版，第6页。

的修改"①，但其基本思想与根本观点，却与该学位论文不悖。所以此文被岛田先生视为其阳明学研究的"出发点"②。这说明连岛田先生自己也承认正是此文奠定了他此后的阳明学研究的学问与理论基础。③

《阳明学的人概念、自我意识的展开及其意义》一文，依据内藤湖南划分中国近代的标准——平民的发展与政治重要性衰减，将宋元明清四代断为中国的近代，以探讨阳明学（限于王阳明及王学左派之泰州学派之王艮、李贽）在明代乃至整个中国近代思想史上的地位。其探讨开始于对前人有关学术见解的一系列的质疑：在宇宙论、人性论方面作为近代思辨之学出现的宋学，与经典批判之考据学的清学，堪称中国近代学术史上的"双璧"，那么以阳明学著称的明学地位又如何？阳明学能否简单地作为宋学某一个方面的发展来看待呢？阳明学末流，最后沦落到心学横流的社会弊病的地步，这基本可以说是定论，但一个思想在成立之后，会全然堕落到一无所取的地步了吗？阳明学究竟有没有发展？一个思想酿成"社会"之弊病，又意味着什么？阳明学屡屡被人称为"实学"，但却遭到同样标榜为实学的清初学者们的猛烈抨击，难道是因为它玄学化了，所以才被断罪为末流吗？难道我们对这样一些概念的历史性不是非常缺乏反省吗？④ 这些质疑，归结到一点，就是如何从正面"发展"意义上把握阳明学与宋学、清学的关系及其意义。在岛田先生看来，阳明学作为心学，要正确地把握它，具体的路径，"可以从人学、人性学的侧面加以观察"⑤，但是他又强调，如果对以下问题——心学对于人或人性到底是如何把握的呢？称阳明学是实践性的固然不错，然作为实践

① ［日］岛田虔次：《中国思想史研究》，邓红译，上海古籍出版社2009年版，第71页。

② ［日］岛田虔次：《中国思想史研究》，第71页。

③ 关于学士学位论文题目，岛田先生在《中国思想史研究》中这样说："原题是《从王阳明到黄宗羲》的毕业论文"（见该著第71页），而在《中国近代思维挫折》却这样说："取名为《阳明学的人概念、自我意识的展开及其意义》的毕业论文。"对此矛盾说法，究竟如何解释，笔者一时难以明确，只能申明：笔者所以选择《中国思想史研究》中的提法，乃基于这样的思考，如果学士学位论文本来就名为《阳明学的人概念、自我意识的展开及其意义》的话，岛田先生后来在谈此文时就不会说此文较之学士学位论文"实际上对题目和内容都进行了面目一新的修改"。

④ ［日］岛田虔次：《中国思想史研究》，第69页。

⑤ 同上。

主体的人是如何被观念化而当作前提的呢？心学中最核心的、最本质的东西是什么？——不解决的话，“进行再多的议论，也不太可能把握心学的本质和它影响的社会现象的真实！”① 那么，有什么办法解决这些问题呢？岛田先生说：“为此，我想出一个方法，以解开上述疑问，这就是追溯心学中的‘人’这一概念的成立和发展，反省怀抱‘人’概念的学者们的实践，从而去探讨心学运动的历史性意义，在和近代中国构造的关联中去理解其命运的必然性。”② 而从认识根源上讲，岛田先生所以具体采取这样的研究办法，与他对心学根本问题的把握有直接的关系，因为照他的理解，“心学的根本问题在于人和人性问题”③，不就人和人性问题把握阳明学本质，就难以真正契入、贴近阳明学。

《阳明学的人概念、自我意识的展开及其意义》为落实“解开上述疑问”的打算，原来设计分三章：“一、王阳明——作为人的自然的圣人”，“二、阳明式的人的发展——‘吾’的成立”，“三、自我意识发达的社会背景——士大夫读书人的生活与意识”（缺），但真正发表出来的只是前两章，也就是说此文其实只阐述了王阳明与其后学王艮、李贽的人和人性的思想，并没有进一步去探讨他们的人和人性思想如何体现士大夫读书人的自我意识及其时代意义，但由此文所确立的理念有四。（1）“明代在近代中国精神史上，是一个提出独特问题的时代。近代中国精神在明代极端尖锐化，并灭亡于自己产生出来的反命题。中国的精神可谓礼教的。然而到宋代，这个尚未分化的‘即自性整体精神’开始出现了理论上、理性上的分化，到了明代开始完成其自律性，或可称作针对社会理性的个人理性的独立化和自律化。这是近世的士大夫读书人的独特生活产生出来的必然动向。”④（2）学者以明学为“空疏”，这是以清学为基准所得出的见解，是不足取的，因为“讨论明学必须要以明学的原理来加以衡量，而且对明学的原理，还必须将贯穿于近代的原理来加以定

① ［日］岛田虔次：《中国思想史研究》，第69页。

② 同上书，第70页。

③ 同上。

④ 同上。

位和理解”[①]。(3) 对明学采取以清学标准来衡量的态度，“还会招致更严重的后果，那就是不能正确理解明清思想史之间的正常联系。清学的‘实事求是’据说是对明学之‘空疏’的反对引起的，于是明清思想可以说没有连续性了”[②]。(4) 明清作为中国“近代”一环，其精神史的基础属于同一个时代，则截然区分明学与清学，岂不等于说它们分属两个截然不同的时代。其实，同作为“近代”的一环，清学“坚信圣典的‘客观’考证的可能性的精神态度中，难道没有深深贯穿于宋明清的‘主观主义’吗？明清当然也有非连续性，然对其深层的连续性基础构造不加以把握的话，便可以说不能统一把握中国近代。其中，将阳明学和清学联系起来，对阳明思想发展作一大致性的考察，是非常重要的前提”[③]，对于岛田先生今后的阳明学研究来说，仍然具有方法论的范式意义。

该文发表之后，四年间，有关阳明学方面的文章，岛田先生不曾发表一篇，直至1948年，才发表了一篇《王艮》，以接续以前的研究。翌年(1949)三月，他关于阳明学的首部专著《中国近代思维的挫折》[④]由筑摩书房出版。那时，岛田先生已晋升为京都大学人文科学研究所东方部副教授。他在说明本书著作缘由时，将《阳明学的人概念、自我意识的展开及其意义》一文直接称为学士学位论文，特意指出该文与此著密切关联，明确地说此著“不过是那篇论文的重复，虽然引用方面有所丰富，论述方面增加一些曲折，但关于旨趣，依然同七年前的那篇论文看不出显著的差别”[⑤]。需说明的是，这里所谓“看不出显著的差别”，

---

① ［日］岛田虔次：《中国思想史研究》，第70页。

② 同上。

③ 同上书，第71页。

④ 21年后，该著由原出版社出版了修订版。此修订版在1970年12月20日出版时又径直称为初版。此版截至1986年10月30日已印刷发行三版。岛田虔次先生赠予笔者的就是这个第三次印刷发行本。在这个版本后面，有岛田虔次先生自己写的“后记”。在“后记”的开头，岛田虔次先生明确地说明了这个新版本同旧版本的同与异：“本书是距今二十一年前、昭和二十四年(1949)三月发行的同名书的新版。关于翻译引用的汉文引文，全部再审核，给予改订。此外，除了改正二三个事实错误，关于论旨没有作任何的变更。也没有重新增加引文，或删除引文，只是改变了假名的拼写法，增加了段落。”

⑤ ［日］岛田虔次：《中国近代思维的挫折·序》，蒋国保译，东京：筑摩书房1986年版，序言。

显然只是就主旨上强调该文与此著的密切联系，而非强调此著只是对该文简单的扩充与重复。其实《中国近代思维的挫折》较之《阳明学的人概念、自我意识的展开及其意义》，其章节、内容、论证上的不同是十分明显的。《中国近代思维的挫折》除了自序和后记，正文共分四章，另附一篇“补论”。各章及补论的题目依次为：“第一章：王阳明——作为人之自然的圣人”，“第二章：泰州学派——从大丈夫到‘吾’”，“第三章：李卓吾——童心——新的‘人伦物理’的发现”，“第四章：一般的考察——近世士大夫的生活与意识”，“补论：王学左派论批判的批判”。由此可见，此著在内容上多出了两章，其中第四章，弥补了《阳明学的人概念、自我意识的展开及其意义》第三章之缺失；而第三章则是大大地拓展了《阳明学的人概念、自我意识的展开及其意义》第二章关于李贽的论述，更充分地呈现了岛田先生关于李贽思想及其意义的认识。更值得一提的是，正是因为补写了这两章，岛田先生以王阳明到王学之泰州学派的思想发展历程来揭示中国近代思维的挫折的认识才得以呈现，否则，仅凭《阳明学的人概念、自我意识的展开及其意义》，我们充其量只能了解他对阳明学的独特认识，却不能深刻了解他如何借探讨阳明学人和人性思想以揭示中国近代士大夫读书人的自我意识；亦不能了解他如何借阐述士大夫的自我意识发展历程来揭示中国近代思维如何遭遇挫折；更不能了解他如何以李贽之“自我意识”所遭遇的压制与打击来终结中国近代思维的挫折。

尽管《中国近代思维的挫折》后来在世界汉学界博得广泛的好评，被视为“堪称象征战后日本汉学再兴的具有里程碑意义的重要作品”①，但在出版当时，却反响甚微，除有一篇书评予以轻描淡写的介绍，再无任何评价。照岛田先生自己所说，他原先对该著的出版，未必没有获好评的期待，遭遇这样的冷落，是他始料不及的。岛田先生自己并没有明讲这次挫折给他研究阳明学的热情造成何种程度的负面影响，但我们可以推想，无论大小，这次挫折对他的阳明学研究所造成的负面影响肯定是存在的。证据是，在此后的九年间，他所发表的阳明学论文，仅有三

① ［日］岛田虔次：《中国思想史研究》，第1页。

篇：《王学左派论批判的批判》（1952年）、《王龙溪先生谈话录并解说》（1952年）、《良知说的展开》（1953）。如果说他研究阳明学的热情没有因上述挫折的影响而消减，他还一直以旺盛的热情从事阳明学研究，那么九年时间只写成并发表三篇论文，就难以给出合理的解释。

这种状况，似乎结束于1958年，因为那一年岛田先生发表了一篇在其阳明学研究史上具有划阶段意义的论文，即《关于中国近世的主观唯心论——万物一体之仁的思想》。岛田先生所以要写这篇论文，是为了弥补他这之前在阳明学研究上的一个“严重的缺陷”。什么缺陷？九年后，在其著《朱子学与阳明学》的“后记”里，岛田先生申明这是指他不知何故在以前的阳明学研究中偏偏忽视了本不应该忽视的“万物一体之仁的思想”：“我不久就注意到自己的阳明解释具有严重的缺陷，这也只是没脸面说那样的缺陷。不交付《王阳明》原稿，不知为何踌躇，那都有理由。无论在毕业论文中，还是在《挫折》里、在原稿《王阳明》里，我都将王阳明思想仅考虑为只有一个‘良知’说这样的支柱，对另一个大支柱‘万物一体’说的存在、其本质的重要性，是完全盲目的。现在想的话，除说真奇妙之外无语。为什么？因为阳明思想中万物一体说的重要性，可以说无论什么样的概说书都必定特书的内容，当写那篇论文或者后来的著作时，不用说，要必然的参考各式各样的参考书。……可是，直到最后的最后，都没有注意到阳明思想中‘万物一体’所具有的意义，这叫作什么事呀！——闲话休提，虽然有点晚，但适当弥补我的阳明研究的那个缺陷而写了的文章是《关于中国近世的主观唯心论——万物一体之仁的思想》。（《东方学报》京都第二十八期、昭和三十三［1958］年三月）我感觉到我的阳明学研究，因这篇文章大致得到了总结。”①

《关于中国近世的主观唯心论——万物一体之仁的思想》一文，除文末的结语，正文分三个部分：“一、程明道、谢上蔡、陆象山”，“二、王阳明、阳明学派及清末的谭嗣同”，“三、谭嗣同思想的特性”。仅从标题看，除了解其以宋明清为中国“近世”不同于后来以宋明清为中国“近代”外，也只能窥见岛田先生实际上是以“万物一体之仁”思想的形成、

① ［日］岛田虔次：《朱子学与阳明学》，东京：岩波书店1983年版，第193—194页。

演变与发展来把握中国近世主观唯心论的三大发展阶段，并以为中国近世的主观唯心论始于北宋的程明道而终于清末的谭嗣同。但这篇对其阳明学研究具有阶段性“总结”意义的论文的重要性，还不仅仅在于它从主观唯心论的视角系统地梳理了宋明清“万物一体之仁”思想的线性发展历程，更在于它通过这一梳理，所得出的结论。什么结论？岛田先生在该文的“结语”就这样说：“宋代以后的思想史最重要的局面其实是客观唯心论与主观唯心论的纠葛论争。现如果站在主观唯心论一侧而言的话，从明道—上蔡—象山乃至阳明，朱子学派不断地警告他们的方法非常危险，然而他们自己在主观意识上是为了不断充实继承名教体制，但事实上却带来了更大的破绽，阳明学则是他们的顶峰。然而，在阳明学那里达到顶峰的主观唯心论实际上不得不站在诡辩的立场，羞羞答答地开始显露出了主观唯心论本来包藏着的‘祸心’，于是终于发生了思想上的暴动。这样的思想混乱、危机，我曾指出是士大夫存在性格的必然结果，而这又恰恰和明代出现的社会暴动、民变同一个时期，其中有着某种象征性的联系吧。……‘暴动’虽然发生了，名教体制却非常坚固。‘暴动’被镇压了，不仅是因为围墙太厚实、框架太坚固，更因为‘暴徒们’没有明确意识到自己要做什么。他们只是士大夫的异端，并非敌人。……穷则思变，但是最终什么也没能变，这就是从思想史看到的明代。拿世界文学史上无与伦比的胡闹的（桑原武夫语）快男儿黑旋风李逵，来比喻思想史上的‘暴徒’头目李卓吾，是对他的最大赞扬，这对‘主观唯心论’的人们所能达到的境界，无论从正面还是负面，都是一个精彩的象征。……主观唯心论在明末取得的成果，总之就是这样一些玩世不恭的东西。要消除这种玩世不恭的仇恨，还得等待三百年后谭嗣同的出现。在西方冲击卷起的疾风怒涛之下谭嗣同的暴动，从以后中国史的展开来看，可说基本上是成功了。当然，他们的民权主张毕竟是站在绅权立场上的。即便如此，也不单是士大夫的异端，他们明显是政权、名教相对的敌人。而且他们是万物一体之仁的终究归结。从孔子的仁和礼紧密结合出发的儒教，在谭嗣同仁学那里以人对礼的暴动而终结。”①

① ［日］岛田虔次：《中国思想史研究》，第53页。

这个总结，对岛田先生以后从中国近代（宋元明清）整个思想史的内在联系上把握宋学到明学、明学到清学的合理发展，并基于这一发展来确立阳明学的地位及其时代意义，亦无疑具有方法论的范式意义。

《关于中国近世的主观唯心论—万物一体之仁的思想》一文发表之后直至1967年5月在岩波书店出版《朱子学与阳明学》的又一个九年间，岛田先生先后发表的宋明理学方面的论著有：《明清的思想界》（1960年）、《中国的卢梭》（1960年）、《明代文化的庶民性》（1961年）、《文运兴盛的乾嘉》（1961年）、《明代思想研究的现阶段》（1962年）、《儒教的叛道者·李贽〈李卓吾〉》（1962年）、《明代思想的一基调——小品文[①]》（1964年）、《新哲学的起点》（1965年）、《朱子学与阳明学的完成》（1965年）、《中国的传统思想》（1965年）、《解说〈大学·中庸〉》（1967年）。由此可以显示，在这一个九年间，岛田先生走出了上一个九年间所遭遇的思想困顿，投入了旺盛的精力进行研究，在宋明理学方面取得了丰盛的研究成果。而那些成果表明，正是在这个时期，岛田先生由前期较为侧重研究明学转向了兼顾宋学与明学的研究，并开始关注明学与清学的关联。由于只是开始关注，在清学及清学与明学之关系方面，他未能取得可观的成果，所以毫无疑问，代表岛田先生这个时期研究成就的著作，就是著名的《朱子学与阳明学》。

《朱子学与阳明学》，除“后记”“附录”“儒教的叛逆者·李贽《李卓吾》”[②]，共三章：“第一章：新哲学的起点：一、佛教、道教的所谓影响，二、得势的士大夫阶级和宋学的理想，三、宋学的形成，四、理的哲学和气的哲学”；“第二章：宋学的完成·朱子学：一、中国最大的思想家·朱子，二、朱子的论敌·陆象山”；“第三章：阳明学的创立及展开：一、王阳明的登场，二、阳明学的展开·特别是左派”。由此看来，尽管本着持广义阳明学研究视角，却未能在探讨明学与宋学的关系的同时进而探讨明学与清学的关系。对此不足，岛田先生在该著的“后记”

---

① 也可译为“独幕剧”。

② 即上面提及的《儒教的叛道者·李贽〈李卓吾〉》，征得岛田先生的同意，本文作者在翻译《朱子学与阳明学》时，改为该著的第四章。

中表示了遗憾：“不用说，如果谈到奢望的话，是无止境的。例如我曾经写过：‘思想的暴徒之头目——李卓吾，对世界文学史上无以伦比的混世（桑原武夫氏语）好汉——黑旋风李逵所吹捧的最大等级的赞词，不是无论在积极方面还是在消极方面都把‘主观唯心论’的人所达到的境界作为精彩的象征吗?!’（上列《东方学报》六八页）。可是，那以后虽然经常想试图论述，但不得机会论述的主题，这次也终于不得不目送它。更进一步，被内藤湖南评价为‘明末清初的变了的风气之个性’‘正在充分发挥着的放逸的个性’等的石涛和八大山人——他们的流风余韵恐怕波及到清代中期的‘扬州八怪’吧——像他们那样可以说是‘狂’性的画家、艺术家们，虽然最初计划论及他们，但这次还不能实现。若说遗憾的话确是遗憾，但现在已经只能统统死心。”①

为了弥补遗憾，岛田先生 20 世纪 70 年代以后的研究，想必由重明学转向重清学，并在研究清学时，尤其重视探讨清学对明学的承袭与发展问题，但遗憾的是，70 年代以后，虽然岛田先生的研究比较集中在广义清学范围，但由于关注的对象较杂、关注的问题较多，未能紧紧扣住他所谓“内面主义”的主题来论述清学的实质与意义，所以他 70 年代以后的那些论著，诸如：《历史的理性批判——“六经皆史”之说》（1969 年）、《宋学的展开》（1970 年）、《章学诚的位置》（1970 年）、《阳明学与考证学》（1970 年）、《朱子与三浦梅园》（1979 年）、《战后日本宋明理学研究的概括》（1982 年）、《黄宗羲与朱舜水》（1983 年）、《王阳明与王龙溪》（1986 年）、《关于新儒家——熊十力的哲学》（1987 年）、《熊十力杂记》（1987 年）、《东亚儒教的展开》（1987 年）、《儒教中活的东西》②（1989 年）、《儒教的辩护》（1992 年）、《对“儒教与二十一世纪”的建议》（1994 年）、《黄宗羲·横井小楠·孙文》（1997 年），未能彻底完成他试图揭示从宋学到明学再到清学之合理发展的轨迹这一始终萦绕他脑海里的心愿。

---

① ［日］岛田虔次：《朱子学与阳明学》，第 201—202 页。

② 有学者译为《儒教中有生命的东西》。

二

由以上关于岛田先生阳明学研究史的叙述，不难看出，足以代表岛田先生不同时期阳明学研究成就的论著，当是以下五种：①《阳明学的人概念、自我意识的展开及其意义》（1943 年、1944 年）、②《中国近代思维的挫折》（1949 年）、③《关于中国近世的主观唯心论——万物一体之仁的思想》（1958 年）、④《朱子学与阳明学》（1967 年）、⑤《阳明学与考证学》（1970 年）。比较而言，又以其中的②、③、④三种最能反映岛田先生阳明学研究的观点。第一、三种论著的观点，在上一节已有较充分的论述，没必要再赘述，下面重点阐述《中国近代思维的挫折》《朱子学与阳明学》二著对于我们研究阳明学，乃至研究整个中国哲学的启迪。

先谈《中国近代思维的挫折》。笔者认为它对我们的启迪主要有三。

其一，《中国近代思维的挫折》值得我们重视的，首先在于其所谓“近代”同我们所常用的“近代”范畴在含义上极不相同。作为历史范畴，我们通常或以 1840—1911 年作为中国的近代时期，或以 1840—1949 年作为中国的近代时期；作为文化范畴，我们通常要么以 1840—1919 年作为中国的近代时期，要么以 1840—1949 年作为中国的近代时期，从未见有学者使用“近代”范畴超出这个范围。但岛田先生却根据内藤湖南博士的观点，将中国近代的上限定在宋代，并强调宋元明清四朝都属于近代范畴。宋王朝建立于公元 960 年，清王朝结束于公元 1911 年，将这 951 年确定为中国历史的近代时期，显然与中国学人所划定的近代极不一致。这样确定中国历史的近代时期，显然也不是以西方学者用以划分近代的标准为参照，因为西方学者一般以 1640 年英国资产阶级革命作为近代开始的标志，而以 1917 年的苏联十月革命作为近代结束的标志。那么，其所谓“近代”，是从什么意义上确定的呢？根据他在自序中的申明，他这样确立中国历史的近代时期是受内藤湖南博士的影响，考虑问题的着眼点在于宋代以后的中国思想在性质上有别于唐以前的中国思想。在他看来，宋元明清社会都是“以平民的发展和政治之重要性衰减这两个根本特征成立的社会”①，而“在思想学术的分野上，这两个特征，又以自由研究、自由批判的形式表现出来”②。他认为，这样的社会特征，有别于唐以前“礼教的”社会特征，因为“礼教的”东西就精神讲毕竟是未分化的精神，属于“不变动的社会的精神”③。“然而，那样的即自未分化的精神，进入宋代后开始理论理性的自己分化，而在明代完成了其自律。或者可以称为相对于社会理性的个人理性的独立化、自律化。这就是产出近世独特士大夫读书人生活的必然动向。在我们谈论中国近世的范围内，说起来这样的动向已经必须被期待。”④

由上面的论述可以看出，岛田先生显然是将“近代”和“近世”视为含义相同的概念，并坚持以社会精神的不同特征来划分某社会究竟属于古代还是属于近代（近世）。这样的划分历史之古与今，当然不注重以某种重大的历史事件作为历史划分的标志，而是注重把握社会思想的精神特质。问题是，当岛田先生以上述理由将宋元明清统统归入近代时期时，他关于宋元明清四朝的社会精神都具有近代性的精神特征这一把握，仍然是以西方的价值标准作为判断的依据。这通过他的以下论述不难看出。他在“自序”里，这样论述中国近代性的精神同样具有欧洲近代思想的精神特征：“如同在欧洲近世里所能看到的那样，所谓文化形式的细分化、其自律性要求的倾向（为学问而学问，为艺术而艺术等），在中国的近世亦能承认之。我想指出的是，在基础上这些倾向定向于人之根源的能动性之确信之上的自我扩充难止的激情，以及与之相表里的具有合理主义特征的精神态度。我们不得不承认，虽大体上应该说在历史的时代三分法方面存在着形而上学性的‘时代’的类型性，但在同等的人之生活的展开的范围里，不问欧洲的还是中国的，那里毕竟出现了相同的倾向。就学问即人的理智的认识这个意义上讲，将法则的类型的东西归纳出来，是很自然的事情。虽说的是中国的近世，但我相信在人类史的

① ［日］岛田虔次：《中国近代思维的挫折》，序。
② 同上。
③ 同上。
④ 同上。

‘近世’上，这也不可能有例外。然而我们又必须始终追求中国的性格。中国的近世性与近世的中国性，——为了精确地认识这两个方面而把握作为近代中国史的主体的士大夫的存在性格，这不外乎成为本书的中心课题”①。根据我们自己的“近代观”，或许对岛田先生的这些论述难以认同，但当我们不认同他的这些论述时，千万不要忽视思考这么一个问题：如照岛田先生所说来判断，则近代性的精神产生于中国要比西方早680年。那么，一个早就产生近代性的文化精神的民族，为什么在走向近现代过程中，其文化越来越落伍，以至于落后到步西方后尘而不及的地步。这难道不是我们应该从岛田先生的论述里引发出来的思考吗？

其二，对这个问题——既然中国文化早就产生了近代性的文化精神，那么中国为什么没有因此就那么早地造就市民社会以及与之相适应的近代的经济文明、制度文明以及政治文明和精神文明，当然不是岛田先生在《中国近代思维的挫折》一书中应阐述的问题，但岛田先生的一些论述，在笔者看来，不啻回答了这个问题。为了证明这一点，我们在此先翻译岛田虔次先生的论述，然后再做简单的分析，以揭示其论述给我们的启迪。在紧接“这不外乎成为本书的中心课题”一句后，有这么一段论述：

> 近世士大夫的生活，必然地使分析逻辑的意识态度得以发展，让合理主义尖锐达到极限，以致于古往今来的儒家一律成为嘲弄的对象，“恒久之至道、不刊之鸿论”的儒教经典一律遭到冷笑。“启蒙”的热情，决不是同中国无缘。然而其命运终究极悲惨。中国的合理主义思潮被强力所弹压，作为其后的运动再也没有出现在历史中。启蒙没有结出果实就枯萎了。这一特征性的事实所具有的意义，必须慎重地仔细研究。中国的近世终于没有到达市民社会。不用说，这是“终于没有到达”呢，还是可能有即便达到了什么高潮毕竟不要求到达市民社会那样的个别的“近世”呢？——这恐怕是“近世学”这一独特学问的研究课题。近来再三听到“古代学”这个词语，

① ［日］岛田虔次：《中国近代思维的挫折》，序。

> 而我却坚信：关于“近世”的近世学，与“古代学”具有同等的权利，它不应该不存在。①

在这里，岛田先生将对儒家的嘲弄和对儒教经典的轻视看作是具有近代意义的“启蒙”行为，并强调为士大夫的“启蒙”热情所张扬的合理主义思潮，因为被强力所弹压，终究没有导致现实的政治社会运动，只能落得一个“没有结出果实就枯萎了”的结局。岛田先生这么说，当然自有其深意在，但每当笔者读到这一段论述，都不由地想起侯外庐先生、萧萐父先生一再阐扬的“早期启蒙说”。侯外庐、萧萐父两先生所阐扬的“早期启蒙说”为我们所熟知，作为对中国文化之近代化姗姗来迟之原因的一种解释，其核心的主张是以为：（1）在明末清初，中国文化在思想方面已形成了“早期启蒙”思潮，这一思潮反映了当时市民阶层的意志，体现了当时处于萌芽状态的资本主义的要求，如能正常顺利地发展下去、成长起来，中国也可以像西方一样，自发地实现由封建文化向资本主义文化的转化；（2）明末清初的“启蒙”思潮，后来之所以没有造就近代民主主义和科学精神，反倒很快夭折，其根本原因就在于清王朝对当时出现的资本主义采取了极度扼杀的政策，使“启蒙”思潮失去了赖以成长发展的社会基础。与“早期启蒙说”相比，岛田先生的以上说法当然显得笼统和含糊，但难以否认的是，他的“启蒙热情说”就根本思想讲与“早期启蒙说”是相通的。我们现在还没有发现有什么材料可以证明他由于受“早期启蒙说”的影响才提出他的“启蒙热情说”，则像岛田先生那样认为很可能是出于其独立的思考。如果事实果真如此，那么岛田虔次先生的“启蒙热情说”就很值得我们重视，因为它起码可以提醒我们，以“启蒙说”来解释中国文化近代化的坎坷历程并非仅仅意味着中国学者受马克思主义影响的产物。

岛田先生的“启蒙说”，还值得我们认真思考的一个问题，就是他提出中国近世启蒙终究没有到达市民社会呢，还是本来就不追求到达像西方近代那样的市民社会。在笔者看来，这实际上是提出这么一个问题，

① ［日］岛田虔次：《中国近代思维的挫折》，序。

即近代化是否只有西方一个模式？如果不是只有西方一个模式，那么中国文化的近代化可不可以另辟蹊径，走不追求市民社会那样的特殊的近世道路？岛田先生自己没有回答这个问题，他只是说要回答这个问题，前提是要研究“近世学”，以确立理论基础。正因为岛田先生自己没有回答他提出的问题，那么回答他的这个问题，对我们来说，不仅是一个学术上的呼应，更是一个不容推辞的责任。

其三，岛田先生认为，宋学可谓关于宇宙论、人性论的近代的思辨之学，而清学可谓经典批判之考证学、文献学。作为中国近世精神的体现，由“礼教的”向“自我的”转向是由宋学开其端，而清学考证学的思想史的意义则在于“由复古行解放”。宋学和清学因此固然构成了中国思想上的双璧，但其在中国思想史上的意义，毕竟不能与明学相比，因为明代才是“在中国近代精神史上提出独特问题的时代，中国近代精神在这个时代，可以说尖锐化达到了其极限”①。而阳明心学则可谓明学的典型体现，它的出现意味着“儒家思想（或中国思想）的极限。超越它的时候，儒家思想已经不可能是儒家的思想。凡就其极限状态把握一个思想，为了把握其思想的本质，要确立能够屡用不爽的极有效的方法。阳明心学的研究，在这方面应该具有独特的意义”②。但是，以往的研究，要么对明学不关心，要么站在清学的立场上予明学以严厉的批判。岛田先生指出，以清学规约明学的态度，会导致严重的后果，即不能理解明清思想的正当联系。为了正确把握中国近代思想的精神实质，在岛田先生看来，必须纠正以清学理念批判明学的做法，予明学以足够的重视。

岛田先生还强调，明学有许多问题尚缺乏深入研究，要重视研究明学，必须正视那些问题，进而认真研究之。为此，他在书中不厌其烦地列出许多问题，希望引起研究者的重视。这些问题主要有：（1）明学可能是宋学一样方向的发展，然而它仅仅是那样的发展吗？（2）阳明心学到达末流，堕落为空疏的概念游戏——所谓“玄学”，浸润于心学的士大夫陷入无气力无理想，最后导致心学横流这样的社会弊害，这几乎是定

① ［日］岛田虔次：《中国近代思维的挫折》，序。

② 同上。

论，甚至咒骂亡明之社稷的原因不外乎心学，然而作为一种独特的思想，能够考虑它成立后完全堕落成一无可取的东西吗？(3) 阳明学没有发展吗？(4) 一种思想引起社会的弊害是什么意思？(5) 常常以实学称谓的阳明学，为什么被同样标榜实学的清初的学者们痛烈地抨击到那种程度？(6) 所谓实学是什么？(7) 把阳明学称为实践的学问，这不用说是正确的，然而在阳明学那里，在实践上当作目标的东西、由实践可以实现的东西，是什么？它是传统的“名教”、五伦五常、治国平天下之道吗？(8) 更根本的问题是，作为实践主体的人如何把握、人如何成为实践的前提？(9) 心学里的核心思想是什么？(10) 使心学横流到那种程度的根源动力是什么？如果不解决这些问题，在岛田先生看来，就不可能了解心学的本质和受其影响的社会事象的真实，当然也就不能正确了解明学的精神实质，进而自然影响对整个中国近世思想实质的正确认识。岛田先生提出的这些问题，对于现今的明清思想研究是否仍有意义，或许见仁见智，难以求得一致的看法，但谁都无法否定一个事实，即岛田虔次先生于68年前提出的这些问题，迄今仍不能说已经被彻底解决，不用再研究。仅从这个意义上讲，岛田先生提出的这些问题，在今天仍然有学术意义，因为我们今天研究明清思想仍然难以回避这些问题。

再谈《朱子学与阳明学》。此著译成中文，近十万字。但是，即便以严格的专业眼光来看，它也堪称宋明理学之精确的概要论著。所谓宋明理学，有广狭之分，广义的宋明理学，指宋元明清四代900多年的中国哲学思想发展史；狭义的宋明理学，指宋元明三代600多年的中国哲学思想发展史。说《朱子学与阳明学》为概要的宋明理学，是从狭义来说的。以广义的《宋明理学史》① 来说，所直接论及的宋元明三代的理学家（哲学家）70多人，篇幅达80多万字；以狭义的《宋明理学》② 来说，设章直接论述的理学家也有23位，篇幅达30多万字。由此看来，要用近十万字的篇幅来概述狭义宋明理学，是十分困难的。那么，岛田先生是如何做到的呢？他的做法是紧紧抓住足以反映宋明理学精神发展的根本

① 参见侯外庐、邱汉生、张岂之主编《宋明理学史》，人民出版社1997年版。

② 参见陈来《宋明理学》，生活·读书·新知三联书店2011年版。

问题来取舍论述对象与确定论述环节。正如他自己在本书的“后记”里所说：“本书是在内面主义的展开这样的角度下领会朱子学至阳明学的历史，换言之性理学的历史、在那个角度下概括我之迄今的研究成果这样性质的著作”①，岛田先生是将整个宋明理学（狭义）视为“内面主义”精神形态的学说，他是从“内面主义的展开”这样的视阈来叙述宋明理学。“内面主义”是岛田先生惯用的一个词，但对中国读者来说，却有点费解。“内面”一词，在日文里有“内心”“精神”“心理”等含义。由此可以推知，在岛田先生那里，所谓“内面主义”，当是用以指称以主体人及其生命精神与思想意识为研究对象的理论体系。从本书“内面主义诸成果”② 一节来看，它具体包括这些层面：（1）致思取向上的轻“外”重“内”，以为“天下无心外之事，无心外之理”；（2）人论上以为人人都固有“良知”，因而人人有成为圣人之可能，凡人与圣人的区别，取决于“外”，不取决于“内”；（3）以“心”为“理”的浑一立场，导致对人的欲望的肯定；（4）从“心”至上的立场，导致“六经”是“吾心之注脚”“吾心之财产之目录”之价值判断，因而由标榜“尊经”走向对于“六经”的轻视甚至嘲笑，最终挑战权威，不以孔子是非为是非；（5）倡导自我主义、个性主义、积极主义、“动”主义；（6）对人之“情”的重视，谴责“伪”，崇尚“真”，等等。基于对“内面主义”这些层面的把握，岛田先生在阐述宋明理学思想发展时，不但置整个元代理学以及宋明之“气学派”理学于不顾③，更是毫不涉及反理学的内容，只取足以反映“内面主义”思想之发展的代表人物的思想来叙述。为方便落实这一叙述，该著坚持以下叙述原则：以人物年代的先后体现思想产生的早晚（历史），以问题贯穿各家思想的联系；各家思想问题的设定，兼顾独特性与共通性。独特性显现每个理学家的历史地位；共通性凸显理学家的生命精神与思想价值及其时代意义。

视《朱子学与阳明学》为宋明理学之概要论著，并不等于说它不深

① 本文作者译自《朱子学与阳明学》，第 197 页。

② 《朱子学与阳明学》，第 143—144 页。

③ 张载之“气学”例外。

刻。实际上，它的深刻性，即便对我国的中国哲学专业的学者来说，也极具启迪意义。其启迪是多方面的，这里仅举五点，以片窥全。

其一，在中国哲学界，对于狭义的宋明儒学，主要采用两种叙述法，不妨称为“两系叙述法”“三系叙述法”。“两系叙述法”为大多数学者所采用，将狭义宋明理学叙述成程朱客观唯心论（理学）与陆王主观唯心论（心学）两大发展系统；“三系叙述法”为牟宗三独自采用，将狭义宋明理学叙述为程明道至刘宗周、陆象山至王阳明、程伊川至朱熹三系发展。“两系叙述”与“三系叙述”，差异明显，但在着眼于思想之差异上却惊人的一致。与这两种叙述方法相比，岛田先生对宋明理学的叙述，可谓“一系叙述法”，即将整个狭义宋明理学作为同一的“内面主义”之思想展开来叙述。他认为，宋学的顶峰是朱熹，而朱熹的思想意味着“宋学所志向的内面主义尚未充分实现自己的原理”①，势必向明代的“内面主义”思想发展，而阳明学则是明代“内面主义”思想的顶峰，所以《朱子学与阳明学》的叙述，就侧重在描述这两个顶峰形成的过程及两个顶峰之间思想上的联系，以强调王阳明的“内面主义”思想乃至朱熹的“内面主义”思想的合理的发展。因为将整个狭义宋明理学视为“内面主义”精神的合理发展，所以他对理学家思想的叙述，在方法论上恪守两点：一是注重选取足以反映“内面主义”精神的思想；二是注重从内面主义层面来把握各家思想的一系性的联系。坚守这两个原则，使岛田先生的宋明理学的叙述，既删繁就简、精致扼要，又主旨精深、周全系统，堪称特色鲜明的匠心之作。

其二，我国学者通常侧重从经济、政治、思想、文化探讨宋明理学所以兴起之缘由，岛田先生则不然，他着眼于宋明理学的主体来探讨这个问题。他认为宋明理学始于宋学，而宋学的主体是士大夫，所以在他看来，宋明理学是士大夫之学，反映了士大夫的生命精神，体现了士大夫的思想。岛田先生所谓士大夫，是指伴随科举制度的确立而产生的知识阶层，它“至宋代成为确乎不动之势力的独特的统治阶级”②。但士大

① ［日］岛田虔次：《朱子学与阳明学》，第126页。

② 同上书，第14页。

夫未必以经济处境、政治地位为必需的条件。士大夫的特征，首先在于他们是知识分子，是“读书人”，是儒家经典之教养的保持者。士大夫不是“封闭的身份”，而是“把能力作为原理的开放的阶级”①。其能力，“就是儒家经典的教养的能力”②。士大夫希望将自己的“教养和能力同政治直接结合”③，这样的辉煌展望，“与货币经济所产生的社会生气相因果”④，给士大夫阶级带来了“独特的朝气和理想主义”⑤。而“所谓宋学，无非是如此高昂的士大夫的意识与教养之理论化、组织化者”⑥。

其三，我国学者对宋明理学所以产生之思想起源的探讨，通常的做法是探索佛道思想如何影响理学的产生。岛田先生并不反对这样的探讨，也不否定佛道思想对宋明理学的产生确有影响，但他明确地反对将这一探讨只限于类比或分析两者在概念、论断、命题上的相似性，主张从思想的本质上分析佛道思想与理学思想的实质性的联系。例如，在阐述道教的影响时，他不关注理学与道教如何使用相同的术语，而关注“窃天地造化之机”⑦ 这一人与宇宙共感的神秘体验；又如，在分析佛教“体用”理论对理学的影响时，他对两派观点——或以为理学之“体用”式的思维皆源自佛教，或以为中国本来就有“体用”式的思维，理学之“体用”式的思维未必来自佛学——皆不取，却认真分析理学在思想形式上必然要采用体用逻辑形式。岛田先生认为，“体用概念是非常容易同中国式的思辨融合的东西，中国思想可以说是本来的、或潜在的体用思想”⑧。所以，佛教的体用逻辑被宋明理学所吸收，“与其说是作为异种逻辑全然地被消化，倒不如说它起到了恰如放入豆腐里的卤水那样的作用”⑨。

其四，在我国，虽然从冯友兰先生开始就注意程明道与程伊川的思

① ［日］岛田虔次：《朱子学与阳明学》，第 14 页。
② 同上。
③ 同上。
④ 同上。
⑤ 同上。
⑥ 同上。
⑦ 同上书，第 11 页。
⑧ 同上书，第 5 页。
⑨ 同上书，第 7 页。

想分歧，待到牟宗三，更将明道与伊川分属不同派系，但在叙述宋学（程朱理学）历程时，大多学者都是二程并称，且更看重朱子学对程伊川之思想传统的承袭，不曾有学者探讨朱子在思想上亦有承袭程明道的一面。与中国学者的认识有别，由于从“内面主义”把握宋明理学思想展开，岛田先生一方面将明道与伊川在思想上加以区别，以特别强调明道“万物一体之仁”的“仁说”在确立理学精神上的开创意义，另一方面更注意挖掘朱子学与明道思想的联系，强调朱子虽然在思想继承方面差不多完全继承了伊川，但他也未必不受程明道的影响，只是其影响不彻底，使得朱子学中“宋学所志向的内面主义尚不能充分实现自己的原理”①，还不得不承认“外”。正因为对朱子学持这样独特的认识，所以岛田先生对朱熹思想的整体把握，与我国学者的把握也多有不同。他认为朱子学大致可以分为五个方面，即“理气说”的存在论、“性即理说”的伦理学或人学、“居敬、穷理说”的方法论、《四书集注》② 之类的注释学、社仓法与劝农文之类的政策论，但“性即理说”部分“构成朱子学中心”③。朱子学所谓“性”，是存在于个别之中的“存在之理”，而所谓“理”，“若从总体上讲，则是宇宙、万物的根据，是使宇宙应当然而然那样地存在的原理：若具体地说，是使具体物作为具体物的原理”④。“性即理说”作为人学，其诸范畴固然可以统一于体用这一对范畴，但“朱子的特征是不轻率地说体用一致，而是经常首先极力主张两者的区别”⑤。而就存在论讲，张载的“气学”，几乎完全为朱子所吸收，朱子的存在论，是理气二元论，并不是客观唯心论的理一元论。

其五，对阳明学，我国学者的主流认识是认为它系主观唯心主义形态的“心学”，它在哲学上接续的是陆象山的思想传统而以朱熹为论敌、否定朱子学的基本立场与理念。岛田先生对阳明学的把握则不然，他虽然视陆象山为朱熹的论敌，但由于他从“内面主义”视角将阳明学作为

① ［日］岛田虔次：《朱子学与阳明学》，第 126 页。

② 指《四书章句集注》。

③ ［日］岛田虔次：《朱子学与阳明学》，第 79 页。

④ 同上书，第 87 页。

⑤ 同上书，第 93 页。

朱子学的合理的展开，所以他根本不谈阳明对象山的传承，只谈阳明对朱子学的传承与超越。在他看来，阳明一开始就是“从朱子学出发的”①，只是在格朱子失败后，才在致思取向上逐步由“外”转向“内”。但这一转向，并不能看作他由朱熹的立场转向象山的立场，而应看作他想弥补朱子学的不足——在朱子学里，“宋学所志向的内面主义尚未充分实现自己的原理，尚处在不能不承认‘外’这样的阶段”②，以便“使这个内面主义彻底化，把‘外’的权威完全夺给‘内’”③。为了克服朱子学“拿‘外’来补‘内’”④的根本缺陷，阳明从新解释“格物致知”、天理与人欲，以阐述“知行合一”“万物一体之仁”，从而构建了彻底“内面主义”的哲学体系，成功地揭示了“良知与万物一体的结合”⑤。但是，对阳明学如此“内面主义”思想的性质，岛田先生却做出了这样的界定：“阳明学明显地具备客观唯心论的特征”⑥。对习惯于以阳明学为主观唯心论的中国学者来说，这个定性无疑是振聋发聩。

《朱子学与阳明学》虽然不是一部中日思想之比较的论著，但从中常常会意外发现岛田先生关于中日思想差异的论断。本书中的中日思想之差异的比较论断，在岛田先生那里，也许是不经意顺便提及，但对中国学者来说，却感到十分新颖。这种新颖感，不同的学者会因学养不同而有所不同，以笔者并不深厚的学养而论，感受比较深的有三点。（1）在中日朱子学比较上，似乎存在一种轻视中国的朱子学而抬高日本朱子学的倾向，而岛田先生的中日朱子学之比较，不支持这种倾向，因为在他看来：与中国的朱子学所具备的“为天地立心，为生民立命，为往圣继绝学，为万世开太平”的担当精神相比，“日本的朱子学……极其缺乏为天地、为人类、为学之传统，而且为万世这样的规模雄大的精神”⑦。（2）在中日思想比较中，获生徂徕是常被提及的一个日本思想家，他早

① ［日］岛田虔次：《朱子学与阳明学》，第125页。
② 同上书，第126页。
③ 同上书，第126—127页。
④ 同上书，第128页。
⑤ 同上书，第135页。
⑥ 同上书，第157页。
⑦ 同上书，第1页。

年信奉朱子学，晚年受中国明代学者李攀龙与王世贞的影响，成为日本古学派的代表人物。由此看来，荻生徂徕并不信奉阳明学，但岛田先生在本书中却告诉我们："荻生徂徕实行的圣人和道的彻底的'外'化，与将圣人和道的'内'化推到极点的阳明学，在很多点上达到了共同的结果"①。岛田先生并没有分析造成这一共同结果的原因，他只是将此归结为"日本人的'聪明'"②。更值得注意的是，他为荻生徂徕的"聪明"惊叹的同时，更强调在中国，直到清朝灭亡，"像这样'道'的彻底外面化的尝试，始终没有出现"③。(3) 除个别例外，我国学者在研究朱子学时，并不太注意其著《资治通鉴纲目》，但通过岛田先生的述说，我们清楚地知道，朱子的这部书，在日本产生了重大的影响。一方面，它遭受否定性的批评，被荻生徂徕痛骂为"的确是没有用处的学问"④；另一方面，它得到积极的肯定，其正名主义、名分主义，被说成是"明治维新的尊王倒幕思想的一个源流"⑤。

三

以上论述已经有18000余字，再论述下去，对一篇论文来说，篇幅就太长了，所以现在只能归纳几点，以结束此文。

（一）岛田先生始终不曾放弃他早在大学读书时代就产生的对阳明学的浓厚兴趣，可谓以研究阳明学终其一生。其阳明学研究的显著特点有二，一是不局限于明代、不局限于王阳明来研究阳明学。所谓"不局限于明代"，是指其阳明学研究，不是仅从明代社会生活去揭示阳明学形成与发展的成因与机制，而是把其阳明学研究建立在对宋元明清时代精神的整体把握上；并且基于这一把握，他不是先将明学视为宋学的"反命

① ［日］岛田虔次：《朱子学与阳明学》，第131—132页。
② 同上书，第132页。
③ 同上。
④ 同上书，第80页。
⑤ 同上。

题”、再将明学视为清学的“反命题”，从负面对立的意义上揭示宋学到明学、明学再到清学的衍变过程，而是从正面发展揭示宋学到明学、明学再到清学的线式的合理发展轨迹。遗憾的是，他虽然明确地确立了这一理念——宋学、明学、清学三者的关系，是“正命题”的承续关系，但在论证上，他未能像论证明学对宋学的承袭与发展那样，系统地论证清学对明学的承袭与超越；所谓“不局限于王阳明”，是指其阳明学研究，不只是研究王阳明思想，而是从王阳明扩展到整个王阳明后学，而在他那里，阳明后学也不是指惯常所讲的明代之阳明学左右两派，而是推广到清末的谭嗣同、民国的熊十力，属于认同阳明学的整个学术圈子。但就他实际论述的对象而言，他比较看重阳明学左派，尤其是泰州学派，而在泰州学派中，他又尤其看重王艮、李贽。这样的倾向，与他关于阳明学命运的一个认识，有着密切关联。这个认识就是：阳明学的根本问题是人和人性问题，而阳明学通过对人和人性问题的阐述所体现的士大夫读书人的“自我意识”，从王阳明的“作为自然的圣人”经由泰州学派之彰显“大丈夫”的“吾”，再到李贽的“不以孔子是非为是非”，走完了“挫折”的路程。

（二）根据内藤湖南判定中国近代的标准——平民的发展与政治重要性的衰减，岛田先生将宋元明清判为中国近代。这个判定，未必是“历史”的，却一定是“思想”的。也就是说，当岛田先生以宋元明清为“近代”时，他未必真的以为中国历史从宋代开始就进入了西学范畴的“近代”，想必是借这一概念以凸显宋元明清时代的思想与此前的中国古代思想的不同，并揭示两者的不同当取决于其分属不同的时代。在岛田先生看来，与中国古代不同，中国近代（宋元明清），是一个平民发展起来而政治重要性衰减下去的时代，而这个时代特征在思想界的表现，就是学术批判的盛行，它体现了士大夫“自我意识”的张扬。士大夫是读书人通过科举而形成的阶层，自宋代开始得势，到明代更形成了自己的个体觉醒。士大夫的觉醒，说明唐以前“礼教”那样的“即自未分化”的精神，进入宋代后开始理论理性的自己分化，而在明代完成了其自律。而宋学到明学的衍变，从本质上讲，无非是士大夫读书人自我觉醒或者说“自我意识”的历程。

（三）就哲学而论，士大夫的“自我意识”以“内面主义”的形态表现。基于这一认识，岛田先生将朱子学的客观唯心论与阳明学的主观唯心论处理成“内面主义”的线式发展关系。这一处理，在别人看来，困难多多，但岛田先生却坚持这样处理。首先，他强调朱子学与阳明学正面的内在联系，并明确指出：朱子学未必是“内面主义”哲学的反动，只是在朱子学那里，宋学的“内面主义”尚未获得充分的展开，还不得不以“外”补“内”；待到明学，“内面主义”才得到充分的展开；其次，他将属于宋代的程明道、谢上蔡、陆象山与明代的王阳明、阳明学派以及清代的谭嗣同的“万物一体之仁”思想，就主观唯心论的意义上，梳理成线性的发展历程。这一梳理，在理论上显然是认为宋明清哲学本质上属于主观唯心主义的线性发展。

（四）岛田先生的阳明学研究对我们的启迪是多方面的，除了上面的三点之外，以下观点：(1) 儒学研究不应限于中国儒学，应从整个东亚儒教来研究儒学的发展与前途；(2) 近代的“启蒙”热情，绝非与中国无缘，中国自有其独特的思想“启蒙”，而阳明学无疑为中国式的思想“启蒙”提供了精神动力；(3) 明清时代的客观唯心论与主观唯心论未必截然对立，所以朱子学与阳明学未必不能在“内面主义”意义上统一起来；(4) 清学的客观主义精神，未必不贯穿着明学主观主义的立场与态度，等等，笔者认为尤其值得我们从事中国思想、中国哲学研究的学者重视。

论《白虎通》中的“心”

肖　航

（武汉大学哲学学院）

摘要： 佛教思想盛行于中国之前，心作为连接天人、内与外、有形与无形等方面的重要概念，已有其独特风貌。就汉代重要经学文本《白虎通》而言，其对心的分析不限于物质性器官，而是重点讨论了心作为沟通天人的基础，具有强烈的抽象意味。其突出了心作为表达人内在性命的基础，在伦理各层面展现出的具体道德倾向。在现实经验层面，该书强调了对心的教化引导，特别重点阐释“专一系心”的实践工夫。这些讨论尽管比较简略，但已初具后世佛教、道教乃至宋明理学中对于心性论阐释的几个基本层面，故汉代儒家对于心的讨论也可略见端倪。

关键词： 汉代　《白虎通》　心　道德

现代新儒家多重视心性之学，唐君毅讲“（国人）不知由宇宙观以引出人生哲学等，唯是西方哲学之路数……论中国之哲学思想，正无先由知识论宇宙论下手之必要，而尽可直从中国先哲之人文观人生观下手，而人生人文之本，则在人心也”①，但他们对心的重视却是通过“性”“情”等问题的讨论而具体展开的。宋明理学表彰《四书》时，也抬高了重视心性论的《中庸》《大学》等文本之地位，张岱年先生讲：“与性密切相关的是心，心亦是中国哲学中一个极重要的观念。但中国哲学中关

---

① 唐君毅：《中国哲学原论》，中国社会科学出版社2005年版，第48页。

于性的议论甚为纷繁，关于心的议论却不甚多，争辩亦少。大部分的哲学家都认为心是能知能思之官，而为身之主宰。"[①] 此处，张先生的论断大致不错，但遮蔽了作为宋明理学重要思想资源之禅宗乃以"明心见性"作为根本主旨。就禅宗思想资源而言，绵亘中国中古思想史长达千年的佛教教义里，不论是最初的"六家七宗"，还是天台宗、唯识宗、华严宗等各大宗派，"心"往往凸显其自身独特地位，在某种程度上其重要性更甚于"性"。本文关注的焦点在于佛教思想盛行于中国之前，"心"作为连接人与天、内与外、有形与无形等方面的重要概念，已有其独特风貌。在此，本文仅以东汉时期的《白虎通》这个典型官方经学文本作一说明。

一　心之体

心，本义是指人体器官中的心脏。这点在《白虎通》中是很明显的，如"小肠大肠，心肺之府也，主礼义，礼义者，有分理，肠之大小相承受也。肠为心肺主，心为支体主，故为两府也。目为心视，口为心谭，耳为心听，鼻为心嗅，是其支体主也"（《白虎通·情性》）[②]。这里明确了作为物质存在的人的身体乃是以心作为其他感觉器官的主宰，眼睛、嘴巴、耳朵、鼻子等均在心的指挥下进行活动。心是统御其他器官的主宰。

不仅如此，在《白虎通》中心有浓厚的人文色彩，具有伦理道德的象征意义，如"心所以为礼何？心，火之精也。南方尊阳在上，卑阴在下。礼有尊卑，故心象火，色赤而锐也，人有道尊，天本在上，故心下锐也。耳为之候何？耳能遍内外、别音语，火照有似于礼，上下分明"

---

① 张岱年：《张岱年全集》，《中国哲学大纲》，河北人民出版社 1996 年版，第 2 册，第 261 页。

② （清）陈立：《白虎通疏证》，中华书局 1994 年版。本文所引《白虎通》均依此本，后文只注篇名。

(《情性》)，此处《白虎通》中阴阳五行得到了更为严密的配合①，这里明确将心配于五行之火、方位中的南方、颜色中的红色、形状中的尖锐之形，人体五官中的耳朵，更为重要的人文内涵是心象征五行中的礼。礼是用来区分尊卑上下的。这种对于尊卑上下的区分，根本理由在于法天尊道。在《白虎通》中也明确阐释了礼乐的重要作用，其言“礼乐者，何谓也？礼之为言履也。可履践而行。乐者，乐也，君子乐得其道，小人乐得其欲。王者所以盛礼乐何？节文之喜怒。乐以象天，礼以法地。人无不含天地之气，有五常之性者，故乐所以荡涤，反其邪恶也，礼所以防淫佚，节其侈靡也”(《礼乐》)。这里强调“礼”效法了天地之道中的地道，用来节制人的欲望，防止人骄奢淫逸之心念和行为，属于可以切实践行的行为规范。这本是对人所天生禀有之天地气脉的条畅，对人内涵五常之性的维护。这里，对心还是比较具体形象的阐释。

其进一步抽象化的阐释则言“五藏者，何也？谓肝、心、肺、肾、脾也。肝之为言干也；肺之为言费也，情动得序；心之为言任也，任于恩也；肾之为言写也，以窍写也；脾之为言辨也，所以积精禀气也”(《情性》)，心在这里还承载着“任于恩”的职责。何谓“任于恩”？注家引用《广雅・释亲》中“心，任也”，《春秋繁露・深察名号》中“栣众恶于内，弗使得发于外者，心也”，《春秋繁露》中“栣”作“禁止”的意思，但在这里解释“任于恩”是不符合上下语境的。在《白虎通》中，还有其他“任”字，基本作“能够承担”“担负责任”的意思，如“士者事也，任事之称也”(《爵》)，“股肱之臣，任事者也”(《封公侯》)。这种“担任”的意思乃从“怀妊、妊娠”原意中引申而来，如“《南》之为言任也，任养万物”(《礼乐》)，这里“任于恩”应是指心能够怀藏恩情的，明显表达了心天生具有道德意味。

---

① 徐复观先生所言董仲舒《春秋繁露》中“言阴阳与言五行，各列篇章；而阴阳重在言德刑，五行重在言官职；二者的异同，是很分明的”，“(《白虎通》)这才把五行纳入阴阳统贯之内，以五行为阴阳分化的五种形态，在传承中补了仲舒所留下的罅漏。所以《白虎通》便只有《五行篇》，而不另立《阴阳篇》。因为言五行即是言阴阳，而较言阴阳更为详备”。徐复观：《先秦儒家思想的转折及天的哲学大系统的完成——董仲舒〈春秋繁露〉的研究》，《两汉思想史》第2卷，华东师范大学出版社2001年版，第237页。

在此，心已远不止于血肉模糊的一团心脏，而是天生具有伦理道德之意。与《白虎通》中对于“人”的认识是密切联系的。就现实经验层面而言，人为父母所生，其言“人道所以有嫁娶何？以为情性之大，莫若男女，男女之交，人伦之始，莫若夫妇。《易》曰：天地氤氲，万物化淳。男女构精，万物化生。人承天地施阴阳，故设嫁娶之礼者，重人伦、广继嗣也”（《嫁娶》）。表明男女婚娶，父精母血而成人身。但不仅父精母血而构成人身，人更为重要的是禀气而生，故《白虎通》有“人生所以泣何？本一干而分，得气异息，故泣重离母之义也”（《姓名》）。人出生本是从母体中分离，从呱呱坠地始有自己的气息。而生命结束之时，人则是气断神亡精穷之时，故有“尸之为言失也，陈也，失气亡神，形体独陈”，“大夫曰卒，精耀终卒”，“死之为言澌，精气穷也”。（《崩薨》）相比人类能够感知之气，更为无形无象的精气等元素，方是人各正性命的根本，故有言“箫者，中吕之气也。万物生于无声，见于无形”（《礼乐》）。万事万物的产生最开始是无声无息、无形无色的，而这种“无”并非虚无，乃是顺应天地自然，阴阳造化之中方能显其功用，万物据此各正其性、各得其命，故有“八风六律，天气。助天地成万物者也。亦犹乐所以顺气变化，万民成其性命也”（《礼乐》）。

在《白虎通》中这些无形之元素，明确表述为情性、精神、魂魄，其在《白虎通·情性》篇中有：

> 情性者，何谓也？性者，阳之施；情者，阴之化也。人禀阴阳气而生，故内怀五性六情。情者，静也，性者，生也，此人所禀六气以生者也。故《钩命决》曰：情生于阴，欲以时念也；性生于阳，以就理也。阳气者仁，阴气者贪，故情有利欲，性有仁也。五常者何？谓仁、义、礼、智、信也。……六情者，何谓也？喜、怒、哀、乐、爱、恶谓六情，所以扶成五性。性所以五，情所以六者何？人本含六律五行气而生，故内有五藏六府，此情性之所由出入也。
>
> 魂魄者，何谓也？魂犹伝伝也，行不休。少阳之气，故动不息，于人为外也，主于情也。魄者，犹迫然着人也。此少阴之气，象金石着人不移，主于性也。魂者，芸也，情以除秽。魄者，白也，性

以治内。

精神者，何谓也？精者静也，太阴施化之气也。像水之化，须待任生也。神者恍惚，太阳之气也，出入无间。总云支体万化之本也。

这里《白虎通》将阴阳思想作为其情性论的基础，将阴阳理论与性情作了更为完善的配置，其将“阴阳”概念细分为少阳、少阴、太阳、太阴等层次，丰富了性情论的理论建构。尽管其将“性”归为“阳之施”“生”，将“情”归为“阴之化” “静”。但在论“魂魄”的时候，将“少阳”配置于“情”，是运动的；将“少阴”配置于“性”，是如金石一样不移的、静止的。论“精神”之时，将“精”归为“太阴”是静止的、如水一样；“神”归为“太阳”，是出入运动的。其虽以阴阳判分性情，但并不将二者截然断为对立面。“性”从其生于阳且向善就理而言，是运动的、生生不息的；但从其为人所固有秉持而言，是金石般静止的、不易动摇的。“情”从其生于阴并且容易引发内在贪欲而言，是静止的、负面的；但从其能涤除心灵的污秽、扶成五性而言又是运动的、有正面作用的。只是性更容易走向正面，情更容易流于负面。性情二者是相辅相成、相互作用的，同时，人体内五脏六腑，正是“情性”存在并得以表达的重要载体，反之也受“情性”深刻的影响①。心作为身体四肢、五脏、六腑等主宰，其重要地位更是不言而喻。

这些无形元素构成了人超越其自身有限性的基础，也是人直接面对天地，构成天地人三才的依据，故有“人所以十月而生者何？人，天子之也。经天地之数五，故十月而备，乃成人也”（《姓名》）。每个人尽管是父母所生，而构成“人”作为种类更为根本的来源是“天”。每个人都是天的子女，禀天地气数乃成为人。就人秉承天地之气而生这一根源而言，所有人在天的面前是一律平等的，每个人都有其独特的尊贵性，故

① 《白虎通》中的“情性”在其宇宙论中已经被列为宇宙生成论的关键一环，具有非常高的地位，这在中国思想史上有着非常重要的标志性作用，这方面讨论请参考肖航《〈白虎通義〉宇宙論及其意義》，《哲学与文化》2017 年第 6 期。

言“人者，天之贵物也”（《三军》）。每个人生命都是宝贵的，即便父母也不能剥夺子女的生命，因此有“父煞其子当诛何？以为天地之性，人为贵，人皆天所生也，托父母气而生耳。王者以养长而教之，故父不得专也”（《诛伐》）。人如果能保持自己天赋精气则可以沟通天人，其言“圣人所以能独见前睹，与神通精者，盖皆天所生也”（《圣人》）。圣人的精气乃是能与神灵相感通，所以能够见微知几，高瞻远瞩。

天子作为天在人间的代理，更是可以考天人之心，其言“天子所以有灵台者何？所以考天人之心，察阴阳之会，揆星辰之证验，为万物获福无方之元”（《辟雍》）。天和人本是一心，故天心与人心是可感通交互的。就现象而言，阴阳之交会、日月星辰之运转皆是天心对于人心的感召，人心对于天心的领悟。若是人能够明辨通达天人之心，则可让万物各得其应有之福以至于无穷。心作为沟通天人的基础，成为了超越人体有形之限制而沟通天人之际的中枢，已具有强烈的抽象意味。

二　心之象

钱穆曾讲“如言‘心’，西方人指人身胸部，主血液流行之心房言。头部之脑，则主知觉与记忆。中国人言心，则既不在胸部，亦不在头部，乃指全身生活之和合会通处，乃一抽象名词。又人心必通于外以为心，非可脱离外面分别独立为心。西方主‘心通物’，中国则更主‘心通心’。如通于幼以为心，则为父母之慈。通于老以为心，则为子女之孝。此心又可上通天地，旁通万物，相与和合，成为一气”①。心作为沟通天人之际这一环是通过心与心的沟通而展现的，而人与人之心的沟通必然在伦理层面得以呈现，这也是《白虎通》的阐释重点。

在《白虎通》中论心也并没停留于物质层面或简单抽象意义上，而是在具体情境中展现各类面貌，体现了丰富的层次感。比如，“中心喜乐，口欲歌之，手欲舞之，足欲蹈之”（《礼乐》），是从人内在的喜悦之

① 钱穆：《现代中国学术论衡》，九州出版社2011年版，第63页。

情来讲；其言“蔡侯无罪，而拘于楚，吴有忧中国心，兴师伐楚，诸侯莫敢不至”（《号》），是从宏大的政治角度而言，作为主体的诸侯国胸怀天下兴亡之政治理念，为天下情势而产生忧患之心。

不过，《白虎通》中更为强调的乃是表达人内在性命的心，是具有伦理道德倾向的心。其论君臣关系，认为君主在对待臣下之时，最重要的是没有偏私之心，一视同仁，故有“或称公而尊，或称伯子男而卑。为交接之时不私其臣子之义，心俱欲尊其君父，故皆令臣子得称其君为公也”（《号》）。臣子在面对君主时，主要要体现敬顺之心，故言“顺谏者，仁也，出词逊顺，不逆君心，仁之性”（《谏诤》）。总体来讲，君主要能够凝聚臣下之心，而臣子首要的则是能够立志坚固，故有“君臣者，何谓也？君，群也，下之所归心。臣者，繵坚也，厉志自坚固”（《三纲六纪》）。

其论夫妻关系，强调从天子到士要能够得妻子之欢心，能够在婚姻中和睦融洽的相处，故有“天子下至士，必亲迎授绥者何？以阳下阴也，欲得其欢心，示亲之心也”（《嫁娶》）。“妻者，与己一体，恭承宗庙，欲得其欢心，上承先祖，下继万世，传于无穷，故不臣也”（《王者不臣》）。而作为妻子的夫人们则应内自修整，时刻保持小心谨慎敬惧、战战兢兢，有“故后夫人以枣栗腶修者，凡内修阴也。又取其朝早起，栗战自正也”（《瑞贽》）。

其论兄弟关系，有“兄者，况也，况父法也；弟者，悌也，心顺行笃也”（《三纲六纪》）。强调兄长在于模仿执行父亲之条律，而弟侄则要顺兄长之心行为笃实。

其论朋友关系，有“朋友之际，五常之道，有通财之义，振穷救急之意，中心好之，欲饮食之，故财币者所以副至意也”（《瑞贽》）。“朋友之交，近则谤其言，远则不相讪。一人有善，其心好之；一人有恶，其心痛之”（《三纲六纪》）。对待朋友以“好”为内心的主要感情，突出了朋友间交往在于内心真正意气相投，互相欣赏喜爱。朋友的长处优点，自己能够真心佩服学习；朋友的缺点过恶，能够真心为他感到心痛。

在所有伦理关系中，《白虎通》最为突出的乃是孝子之心，丧礼则是表达孝子之心的关键一环。人往往在听闻亲人去世之后，皆有哀伤忧郁之情感的显露，故用哭泣来表达内心的悲哀，其言“闻丧，哭而后行何？尽哀舒愤然后行。望国境则哭，过市朝则否。君子自抑，小人勉以及礼。见星则止，日行百里，恻怛之心，但欲见尸柩汲汲故”（《丧服》）。又有“丧者，何谓也？丧者，亡。人死谓之丧何？言其亡，不可复得见也。不直言丧何？为孝子心不忍言”（《崩薨》）。生死离别，不可再见，孝子之心甚至悲哀到不忍言“丧”。即便贵为君主，在父亲去世后，儿子一般不会直接继位，不能安然享受各种待遇，故有“踰年称公者，缘民之心不可一日无君也。缘终始之义，一年不可有二君也。故踰年即位，所以系民臣之心也。然后爵者，缘孝子之心未忍安吉”（《爵》）。新君一般不会立即处理政务，应该服三年之丧，故有“《论语》曰：‘君薨，百官总己听于冢宰三年。缘孝子之心，则三年不当也，故三年除丧，乃即位统事，即位践阼为主，南面朝臣下称王，以发号令也’”（《爵》）。即便普通百姓，在服丧期间也会不忍安然享受生活，各种礼仪乃至所用器具都会从简甚至完全不用，其言“故有死道焉，以夺孝子之心也；有生道焉，使人勿倍也。‘故竹器不成用，木器不成斫，瓦器不成沬，琴瑟张而不平，竽笙备而不和，有锺磬而无簨虡县，悬示备物而不可用也’”（《三教》）。

之所以重视孝子之心，在于《白虎通》将“孝”作为人具备各种优良道德品质后才能充分得以完备的最高德行，其言“内能正己，外能正人，内外行备，孝道乃生”（《考黜》），“孝道之美，百行之本也，故赐以瓒，得专为赐也”（《考黜》），“孝”是“道”的体现，是人内心中正和平、仁义礼智均得其正位之后，发显为外在实践行为，能够敦促引导他人改正己过。这种内外知行合一之状态乃是“孝道”成立的基础，孝行则是所有美好行为的根本。不仅如此，《白虎通》还确立了“孝”是能通彻天地神明的基本道德原则，其言“周公身薨，天为之变，成王以天子礼葬之，命鲁郊，以明至孝，天所兴也”（《封公侯》），将周朝兴盛的原因归为周公去世后，成王用天子之礼安葬了他，备极孝子的哀悼之情，这种“至孝”是天所嘉许护佑的。

同时，“孝”是与天地合德的圣人之最高德行，《白虎通》中有“夫圣人之德，又何以加于孝乎？”（《圣人》）“孝道”体现在人在躬行体察孝道之后呈现内外和乐之状，这乃是儒家所推崇的金声玉振之美质，其言“故孝道备而赐之秬鬯，所以极著孝道。孝道纯备，故内和外荣，玉以象德，金以配情，芬香条鬯，以通神灵。玉饰其本，君子之性；金饰其中，君子之道。君子有黄中通理之道美素德。金者精和之至也，玉者德美之至也，鬯者芬香之至也。君子有玉瓒秬鬯者，以配道德也。其至矣，合天下之极美，以通其志也，其唯玉瓒秬鬯乎”（《考黜》）。明确当君子具备了真诚的孝之后，天子会将宗庙宝贵的祭祀物品——圭瓒秬鬯赐给他，以象征君子内外和乐安荣的状况。玉可以象征君子美好的德性，金象征君子真诚的情感，这是君子至深至美之道德的体现，足以匹配天地。圣人能够体察默会“孝”之超越性还要以此来教导民众，所以有“或称君子何？道德之称也。君之为言群也；子者，丈夫之通称也。故《孝经》曰：‘君子之教以孝也，下言敬天下之为人父者也’”（《五经》）。君子是具备美好道德的人，君子最重要的教导之责就是导人以孝道，让天下所有为子女者都要尊敬他们的父母。《白虎通》中还确认了《孝经》是天子以至庶人均要学习的经典，其言“已作《春秋》，后作《孝经》何？欲专制正。于《孝经》何？夫孝者，自天子下至庶人，上下通《孝经》者”（《五经》）。

故《白虎通》中明确言“人皆怀五常之性，有亲爱之心，是以纲纪为化，若罗网之有纪纲而万目张也”（《三纲六纪》）。人天生所具有的仁义礼智信之性必然在实际中表达为亲爱之心。这种亲爱之心所涵盖对象的范围是广泛的，具有普遍博大之空间性，在人伦纲纪的各环节中则展现为前文所讲的不同具体内涵。

三　心之用

《白虎通》中讨论的心具有沟通天人之能力，而在现实层面中重点展开为伦理道德各个层面的丰富内涵。就现实经验开展的层面而言，心的理想状态应该是平和的，故有“夫射者，执弓坚固，心平体正，然后中也”（《乡射》）。时刻保持敬慎谦让则是君子人格的必然内涵，故有“屈己敬人，君子之心”（《礼乐》）。这些往往是心在理想状态下充分的实践和展开。仅就客观经验层面而言，心不一定时刻按其理想状态进行活动，故心不正甚至“邪”的现象在现实生活中是可能存在的。故《白虎通》中有“蛮者，执心违邪”（《礼乐》），这里之所以称为“蛮”是因为野蛮状态下的人所存之心是违僻不通、偏邪不正的。

为了保证心能够按照理想状态活动，需要对心进行规范，所以《白虎通》中特别强调学习的重要作用，认为学习是让人获得觉悟，而非单纯知识教学，故有“学之为言觉也，悟所不知也。故学以治性，虑以变情。故玉不琢，不成器；人不学，不知道……是以虽有自然之性，必立师傅焉”（《辟雍》），学习是让人觉悟到自己所不曾觉悟到天道，学习能够启发人思考，涵养人的性情，改变人的不良习气，让人归于道义的正途。而师父是引导人学习的最好途径，“天子太子，诸侯世子，皆就师于外，尊师重先生之道也”（《辟雍》），上至天子下至庶人都要接受师父的教育才能明晓事理。在基层教育中，孝悌仁义等道德内容为教学重点，故有“古者教民者，里皆有师，里中之老而有道德者为里右师，其次为左师，教里中之子弟以道艺、孝悌、仁义。……若既收藏，皆入教学，立春而就事，其有贤才美质知学者，足以开其心，顽钝之民亦足以别于禽兽而知人伦，故无不教之民”（《辟雍》）。强调到完成秋天的农业收获后，民间子弟都应接受老师的教育，让天赋贤明的人心胸得以开阔，智慧得以增长。而顽劣迟钝的子弟也能够遵守人伦道德而自别于禽兽。就国家层面而言，作为普通民众的百姓是需要教化引导的，故有“所以变易民心，革其耳目，以助化也”（《三正》）。通过引导教化，禁止百姓堕入淫乱邪恶之行，民心才能归于正道，故“琴者，禁也，所以禁止淫邪、正人心也”（《礼乐》）。其还明确讲到“教者，何谓也？教者，效也。上为之，下效之。民有质朴，不教而成”（《辟雍》），指明了“教”本义是“效”，上行下效，在上位者躬亲示范，在下位者自然知道怎么样去做了，强调居上位者要以德化民。

《白虎通》中除了强调用学习教化引导来正心之外，还特别提出了“专一系心”的实践工夫。其言“故十五许嫁也。各加一者，明专一系心。所以系心者何？防其淫佚也”（《嫁娶》），在人伦之始的婚姻生活中，强调妻子要“专一系心”，这样防止邪淫不正，见异思迁。还有“大夫将兵出，不从中御者，欲盛其威，使士卒一意系心也。故但闻将军令，不闻君命也，明进退大夫也”（《三军》），在关系国家命运前途的激烈战争之中，将军一旦出征则为万千士卒所“一意系心”，这是军队能够紧密团结、精诚合作的基础，也是战争胜利的保障。

为何强调“心”要专一？这在《白虎通》中是有根据的。就抽象五行之理而言，“心”在五行中归为“火”，其言“水火独一种，金木多品何？以为南北阴阳之极也，得其极，故一也”（《五行》）。“火”在方位中位于南方，是阳之极。“极”本是房屋中最高的栋梁，也有最中间之意，这是天人交汇之关键点。① 而就五行相胜运动规律而言，其有“天地之性，众胜寡，故水胜火也；精胜坚，故火胜金；刚胜柔，故金胜木；专胜散，故木胜土；实胜虚，故土胜水也”（《五行》）。火能够战胜金，是因为能够精诚。就物的性理而言，“专一”是可以战胜“散乱”的，尽管此处以五行中的木、土为喻。

就人内在蕴含的性情而言，“专一”是“诚”的必然展现状态，专一的心是确定不移的，故有“信者，诚也，专一不移也”（《情性》）。“诚”则是往往是对人质朴无伪天性的描绘，“贽者，质也，质己之诚，致己之悃愊也”（《文质》），在某种程度上是人心与天心的同质表达。这点在汉代其他文本中也有体现，可以作为旁证。其有“《诗》云：‘尸鸠在桑，其子七兮；淑人君子，其仪一兮。’传曰：‘尸鸠之所以养七子者，一心也；君子所以理万物者，一仪也。’以一仪理物，天心也；五者不离，合而为一，谓之天心。在我能因自深结其意于一，故一心可以事百君，百心不可以事一君，是故诚不远也。夫诚者，一也。一者，质也。君子虽有外文，必不离内质矣”（《说苑·反质》）②。这段材料很明确梳理出了“一心”面对万事万物是“天心”的开展，这是“诚”的状态，是君子

---

① “中”的观念在中国传统哲学中具有重要含义，不管是《尚书·洪范》中的“建用皇极”，还是《汉书·谷永传》中的“建大中，以承天心”，这都构成了中国思想史中的一大基本原则“允执厥中”，方东美讲“所以吾国历代虽然朝代更迭，但都称为‘中国’，可见‘中’乃中国民族精神命脉之所系，无论社会组织、政治型态如何变迁，在思想上所遵守之根本原则，精神仍是一贯的”。方东美：《原始儒家道家哲学》，中华书局2012年版，第52页。

② 向宗鲁：《说苑校证》，中华书局1987年版，第513页。

质朴内心的表现。“一心”往往就是心回归于正的表现，所以有“一心可以事百君，百心不可以事一君，故曰正而心又少而言”（《说苑·谈丛》）①。这种“一心”并非某种顽固之心，故有“孔子曰：‘灵公污而晏子事之以整，庄公怯而晏子事之以勇，景公侈而晏子事之以俭。晏子、君子也。’梁丘据问晏子曰：‘事三君而不同心，而俱顺焉。仁人固多心乎?’晏子曰：‘一心可以事百君，百心不可以事一君。故三君之心，非一也；而婴之心，非三也。’孔子闻之，曰：‘小子记之。晏子以一心事三君，君子也。’”（《孔丛子·詰墨》）② 晏子的心究其根本而言始终是如一的，但是在不同性格的君主执政时期，晏子“一心”的表达是通过整、勇、俭等行为来表达的，“一心”在与不同事物交往中是可以展现其多维向度的。

四　结论

综上所述，《白虎通》中对心的阐释不限于物质器官，重点解释了其作为沟通天人的基础具有抽象的意味，突出了心作为表达人内在性命基础，是具有强烈伦理道德倾向的。在现实经验层面上，强调对心的教化引导，特别突出了“专一系心”的工夫作用。这些讨论尽管比较简略，但是已经初具后世佛教、道教乃至宋明理学中对于心性论阐释的几个基本层面，故汉代儒家对于心的讨论也可略见其端倪。

---

① 向宗鲁：《说苑校证》，第 388 页。

② 傅亚庶：《孔丛子校释》，中华书局 2011 年版，第 394 页。

儒

阳明学的思想与实践

蕺山“前四句”的文本问题

——基于耿宁工作的进一步讨论*

方旭东

（华东师范大学哲学系）

摘要：蕺山对阳明的不满，“四句教”是一个重点。他前后两次对“四句教”提出修正。崇祯九年（1636）所提出的“前四句”，从形式上看，与阳明的“四句教”有较多重合，尤其第三句“知善知恶者是良知”，几乎完全相同。晚近瑞士学者耿宁（Iso Kern）注意到蕺山“前四句”的文本差异问题：第四句“为善去恶者是物则”，《明儒学案》本作“有善无恶者是物则”。耿宁倾向于《明儒学案》本，然细考其说，理据并不充分。耿宁关于蕺山“前四句”与“《大学》之言心”条可以相互发明的看法是一个洞见。运用这个文本互证原则，本文推定，蕺山“前四句”的第三句“知善知恶者是良知”当作“知好知恶者是良知”，不过，在义理上这两个表述可以互换。本文还推定，“《大学》之言心”条可能存在一个传写错误。

关键词：刘宗周　王阳明　耿宁　文本

众所周知，蕺山对阳明之学的态度，有所谓“三变”：始疑——中

* 本文写作过程中得到田智忠学友提供的资料帮助，初稿先后在“刘宗周与明清之际儒学——纪念刘宗周诞辰440周年学术研讨会”及中华孔子学会2018年年会宣读，另已发表于《清华大学学报》（哲学社会科学版）2019年第1期。

信——终辨。① 但具体如何划分这三个时期，尤其是中晚期，学者意见并不统一②，似乎还有进一步研究的余地。

蕺山对阳明的不满，“四句教”③ 是一个重点。④ 就其对“四句教”的批评来说，蕺山 62 岁（崇祯十二年，己卯，1639）提出的“新四句”可谓全面而彻底。

蒙因为龙溪易一字，曰：“心是有善无恶之心，则意亦是有善无

---

① “三变说”肇始于蕺山之子刘汋：“（崇祯十六年［1643］癸未十一月，蕺山）著《证学杂解》及《良知说》。先生（引者按：蕺山）痛晚近学术不明，用功悠谬，作《证学杂解》二十五则，末章以觉世之责自任。又著《良知说》一篇。（文俱见《全集》中。按：先生于阳明之学凡三变：始疑之，中信之，终而辨难不遗余力。始疑之，谓其近禅也。中信之，信其为圣学也。终而辨难不遗余力，谓其言良知，以《孟子》合《大学》，专在念起念灭用工夫，而于知止一关全未勘入，失之粗且浅也。夫惟有所疑，然后有所信，夫惟信之笃，故其辨之切。而世之竞以玄渺称阳明者，乌足以知阳明也与!）”（清）刘汋《蕺山刘子年谱》，载吴光主编《刘宗周全集》，浙江古籍出版社 2012 年版，第 9 册，第 143 页。黄宗羲继承了这个说法：“先生以谓新建之流弊，亦新建择焉而不精，语焉而不详有以启之也。其驳《天泉证道记》曰：……。其驳‘良知’说曰：……。盖先生于新建之学凡三变：始而疑，中而信，终而辨难不遗余力，而新建之旨复显。”（清）黄宗羲《子刘子行状》，载吴光主编《刘宗周全集》，第 9 册，第 41 页。可以看到，黄宗羲在刘汋之说的基础上最后加了一句“而新建之旨复显”，似乎有意弥平蕺山与阳明之学之间的差异。一般谈到“三变”说，主要依据梨洲，或至多将刘汋与梨洲并提，殊不知，刘说在黄说前。盖刘《序》称：“汋不孝，罹先君子之变八年矣”。（清）刘汋《蕺山刘子年谱》，载吴光主编《刘宗周全集》，第 9 册，第 49 页。考蕺山亡于顺治二年（乙酉，1645），则刘汋序《谱》之时为顺治十年（癸巳，1653）。而梨洲撰《子刘子行状》，时在康熙六年（丁未，1667），此据（清）黄炳垕《黄梨洲先生年谱》，载沈善洪主编、吴光执行主编《黄宗羲全集》，浙江古籍出版社 2005 年版，第 12 册，第 41 页。

② 比如，陈畅根据他对蕺山慎独思想的考察，提出：蕺山思想从中年期向晚年期过渡的时间是在 55 至 57 岁（崇祯五年［1632］冬十月至崇祯七年［1634］夏日）。蕺山 50 岁《皇明道统录》成，是其“中而信”阶段的标志性事件。而崇祯九年（丙子，1636，蕺山 59 岁）则被认为是蕺山晚年思想成熟的一个节点。陈畅《刘宗周中晚年思想转变及其哲学意义——兼论刘宗周思想发展之分期》，《人文论丛》2009 年卷，第 309—329 页，尤其第 327—328 页。高海波则认为，“中信”阶段大约可以延续到壬午（崇祯十五年，1642），而“终而辨难不遗余力”当始于癸未（崇祯十六年，1643），并直至蕺山去世。高海波《慎独与诚意——刘宗周哲学思想研究》，生活·读书·新知三联书店 2016 年版，第 441 页。

③ 阳明晚年有所谓“四句教法”，见载于多种文献，根据陈来先生的研究，这些文献的史料价值并不相同，从高到低，依次为：《阳明先生年谱》《传习录》《天泉证道记》。陈来：《〈天泉证道记〉之史料价值》，《中国近世思想史研究》，生活·读书·新知三联书店 2010 年版，第 667—681 页。《阳明先生年谱》所载“四句教”为：“无善无恶是心之体，有善有恶是意之动，知善知恶是良知，为善去恶是格物。”（明）王守仁：《王阳明全集》卷 35，吴光、钱明、董平、姚延福编校，上海古籍出版社 1992 年版，第 1307 页。

④ 关于蕺山对阳明的批评，比较系统的讨论，除了前揭高海波书，另可参考杨祖汉《从刘蕺山对王阳明的批评看蕺山学的特色》，载钟彩钧主编《刘蕺山学术思想论集》，台北：中研院中国文哲所筹备处 1998 年版，第 35—66 页。

恶之意，知亦是有善无恶之知，物亦是有善无恶之物。”不知先生（引者按：阳明）首肯否？①

所谓“为龙溪易一字”，是就《传习录》所载龙溪“四无说”而发，盖龙溪以为：“若说心体是无善无恶，意亦是无善无恶的意，知亦是无善无恶的知，物是无善无恶的物。”②

对照阳明“四句教”原文可知，蕺山的“新四句”对“心、意、知、物”这四个关键字的界说与阳明无一合辙。然而，蕺山并不是一开始就达到这样的认识，事实上，在他59岁（崇祯九年，丙子，1636）对“四句教”提出修正时，其说有很大不同。

有善有恶者心之动，好善恶恶者意之静，知善知恶者是良知，为善去恶者是物则。③

笔者将此称为蕺山的“前四句”，以区别于崇祯十二年（1639）的“新四句”。④ 从形式上看，蕺山“前四句”与阳明“四句教”有较多重合，尤其第三句“知善知恶者是良知”，几乎完全相同。

对此，有论者认为，蕺山此时尚承认阳明的“知善知恶是良知说”。⑤ 也

① （明）刘宗周：《阳明传信录》，载吴光主编《刘宗周全集》，第7册，第82页。

② （明）王守仁：《王阳明全集》卷3，第117页。蕺山《阳明传信录》所引，字句略异：“若说心体是无善无恶，意亦是无善无恶，知亦是无善无恶，物亦是无善无恶矣。”载吴光主编《刘宗周全集》，第7册，第80页。而比较接近《阳明先生年谱》所记：“心体既是无善无恶，意亦是无善无恶，知亦是无善无恶，物亦是无善无恶。”（明）王守仁：《王阳明全集》卷35，第1306页。

③ （明）刘宗周：《学言上》，载吴光主编《刘宗周全集》，第3册，第352页。

④ “新四句”“前四句”这些说法皆为笔者所拟。亦有论者只把“前四句”才称为蕺山的“四句”，参见黄敏浩《刘宗周“四句”的诠释》，《中国文哲研究通讯》第8卷第3期，1998年9月。

⑤ 比如高海波即认为：“‘知善知恶是良知’，蕺山尚可以承认阳明这一说法。”参见高海波《慎独与诚意——刘宗周哲学思想研究》，第473页。在另一处，他的语气则没有这么肯定：“‘知善知恶是良知’，仅从字面上看，似乎刘宗周尚可承认阳明这一说法。”参见高海波《刘宗周对阳明四句教的批评》，《中国哲学史》2014年第3期。

有论者认为，虽然两者字面相同，但含义却相去甚远。①

那么，蕺山的“知善知恶者是良知”跟阳明的“知善知恶是良知”到底有何异同？蕺山“前四句”与阳明“四句教”之间究竟是什么关系？这是值得探究的问题。晚近瑞士学者耿宁（Iso Kern）对第四句文本差异的发现，为探究这些问题提供了一个契机。本文拟在耿宁工作的基础上继续前进。

一 “知善知恶者是良知”与“知好知恶者是良知”

耿宁指出，按照《明儒学案》，第四句不是“为善去恶者是物则”，而是“有善无恶者是物则”。② 在耿宁之前，几乎没有人注意到这个问题。③

---

① 黄敏浩根据他对第四句“为善去恶者是物则”的考察，推定：宗周的“知善知恶”与阳明——至少是他理解下的阳明——的“知善知恶”并不同。前者没有预设有善有恶，而后者则是。依宗周，良知知善知恶，并不是觉知这个是善，那个是恶，从而为善去恶。他曾批评“四句教”中的良知知善知恶，只是“知在善恶之外，第取分别见”；而相连第二句有善有恶之意，是“因有善有恶而后知善知恶，是知为意奴”；又相连第一句无善无恶之心，是“本无善恶而又知善知恶，是知为心祟”；又认为《大学》“致知”的原意只是“知先”“知本”“知止”，如今更言良知，以良知之知知止、知先、知本，“岂不架床叠屋之甚乎？”参见黄敏浩《刘宗周“四句”的诠释》，《中国文哲研究通讯》第9卷第3期，第109页。按：黄氏的问题在于完全不考虑蕺山言论的时间性，径以崇祯十六年（癸未，1643，蕺山66岁）的《良知说》来解释崇祯九年（丙子，1636，蕺山59岁）的“四句”。详见下正文所论。

② 《明儒学案》本作：“有善有恶者心之动，好善恶恶者意之静，知善知恶者是良知，有善无恶者是物则。”（清）黄宗羲：《明儒学案》卷62，沈芝盈点校，中华书局1985年版，第1519页。耿宁最早是在2010年发表的一篇会议论文中提出这个观点的，该文《刘宗周与黄宗羲对王阳明“四句教”的诠释。刘宗周针对王阳明“致良知说”所提出的“诚意说”是否体现了一种哲学的进步？》后收作《人生第一等事》一书的附论。［瑞士］耿宁《人生第一等事：王阳明及其后学论“致良知”》，商务印书馆2014年版，第1082—1130页。这里顺便指出，姚名达《刘宗周年谱》在“崇祯九年”条下辑录了是年蕺山语录数条，其中就包括“前四句”：“有善有恶者心之动，好善恶恶者意之静，知善知恶者是良知，有善有恶者是物则”。吴光主编：《刘宗周全集》，第9册，第378页。按：姚氏自注云：“据《全书》卷十及《明儒学案》卷六十二。”吴光主编：《刘宗周全集》，第9册，第379页。则其第四句“有善有恶者是物则”显然为传抄之误，本作“有善无恶者是物则”。

③ 论者在谈论蕺山“前四句”时，或取《刘宗周全集》本，如黄敏浩、高海波；或取《明儒学案》本，如唐君毅，参见所著：“Liu Tsung-chou's Doctrine of Moral Mind and Practice and His Critique of Wang Yang-ming”，载狄百瑞（W. M. Theodore De Bary）编 *The Unfolding of Neo-Confucianism*, New York: Columbia University Press, 1975；以及吴光《从阳明心学到力行实学》，《阳明学综论》，中国人民大学出版社2009年版。皆未注意到另一个版本的存在，遑论比较其优劣。

耿宁详细阐述了自己的取舍理由，主要有三条，涉及两则材料。① 耿宁还表示：“但对他的文本方面的差异还值得做进一步说明，只是这里无法提供这样的说明。”② 遗憾的是，迄今为止，中文学界对此尚未做出应有的反应或呼应。③ 以下，就来检视耿宁的论证。

耿宁认为，“有善无恶者是物则”这个说法可以获得刘宗周同年另一条语录的支持。④

> 《大学》之言心也，曰“忿懥、恐惧、好乐、忧患”而已。此四者，心之体也。其言意也，则曰“好好色，恶恶臭”。好恶者，此心最初之机，即四者之所自来，所谓意也。（一本无四字。）故意蕴于心，非心之所发也。又就意中指出最初之机，则仅有知好知恶之知而已，此即意之不可欺者也。故知藏于意，非意之所起也。又就知中指出最初之机，则仅有体物不遗之物而已，此所谓独也。故（一作“哉”。）物即是知，非知之所照也。《大学》之教，一层切一层，真是水穷山尽学问，原不以诚意为主，以致良知为用神者。⑤

以上语录当中的“物”，无论是“体物不遗”的“物”，还是“所谓独”“即是知”的“物”，按耿宁的理解，都与“有善无恶”的“物则”之“物”含义相同，都表示“根本的实在”。“物则”一词，有时他直接写作“实在的法则”。⑥

---

① 参见［瑞士］耿宁《人生第一等事》，第1086—1087页。

② ［瑞士］耿宁：《人生第一等事》，第1087页。

③ 关于耿宁此书，中文书评，笔者寓目者，唯林月惠一篇而已：《耿宁对阳明后学的诠释与评价》，《广西大学学报》（哲学社会科学版）2015年第3期。该文主要聚焦于阳明后学的“致良知”问题，没有涉及蕺山“四句”的讨论。

④ ［瑞士］耿宁：《人生第一等事》，第1087页。按：在中译本当中，《学言》的年代1636年被错误地写成了1639年。耿宁认为，“《大学》之言心”这段话表明，刘宗周尚处于“相信王阳明学说”的阶段。［瑞士］耿宁《人生第一等事》，第1088页。

⑤ （明）刘宗周：《学言上》，载吴光主编《刘宗周全集》，第3册，第351页。划线为引者后加。

⑥ 比如，他说：“在这四句教的第四句中，刘宗周将‘实在的法则’定义为‘有善无恶的东西’。”［瑞士］耿宁《人生第一等事》，第1088页。

耿宁的这种理解，虽然在经典解释上不无可议①，但在理论上可自成一说。尽管如此，却也不能令人完全释疑。一个很自然的疑问是：即便我们接受他对“物”的解释，也不能因此就得出“为善去恶是物则”之说在刘宗周那里不成立的结论。说到底，承认“物”是指“根本的实在”以及“物则”是指“实在的法则”，在逻辑上不能推出“有善无恶者是物则”是刘宗周的观点，也不能推出刘宗周绝对不会接受“为善去恶是物则”之说。要证成这些，还需要提供更强的证据。在一定程度上，耿宁的后两条理由弥补了这个缺憾，其第二条理由是说刘宗周曾明确提出过“有善无恶”之说，其第三条理由是说刘宗周明确反对“为善去恶”之说。这两点留待后文讨论，现在，笔者要对耿宁使用的这个文献做进一步的辨析。

笔者首先要指出的是，耿宁书中引的这段话，《明儒学案—蕺山学案》的“语录”部分也采入了，但两个文本存在差异。《明儒学案》本作：

> 《大学》之言心也，曰忿懥、恐惧、好乐、忧患而已。此四者，心之体也。其言意也，则曰好好色，恶恶臭。好恶者，此心最初之机，即四者之所自来，故意蕴于心，非心之所发也。又就意中指出最初之机，则仅有知善知恶之知而已，此即意之不可欺者也。故知藏于意，非意之所起也。又就知中指出最初之机，则仅有体物不遗

① 比如，按照朱熹，“体物不遗”的意思是说“（鬼神）为物之体，而物所不能遗也”。（宋）朱熹：《中庸章句》，《四书章句集注》，中华书局1983年版，第25页。而不是耿宁从字面上理解的“毫无遗留地被彻底经验到的‘物’”。至于耿宁顺着刘宗周的说法，把“物”理解为《大学》第六章（诚意章）所说的“慎独”之“独”，在经典诠释上也是别具一格的。因为像朱熹，就把《大学》与《中庸》上的“慎独”之“独”都解释为“人所不知而己所独知之地也”。（宋）朱熹：《大学章句》，《四书章句集注》，第7页；《中庸章句》，《四书章句集注》，第18页。而郑玄亦把《中庸》“君子慎其独”解释为“慎独者，慎其闲居之所为”，（汉）郑玄注、（唐）孔颖达疏《礼记正义》，载（清）阮元校刻《十三经注疏》，中华书局1980年版，第397页。关于“慎独”之“独”的诠释史，可参见梁涛编《出土文献与君子慎独——慎独问题讨论集》，漓江出版社2012年版。另外，关于“物则”，如前正文所述，刘宗周是把它理解为“条理”，而不是耿宁这里说的“实在的法则”，至少，刘宗周从来就没有在“实在”这个意义上使用“物”一词。不能不说，在这些地方耿宁带进了他自己的哲学前见（prejudice）。

之物而已，此所谓独也。故物即是知，非知之所照也。《大学》之教，一层切一层，真是水穷山尽，学问原不以诚意为主，以致良知为用神者。①

将这个版本与上引《刘宗周全集》本对照，其间差异微小到几乎让人难以察觉：《明儒学案》本作"知善知恶之知"，《刘宗周全集》本作"知好知恶之知"，仅一字之差。

对于这个差异，耿宁浑然无识。他在文中对所引原文给出如下意译：

如果我们在"意"中指出最初的驱动，那么，这无非就是知道善、知道恶的"知"而已，并且它不会被"意"所欺骗［欺］（一个出现在《大学》第六章同一语境中的概念）。因此之故，"知"是隐藏在"意"中的，而不是"意"所发动的［起］。②

从这个意译可以推知，耿宁引用的是《明儒学案》本：

又就意中指出最初之机，则仅有知善知恶之知而已，此即意之不可欺者也。故知藏于意，非意之所起也。③

可是，由于耿宁在引用时这样写道："刘宗周在前引 1636 年的'学言'中写道……"④ 因此，中译者在还原原文时找到《学言》当中的那段话："又就意中指出最初之机，则仅有知好知恶之知而已，此即意之不可欺者也。故知藏于意，非意之所起也"。⑤

---

① （清）黄宗羲：《明儒学案》卷 62，第 1519 页。着重号为引者后加。
② ［瑞士］耿宁：《人生第一等事》，第 1085 页。着重号为引者后加。
③ （清）黄宗羲：《明儒学案》卷 62，第 1519 页。着重号为引者后加。
④ ［瑞士］耿宁：《人生第一等事》，第 1085 页。
⑤ 同上。着重号为引者所加。

耿宁固然是这个错误的源头①，但中译者恐怕也难辞其咎。如果中译者做得更仔细些，也许就能发现乃至纠正这个错误。然而，中译者并没有注意到耿宁实际引用的是《明儒学案》，大概他想当然地以为《刘宗周全集》与《明儒学案》所载并无二致。正因于此，他在注明这段话的出处时，不惮将《刘宗周全集》与《明儒学案》的页码一并列出。②

在笔者看来，耿宁以上对“有善无恶者是物则”的论证包含了一个洞见，那就是：蕺山“前四句”与“《大学》之言心”这段话相互发明。

耿宁说：

> 在出自1636年（他去世前九年）的“学言”或“语录”中，刘宗周首先阐述了他自己对“心”“意”“知”“物”这四个概念的理解，它们是王阳明“四句教”的对象，而后他对“四句教”做了全面的改造。③

耿宁之所以做这样的理解，笔者认为，当是受了《明儒学案》的影响。正是《明儒学案》对刘宗周语录的那样一种编排让耿宁产生了这种印象。

在《明儒学案》所收蕺山语录中，蕺山“前四句”那条语录就紧接在“《大学》之言心”这条语录之后。④ 而在《刘宗周全集》所收的《学言》当中，这两条语录相隔甚远：在“《大学》之言心”这一条与“有善有恶者心之动”那一条之间总共隔了五条语录。⑤ 那么，《明儒学案》的这种编排是否出于随机或完全是黄宗羲个人的一种理解而并非《学言》

---

① 耿宁在引用刘宗周文本时，这样的疏漏容或有之，此贤者千虑一失，无须为讳。笔者还可以举出另一个例子。在引《刘宗周文集》“此心最初之机，即四者之所自来，所谓意也。（一本无四字。）故意蕴于心，非心之所发也”这段话时，耿宁就没有把“所谓意也”四个字译出，当然，“一本无四字”这句话也就更不会译出了。［瑞士］耿宁《人生第一等事》，商务印书馆2014年版，第1084页脚注1当中的译者注。

② ［瑞士］耿宁《人生第一等事》，第1085页脚注2。按：中译本将《明儒学案》的页码1519误写成了1517。

③ ［瑞士］耿宁：《人生第一等事》，第1083页。着重号为引者后加。

④ （清）黄宗羲：《明儒学案》，第1519页。

⑤ （明）刘宗周：《学言上》，载吴光主编《刘宗周全集》，第3册，第351—352页。

原貌呢？

仔细研究《学言》，笔者发现，在那五条语录下面有小字原注：“旧钞不载。”① 而“《大学》之言心”那一条连同其上一条“身者，天下国家之统体”，亦有小字原注：“二条新本无”。② 问题是：这里的“旧钞”何指？“新本”又是何意？

“新本”“旧钞”云云，是《刘子全书》的校订者对之前刘宗周文集的稿本或刻本的称谓。要了解其具体含义，有必要对刘宗周文集的版本做一个简单梳理。③ 刘宗周在世时，他的一些著作已被刊刻，但全集的刊刻则在他去世多年以后才得实现。据《黄宗羲年谱》记载，康熙二十六年（丁卯，1687，梨洲 78 岁），王掞（字藻如，号颛庵，1644—1728）督学浙江，刻《子刘子文集》，凡四十卷。④ 该文集主要由黄宗羲校订，梨洲“取家藏底草与伯绳先生原本（公次女婿茂林，念台先生冢孙也，家藏此本）逐一校勘，必以手迹为据”⑤。其后，同是蕺山门人的董瑒又重新做了修订，“分《语类》《文编》《经术》三门，视梨洲所校尤加详慎”⑥。按照董瑒的说法，他在整理时主要利用了两个版本，即：刘宗周孙刘茂林的家藏底本，刘宗周孙刘士林所藏的刘汋编订本，这两个版本存在一定的差异：“《刘子全书》稿，初止一本，多用故纸背写成册”，“中间多子（引者按：刘宗周）亲稿，有改抹重复，字几不可认，此底本也。后有两本，一即底本，子之孙子本名茂林授瑞生缉录者；一为录本（名《文录》《广录》），传属子嗣君伯绳氏汋编订，孙子忠名士林藏之”，

---

① （明）刘宗周：《学言上》，载吴光主编《刘宗周全集》，第 3 册，第 352 页。

② 同上书，第 351 页。

③ 关于刘宗周全集刻本的详细介绍，吴光《刘宗周著述考》，载吴光主编《刘宗周全集》，第 10 册；［日］冈田武彦《刘子全书及遗编的成书》，载吴光主编《刘宗周全集》，第 10 册；钟彩钧《〈四库全书〉刘宗周著作初探》，《中国文哲研究通讯》第 13 卷第 2 期，2003 年 6 月；高海波《〈刘子遗书〉及〈刘子全书〉考》，《鹅湖学志》第 38 期，2007 年 6 月。

④ 这个数量据说只是原稿的十分之六七，“今之全书四十卷，视旧刻已佚十之三四”。参见刘燿麟《蕺山文萃缘起》，载吴光编《刘宗周全集》，第 10 册，第 688 页。

⑤ （清）黄炳垕：《黄梨洲先生年谱》卷下，载沈善洪主编、吴光执行主编《黄宗羲全集》，浙江古籍出版社 1992 年版，第 12 册，第 51 页。

⑥ （清）吴杰：《重刻刘子全书序》，载吴光主编《刘宗周全集》，第 10 册，第 623 页。

“底本与录本互有阙佚，录本有小异同底本者，底本亦有间入录本者”。[①]以《学言》为例，“底本五百七十余条，而录本缺二百余条”，“底本于录本未收者，额志以硃，是分识之，将并存之也”[②]。董瑒的做法是“照底本补存九十二条，订十二条，《心论》归入《论》部，三《说》语、《序》语不重载，某某条归《会录》”[③]。乾隆十六年（辛未，1751），雷鋐（1696—1760，字贯一，号翠庭）督学浙江，“即先生家求遗书重梓，只存二十四卷”，据说，“遗书半饱壁蟫，今所存者才什之三四”。[④]很长一段时间，王掞始刻之《全书》传布未广，而雷刻本乃独行也。[⑤]乾隆三十七年（1772），四库全书馆开，有人以雷刻本上，随后，刘宗周的著作被分为《人谱》《学言》《圣学宗要》等单行本以及作为别集的《刘蕺山集》十七卷而分别著录。道光四年（甲申，1824），王宗炎（1755—1826，字以除，号谷塍，晚号晚闻居士，原名王琰，浙江萧山人）校刊董瑒编校本《刘子全书》四十卷，“凡《语类》十三卷，《文编》十四卷，《经术》十一卷，附以《行状》《年谱》各一卷”。[⑥]今本《刘宗周全集》即以此为底本。道光十年（庚寅，1830），吴杰之父“自湘、楚旋里，得见无休董氏重订本”，“亟与里人好学者授之剞劂氏”。[⑦]此即道光十五年（1835）重刻的《刘子全书》。日本内阁文库、九州大学有藏。台湾华文书局1968—1969年曾影印此版（凡六册）。据上可知，董瑒编订的《刘子全书》经过了两次重刻，根据有关古籍重刻的常识，可以想见，在重刻过程中原书的面貌多多少少会发生一些改变。这一点可以用来解释为什么董瑒在《刘子全书钞述》当中多次提到“底本”“录本”云云，而在今本《刘子全书》中则有“录本”“新本”“旧钞”等语。通过相关

---

① （清）董瑒：《刘子全书钞述》，载吴光主编《刘宗周全集》，第10册，第625页。

② 同上书，第629页。

③ 同上书，第631页。

④ （清）《彭启丰序》，载吴光主编《刘宗周全集》，第10册，第686页。

⑤ （清）吴杰：《重刻刘子全书序》，载吴光主编《刘宗周全集》，第10册，第623页。

⑥ 王宗炎道光二年（1822）十月所撰《征刻刘子全书启》，载吴光主编《刘宗周全集》，第10册，第659页。

⑦ （清）吴杰：《重刻刘子全书序》，载吴光主编《刘宗周全集》，第10册，第623页。

条目的比对，可以推定，“新本”一语，当是董瑒之后的校刻者所用，指董瑒所说的“录本”，亦即经刘汋编订的文录；而“旧钞”当指《学言》底本的抄本。黄宗羲编定、姜希辙刊刻的《子刘子学言》二卷以及四库全书收录的《刘子遗书》四卷内《学言》三卷既没有收录“《大学》之言心”那条语录，也没有收录包含“有善有恶心之动”四句的这条语录。而这两个版本的《学言》据吴光考证，其来源应是“录本”。① 这个情况为本文关于“新本”与“录本”无异的说法提供了一个旁证。总之，所谓“旧钞”，当指根据底本（其中多为刘宗周亲笔原稿）所作的抄本，“新本”则是刘汋在底本基础上重新加以编订的蕺山文录（又称“录本”）。

据此而言，在最初的《学言》版本中，“《大学》之言心”那一条后面接着的就是包含“有善有恶者心之动”四句的那一条。

这也就是说，《明儒学案》关于“《大学》之言心”与蕺山“前四句”的编排顺序既非出于随机，亦非出于黄宗羲个人的理解，而就是《学言》初稿原貌。如此一来，这两条语录之间存在义理关联，可相互发明，就不是耿宁的凭空想象，而是有案可稽。进而，衡诸“《大学》之言心”关于“知”的论述，蕺山“前四句”的第三句，于理就应当写作“知好知恶者是良知”，而不是现行《刘宗周全集》本与《明儒学案》本的“知善知恶者是良知”。

那么，这种文本上的差异是否意味着义理上的不同？要回答这个问题，我们就需要研究“知好知恶”在蕺山这里究竟是什么意思。

蕺山不止一次用过“知好知恶”一语，下面这段话对理解“知好知恶”可能有直接的帮助。

> 予尝谓好善恶恶是良知，舍好善恶恶，别无所谓知善知恶者，好即是知好，恶即是知恶，非谓既知了善，方去好善，既知了恶，方去恶恶。审如此，亦安见其所谓良者？乃知知之与意，只是一合

---

① 吴光：《刘宗周著述考》，《刘宗周全集》，第10册，第729页。

相，分不得精粗动静。①

蕺山的意思是，对良知而言，“知善”与“好善”不应该理解为两件事，不是先去了解是不是善，了解了之后才会产生喜好之情。实际情况是：知道是善的，立刻就会产生喜好之情；知道是恶的，立刻就会产生厌恶之情。也就是说，“知善知恶”天然地就包含了“好善恶恶”。知（认知）与意（情感好恶）天生就合在一起。

由于“好”跟“恶”是多音字，“好即是知好，恶即是知恶”，孤立地看，可以有不同的读法，但是联系到上文有这样的话：

> 及考之（《大学》—引者按）〈修身〉章“好而知其恶，恶而知其美”，只此，便是良知。②

可知，“知好”“知恶”云云，当是从《大学·修身》“好而知其恶，恶而知其美”这个典故而来，因此，“知好”的“好”字应该读作 hǎo，“知恶”的“恶”字应该读作 è。《大学·修身》章是说：带着喜好之情，就很难发现其恶；带着厌恶之情，就很难发现其美。换句话说，喜欢（好，hào）一个人就会觉得他样样都好（hǎo），讨厌（恶，wù）一个人就会觉得他样样都不好（亦即恶，è）。《大学》所说的这个现象毋宁是人之常情。

蕺山从《大学》这个说法演绎出如下命题：“好（hào）即是知好

---

① （明）刘宗周：《学言下》，载吴光主编《刘宗周全集》，第3册，第400页。按：《明儒学案》也摘录了这段话而字句小异：余尝谓好善恶恶是良知，舍好善恶恶，无所谓知善知恶者。好即是知好，恶即是知恶，非谓既知了善，方去好善，既知了恶，方去恶恶。审如此，亦安见所谓良者？乃知知之与意，只是一合，相分不得精粗动静。（清）黄宗羲：《明儒学案》卷62，第1533页。中华书局本《明儒学案》将“乃知知之与意，只是一合相，分不得精粗动静”断句为“乃知知之与意，只是一合，相分不得精粗动静”，明显造成破句，标点不当。

② （明）刘宗周：《学言下》，载吴光主编《刘宗周全集》，第3册，第400页。标点有所改动。按：在这里，蕺山对《大学·修身》没有引全，完整的原文如下：“所谓齐其家在修其身者：人之其所亲爱而辟焉，之其所贱恶而辟焉，之其所畏敬而辟焉，之其所哀矜而辟焉，之其所敖惰而辟焉。故好而知其恶，恶而知其美者，天下鲜矣！故谚有之曰‘人莫知其子之恶，莫知其苗之硕。’此谓身不修不可以齐其家。”（宋）朱熹：《大学章句》，《四书章句集注》，中华书局1983年版，第8页。

(hǎo)，恶（wù）即是知恶（è）。”这当然说得通。不过，按照蕺山对良知的解说（非谓既知了善，方去好善，既知了恶，方去恶恶），“知好（hǎo）即好（hào）之，知恶（è）即恶（wù）之”或者“知善即好（hào）善，知恶（è）即恶（wù）恶（è）”，而不是现在这个“好（hào）即是知好（hǎo），恶（wù）即是知恶（è）”，才是更顺理成章的推论。

至此，本文断定：“知好知恶之知”当中的“好”应读作 hǎo，“恶”应读作 è。这样读法的“知好知恶”跟“知善知恶”，其实在意思上并无分别，因为，读作 hǎo 的“好”，跟“善”差不多是一个意思。①

小结一下：蕺山“前四句”的第三句“知善知恶是良知”，从文本上讲，有理由认为，当作“知好知恶是良知”，不过，在义理上，“知好知恶是良知”与“知善知恶是良知”并没有什么实质差异。

二 “为善去恶者是物则”与“有善无恶者是物则”

耿宁依据的第二条材料是崇祯七年（甲戌，1634，蕺山 57 岁）蕺山

① 不能不说，“好善恶恶是良知”以及“知好知恶是良知”与“知善知恶是良知”的差异被有些论者不正确地夸大了。如高海波提出，刘宗周晚年已经不把良知看作监督、指导意念活动的道德本体，而是把良知看作“意中最初之机”，是“知好知恶之知”，所以“知藏于意，非意之所起也。”（引者按：高文所引刘宗周原文据（明）刘宗周《学言上》，载吴光主编《刘宗周全集》，第 2 册，第 389 页。）也就是说，他将知看成作为心体主宰的道德意向（或道德情感）所表现出的理性自觉，这实际上是将道德理性（知）收摄到了道德意向（意）中。刘宗周后来公开反对“知善知恶是良知”，而主张“好善恶恶是良知”或“知好知恶是良知”，就是出于此。参见高海波《刘宗周对阳明四句教的批评》，《中国哲学史》2014 年第 3 期。而在高海波另一处表述中，“知好知恶之知”与“知善知恶之知”的对立意味更明显地突出出来：“‘知善知恶是良知’，蕺山尚可以承认阳明这一说法。不过，蕺山此时已经不把良知看作监督、指导意念活动的道德本体，而是把知看作‘意中最初之机’，是‘知好知恶之知’，所以‘知藏于意，非意之所起也。’”（《学言上》，载吴光主编《刘宗周全集》，第 2 册，第 389 页——原注）高海波：《慎独与诚意》，生活·读书·新知三联书店 2016 年版，第 473 页，着重号为引者后加。按：高文所引“意中最初之机”“知好知恶之知”那些话，其实就出自“《大学》之言心”那条语录，如上所述，这条材料跟蕺山说“知善知恶者是良知”那四句是同一年。所以，说“知好知恶之知”是后起的讲法，是没有事实根据的。说“知好知恶之知”跟“知善知恶是良知”同时但意味有别，是未加辨析的似是而非之论。

写给秦弘祐（履思）的一封信，此即《与履思十（甲戌八月）》。耿宁认为，这封信阐述了一个与《明儒学案》版蕺山“前四句”之末句“有善无恶者是物则”等值的命题：“天地间道理，只是个有善而无恶”。同时，这封信还反驳了王阳明“四句教”之末句“为善去恶是格物”：“言为善便是去恶，言去恶便是为善。……以此思之，则阳明先生所谓‘为善去恶是格物’亦未必然也。”[①] 而这一点显然不利于《刘宗周全集》版的“为善去恶者是物则”。[②] 那么，耿宁的这些说法是否站得住呢？

“物则”一语本出《诗经》：“天生烝民，有物有则”（《大雅·烝民》），传统解释为：“物，事。则，法”。[③] 与此不同，蕺山对“物则”有其特殊用法，他所理解的“物”不是万物，而是“理”或“条理”。[④] 从而，“物则”实际就指“条理”或“理则”。

就蕺山的“物则”主要是指“条理”这一点来看，耿宁关于“有善无恶者是物则”与“天地间道理只是个有善而无恶”等值的看法是可以成立的。同样，就“物则”是指“条理”这一点而言，说“物则”是“有善无恶者”，是比较容易理解的，而说“物则”是“为善去恶”，则是比较奇怪的。[⑤] 从这些方面考虑，蕺山“前四句”的最后一句作“有善无恶者是物则”比起“为善去恶者是物则”显得更合理一些。

但是，必须说，单靠这条材料去论证蕺山崇祯九年（丙子，1636，蕺山五十九岁）提出其“前四句”时不大可能采纳阳明“为善去恶是格物”之教，尚嫌单薄。这里不妨为耿宁的观点补充一条材料。

---

① （明）刘宗周：《与履思十（甲戌八月）》，载吴光主编《刘宗周全集》，第5册，第284页。

② ［瑞士］耿宁：《人生第一等事》，第1087页。

③ （汉）毛亨传、郑玄笺、（唐）孔颖达疏：《毛诗正义》，载李学勤主编《十三经注疏》，北京大学出版社1999年版，第1218页。

④ 蕺山说：“物之为言理也，以其为此知之真条理也，故曰致知在格物。”（明）刘宗周：《答叶润山民部（名廷秀。丁丑闰四月二十二日）》，载吴光主编《刘宗周全集》，第5册，第292页。按：丁丑为崇祯十年（1637），蕺山60岁。

⑤ 关于“为善去恶是物则”，高海波提供了一种解读：“应是指良知或独体所具有的条理是‘为善去恶’的准则。”高海波《慎独与诚意——刘宗周哲学思想研究》，第474页。按：这种理解实际上是把原文改写成了“物（良知或独体所具有的条理）是为善去恶之则（准则）”，殊不可取。

> 一生因问：“文成为善去恶之义如何?”余（引者按：蕺山）曰：“人性本善，其有时而恶，则气拘物蔽之病耳。文成言致良知于事事物物之间，非直以为善去恶当格物。”①

比起“为善去恶是格物”，蕺山宁愿相信“致良知于事事物物之间”更能代表阳明的看法。蕺山的这种态度跟他自身对“格物”的理解有关。蕺山所理解的“格物”根本不是什么“为善去恶”，因为，在他看来，“物”“本善而无恶”。②

不过，也存在着对耿宁非常不利的证据。那就是，蕺山其实并不排斥“为善去恶”。耿宁似乎没有看到，就在同一封信里，蕺山明确说：“我辈人学问，只是个为善而去恶。”③

细绎蕺山文集，不难发现：基本上，蕺山对“为善去恶”的工夫是持肯定态度的，这一点在他与陶石梁（1571—1640，奭龄，字君奭，一字公望，号石梁）为代表的“无善无恶派”的论学分歧④上可以看得特别清楚。

陶石梁一班人从“无善无恶心之体”的立场出发，对“为善去恶”的工夫不以为然。这是“王龙溪—周海门—陶石梁”一脉的宗旨使然。据蕺山描述，朋友当中，有人举“为善去恶”的工夫，引来陶石梁从本体上予以消解。

> 董黄庭言：“为善去恶未尝不是工夫。”正恐非本体之流露⑤正当处。故陶先生切切以本体救之，谓：“黄庭身上，本是圣人，何善

① （明）刘宗周：《证人社语录（辛未）》，载吴光主编《刘宗周全集》，第3册，第497页。

② （明）刘宗周：《答叶润山民部（名廷秀。丁丑闰四月二十二日）》，载吴光主编《刘宗周全集》，第5册，第293页。

③ （明）刘宗周：《与履思十（甲戌八月）》，载吴光主编《刘宗周全集》，第5册，第284页。

④ 关于刘、陶二人的学术分合，参见张天杰《刘宗周、陶奭龄与晚明浙中王学的分合——兼谈蕺山学派与姚江书院派之关系》，《中国哲学史》2014年第4期。

⑤ 原文衍一“与”字，据后文“‘知爱知敬’，正是本体流露正当处”删。

可为？何恶可去？"①

然而，蕺山所理解的本体与石梁所言者有天壤之别：一个是有善无恶，一个是无善无恶。② 所以，蕺山对石梁的"以本体救之"之论评价甚低。

（石梁之论）正为用工夫下一顶门针，非专谈本体也。而学者犹不能无疑于此，何也？既无善可为，则亦无所事于为善矣；既无恶可去，则亦无所事于去恶矣。既无本体，亦无工夫，将率天下为猖狂自恣。③

蕺山不认为石梁所谈本体是本体，石梁又取消了工夫。所以，照蕺山看来，依石梁之教而行，人最后只能落得一个"既无本体，亦无工夫"的结局。蕺山与石梁论学不合，由此可见一斑。

原蕺山之意，他对"为善去恶"工夫显然并不否定，他所关心的是，如何去落实这个"为善去恶"工夫而不致于走上邪路。最后，他找到孟子那里，以孟子所讲的"知爱知敬"作为工夫下手处。

故仆于此只揭"知善知恶是良知"一语解纷。就良知言本体，则本体绝无虚无；就良知言工夫，则工夫绝无枝叶，庶几去短取长之意云尔。……孟子言良知，只从知爱知敬处指示，亦是此意。知爱、知敬，正是本体流露正当处。从此为善，方是真为善；从此去恶，方是真去恶。则无善无恶之体，不必言矣。④

---

① （明）刘宗周：《答履思二（辛未十一月）》，载吴光主编《刘宗周全集》，第5册，第274页。

② 蕺山云："论本体，决是有善无恶。"（明）刘宗周：《与履思九（甲戌八月）》，载吴光主编《刘宗周全集》，第5册，第284页。按："是"字，原作"其"，今据《蕺山刘子年谱》"崇祯七年"条隶定，参见吴光主编《刘宗周全集》，第9册，第103页。下同，不再说明。

③ （明）刘宗周：《答履思二（辛未十一月）》，载吴光主编《刘宗周全集》，第5册，第274—275页。

④ 同上书，第275页。

蕺山说得何等明白：“知爱、知敬，正是本体流露正当处”，“从此为善，方是真为善；从此去恶，方是真去恶”。蕺山何曾否定“为善去恶”工夫？他否定的，不过是“无善无恶之体”。

需要指出的是，蕺山虽然不反对“为善去恶”工夫，但他对当时社会流行的“迁善改过”运动却不以为然，尤其反感那种既“纪过”又“纪功”的做法。

当时有个士人叫秦弘祐（履思），仿袁了凡《功过格》著《迁改格》一书，“善与恶对举，一理性情，二效伦纪，三坊流俗，四广利济”①，所谓“广利济”，即是以善恶功过相抵消。书成，秦氏以示蕺山，蕺山不假辞色地斥其为“害道”。

> 《迁改格》“广利济”一款宜除。此意甚害道。百善、五十善，书之，无消煞处，不如已之。纪过则无善可称，无过即是善。若双行，便有不通处。愚意，但欲以改过为善。今善恶并书，但准多少以为销折，则过终无改时；而善之所列，亦与过同归而已。有过，非过也；过而不改，是谓过矣。有善，非善也；有意为善，亦过也。此处头路②不清，未有不入于邪者也。至于过之分数，亦属穿凿，理无大小多寡故也。今但除入刑者不载，则过端皆可涤除，似不必分多寡。但有过而不改，入于文，直须记千万过耳。平日所讲专要无善，至此又说为善，终落在功利一路。仆以为：论本体，决是有善

① 刘汋《蕺山刘子年谱》“崇祯七年”条，记此事甚详：“时秦弘祐仿袁了凡功过册著《迁改格》一书。善与恶对举，一理性情，二效伦纪，三坊流俗，四广利济。陶先生序而行之，因以册呈先生，先生曰：‘此害道之书也。’乃与弘祐书曰：来书‘广利济’一格宜除，此意甚害道。百善、五十善等格，书之无消煞处，不如（引者按：此处当脱落“去之”二字）纪过则无善可称。无过即是善，若双行，便有不通处。有过，非过也。过而不改，是谓过矣。有善，非善也。有意为善，亦过也。此处头路不清，未有不入于邪者也。至于过之分数，亦属穿凿，理无大小多寡故也。平日所讲专要无善，至此又说个为善。仆以为论本体决是有善无恶，论工夫则先事后得，无善有恶可也。因有感而著《人谱》”。（清）刘汋《蕺山刘子年谱》，载吴光主编《刘宗周全集》，第9册，第103页。

② “头路”，黄宗羲《子刘子行状》引此语，作“路头”。载吴光主编《刘宗周全集》，第9册，第43页。刘汋《蕺山刘子年谱》引此语，仍作“头路”。见吴光主编《刘宗周全集》，第9册，第103页。未知孰是，姑两存之。

无恶；论工夫，则先事后得，无善有恶可也。凡此皆道之所在，不可不谨。①

秦氏书将善恶对举，一方面纪过；另一方面又录善，蕺山认为不通之甚。蕺山反对善恶双行的主要考虑是：如果善恶并书，允许善恶可以相抵，就会让人作恶时也有恃无恐，因为感到反正可以通过行善来抵消。这就根本违背了改过迁善的初衷。

有感于《迁改格》之害道，蕺山遂作《人谱》。《人谱》"言过不言功，以远利也"②。因此，只设"纪过格"。蕺山的"纪过格"，实际上是以"去恶"为主要形式的一种工夫。这是因为，按照蕺山，"有善，非善也；有意为善，亦过也"，"论工夫，则先事后得，无善有恶可也"，即比起有意去为善，蕺山认为，实心实意去"去恶"可能更有成效。

就此而言，蕺山自身严格实践了"为善去恶"工夫，只不过，他把工夫的重心放在"去恶"上而已。

总之，从蕺山思想的自身脉络判断，得不出蕺山会有意回避"为善去恶是物则"的结论。至于"阳明先生所谓'为善去恶是格物'亦未必然也"那句话，可作如下理解：蕺山不是一概反对"为善去恶"的工夫，而仅仅是反对将"为善"与"去恶"作为工夫的两项提出，因为，蕺山基于他从"迁善改过"运动中的乱象所得到的教训，强调学者只有"去恶"（也就是"改过"）一种工夫可言。

三　"有善有恶者心之动"与"忿懥、恐惧、好乐、忧患心之体"

如上所述，耿宁正确地提示：蕺山"前四句"与"《大学》之言心"

① （明）刘宗周：《与履思十（甲戌八月）》，载吴光主编《刘宗周全集》，第5册，第283页。

② （明）刘宗周：《人谱·自序》，载吴光主编《刘宗周全集》，第3册，第6页。

这两条语录可以相互发明。正是运用这个原则，他为《明儒学案》本"有善无恶者是物则"提供了辩护。耿宁的做法是用"《大学》之言心"条来参蕺山"前四句"，他没有尝试反过来用蕺山"前四句"来参"《大学》之言心"条。现在，就让我们试着这样做一下，看会出现什么结果。

"《大学》之言心"条，其言"心"部分，对应的是"前四句"首句"有善有恶者心之动"。然而，前者没有出现"心之动"这样的说法，相反，倒是有"心之体"这样的提法。所谓"此四者，心之体也"，意思是：忿懥、恐惧、好乐、忧患这四者是"心之体"。这个讲法让人迷惑。因为，"《大学》之言心"云云是指《大学》有关"修身在正心"那段话："所谓修身在正其心者，身有所忿懥，则不得其正；有所恐惧，则不得其正；有所好乐，则不得其正；有所忧患，则不得其正"。其中"身有"之"身"字，二程指出，当作"心"。忿懥、恐惧、好乐、忧患这四者，按照传统的解释，乃是心之用。朱熹就说："盖是四者，皆心之用，而人所不能无者。"① 可是，蕺山在这里却说"此四者，心之体也"。

"心之体"的讲法，显然对耿宁也造成了困扰，因为，要把恐惧、好乐这样的心理感受理解为"心之体"，在理学上是有很多困难的，除非这里所说的"体"不是常规的"本体"之意。最终，耿宁给读者看到的是这样一个结论："它（引者按：心之体）在此语境中既不能被理解为'心的本体'（相对于它的'功用'——耿宁原注），也不能被理解为在此意义上的'心的实体'，即：仅仅在这不同的感受或心理活动中，心才是实在的。"② 耿宁只说这里的"体"既不能解作"本体"，也不能解作"实体"，却没有告诉读者，这个"体"字到底应该怎么解。

其实，就蕺山自身的哲学观念来说，他是绝不会把忿懥、恐惧、好乐、忧患理解为心之本体的。因为，蕺山明确说过，忿懥、恐惧、好乐、忧患这四者是"心之所发"。关于这一点，可以参考下面这则材料。

---

① （宋）朱熹：《大学章句》，《四书章句集注》，第8页。

② ［瑞士］耿宁：《人生第一等事》，第1083页。

> 程子言心指已发言之说①，亦本之《大学》。《大学》言正心，以忿懥、恐惧、好乐、忧患证之，是指其所发言也。中以体言，正以用言。周子言中正，即中和之别名。中和以性情言，中正以义理言也。知心以所发言，则意以所存言益明矣。②

在蕺山哲嗣同时也是蕺山遗著搜集整理者刘汋所编的《蕺山刘子年谱》当中，这条语录也被收录而文字略异。③ 这一点增加了它的可信度。④

从以上材料来看，蕺山之意甚著："《大学》言'正心'，以忿懥、恐惧、好乐、忧患证之，是指其所发言也"，"中以体言，正以用言"。所以，对蕺山来说，忿懥、恐惧、好乐、忧患这四者是心之所发、心之用，而不是什么心之体，这一点决无可疑。

在蕺山那里，本体意义上的"体"只能是善，而不可能有恶，心之"发"（发见、发动）才可以说"有善有恶"⑤，事实上，这就是为什么蕺山"前四句"首句作"有善有恶心之动"的原因。蕺山强烈反对将已发视作心本身（也就是这里说的"心之体"）。

---

① 这句话在黄宗羲编的《子刘子学言》当中作"程子心指已发之说"。（清）黄宗羲：《子刘子学言》卷2，《黄宗羲全集》，第1册，第317页。按："程子心指已发之说"，是指程颐在与吕大临论中时提出的观点，此说被吕大临质疑，程颐后来自己承认有所不妥："凡言心者，指已发而言。此固未当。"（宋）程颐：《与吕大临论中书》，《河南程氏文集》卷9，载（宋）程颢、程颐：《二程集》，王孝鱼点校，中华书局1986年版，第609页。

② （明）刘宗周：《学言中》，载吴光主编《刘宗周全集》，第3册，第379页。

③ 《蕺山刘子年谱》载："（崇祯十年，丁丑，1637）冬十一月，辨解太极之误。是时，先生有论学数十则。（见《学言》内）其辨'太极'曰……先生又发明《大》《中》未尽之意，论诚意曰：或问：'子以意为心之所存，好善恶恶，非以所发言乎？'曰：'意之好恶，与起念之好恶不同。意之好恶，一机而互见。念之好恶，两在而异情。以念为意，何啻千里！'又曰：'《大学》言正心，以忿懥、恐惧、好乐、忧患证之，是指其所发言也。中以体言，正以用言。周子言中正，即中和之别名。中和以性情言，中正以义理言也。知心以所发言，则意以所存言益明矣。'"（清）刘汋《蕺山刘子年谱》，载吴光主编《刘宗周全集》，第9册，附录二，第116—117页。

④ "忿懥、恐惧、好乐、忧患是指所发言"，这样的言论在蕺山那里并不鲜见，此外还有："正心之好乐、忿懥、恐惧、忧患，指其所发者言也"。（明）刘宗周《学言下》，载吴光主编《刘宗周全集》，第3册，第409页。

⑤ 蕺山说："意者，心之所发，发则有善有恶，阳明之说有自来矣。"（明）刘宗周《学言下》，载吴光主编《刘宗周全集》，第3册，第398页。

程子（叔子）云：“凡言心者，皆指已发而言。”是以念为心也。①

综上，笔者判定，“此四者（忿懥、恐惧、好乐、忧患）心之体”之说不合蕺山论学一贯宗旨。那么，又如何解释此说出现于“《大学》之言心”这条语录的事实呢？

照笔者看来，其实很简单，就是此条语录传写有误：其中“体”字当为“动”字或“用”字之误，并且，“心”字前脱一“正”字。

为了证明这一点，可以先假设现行“《大学》之言心”的表述无误。根据“（忿懥、恐惧、好乐、忧患）四者心之体”的说法，从中概括出来的命题就是“有善有恶是心之体”，因为《大学》的“不得其正”云云暗示了这四者有善有恶。如此一来，蕺山这句“有善有恶是心之体”，与阳明“四句教”的首句“无善无恶是心之体”适成反对，这似乎也符合蕺山不满阳明四句教而欲另立一说的心意。然而，说“心体”有善有恶，不但不见于先儒之说，蕺山本人也断断不能接受，因为他自始至终都坚持“有善无恶”的价值立场。从儒学的一般知识来看，“有善有恶是心之体”完全是一句妄言。所以，最后还是只能认为现行本“《大学》之言心”关于“心之体”的表述有误。

以上，笔者运用耿宁提示的两条语录可以互相发明的原则，尝试以蕺山“前四句”来参“《大学》之言心”条，结果得出一个重大推断：后者关于“心之体”的表述应当存在传写之误。

现在，可以来回答本文一开始提出的问题：蕺山“前四句”跟阳明“四句教”究竟有何异同？答曰：不同之处在于蕺山重新定义了“心”与“意”，相同之处在于蕺山有保留地接受了阳明关于“知善知恶”和“为善去恶”的主张。蕺山“前四句”跟阳明“四句教”的关系是：前者脱胎于后者，在言语、思想上尚未彻底独立于后者。一直要到崇祯十二年

① （明）刘宗周：《学言中》，载吴光主编《刘宗周全集》，第3册，第379页。

（1639）编《阳明传信录》时，他才终于找到自己的语言，到崇祯十六年（1643）写《良知说》时才真正从理论上对阳明之说做出彻底的清算。

耿宁书中没有提到，黄宗羲在编《子刘子学言》两卷时，并没有收入蕺山“前四句”跟“《大学》之言心”条，只是在为《蕺山学案》选辑蕺山语录时，这两条才被补充进去。因此，不排除如下可能：《蕺山学案》中的蕺山“前四句”之所以呈现现在这种与《刘子全书》本《学言》不同的面貌，是黄宗羲做了编辑的结果。[①] 耿宁相信《明儒学案》本更接近原本，细考其说，理据并不充分。本文接受耿宁提出的蕺山“前四句”与“《大学》之言心”条可以相互发明的原则，推定第三句“知善知恶是良知”似当作“知好知恶是良知”，但在义理上这两个表述可以互换。本文还通过运用那个原则发现了“《大学》之言心”可能存在一个传写错误。是耶非耶？功耶过耶？俟诸高明。

---

① 黄宗羲编、姜希辙刻《子刘子学言》2卷，时在康熙五年（1666）。吴光《本册点校说明》，载沈善洪主编、吴光执行主编《黄宗羲全集》，第1册，第3页。而《明儒学案》成于康熙十五年（1676）。（清）黄炳垕：《黄梨洲先生年谱》，载沈善洪主编、吴光执行主编《黄宗羲全集》，第12册，第46页。

《大学》朱王之争与熊十力的评论*

胡治洪

（武汉大学中国传统文化研究中心）

摘要：《大学》朱王之争是宋明儒学史上的一桩重要公案，这场争论展开了程朱理学与阳明心学各自的根本义理，在很大程度上规定了此后数百年间士人的依违范围和抉择路向，也成为争讼不已的课题。① 熊十力先生在中西文化交会的时代背景中，基于自己的平生关切和哲思主旨，对《大学》朱王之争作了别开生面的评论，其会通朱王的学思成果对于今人把握德性与知性或道德意识与科学认识的关系颇具启发意义。

关键词：《大学》　朱王之争

《大学》朱王之争是宋明儒学史上的一桩重要公案，这场争论展开了程朱理学与阳明心学各自的根本义理，在很大程度上规定了此后数百年间士人的依违范围和抉择路向，也成为争讼不已的课题。② 熊十力先生在

---

* 本文为作者提供给中华孔子学会2018年年会的论文，另已发表于《贵阳学院学报》2016年第6期。

① 严格地说，《大学》朱王之争并非朱子与阳明直接相争，而首先是阳明单方面对朱子关于《大学》的成说予以辩驳，其次是阳明学派与朱子后学之间的争论。熊十力先生评论道："此一争端，实汉以后吾国学术史上最重要之一问题。直至今日，此问题不独未解决，更扩大而为中西学术是否可以融通之问题。"（《熊十力全集》第3卷，湖北教育出版社2001年版，第665页，此篇文中凡引此书，皆只标注书名、卷数、页码）

② 严格地说，《大学》朱王之争并非朱子与阳明直接相争，而首先是阳明单方面对朱子关于《大学》的成说予以辩驳，其次是阳明学派与朱子后学之间的争论。熊十力先生评论道："此一争端，实汉以后吾国学术史上最重要之一问题。直至今日，此问题不独未解决，更扩大而为中西学术是否可以融通之问题。"（《熊十力全集》第3卷，第665页）

中西文化交会的时代背景中，基于自己的平生关切和哲思主旨，对《大学》朱王之争作了别开生面的评论，其会通朱王的学思成果对于今人把握德性与知性或道德意识与科学认识的关系颇具启发意义。

一 《大学》朱王之争概况

从唐孔颖达编撰《礼记正义》可见，《大学》为《礼记》四十九篇之第四十二篇。孔颖达采用东汉郑玄注本，以郑注将《大学》正文分为四十一段，首四段揭示明明德、亲民、止于至善的大学之道以及格物、致知、诚意、正心、修身、齐家、治国、平天下的本末之序，但下文却并未完全遵照首四段所列节目的次序，而将关于格物、致知的内容附于第四段之末，将关于诚意的内容置于第五、六段，将关于止于至善的内容置于第七、八、十一、十二段，将关于明明德的内容置于第九段，将关于亲民的内容置于第十段，将关于本末的内容置于第十三、十四段；以下正心修身（第十五段）、修身齐家（第十六段）、齐家治国（第十七至二十一段）、治国平天下（第二十二至四十一段）倒是依次阐述，而这似乎恰可反证上文各节亦当依次阐述，或是由于简编错乱散佚才导致内容颠倒阙失。①

迄于宋代，二程首先对《大学》文本作了调整和校改。大程子将明明德、亲民（新民）、止于至善与格物、致知、诚意、正心、修身、齐家、治国、平天下分为两段，再将下文相关内容分别依次系于两段后面，只有关于止于至善的部分内容和关于本末的内容夹杂在关于治国平天下的内容之中，隐然表现了《大学》分经分传以及经文分别纲领与条目的思想，而经文所列节目与传文编排次序也基本相对应。小程子却将明明德、亲民（新民）、止于至善与格物、致知、诚意、正心、修身、齐家、治国、平天下合为一整段，然后将下文相关内容大致按首段节目依次排

① （汉）郑玄注、（唐）孔颖达疏：《礼记正义》之《大学》篇，载（清）阮元校刻《十三经注疏》，中华书局 1980 年版，第 1673—1677 页。

列，不过将关于本末的内容置于第一（当为第四），将关于格物致知的内容置于第二（当为第五），另外与大程子一样将关于止于至善的部分内容夹杂在关于治国平天下的内容之中，而治国平天下的内容次序也有某些调动，其经传相分的意思更加显豁，但传文次序与经文节目的对应却不如大程子整饬。小程子对《大学》文本所做的另一项工作就是校改文字衍讹和比勘文句异同，在"大学之道在明明德在亲民"之"亲"字后面，小程子批曰"当作新"，因为传文引《汤之盘铭》《康诰》《诗》反复突出"自新新民"，却并未涉及"亲民"；在"子曰听讼吾犹人也必也使无讼乎无情者不得尽其辞大畏民志此谓知本"句下，小程子批曰"四字衍"，盖因"此谓知本"在《大学》中两见，故以一处为衍文；在"身有所忿懥则不得其正"之"身"字后面，小程子批曰"当作心"，因为按照经文节目，"身"乃与"修"相配，"心"方与"正"相配；在"所谓齐其家在修其身者"之前一"其"字后面，小程子批曰"其字衍"，这是比照上下文"所谓修身在正其心者""所谓治国必先齐其家者""所谓平天下在治其国者"的句式作出的判断；在"见贤而不能举举而不能先命也"句下，小程子批曰"作怠之误也"，意即"命"为"怠"之讹，因为"命"义于此不通，郑玄以为"慢声之误"，释为"轻慢"，小程子乃承郑玄而转释为"怠"；在"彼为善之小人之使为国家"句下，小程子批曰"一本云彼为不善之小人使之为国家"，这表明小程子之时《大学》尚有不同版本。① 二程的工作实为朱子《大学》改本导夫先路。

朱子高度肯定二程对《大学》所做的工作，其曰："河南程氏两夫子出，而有以接乎孟氏之传，实始尊信此篇而表章之，既又为之次其简编，发其归趣，然后古者大学教人之法，圣经贤传之指，粲然复明于世。"② 他自承踵武二程曰："虽以熹之不敏，亦幸私淑而与有闻焉。"③ 但是他

---

① 二程对《大学》所做的工作，见（宋）程颐《程氏经说七卷》卷6《明道先生改正大学》《伊川先生改正大学》，文渊阁《四库全书》本，第183册。

② 《四书集注》，岳麓书社1998年版，正文第3页，此篇文中凡引此书，皆只标注书名、页码。

③ 《四书集注》，正文第3页。

对二程的工作却并不完全满意，认为经二程改正的《大学》“为书犹颇放失”①，所以他便“因程子所定，而更考经文，别为序次”②，“间亦窃附己意，补其阙略”③，从而成就了《大学章句》一书。所谓“别为序次”，就是对《大学》文序再加调整，明确分别经一章与传十章；将经一章中明明德、亲民（新民）、止于至善概括为三纲领，将格物、致知、诚意、正心、修身、齐家、治国、平天下概括为八条目；而传十章就严格按照释明明德、释新民、释止于至善、释本末、释格物致知、释诚意、释正心修身、释修身齐家、释齐家治国、释治国平天下的次序编排。朱子解释如此调整的用意，说：“前四章统论纲领指趣，后六章细论条目工夫。其第五章乃明善之要，第六章乃诚身之本，在初学尤为当务之急，读者不可以其近而忽之也。”④ 表明三纲领自为一单元，乃德业成就的极致或大学之道的归宿，而八条目则是三纲领得以实现的工夫。朱子此言似将传五章所释格物致知与传六章所释诚意同等看待，但深察其对传六章所作的说明有谓“故此章之指，必承上章而通考之，然后有以见其用力之始终，其序不可乱而功不可阙如此云”⑤，可知他认定格物致知比诚意更为根本。然则格物与致知两节的关系又如何？从朱子所作《格物致知补传》可见端倪。

《大学》关于格物致知的内容只有“此谓知之至也”一句，朱子曰：“此句之上别有阙文，此特其结语耳。”又曰：“盖释格物致知之义，而今亡矣。”于是他便“补其阙略”，作《格物致知补传》曰：“所谓致知在格物者，言欲致吾之知，在即物而穷其理也。盖人心之灵莫不有知，而天下之物莫不有理，惟于理有未穷，故其知有不尽也。是以大学始教，必使学者即凡天下之物，莫不因其已知之理而益穷之，以求至乎其极。至于用力之久，而一旦豁然贯通焉，则众物之表里精粗无不到，而吾心

① 《四书集注》，正文第3页。
② 同上书，正文第7页。
③ 同上书，正文第3页。
④ 同上书，正文第20页。
⑤ 同上书，正文第12页。

之全体大用无不明矣。此谓物格，此谓知之至也。”[1] 所谓“欲致吾之知，在即物而穷其理”，“惟于理有未穷，故其知有不尽”，“大学始教，必使学者即凡天下之物，莫不因其已知之理而益穷之”，都表明了格物或即物穷理乃是致知的源头，这就确立了格物在作为实现三纲领之工夫的八条目中的始基地位，也正由此而展开了程朱理学的根本义理，即只有通过持之以恒（用力之久）地认识万事万物所赋得的天理（众物之表里精粗无不到），方可在知性明澈（一旦豁然贯通）的基础上达至德性的朗现（吾心之全体大用无不明）。朱子这种取径于知性而后趋归德性的迂回成德论，虽然在当时就被陆象山讥为“支离事业竟浮沉”[2]，但随着朱子地位自宋理宗以后逐渐升格及其包括《大学章句》在内的《四书章句集注》从元仁宗开始成为科举取士的基本成式，朱子《大学》改本也就成为士人乃至民众修业进德的指标，以至青年王阳明也曾遵循这一指标从事格朱子的实践而以罹疾告终。[3]

阳明格朱子的痛苦经历当使他对朱子格物说产生深刻的失望和怀疑，也应该是他后来龙场大悟“圣人之道，吾性自足，向之求理于事物者误也”的远因。[4] 阳明大悟之后，便理所当然地要否定他所认定的求理于事物之误，实质上也就是要颠覆朱子的格物说。他从重刻《大学》古本（亦称旧本）入手，以不分经传且不按所谓三纲领八条目次序编排的古本抵消通行于世的朱子改本，由此当然也就摒弃了作为朱子格物思想之集中体现的《格物致知补传》。其曰：“旧本析而圣人之意亡矣。……合之以敬而益缀，补之以传而益离。吾惧学之日远于至善也，去分章而复旧本，傍为之什，以引其义。庶几复见圣人之心，而求之者有其要。”[5] 这是将程朱对《大学》古本的分析缀合提到丧失圣人之意的严重程度，将朱子所谓“无不敬而安所止”亦即通过敬而达到止于至善指为枝蔓[6]，

---

① 《四书集注》，正文第 11 页。

② 参见（宋）陆九渊《语录上》，《陆九渊集》，钟哲点校，中华书局 1980 年版。

③ （明）王守仁：《王阳明全集》，吴光、钱明、董平、姚延福编校，上海古籍出版社 1992 年版，第 1223 页，此篇文中凡引此书，皆只标注书名和页码。

④ 《王阳明全集》，第 1228 页。阳明大悟的近因当是疏劾刘瑾所遭受的人事磨难。

⑤ 《王阳明全集》，第 243 页。

⑥ 朱子之言见《四书集注》，正文第 9 页。

将朱子“格物致知补传”指为支离，而以恢复古本并作《大学古本傍释》为重新呈现圣人本义。[①] 阳明进一步对《大学》的旨要及其各节目的意涵、关系和地位作出自己的阐释，其曰：“《大学》之要，诚意而已矣。诚意之功，格物而已矣。诚意之极，止至善而已矣。止至善之则，致知而已矣。正心，复其体也；修身，著其用也。以言乎己，谓之明德；以言乎人，谓之亲民；以言乎天地之间，则备矣。是故至善也者，心之本体也。动而后有不善，而本体之知，未尝不知也。意者，其动也。物者，其事也。至其本体之知，而动无不善。然非即其事而格之，则亦无以致其知。故致知者，诚意之本也。格物者，致知之实也。物格则知致意诚，而有以复其本体，是之谓止至善。圣人惧人之求之于外也，而反复其辞。……是故不务于诚意而徒以格物者，谓之支；不事于格物而徒以诚意者，谓之虚；不本于致知而徒以格物诚意者，谓之妄。支与虚与妄，其于至善也远矣。……乃若致知，则存乎心；悟致知焉，尽矣。”[②] 显而易见，阳明此处对《大学》各节目的阐释相当绞绕，似乎存心打乱朱子改本的次序，消解格物的始基地位，或许也体现了人物思维之灵动；不过稍加梳理还是大致可以把握他的思路。他以诚意亦即意归于诚作为《大学》的旨要，以格物亦即端正事物作为诚意得以成功的前提[③]，以止于至善作为诚意的极致；但意作为心受事物诱导之发动，究竟诚不诚或善不善尚在两可之间[④]，唯有心之本体之知为至善而无不善，知推至于事物并落实于端正事物[⑤]，方能使心基于正当事物而发动诚意从而止于至善，所以致知乃是诚意的根本，也是止于至善的准则；如果不以致知为

---

① 《大学古本傍释》见《王阳明全集》，第1192—1197页。从《大学古本傍释》所引《大学》文本次序可知，阳明之古本与孔颖达《礼记正义》之《大学》篇相一致。熊十力先生也说：“阳明并依《礼记大学》篇，定为古本。”（《熊十力全集》第3卷，第665页）

② 《王阳明全集》，第242—243页。

③ 关于格物，阳明曰：“格者，正也，正其不正以归于正之谓也。”（《王阳明全集》，第972页）又曰：“事事物物皆得其理者，格物也。”（《王阳明全集》，第45页）

④ 关于诚意，阳明曰：“凡意之所发必有其事，意所在之事谓之物”，“然意之所发，有善有恶，不有以明其善恶之分，亦将真妄错杂，虽欲诚之，不可得而诚矣。故欲诚其意者，必在于致知焉。”（《王阳明全集》，第971—972页）

⑤ 关于致知，阳明曰：“致吾心良知之天理于事事物物，则事事物物皆得其理矣。致吾心之良知者，致知也。”（《王阳明全集》，第45页）

根本而一味地从事格物或诚意，结果都只能是虚妄，不可能臻于至善，因此阳明慨叹“悟致知焉，尽矣”！这就将致知置于《大学》的始基地位，而格物、诚意、正心、修身、齐家、治国、平天下都等而后之，明明德和亲民也只是致知在体与用、己与人或内与外方面的终极成就而已。致知正是阳明心学的根本义理。

朱子“格物说”和阳明“致知说”都以成德为旨归，但“格物说”首重对事物的认识，从认识论趋归德性论，由此可能在德性修养的过程中获致事理物则的明晰，但其偏至也可能沉溺于事物而遗忘或放弃德性目的；致知说直截了当肯定德性自足，专致于以德性赋予事物以当然之理并格正其非理，由此可能高扬道德主体性并挺立道德自信心，但其偏至则可能导致师心自用、猖狂恣肆而昧于事物且悖于天理，可谓彼亦一是非，此亦一是非。阳明学虽然始终没有取得正统地位，但因阳明以功勋大臣倡导学术，在朝野士大夫中具有广泛影响，后学兴盛，支派繁衍，即使在明清鼎革之际一度受到王船山、顾炎武、颜习斋等人批判，却仍足以与作为正统的朱子学分庭抗礼，所以“致知说”与“格物说”的争论也就一直持续下来。

二　熊十力对《大学》朱王之争的评论

熊十力先生对《大学》朱王之争的关注和评论，几乎贯穿他的漫长学术生涯。现今可见熊先生最早言及这一争论的是收入1930年印行的《尊闻录》中的答弟子问，其曰：

> 伊川首言“性即理”也，至阳明乃易其词，而唱“心即理”之论。其时为朱子之学者，则宗朱子《大学格物补传》，而主理在物，非即心，以诋阳明。于是阳明益自持之坚，以与朱派之学者相非难。实则朱子《格物补传》亦宗伊川。伊川尝说“在物为理”，阳明却道这话不通，要于在字上添一心字，说“心在物为理”才是云。……他底极端的“心即理”说，未免太过。没有心，固无以见物之理，

> 然谓“心即理”，则理绝不因乎物，如何得成种种分殊？即如见白不起红解，见红不作白了，草木不可谓动物，牛马不得名人类，这般无量的分殊，虽属心之裁别，固亦因物的方面有以使之不作如是裁别不得者也。而阳明绝对的主张“心即理”，何其过耶？又讲哲学者，应该认定范围。物不离心独存，此在哲学另是一种观点。若依世间底经验说来，不妨承认物是离心独存的，同时不妨承认物自有理的。因为现前事物，既不能不假定为实有，那末，不能说他是诡怪不可把捉的，不能说他是杂乱无章的，他自有定律法则，等等，令人可以摹准辨析的。即此定律法则等等名之为理，所以物自有物之理，而非阳明所谓即心的。伊川“在物为理”之说，按之物理世界，极是极是，不须阳明于在字上添一心字，心不在，而此理自是在物的。阳明不守哲学范围，和朱派兴无谓之争，此又其短也。吾今日因汝之问而答之，哓哓不已者，则以“心即理”与“理在物”，直是朱子阳明两派方法论上之一大争战。主“心即理”者直从心上着工夫，而不得不趋于反知矣。主“理在物”者便不废致知之功，却须添居敬一段工夫，方返到心体上来。朱学以明体不能不有事于格物，主张甚是。王学力求易简直接，在哲学上极有价值，惜不为科学留地位。①

这段围绕朱王格物观的评论发表于“新唯识论”哲学体系完成之前，或可视为熊先生学思尚未成熟时的观点，不过其中对于程朱格物明体思想的肯定以及对于阳明物不离心主张的有限度的批评，却是熊先生评论朱王之争的复调结构中的基调之一，所以在《新唯识论》文言本乃至语体本出版后，熊先生还是不断地说：“弟于《大学》，取朱子《格物补传》，亦由此之故也。朱子是注重修养的，也是注重知识的，他底主张恰适用于今日。陆王便偏重修养一方面去了。”② “《大学》格物，当从朱注。……王阳明《大学问》发明仁体，罗念庵称其切要是也，而反对程朱《大学格物补传》，则有体而无用，甚违经旨，其末流成为禅学，为世

① 《熊十力全集》第1卷，第601—603页。
② 《熊十力全集》第2卷，第314页。

诟病，有以哉！"① "朱子以致知之知为知识，虽不合《大学》本义，却极重视知识，而于魏晋谈玄者扬老庄反知之说及佛家偏重宗教精神，皆力矫其弊，且下启近世注重科学知识之风"，"程朱说理在物，故不能不向外寻理，由其道，将有产生科学方法之可能"，"阳明以为善去恶言格物，不免偏于道德实践方面，而过于忽视知识，且非《大学》言格物之本义"。② "如只言致良知，即存养其虚明之本体，而不务格物，不复扩充本体之明以开发世谛知识，则有二氏沦虚溺寂之弊，何可施于天下国家而致修齐治平之功哉？故格物之说，唯朱子实得其旨，断乎不容疑也。古今谈格物者凡六十余说，要以朱子、阳明为大宗，而朱子义长。"③ "余于《大学》格物，不取阳明，而取朱子。"④ "阳明《大学问》始就吾心与天地万物痛痒相关处指示仁体，庶几孔颜遗意；惜其忽视格物，卒莫能复儒之真也。"⑤ 以至 1954 年所作的《原儒》中，他还说"阳明学派反对程朱《大学格物补传》而讥其向外求理，实则就格物学而言，非向外求理固不可。陆王后学误陷于反知与遗物之迷途，而不自悟其失也"⑥，甚至到 1961 年出版的《乾坤衍》还指阳明"独惜其杂染禅法，丧失孔子提倡格物之宏大规模，王学终无好影响，此阳明之巨谬也"⑦。

由于"格物说"乃是通过朱子《大学》改本、特别是《格物致知补传》表达出来，所以熊先生既肯定"格物说"，也就取改本而舍古本，从朱传以补缺失，相应地采新民而弃亲民，其曰："夫新民之义，宏远极矣。而守文之徒辄欲因仍讹误，不顾经之自释有《汤铭》《康诰》诸明文，乃以新作亲，虽以阳明之睿智，犹乐沿用古本，吾不知其何为如此。"⑧ 又曰：

---

① 《熊十力全集》第 3 卷，第 582 页。
② 同上书，第 666—667 页。
③ 同上书，第 670 页。
④ 《熊十力全集》第 5 卷，第 11 页。
⑤ 《熊十力全集》第 6 卷，第 210 页。
⑥ 同上书，第 343 页。
⑦ 《熊十力全集》第 7 卷，第 583 页。
⑧ 《熊十力全集》第 3 卷，第 642 页。《读经示要》疏释《大学》首章，所引三纲领径作"在明明德，在新民，在止于至善"，下文对"亲"当作"新"且多有辨说。（《熊十力全集》第 3 卷，第 629、639—645 页）

"朱子《补传》之作，实因经文有缺失而后为之，非以私意妄增也。"①熊先生还赞成对《大学》文本分经传以矫笼统，遵朱说而称纲目，其曰："阳明讲《大学》诚意处，谈好恶确误，吾《示要》已辨之。然只不应以此解《大学》诚意传文，其义亦自有适当处。"②此所谓"《大学》诚意传文"显然相对经文而言；又曰："《大学》首章，以三纲领开端，继以八条目。"③所有这些都是对程朱《大学》工作的认同，当然也就同时是对阳明关于《大学》的某些观点的背离。

但是在"致知"一节，熊先生的评论就几乎倒转过来了。他说："朱子《集注》训致知之知曰：'知犹识也。推极吾之知识，欲其所知无不尽也。'夫人之知识是否可推极以至无不尽，姑置勿论，而知识多者遂可诚意正心乎？此则吾所不敢苟同者。"④对朱子"致知说"表示质疑并且不同意。而他评论阳明"致知说"则曰："阳明以致知之知为本心，亦即是本体，不独深得《大学》之旨，而实六经宗要所在，中国学术本原确在乎是。中国哲学由道德实践而证得真体（自注：真体犹云宇宙本体），异乎西洋学者之挎量构画而无实得（自注：无实得者，言其以穷索为务，终不获冥应真理，与之为一也），复与佛氏之毕竟归寂者有殊。且学者诚志乎此学，则可以解脱于形累之中而获得大生命，通天地万物为一体。今后人类之需要此等哲学，殆如饥渴之于饮食，否则人道熄而其类将绝矣!"⑤可谓评价极高。熊先生又说："致之为言尽也。朱子训为推极，亦通。尽者，谓识得良知本体，便存持勿失，使其充塞流行，无有一毫亏蔽也（自注：充塞言其全体呈现，流行言其大用无息）。"⑥熊先生复引阳明之言统释致知之义为"致吾良知之天理于事事物物，则事事物物皆得其理"⑦，这当然就将作为三纲领实现之工夫的八条目的始基落实在"致知"一节了，故熊先生说："《大学》首章以三纲领开端，继以八条

① 《熊十力全集》第3卷，第668页。
② 《熊十力全集》第8卷，第353页。
③ 《熊十力全集》第3卷，第664页。
④ 同上书，第663页。
⑤ 同上书，第666页。
⑥ 同上书，第662页。
⑦ 同上书，第665页。

目，却自平治齐修正诚一层一层递推，归本到致知上，向后只格物一条目，便换语气，足见致知处正是会归本体，直揭心源。”① 这是遵从阳明而与朱子迥异其趣的，由此形成熊先生评论朱王之争的复调结构。

其实仅从《大学》行文的语气并不足以支持致知作为八条目的始基，因为《大学》虽然在“欲诚其意者先致其知”一句后面换一种说法曰“致知在格物”，似乎不如前一句显然以致知作为诚意的前提那样也以格物作为致知的前提，但是紧接着“致知在格物”句后的“物格而后知至”一句却又明确表达了格物先于致知的意思②，所以，只能视为门面语，而熊先生遵从阳明以致知作为始基乃是另有考虑。他说：

> 阳明尝曰：为学须得个头脑。致良知是学问大头脑。如不能致良知，而言即物穷理，则是徒事知识而失却头脑，谓之支离可也。今已识得良知本体，而有致之之功，则头脑已得，于是而依本体之明去量度事物，悉得其理，则一切知识即是良知之发用，何至有支离之患哉？良知无知而无不知（自注：非预储有对于某种事物的知识，曰无知。而一切知识要依良知得起，若无良知本体，即无明辨作用，如何得有对于事物之经验而成其知识乎？故良知是一切知识之源，所以说为无不知），如事亲而量度冬温夏凊与晨昏定省之宜，此格物也，即良知之发用也。入科学试验室而量度物象所起变化是否合于吾之所设臆，此格物也，即良知之发用也。当暑而量舍裘，当寒而量舍葛，当民权蹂躏而量度革命，当强敌侵凌而量度抵抗，此格物也，皆良知之发用也。总之，以致知立本（自注：致知即本体呈现，主宰常定，私欲不得乱之，故云立本）而从事格物，则一切知识莫非良知之妙用，夫何支离之有乎？③

---

① 《熊十力全集》第 3 卷，第 664 页。熊先生还说：“八条目中，一层一层逐次总归到致知上，向后格物一层便以致知为本，致知之知即是良知。”“经文自欲明明德于天下者先治其国，向下逐层推到致知而止，更不曰欲致其知者先格其物。”（《熊十力全集》第 3 卷，第 646、667 页）

② 熊先生说：“‘物格而后知至’者，至，极也。言于物能格量而得其则，然后良知之用乃极其盛也。”（《熊十力全集》第 4 卷，第 406 页）不啻肯定了格物先于致知。

③ 《熊十力全集》第 3 卷，第 668—669 页。

这就是说，如果专务格物，只能得到一些支离破碎的知识；而以致知亦即良知推扩主导格物，便能使知识合乎天理人道，所以致知是格物的大头脑。熊先生重申此旨曰："然已致知已见体者，则其格物也，即此良知之应物现形随缘做主。"①

熊先生固然遵从阳明以致知作为八条目的始基，但却并不同意阳明特别是其后学忽视格物，这一点从上文所引熊先生论说已可略见，而他对阳明及其后学忽视格物的批评尚有多处，如谓"然阳明说《大学》格物，力反朱子，其工夫毕竟偏重向里而外扩终嫌不足"②，"然阳明反对格物，即排斥知识，则由其学杂老与禅，遂成此大错"③，"（阳明）末流不免为狂禅或气矜之雄，卒以误国。阳明教人，忽略学问与知识，其弊益至此也"④，"阳明后学多喜享用现成良知而忽视格物，适以自误，此亦阳明讲格物未善所至也"⑤。不过他又力图为阳明开脱而曰："阳明殁后，凡为致良知之学而至于不事格物者，皆非阳明本旨也，而论者归咎阳明可乎？阳明安定西南功绩赫然，不格物而能之乎？"⑥ 这更构成熊先生评论朱王之争的多重复调结构。总而言之，熊先生在此表达的意思是致知必须导向格物，他说："夫经言致知在格物者，言已致其知矣，不可以识得本体便耽虚溺寂而至于绝物，亡缘返照而归于反知（自注：亡缘者，泯绝外缘也。返照者，《论语》所云'默识'，《庄子》所云'自见自明'，佛氏所云'内证'，皆是也。阳明后学或只求见本体，而疏于格物，不复注重知识之锻炼，晚明诸老如亭林、船山等病其空疏，亦有以也），此经之所以结归于在格物也。"⑦熊先生进一步强调格物对于致知的重要作用，他说：

> 夫周于格物，乃以极尽良知之用而无所亏蔽，则发念皆当，匪

① 《熊十力全集》第 3 卷，第 669 页。
② 《熊十力全集》第 5 卷，第 8 页，另见第 8 卷，第 357 页。
③ 《熊十力全集》第 7 卷，第 254 页。
④ 《熊十力全集》第 3 卷，第 690 页。
⑤ 《熊十力全集》第 4 卷，第 407 页。
⑥ 《熊十力全集》第 6 卷，第 634 页。
⑦ 《熊十力全集》第 3 卷，第 668 页。

独私欲不得相干，而良知之明由量度于物理者，愈精而愈增，则无误犯之愆，故曰知至而后意诚也。夫人不幸而作恶以自欺其本意者，非独私欲之为累也，盖有发念之初，公私之辨未明，结果遂成乎私，而违其本意。此其所由然，盖只于静中从事致知，务涵养本体，而罕于动应之地注重格物工夫。其本体或良知之明虽未尝不炯然在中，但空守其明，却未尝量度于庶物而得其则，则未能极尽良知之妙用，而审事恒疏，应物常误。前世理学家不独以短于实用见讥，而行事亦颇有不为人所谅者，盖亦格物工夫太缺略，而良知之妙用不能充之以极其盛，则择善不精，而动念即乖，以欺蔽其本意。故必格物而后良知之功用始极其盛，良知愈精明则择善必精而执之也固，私欲不得相侵，故曰知至而后意诚也。①

由此，熊先生便趋向于会通朱王、兼综格致的理论旨归，他说："余以为致知之说，阳明无可易；格物之义，宜酌採朱子。"② "夫推扩吾良知之明去格量事物，此项工夫正因良知本体元是推扩不容已的，工夫只是随顺本体，否则无由实现本体，此不可不深思也。哲学家有反知者，吾甚不取。明乎此，则吾言致知格物，融会朱王二义，非故为强合，吾实见得真理如此，朱王各执一偏，吾观其会通耳。"③ 这种会通就是以良知本体主导格物工夫，在以德统知的前提下达至德知双彰，从而使《大学》朱王之争归于整合。在学术脉络上则是以经过扬弃的阳明心学为主而接纳经过扬弃的程朱理学，构成熊先生学术思想体系的一个组成部分，也成为现代儒学新的形态之一。

三 熊十力评论《大学》朱王之争的动因及其意义

熊先生是在中西文化交汇的时代背景下进行《大学》朱王之争评论

① 《熊十力全集》第3卷，第670—671页。
② 同上书，第667页。
③ 《熊十力全集》第4卷，第405页。

的。其时西方文化基于精研事物理则而取得的先进科技成就致使中国知识界形成了强劲的科学思潮，这一点由1923年“科玄论战”中科学派的盛大气势以及玄学派也承认科学在物质领域中的重要作用而表现出来。[①]熊先生受时代思潮的影响，对科学的作用作了充分肯定，他说：“自科学发明以来，其方法与结论使人类智识日益增进，即人类对于生命之价值亦大有新意义。略言之：如古代人类对于自然势力之控制与危害吾人者，唯有仰其崇伟而莫敢谁何。科学精而后人有勘天之胜能，可以控制自然，解其危害，而利用之以厚吾生者犹日进未已。人类知识之权能日高，遂得昂首于大自然之表，取精多，用物宏，其生命力得以发舒，无复窘束之患。”[②] 而要成就科学，基本的方式就是通过广泛深入地认识客观事物，以获得系统精确的科学知识，这在当时是以科学为主的西学之长[③]，但是朱子《格物致知补传》所谓“欲致吾之知，在即物而穷其理”却早已表达过这一思想，所以熊先生认为朱子格物说“下启近世注重科学知识之风”，“由其道，将有产生科学方法之可能”[④]；且“朱子在其即物穷理之一种意义上，亦若与西洋哲学遥契”[⑤]，这就是说，朱子“格物说”是中国产生科学的固有思想资源，也是中西文化融通的一个契机。基于这种认识，熊先生就一定要肯定朱子“格物说”。

熊先生对朱子“格物说”的肯定也与他的平生关切相关。他早年参加反清革命活动，革命成功后却因不满党人恶习而弃政从学，但当初怀抱的民主、平等一类社会政治理想却始终横亘胸臆，在他一生的言论和著述中时常有所表现。他认为科学进步有益于实现社会民主与平等，故曰：“如自然对于人生底种种妨害以及社会上许多不平的问题，如君民间的不平，贫富间的不平，男女间的不平，如此等类，都缘科学发展乃得逐渐以谋解决。”[⑥] “古代社会有治人者、治于人者及贫富与男女间种种

---

① 参见张君劢、丁文江等《科学与人生观》，岳麓书社2012年版。

② 《熊十力全集》第3卷，第724—725页。

③ 熊先生说：“西洋之学，科学为主。”（《熊十力全集》第8卷，第753页）

④ 《熊十力全集》第3卷，第666页。

⑤ 《熊十力全集》第5卷，第11页。

⑥ 《熊十力全集》第2卷，第313页。

之大不平，几视为定分而不可易。自科学兴而注重分观宇宙（自注：即于宇宙万象而分析研究之）与实事求是之精神，于是对于社会上种种大不平能析观以周知各方之利害，综核以确定改造之方针，向之大不平者，渐有以除其偏敝而纳之均平，人道变动光明已远过古昔。”① “自科学发达，物理大明，而人事得失亦辨之极精，不道德之行为改正者多，如男女平等及民主政治与社会平均财富，此等大改革皆科学有补于人类道德行为之大端也。”② 熊先生是在与格物相等的意义上理解科学的，所以他说：“是故格物之学兴而后人知即物穷理，则其于人事之得失利弊必随在加以探究，审于得失者必知天下之势不可偏重而求执其中也，明于利弊者必知天下之利不可私专而求协于公也。知之明乃以处之当，则本仁心以行仁政，而治功成矣。”③ 正因熊先生认为格物或科学有助于实现他终生憧憬的社会民主与平等，所以他也一定要肯定朱子“格物说”。

熊先生肯定阳明致知说则是由他的哲学主旨所决定的。“新唯识论”哲学体系确立含万善、备万理、肇万化的宇宙本体，本体无始无终不容已地自发为刹那生灭的翕辟运动，演化为大用流行；其翕势宛然凝成包括人身在内的宇宙万物，乃与本体自性似相背反；而与本体自性相一致的辟势也同时内在于万物乃至人身，导引人物复合于本体。但无机物、植物以及除人类以外的动物所含具的辟势均不同程度地锢蔽甚深；唯有人类所禀赋的辟势最为明朗，是即人之本心，乃与本体自性一致不二，这就是人类德慧的根源。但人自呱呱坠地时起便因感官与外物相交而形成习气，从而蒙蔽本心；唯有通过不废量智而归本性智的体认活动和刚健精进的修养工夫才能剥落习气、呈现本心、返善复始而臻于天（本体）人（本心）合一。④ “新唯识论”哲学体系的主旨就是启发人们转习归本，保任本心，以本心主宰思虑行为；而本心也就是阳明所标举的良知，熊先生说：“人类一切道德行为皆发于吾人内在固有之真源，此真源即所谓本体；但以其主乎吾身而言，则名之曰心；以之别于私欲，则曰本心；

① 《熊十力全集》第 3 卷，第 725 页。
② 《熊十力全集》第 4 卷，第 440 页。
③ 《熊十力全集》第 3 卷，第 582 页。
④ 参见《熊十力全集》第 3 卷《新唯识论》（语体文本）。

《易》之《乾》卦则谓之仁，亦谓之知；孟子、阳明谓之良知；宋儒谓之天理；《新论》谓之性智。"① 因此熊先生当然要肯定阳明"致知说"。

熊先生兼综格致且以致知主导格物的理论旨归则因痛感于其时科学大盛而道德沦落的现实而思有以救治之。近代科学在给人类带来前所未有的福利的同时，也给人类造成层出不穷的负面问题甚至深重灾难，梁启超、张君劢等直将第一次世界大战的原因归于科学偏胜而道德缺失，虽有失之简单之虞，但却不无见地。② 熊先生既已充分肯定科学对于人类的利用厚生价值；又且指出科学本身是中性的，"至以科学知能为自毁之具，罪不在科学，而由于无本原之学以善用此科学知能也"③；但他敏锐地发现科学若无道德指导和约束而为恶劣欲念所支配，将对人类精神、社会政治、国际关系诸方面产生严重危害。他说："然人类如只要科学而废返己之学，则其流弊将不可言。返己之学废，即将使万物发展到最高级之人类，内部生活本来虚而不屈、动而愈出者，今乃茫然不自识，其中藏只是网罟式的知识遗影堆积一团，而抛却自家本有虚灵之主，不求所以养之，人类殆将丧其内部生活。"④ "人类如只注重科学知识而不求尽性，则将丧其生命，而有《礼经》所谓人化物也之叹，此人生之至不幸也。"⑤ "夫独裁得助于科学，而万物为刍狗，水益深、火益热矣。"⑥ "然则今日科学家发明杀人利器，为侵略者役，非无故也，其源不清也。……去岁原子弹发现，说者皆惊其惨酷。颇闻人言，科学似不当向人类自毁之方向努力，此意甚善。然如何转移方向，则非识仁不可。"⑦ "近世科学技术发展，人类驱于欲望而机械大备，又不得不用之以求一逞，于是相率趋于争斗，而兵器之穷凶极惨且未知所底。……如是则人类终困于嗜欲无餍之狂驰，其祸或较抑遏嗜欲而尤烈，大战之一再爆发

---

① 《熊十力全集》第4卷，第568页。

② 参见梁启超《欧游心影录》，载《二十世纪哲学经典文本·中国哲学卷》，复旦大学出版社1999年版；张君劢《中西印哲学文集》，台北：台湾学生书局1981年版。

③ 《熊十力全集》第2卷，第649页。

④ 《熊十力全集》第7卷，第303页。

⑤ 《熊十力全集》第3卷，第673页。

⑥ 《熊十力全集》第5卷，第386页。

⑦ 《熊十力全集》第4卷，第583—584页。

而犹未知所底，是其征也。”[①] 有鉴于此，熊先生强调“今日人类渐入自毁之途，此为科学文明一意向外追逐、不知反本求己、不知自适天性所必有之结果。吾意欲救人类，非昌明东方学术不可”[②]。“人生毕竟还需要一种超知能的哲学，即《大学》‘明明德’之学是也。如欲根本改善人类生活，何可偏恃科学。”[③] “生心动念，举手下足，总不离天地万物一体之爱，人类必到此境地，而后能运用科学知能以增进群生福利，不至向自毁之途妄造业也。”[④] 此所谓“东方学术”“超知能的哲学”“《大学》‘明明德’之学”“天地万物一体之爱”，与上文所谓“本原之学”“返己之学”“尽性”“识仁”，都是指目道德意识，亦即阳明致良知之教，而为科学不可或缺的大头脑。所以熊先生在兼综格致的同时一定要以致知主导格物。

熊先生对朱子“格物说”和阳明“致知说”的双向扬弃为《大学》朱王之争别开生面，在中国学术思想史上具有里程碑意义。他在中西文化交汇的时代背景中，通过对《大学》朱王之争的评论，实质上解答了科学、民主、道德各自的地位及其关系问题；他对由格物所引申的科学与民主的肯定表露出对于西方文化和现代性的接受，而他对由致知所包含的道德的推尊则体现了对于中国文化特别是儒家传统的坚守，由此贞定了他作为现代新儒家的身份。他的会通朱王、兼综格致而以致知主导格物的学思成果，在科学、民主一类启蒙理念日益畸变但却仍然风行于世而道德愈加边缘化、虚无化的当今社会，对于人们把握德性与知性或道德意识与科学认识的关系具有不容忽视的启发作用。

---

① 《熊十力全集》第 3 卷，第 733、735 页。
② 《熊十力全集》第 4 卷，第 294 页。
③ 《熊十力全集》第 3 卷，第 644 页。
④ 《熊十力全集》第 4 卷，第 576 页。

王阳明龙场悟道的“来龙”与“去脉”略诠

程海霞

（扬州大学社会发展学院）

摘要：以三年悟道为范域，由前后两悟所构成的阳明龙场悟道，有其“来龙”与“去脉”。其“来龙”依次体现为“箪瓢”之乐、“无欲见真体”、“超然”之乐以及“寒根固生意”等；其“去脉”大体呈现为静坐、知行合一以及三教关系等。对此“来龙”与“去脉”进行勾勒，有助于明确龙场悟道的主体内容，更有助于厘清龙场悟道的基本性质。

关键词：龙场悟道　来龙　去脉

阳明龙场悟道，有从“一夕大悟”到“验证”与从“恍若有悟”到“沛然若决江河而放之海”（大悟）之两说。① 前者见之于黄绾②、钱德洪③之记载④，更为强调阳明心学从无到有的顿悟义，更具

---

① 参见拙作《阳明龙场之悟新探》，《中国哲学史》2011 年第 3 期；另可参见郝永《对儒家义理的体验——阳明“龙场悟道”新论》，《贵州师范大学学报》（社会科学版）2015 年第 2 期。

② （明）黄绾：《阳明先生行状》，载（明）王守仁《王阳明全集》，吴光、钱明、董平、姚延福编校，上海古籍出版社 1992 年版，第 1409 页。版本下同。

③ （明）钱德洪：《王阳明年谱》“三十七岁”条，《王阳明全集》，第 1228 页。

④ 此种记载后为黄宗羲所承接。

神秘性[①]；后者见之于阳明[②]、徐爱[③]、龙溪[④]之论述，更为强调从渐悟到顿悟的过程，更具可“言说”性[⑤]。后者在立场上无疑更为客观、理性。实际上，将阳明龙场悟道的视野加以前后延展，“一夕大悟”，抑或“恍若有悟”，作为龙场悟道的前悟时期，当有其“来龙”；“验证”，抑或“沛然若决江河而放之海”（大悟），作为龙场悟道的后悟时期，当有其“去脉”。对此“来龙”与“去脉”进行探究，实有助于呈现龙场悟道的基本范围，以便进一步确定龙场悟道的主要内容。而阳明多以“三年”论及其谪居龙场的经历[⑥]，其最早的弟子之一徐爱、最得意的弟子王畿亦皆以三年称之，因此，以三年悟道为范域，又为此“来龙”与“去脉”之揭示，提供了现实之可能。

---

① 陈来在《心学传统中的神秘主义问题》一文中言：“很明显，以孟学标榜的宋明心学的发展，容纳了一个神秘主义传统。神秘体验不但是这一派超凡入圣的基本进路或工夫之一，而且为这一派的哲学提供了一个心理经验的基础。但是，心理体验有极大的偶发性，它不能通过普遍的规范加以传授，必须经由个体的独自体认，且需较长时间的修养锻炼。”（《有无之境——王阳明哲学的精神》，人民出版社 1991 年版，第 412 页）又言：“换言之，没有诸种神秘体验，我们能不能建立儒家主张的道德主体性、能不能建立儒家的形而上？这对儒学古今的理性派来说，当然是肯定的。如果我们重建中国的‘哲学’，这是一个方向。而在近代心学中，熊十力哲学已经以一种完全不依赖神秘体验的全新方式建立了自己的本体论。”（《有无之境——王阳明哲学的精神》，第 413 页）

② （明）王守仁：《朱子晚年定论序》，《王阳明全集》，第 240 页。

③ 徐爱言：“不知先生居夷三载，处困养静，精一之功固已超入圣域，粹然大中至正之归矣。”《传习录》（上），《王阳明全集》，第 1 页。

④ 王畿言：“及居夷三载，动忍增益，始超然有悟于良知之旨，无内外，无精粗，一体浑然，是即所谓未发之中也。”（（明）王畿：《阳明先生年谱序》，《王畿集》，吴震编校，凤凰出版社 2007 年版，第 340 页）

⑤ 冯友兰言：“主有不可思议 、不可言说者 ，对于不可思议者 ，仍有思议；对于不可言说者 ，仍有言说。若无思议言说，则虽对于不可思议、不可言说，有完全底了解，亦无哲学。不可思议、不可言说者，不是哲学，对于不可思议者之思议、对于不可言说者之言说，方是哲学。佛教之全部哲学，即是对于不可思议者之思议、对于不可言说者之言说。若无此，则即只有佛教而无佛教哲学。”冯友兰：《新理学》，《贞元六书》（上）华东师范大学出版社 1996 年版，第 10 页。

⑥ 阳明言：“吾亦自幼笃志二氏，自谓既有所得，谓儒者为不足学。其后居夷三载，见得圣人之学若是其简易广大，始自叹悔错用了三十年气力。”《传习录》（上），《王阳明全集》，第 36 页。阳明又言：“及在夷中三年，颇见得此意思，乃知天下之物本无可格者。其格物之功，只在身心上做，决然以圣人为人人可到，便自有担当了。”《传习录》（下），《王阳明全集》，第 674 页。

一　龙场悟道之“来龙”

龙场悟道之“来龙”可从阳明“下狱”“别友”“归隐与初赴”以及“奔赴”等一系列时段来分析。

（一）“箪瓢有余乐”

阳明三年悟道，实有其基点，即“下狱”后、“赴谪”前的基本思想。此主要体现在两个方面。

一方面，阳明期待逃儒家而归于道家。其撰诗云：

> 我心良匪石，讵为戚欣动！滔滔眼前事，逝者去相踵。厓穷犹可陟，水深犹可泳。焉知非日月，胡为乱予衷？深谷自逶迤，烟霞日悠永。匡时在贤达，归哉盍耕垅！①

此诗呈现出阳明当时的思想状态：临境有“戚欣”，心实有所动。此已非孟子不动心之境界。从为官到“下狱”，“滔滔”之事，发生似在一瞬间，而又一去不复返。即便处“厓穷”“水深”之绝境，犹有“陟”“泳”之可能。此时的处境，如何知道其不意味着光明之所在呢？何必为此心动。逶迤的深谷、悠永的烟霞，便是那光明之所在。唯贤达，才可济世匡时；于己，则归而耕垅。既未能不动心，又未能成贤达，阳明逃儒之意甚为明显。

早在1505年，在“改除兵部主事”时所作的“京师诗八首”② 中，阳明言：“阳伯即伯阳，伯阳竟安在？大道即人心，万古未尝改。长生在求仁，金丹非外待。缪矣三十年，于今吾始悔。”③ 以求仁为长生，以人

---

① 《不寐》，《王阳明全集》，第674页。

② 《王阳明全集》，第672页。

③ 《赠阳伯》，“弘治乙丑年”（34岁），《王阳明全集》，第673页。

心为金丹，34 岁的阳明似已实现从道教向儒家的转向。然同年，阳明又云：“长见人来说，扁舟每独游。春风梅市晚，月色镜湖秋。空有烟霞好，犹为尘世留。自今当勇往，先与报江鸥。”① 阳明诗作中多次言及自己的“烟霞好”，主要呈现的是其对道家山林之乐的偏好。可见，在下狱之前，34 岁的阳明的思想实处于儒家的求仁与道家的山林之乐之间。正基于此，“下狱”之后，阳明思想首先体现出逃儒归道的倾向。

另一方面，阳明为排解狱中忧思而体得“箪瓢”之乐。其撰《读易》② 诗云：

> 囚居亦何事？省愆惧安饱。瞑坐玩羲易，洗心见微奥。乃知先天翁，画画有至教。包蒙戒为寇，童牿事宜早；蹇蹇匪为节，虩虩未违道。遯四获我心，蛊上庸自保。俯仰天地间，触目俱浩浩。箪瓢有余乐，此意良非矫。幽哉阳明麓，可以忘吾老。

面临“省愆惧安饱”之情境，阳明“瞑坐玩羲易，洗心见微奥”。阳明之新见在于，先天之六十四卦，每一卦画皆含最高的教导。如“蒙卦”第二爻之爻辞“九二：包蒙，吉。纳妇吉。子克家”中的“包蒙”，强调要如包容愚昧那样防止其为寇。如“大畜卦”第四爻的爻辞“六四：童牛之牿，元吉”中的“童牿”，强调要如“童牛之牿”那样早早地从事。又如“蹇卦”所示，艰难并非节遇。如“震卦”之卦辞“亨，震来虩虩，笑言哑哑，震惊百里，不丧匕鬯”中“虩虩”，并不违于大道。如“遯卦”第四爻的爻辞“九四：好遯，君子吉，小人否”所示，此时须以隐遁的方式来处理君子与小人的关系。如“蛊卦”第六爻的爻辞“上九：不事王侯，高尚其事”所示，此时需要“自保”。因对《易》有一种全新的体验，阳明亦达到“俯仰天地间，触目俱浩浩”之境界。天地之间的万事万物，因大道而贯通。贯通后的万事万物，皆俱“浩浩”之特征。与孟子的“浩然之气”不同，此“浩浩”之道，是阳明用《易》之卦爻

① 《忆镜湖友》，《王阳明全集》，第 673 页。

② 《王阳明全集》，第 675 页。

辞，对自身天翻地覆的经历以及自己是时的处境，进行分析之后所得出结论，是对道体的重新体认。由此体认，阳明获得一种精神上的愉悦，即“箪瓢有余乐”。因是极为真切的生命体验，故阳明强调“此意良非矫”。正是有此种精神上的愉悦，阳明才对“幽哉阳明麓，可以忘吾老”充满自信。

以上是阳明“狱中诗作”的主要意旨。从中不难看出，山林之乐，作为阳明对未来的一种期待，并不能真正排解阳明内心的忧思。因为此仍是一种有待之乐。而“箪瓢”之乐乃是阳明最大的收获。身处顺境的阳明，必有山林之乐的体验，但不可能拥有“箪瓢”之乐的感受。而身处困境的阳明，在迥异于现实的山林之乐与使其忘忧忘思的“箪瓢”之乐之间，作何种取舍，实已不言而喻。

（二）“无欲见真体”

阳明居龙场只有两年，而常标为三年，此当从南下（“赴谪”）时开始。然阳明之“赴谪”有一个曲折的过程，从别友开始，途经归隐，最终才奔赴龙场。所谓别友，是指阳明南下（“赴谪”）之初，受友情之鼓舞甚多，其对心与道的理解，亦呈现出自身的特色。此主要体现在其为道友湛甘泉与崔铣所撰的“八咏”[1] 中。

在“八咏”的第三首中，阳明论及了儒家道统之谱系，肯定了在“伊洛”上继绝学的地位。

> 洙泗流浸微，伊洛仅如线；后来三四公，瑕瑜未相掩。嗟予不量力，跛蹩期致远。屡兴还屡仆，惴息几不免。道逢同路人，秉节倡予敢；力争丝毫间，万里或可勉。风波忽相失，言之泪徒泫。[2]

此处的“伊洛”，主要指大程子。因为阳明是时有诗云“期我濂洛间”[3]。

---

① 《王阳明全集》，第677页。
② 同上书，第678页。
③ 同上书，第679页。

不仅如此，阳明后来在表达自己此时的思想倾向时，所指为周子与大程子。[①] 另外，在《王阳明年谱》的“三十岁”条中还留有对周子与大程子的夸赞。[②] 而在是年所撰的《别三子序》中，阳明言：“自程、朱诸大儒没而师友之道遂亡。六经分裂于训诂，支离芜蔓于辞章举业之学，圣学几于息矣。”[③] 阳明是时虽未明确对程朱之学作出否定性评价，而主要是对“训诂”“辞章举业”有所不满，但程朱主要是指小程子与朱子无疑。“伊洛”之后，当有道南一脉、湖湘一脉、象山一脉以及金华一脉等。阳明所言的“后来三四公”，或是指朱子、张栻、象山以及吕祖谦等；“瑕瑜未相掩”，说明其不在道统之谱系中。由此来看，在阳明是年的思想中，朱子的地位显得很特别：一方面，在师友之道的层面被肯定；另一方面，在道统的层面，又被否定。在此意义上，阳明以道统自任。“跛鳖期致远”当是指其34岁时才具有“大道即人心”“长生在求仁，金丹非外待”的归儒意识。而甘泉则为阳明的“同路人”。正是要承担道统，阳明才“秉节倡予敢”，才“力争丝毫间”。由此来看，此道统，乃是阳明敢于直言犯谏的真精神，是学统，更是政统。

在第四首中，阳明论及承担道统的方式、大道之具体内容。

> 此心还此理，宁论己与人！千古一嘘吸，谁为叹离群？浩浩天地内，何物非同春！相思辄奋励，无为俗所分。但使心无间，万里如相亲；不见宴游交，徵逐胥以沦？[④]

此涉及心与道（理）之关系。心多主观，多变迁，当去除这些主观与变迁，从而还原其中的大道。因为“大道在人心”。由此不难看出，承担道统的方式在于还原内心的大道。在此点上，未有人己之别。此大

---

① 1512年，阳明撰《别湛甘泉序》言：“某幼不问学，陷溺于邪僻者二十年，而始究心于老、释。赖天之灵，因有所觉，始乃沿周程之说求之，而若有得焉。”（《王阳明全集》，第230页）

② 《王阳明年谱》“三十岁”条言：“因论最上乘曰：‘周濂溪、程明道是儒家两个好秀才。’”（《王阳明全集》，第1225页）

③ 《王阳明全集》，第226页。

④ 同上书，第678页。

道，即是“千古一嘘吸”，即是“浩浩天地内”。大道即是浩浩生机，遍于当下，遍于万物。此是阳明“万物一道体”之体验。此种体验，在甘泉亦有之。甘泉在《九歌》的第九首言：“天地我一体，宇宙本同家。……愿言崇明德，浩浩同无涯。”① 甘泉之“浩浩”，联系着“崇明德”，故而更类于孟子之“浩然之气”。而阳明从狱中开始，由于对道体的更深体验，故而其“浩浩”并不局限于“明德”，而已是天地之“生机”。又基于此，何时无道，何物非道，因此，只要体道之心志相同，即便相距万里，即便身受放逐，亦可相亲相知，亦能无忧无惧。

在第五首中，阳明对大道从道器关系的角度作了强调，并提出了为学的具体方式。

> 器道不可离，二之即非性。孔圣欲无言，下学从泛应。君子勤小物，蕴蓄乃成行。我诵穷索篇，于子既闻命；如何圜中士，空谷以为静？②

万物皆是器，器道不可离。论器不论道，不明；论道不论器，不备。以道器二分世界，则非大道之本性。道本无言，下学而上达。因此，君子当勤于小物，只有蕴蓄才能有所成就。所谓“穷索篇”，乃是甘泉《九歌》中的第八章“穷索不穷索，穷索终役役。若惟不穷索，是物为我隔。大明无遗照，虚室亦生白。至哉虚明体，君子成诸默”③。甘泉对“穷索”进行了辩证的理解，既反对令人“役役”之“穷索”，亦反对物我两隔之“不穷索”，在此基础上，甘泉以为，道体虚明，无物不照。君子于此，当多默然。在为学的具体方式上，与甘泉主张君子当默然不同，阳明反对“空谷以为静”，主张下学而上达。

---

① （明）湛若水：《九章赠别并序》，《湛甘泉先生文集》第26卷，清康熙二十年（1681）刻，《四库全书存目丛书·集部》第57册，齐鲁书社1997年影印版，第164页。版本下同。

② 《王阳明全集》，第678页。

③ （明）湛若水：《九章赠别并序》，《湛甘泉先生文集》第26卷，第164页。

由此来看，此时阳明与甘泉的思想有同有异。同在万物一道体，而异在道体本身的内容。甘泉在视“浩浩同天涯”为崇明德之后的境界的基础上，又以虚明为道体本身；阳明在以浩浩生机为道体的基础上，又以包含“未发之中”的“静虚”论道体。

在第六首中，阳明又特别强调了静之儒家内涵以及为学之无欲工夫。

> 静虚非虚寂，中有未发中。中有亦何有？无之即成空。无欲见真体，忘助皆非功。至哉玄化机，非子孰与穷！①

阳明以未发之中论静虚之体。阳明认为，道体乃静虚，而非虚寂，因为静虚中存有“未发之中”。若是没有此未发之中，道体即为虚寂之空。阳明此种理解实是针对甘泉所言“虚明体”而发。而“无欲见真体”“忘助皆非功”，亦是对甘泉思想的回应。甘泉在《九歌》的第七首中言：“皇天常无私，日月常盈亏。圣人常无为，万物常往来。何名为无为？自然无安排。勿忘与勿助，此中有天机。”② 甘泉以无私论皇天，以无为论圣人，以自然论无为，以勿忘勿助论自然，此时皇天道体之主要特征即是无私自然。与此不同，阳明以“无欲”为工夫，因“无欲”而“真体”得以显现。此“真体”即是未发之中。阳明后来有对勿忘勿助工夫的批评③，实际上在此处已有其端倪。“无欲”工夫含有对欲之评判，因此，其与包含“未发之中”的“真体”具有相通性，而“勿忘勿助”中关于“忘”“助”的评判，如何实施，在阳明看来，实是一个问题。当然，此在甘泉那里，自有其内在合理性。

（三）“超然”之乐

阳明南赴，就后来的行动表明，其首先开启的是归隐之途。故其对山林之乐的体验与向往时时呈露。

---

① 《王阳明全集》，第678页。

② （明）湛若水：《九章赠别并序》，《湛甘泉先生文集》第26卷，第164页。

③ 《传习录》（中），《王阳明全集》，第83页。

1. 山林之乐

《南屏》① 一诗表明，阳明在春天回到西湖边上："溪风漠漠南屏路，春服初成病眼开。花竹日新僧已老，湖山如旧我重来。……独有幽禽解相信，双飞时下读书台。"在《卧病静慈写怀》② 一诗中，阳明言："卧病空山春复夏，山中幽事最能知。……把卷有时眠白石，解缨随意濯清漪。吴山越峤俱堪老，正奈燕云系远思！"静慈寺即净慈寺，其南屏晚钟最为著名。阳明在净慈寺养病，由春而夏，后又移居胜果寺。《移居胜果寺二首》③ 的第一首，表明 1507 年 6 月，阳明（36 岁）已在胜果寺："六月深松无暑来。病肺正思移枕簟，洗心兼得远尘埃。富春咫尺烟涛外，时倚层霞望钓台。"阳明言及"洗心兼得远尘埃"，此处的"洗心"与前面在"此心还此理"时强调的"无欲"属于同一工夫层次。在第二首中，阳明表达了在此归隐的念头："病余岩阁坐朝曛，异景相新得未闻。……越山阵水当吴峤，江月随潮上海门。便欲携书从此老，不教猿鹤更移文。"④ 在此情境中，阳明必有对亲人的思念。《忆别》⑤ 中言："重看骨肉情何限，况复斯文约旧深。贤圣可期先立志，尘凡未脱谩言心。移家便住烟霞壑，绿水青山长对吟。"阳明希望自己的骨肉同胞立贤圣之志，唯此才能脱得"尘凡"，从而避免对"心"有所"谩言"。此处，阳明对志与心的重视值得关注。

然阳明隐于故土或山林的愿望并不能实现。黄绾撰的《阳明先生行状》言："瑾怒未释。公行至钱塘，度或不免，乃托为投江，潜入武夷山中，决意远遁。夜至一山庵投宿，不纳。行半里许，见一古庙，遂据香案卧。黎明，道士特往视之，方熟睡。……道士曰：'如公所志，将来必有赤族之祸。'……公然其言。遂由武夷至广信……"⑥ 后钱德洪撰《王阳明年谱》又补充记载为："乃托言投江以脱之。因附商船游舟山，偶遇

---

① 《王阳明全集》，第 683 页。
② 同上。
③ 同上。
④ 同上书，第 684 页。
⑤ 同上。
⑥ 同上书，第 1408 页。

飓风大作，一日夜至闽界。比登岸，奔山径数十里，夜扣一寺求宿……邀至寺。寺有异人，尝识于铁柱宫，约二十年相见海上；至是出诗，有‘二十年前曾见君，今来消息我先闻’之句。与论出处，且将远遁……因为蓍，得《明夷》，遂决策返。”① 后阳明余姚同乡、东林豪杰施邦曜②又辑《阳明先生集要》言：“夏，赴谪至钱塘，瑾遣人阴迹先生。先生惧，佯为自沉于江，密附商船往舟山，飓风一夕，飘至闽界。比登岸，山行数十里，夜扣野寺，不纳。又趋野庙……邀至其寺，则向与先生趺坐于铁柱宫之道士在焉。……因问先生曰：‘尔欲安往？万一瑾怒，逮尔父，诬尔北走胡，南走粤，奈何？’先生愕然，卦之，得《明夷》，乃决策返。别道士，留诗壁间，诗在集中。遂取间道，繇武夷归，涉鄱阳，往省龙山公于建业。以十二月赴龙场驿。时先生妹婿徐爱因先生将赴龙场，纳贽北面，奋然有志于学。”③

2. “超然自得之致”

在归隐的念头打消之后，阳明才真正开始赴谪之途，由此阳明获得一种“超然”之乐。与对险夷未卜的道路的担忧有所不同，是时阳明有为了家人而远赴的决定。因此，其撰《泛海》④ 言：“险夷原不滞胸中，何异浮云过太空！夜静海涛三万里，月明飞锡下天风。”后施邦曜评此诗为：“此诗是先生泛海避难，遇一道者而作，读之有超然自得之致。”⑤ 黄绾撰《阳明先生行状》言：“遂由武夷至广信，溯彭蠡，历沅、湘，至龙场。”⑥ 依黄绾所表，阳明径自由武夷而奔赴龙场。然阳明又撰诗《武夷次壁间韵》⑦ 云：“海上真为沧水使，山中又遇武夷君。溪流九曲初谙路，精舍千年始及门。归去高堂慰垂白，细探更拟在春分。”可见，阳明虽然来到了可以避世之所，但是念及家人的安危，决定踏上“赴谪”的

① 《王阳明全集》，第1227页。

② （清）陈鼎：《东林列传》，广陵书社2007年版，第191—193页。

③ （明）施邦曜辑评：《阳明先生集要》，王晓昕、赵平略点校，中华书局2008年版，第7—8页。版本下同。另参见《王阳明年谱》“三十六岁”条。

④ 《王阳明全集》，第684页。

⑤ 施邦曜辑评：《阳明先生集要》，第982页。

⑥ 《王阳明全集》，第1408页。

⑦ 同上书，第684页。

征程，从而获得一种“超然”之乐。正有此超然之乐，阳明才有远赴的动力，也才有先回归以拜别高堂的决定。在具体的安排上，阳明拟在来年春天慰别高堂。钱德洪撰《王阳明年谱》言：“因取间道，由武夷而归。时龙山公官南京吏部尚书，从鄱阳往省。十二月返钱塘，赴龙场驿。”① 是秋，阳明撰《因雨和杜韵》② 云：“客途最觉秋先到，荒径惟怜菊尚存。却忆故园耕钓处，短簑长笛下江村。”

(四)“寒根固生意”

阳明后来归别高堂，从容“赴谪”。沿途更是体得故园之期、山林之期、为教之期、礼乐之诠等诸种快乐。而读《易》体道，乃是其快乐之根本。

关于道体的理解，阳明在《杂诗三首》③ 中言：

> 危栈断我前，猛虎尾我后。倒崖落我左，绝壑临我右。我足复荆榛，雨雪更纷骤。邈然思古人，无闷聊自有。无闷虽足珍，警惕忘尔守。君观真宰息，匪薄亦良厚。

于道路之艰难险阻中，阳明有“无闷”之感，又提醒自己要“警惕”。阳明以此些感受为“真宰息”之“良厚”。不仅如此，阳明还不时陶醉在青山流水中。

> 青山清我目，流水静我耳。琴瑟在我御，经书满我几。措足践坦道，悦心有妙理。顽冥非所懲，贤达何靡靡！乾乾怀往训，敢忘惜分晷？悠哉天地内，不知老将至。

“悦心有妙理”，此妙理在“顽冥”与“贤达”各能自足。与终日乾乾相

---

① 《王阳明全集》，第 1228 页。
② 同上书，第 682 页。
③ 同上书，第 686 页。

比，当下乃是悠然自在。此仍是由儒归道之取向。得此妙理后，阳明又言：

> 羊肠亦坦道，太虚何阴晴？灯窗玩古《易》，欣然获我情。起舞还再拜，圣训垂明明。拜舞讵踰节？顿忘乐所形。敛衽复端坐，玄思窥沉溟。寒根固生意，息灰抱阳精。冲漠际无极，列宿罗青冥。夜深向晦息，始闻风雨声。

人生的险途即是“坦道”，一切的阴晴不过“太虚”。此是极苦之境的极乐体验。于其中，阳明把玩“古《易》”，“欣然”有证而起舞忘形。此后，阳明又端坐玄思，思得极苦与极乐之间的内在关联：“寒根固生意，息灰抱阳精。冲漠际无极，列宿罗青冥。夜深向晦息，始闻风雨声。”其中，“寒根”“息灰”“冲漠际无极”，“夜深向晦息”皆是收敛之状态，更是“生意”“阳精”“列宿罗青冥”“始闻风雨声”之先期潜伏状态。在此意义上，阳明后来的悟道，实又受启于“下狱”时之体验、赴龙场途中之心得。有了关于逆境至乐的深度体验，阳明在诗文中亦有流露。如：“台名何事只宜春，山色无时不可人。不用烟花费妆点，仅教刊落仅嶙峋。”① 此似类于大程子《秋日偶成》诗所云“万物静观皆自得，四时佳兴与人同”②，亦类于阳明怀友时所撰的“浩浩天地内，何物非同春”。然而，大程子《秋日》之境，代表着万物皆自得；阳明别友南下所表“浩浩”之境，代表着万物皆生机；是时阳明从容“赴谪”所表“无时不可人”之境，代表着历屈而伸之过程中，万物皆可至乐：三者自有程度之差别。

此时，阳明的“赴谪”诗，大体不出于此。然而，关于至乐的体验，又是稍纵即逝的。因为以上种种快乐并未完全串联。③ 在阳明孤寂的旅程中，时而乡愁仍旧袭来：“夕阳归鸟投深麓，烟火行人望远村。天际浮云

① 《袁州府宜春台四绝》之第二首，《王阳明全集》，第687页。

② （宋）程颢：《秋日偶成二首》，载（宋）程颢、程颐《二程集》，王孝鱼点校，中华书局2004年版，第482页。

③ 乐之串联，乃是更深层次的体验。

生白发，林间孤月坐黄昏。越南冀北俱千里，正恐春愁入夜魂。"① 时而受先贤感发："木偶相延恐未真，清辉亦复凛衣巾。簿书曾屑乘田吏，俎豆犹存畏垒民。碧水苍山俱过化，光风霁月自传神。千年私淑心丧后，下拜春祠荐渚蘋。"② 阳明推崇濂溪，由来已久。"碧水苍山俱过化，光风霁月自传神"，此是阳明与濂溪思想的打通。时而阳明又思念故土："晓行山径树高低，雨后春泥没马蹄。翠色绝云开远嶂，寒声隔竹隐晴溪。已闻南去艰舟楫，漫忆东归沮杖藜。夜宿仙家见明月，清光还似镜湖西。"③

然而，玩《易》体道，乃真正的快乐所在。"风雨偏从险道尝，深泥没马陷车箱。虚传鸟路通巴蜀，岂必羊肠在太行！"于此黯淡的现实之中，"远渡渐看连暝色，晚霞会喜见朝阳"，依然孕育着光明的前景。此种"孕育"，唯有在《易》中体得："水南昏黑投僧寺，还理羲编坐夜长"。④ 此时的《易》道，或已与濂溪之学相联系。或者，《易》言道体，而濂溪之学所强调的"主静""无欲"，又为道体的体认提供了方法。

以上是阳明三年悟道之基点以及早期形态，展现了阳明龙场前悟之"来龙"。虽然，在心与道之关系上，还是洗心无欲以显天机的思想，然其对道体之理解，却有一个将"生意"推向"寒根"之转向。

二　龙场悟道之"去脉"

1508 年（37 岁）春，阳明抵龙场。19 个月之后，约 1509 年 10 月，阳明成《五经臆说》并撰《五经臆说序》。此标志着阳明龙场悟道主体内容的完成。其间，阳明于 1508 年秋得构"龙冈书院"，此前为 3 年悟道之中期，也是前文所言及的前悟时期。后阳明不仅见召于贵阳书院，并于 1509 年 4 月前的一段时间任教于贵阳书院，而且还于 1509 年闰 9 月时

---

① 《夜宿宜风馆》，《王阳明全集》，第 687 页。

② 《萍乡道中谒濂溪祠》，《王阳明全集》，第 687 页。

③ 《宿萍乡武云观》，《王阳明全集》，第 688 页。

④ 《醴陵道中，风雨夜宿泗州寺次韵》，《王阳明全集》，第 688 页。

已再聘于贵阳书院①，最终于1509年年终岁末奉旨离开龙场。此与贵阳书院相关的时段为三年悟道之晚期，也是前文所言及的后悟时期。而龙场后悟的“去脉”，主要是指阳明离开龙场之后的思想倾向。

（一）静坐

归程途经辰州，阳明撰诗《辰州虎溪龙兴寺闻杨名父将到，留韵壁间》② 云：“杖藜一过虎溪头，何处僧房是惠休？……林疏地底见江流。烟化日暖犹含雨……好景同来不同赏，诗篇还为故人留。”“杨名父，名子器，浙江慈溪人，成化年间进士，官至河南布政使。”③ 赏景留诗是阳明来去龙场的常课，而在归程中对“辰中诸生”讲学则是阳明三年悟道后的“首发”④。后在归途中，阳明又撰有《与辰中诸生》⑤ 言：

谪居两年，无可与语者。归途乃得诸友，何幸何幸！方以为喜，又遽尔别去，极怏怏也。绝学之余，求道者少；一齐众楚，最易摇夺。自非豪杰，鲜有卓然不变者。诸友宜相砥砺夹持，务期有成。近世士夫亦有稍知求道者，皆因实德未成而先揭标榜，以来世俗之谤，是以往往隳堕无立，反为斯道之梗。诸友宜以是为鉴，刊落声华，务于切己处着实用力。

前在寺中所云静坐事，非欲坐禅入定。盖因吾辈平日为事物纷拏，未知为己，欲以此补小学收放心一段工夫耳。明道云：“才学便须知有著力处，既学便须知有著力处。”诸友宜于此处著力，方有进步，异时始有得力处也。“学要鞭辟近里著己”，“君子之道闇然而日章”“为名与为利，虽清浊不同，然其利心则一”，“谦受益”，“不要异于人，而求同于理”，此数语宜书之壁间，常目在之。举业不患

---

① 参见陆永胜《王阳明龙冈书院讲学考论》，《中山大学学报》（社会科学版）2017年第1期。

② 《王阳明全集》，第715页。

③ 钱明：《王阳明散佚诗汇编及考释》，《浙江学刊》2002年第6期。

④ 阳明龙场悟道后的“首发之地”，有龙冈书院、贵阳书院以及辰州三说。

⑤ 《王阳明全集》，第144页。所注时间为“己巳”，即1509年。然考阳明行程，当在1510年年初。

妨功，惟患夺志。只如前日所约，循循为之，亦自两无相碍。所谓知得洒扫应对，便是精义入神也。

由以上内容可知，阳明先是在辰中僧寺，对诸生讲学，言及静坐的为学工夫；亦要求诸生习举业。继而又在此信中对诸生进行提点。

首先，因“谪居两年，无可与语者”，得辰中诸友，方因聚而喜，又因别而悲。

其次，为学“最易摇夺”，当相互砥切，务期有成。若稍知求道而在实德未成时又急于标榜，必引来世俗之谤，从而“隳堕无立”，于“斯道”为“梗”。因此，要引以为戒，“刊落声华”，于“切己处着实用力”。此“刊落声华”，实是处静反思，由此可找到“切己处”。

正是在此意义上，具有“刊落声华”特征的静坐值得细析。一方面，此静坐并非“坐禅入定”。由此看来，阳明所倡静坐亦有“坐禅入定”之疑。另一方面，此静坐实是针对平日“为物所牵而不知为己”的“吾辈”所设，“欲以此补小学收放心一段工夫”。因此，此静坐，实是工夫，其“头脑”① 实是为己之学之“为己”，即是要能够找到“切己处”②。此也是“着力处”。静坐以找到这一“着力处”，异时才有“得力处”。

不仅如此，诸生要常观“学要鞭辟近里著己”，“君子之道闇然而日章”，“为名与为利，虽清浊不同，然其利心则一”，“谦受益”，“不要异于人，而求同于理”等语。此似乎为静坐以得“切己处”“着力处”之口决。细观此数语，不难发现，其除强调静、谦之方法外，还反对利心而强调“同于理”之心。后者当是“切己处”。由此来看，阳明的“切己处”“着力处”实是己与理的合一处。此可视为内心与外理的合一，当然也就是心即理之义。

最后，“举业不患妨功，惟患夺志”，当如前日所约，循循为之。此志当是指“圣贤之学”“尧舜其君之志”。③ 有此志，有业举之方法，如

---

① 阳明后来喜用“头脑”说明本体对工夫的引领作用。

② 三年悟道之后，阳明对作为“头脑”的本体的理解不断精进，最终定型为良知。

③ 《重刊文章轨范序》，《王阳明全集》，第 875 页。

同知得洒扫应对即知精义入神一样，必可成为大儒贤相。①

由此来看，阳明此书主要言及静坐与举业两个问题。其举业问题，属于阳明在贵阳讲学时的议题，亦即属于阳明三年悟道之晚期，另文再表。而关于静坐教法，在此需要细析。

（二）知行合一

关于此时的静坐教法，《王阳明年谱》“1510 年（39 岁）”条以“语学者悟入之功”对之进行定性，所指当为阳明教以静坐以得切已处，此亦得阳明思想大旨。然《年谱》将阳明教诸生静坐的原因归为龙场知行合一之教之弊端：“先是先生赴龙场时，随地讲授，及归过常德、辰州，见门人冀元亨、蒋信、刘观时辈俱能卓立，喜曰：‘谪居两年，无可与语者，归途乃幸得诸友！’悔昔在贵阳举知行合一之教，纷纷异同，罔知所入。兹来乃与诸生静坐僧寺，使自悟性体，顾恍恍若有可即者。”②

不仅如此，《年谱》“1509 年（38 岁）”条言：“提学副使席书聘主贵阳书院。”又言：“是年先生始论知行合一。始席元山书提督学政，问朱陆同异之辨。先生不语朱陆之学，而告之以其所悟。书怀疑而去。明日复来，举知行本体证之五经诸子，渐有省。往复数四，豁然大悟，谓‘圣人之学复睹于今日；朱陆异同，各有得失，无事辩诘，求之吾性本自明也。’遂与毛宪副修葺书院，身率贵阳诸生，以所事师礼事之。”③《年谱》认为，席书首问阳明朱陆异同，而阳明以所悟相告，其后阳明又“举知行本体证诸五经诸子”，席书“渐有省”。考阳明与席书的交往，实未有相关论述。

与此稍有不同，钱德洪又撰《刻文录叙说》言：“先生尝曰：‘吾始居龙场，乡民言语不通，所可与言者乃中土亡命之流耳；与之言知行之说，莫不忻忻有入。久之，并夷人亦翕然相向。’”④ 据此来看，阳明知行之说，又是以中土亡命之流为首发对象，后才是对夷人而发。

① 《重刊文章轨范序》，《王阳明全集》，第 875 页。

② 《王阳明全集》，第 1230 页。

③ 同上书，第 1229 页。

④ （明）钱德洪：《刻文录叙说》，《王阳明全集》，第 1574—1575 页。

由以上材料来看，龙场时提出知行合一之说，多是钱德洪之记载。然而，阳明三年悟道，历早、中、晚三期，除早期处南下“赴谪”之途必无知行合一之实录而外，其中期、晚期亦无实时性文字作明确记载。由此来看，龙场悟道，在何种意义上，如钱德洪所载，体现为知行合一；辰州论学，在何种意义上，又如钱德洪所载，要反对知行合一。实非常值得思考。

在严格意义上，就阳明后来的表述来看，知行合一实是其为学宗旨。《传习录》上篇，载有徐爱所录其与阳明关于知行合一的长段对话。① 在此对话中，知行合一已然是阳明思想的基本宗旨。考徐爱为学经历，其约于 1513 年春至 1514 年 4 月，或亦包括 1516 年的春夏时期，受教阳明最多。因此，是时，或在龙场以后、是时以前，阳明即以知行合一为论学宗旨。在此意义上，可以说，龙场以后，在阳明所历庐陵、北京、滁洲、南京任上，必有一知行合一宗旨的显发期。此可称为“知行合一晚出论”。如滁州名宦胡松就尝言：“松尝谓先生之学与其教人，大抵无虑三变。始患学者之心纷扰而难定也，则教人静坐反观，专事收敛。学者执一而废百也，偏于静而遗事物，甚至厌世恶事，合眼习观，而几于禅矣，则揭言知行合一以省之。”② 在教法上，胡松此种以知行合一对治坐禅入定之提法，恰与钱德洪以静坐对治知行合一之“罔知所入”的观点，构成鲜明对比。

在贯通意义上，阳明龙场所悟之道本身即具有知行合一性质，即是知行合一之本体。举此本体，即是举知行合一宗旨，即是举知行合一之教法。以此反推，举知行合一之宗旨、举知行合一教法，即是举“悟”为言。然而，“悟”如何而为教法，这是一个值得思考的问题。

另外，在以上贯通意义上，将知行合一与阳明三年悟道的中期与晚期——亦即龙场悟道的前悟与后悟——进行对接，虽有其合理性，但亦当保持审慎的态度。因为阳明在《与辰中诸生》中亦言：“近世士夫亦有稍知求道者，皆因实德未成而先揭标榜，以来世俗之谤，是以往往隳堕

---

① 《传习录》（上）“徐爱录”，《王阳明全集》，第 3—5 页。

② （明）胡松：《刻阳明先生年谱序》，《王阳明全集》，第 1362 页。

无立，反为斯道之梗。"阳明此语虽然并不反对有所标榜，然其更为强调的是"实德"先成，唯有如此，才能孚信于人。因此，"实德"如何先成，行何以证知，此是作为贯通意义上的宗旨的知行合一，在教法上要面临的问题。例如，同样是习举，从"行"上无法阐明其"知"是尧舜其君之心，还是自私自利之心。也就是说，教法上的知行合一或面临为事所牵的嫌疑。要消除这一嫌疑①，即要拥有内在的心志。而如何拥有内在的心志，此须有一个悟入处。于阳明而言，不论是"前悟"还是"后悟"，皆是内在心志的获得。因此，在逻辑上，知行合一之教法当转为悟得内在心志的教法。

知行合一之教法或具有为事所牵的嫌疑，此在阳明的《与辰中诸生》中有一段相类的表达："吾辈平日为事物纷拏，未知为己。"正是基于这一嫌疑，阳明强调静坐以寻切己处。亦正基于此，《王阳明年谱》在"1509年（38岁）"判阳明提出知行合一之本体，在"1510年（39岁）"条又判阳明放弃知行合一之教法。而阳明所强调的静坐以寻切己处，正是悟得内在心志的教法在现实中的展开。此"内在心志"便是现实中的"切己处"，即"良知"的最初形态。② 此"悟得"之方式便是现实中的静坐。

（三）三教关系

怀着三年悟道之心得，阳明期望与当年的道友共话"此心"："江天云鸟自来去，楚泽风烟无古今。山色渐疑衡岳近，花源欲问武陵深。新春尚沮东归楫，落日谁堪话此心？"③ 正是内心从容自得，故而时时可自谦自嘲："台下春云及寺门，懒夫睡起正开轩。……道意萧疏惭岁月，归心迢递忆乡园。年来身迹如漂梗，自笑迂痴欲手援。"④

在归程中，阳明不仅在教法上提出静坐以寻"切己处"，而且对静悟

---

① 《重刊文章轨范序》，《王阳明全集》，第875页。

② 钱德洪撰《刻文录序说》言："先生尝曰：'吾良知二字，自龙场以后，便已不出此意，只是点此二字不出，于学者言，废却多少辞说……"（《王阳明全集》，第1575页）

③ 《武陵潮音阁怀元明》，《王阳明全集》，第715页。

④ 《阁中坐雨》，《王阳明全集》，第715页。

之后的境界亦有所论及："洞口流云夜有声。静后始知群动妄，闲来还觉道心惊。问津久已渐沮溺，归向东皋学耦耕。"① 此处的"静后始知群动妄"，实是悟后才能辨群动之意。此时，于阳明而言，即便是闲处，亦是道心之显在。体道若此，仕途可进可退。"尽日僧斋不厌闲，独余春睡得相关。……江外云晴忽有山。远客趁墟招渡急，舟人晒网得鱼还。也知世事终无休，亦复心存出处间。"②

阳明反对坐禅入定，亦体现为对"枯坐"的态度上。"乘兴看山薄暮来，山僧迎客寺门开。雨昏碧草春申墓，云卷青峰善卷台。性爱烟霞终是僻，诗留名姓不须猜。岩根老衲成灰色，枯坐何年解结胎?"③ 此是对三教关系的一重理解。

是时，阳明的入世情怀与求道之心糅合在一起："流民失业乘时横，原兽争群薄暮号。却忆鹿门栖隐地，杖藜壶榼饷东皋"④。求道之心使其怀念道友："梦回客枕人千里，月上春堤夜四更。欲寄愁心无过雁，披衣坐听野鸡鸣。"⑤ 而道体世界又充满着无穷的自在："闲观物态皆生意，静悟天机入窅冥。道在险夷随地乐，心忘鱼鸟自流形。未须更觅羲唐事，一曲沧浪击壤听。"⑥ 阳明此诗呈现了万物生机浩浩、万物至乐基础上的万物和乐境界。此时，道在当下，乐在当下，不仅仅指个体，不仅仅指自然，还包括由个体所构成的人世间。

阳明归程中对仕途的担忧时亦有之："南望长沙杳霭中，鹅羊只在暮云东。……花暗渐惊春事晚，水流应与客愁穷。北飞亦有衡阳雁，上苑封书未易通。"⑦ 然更多时候则是当下之自得："福地相传楚水阿，三年春色两经过。羊亡但有初平石，书罢惟笼道士鹅。……"⑧ 与"赴谪"

---

① 《霁夜》，《王阳明全集》，第716页。
② 《僧斋》，《王阳明全集》，第716页。
③ 《德山寺次壁间韵》，《王阳明全集》，第716页。
④ 《沅江晚泊二首》，《王阳明全集》，第716页。
⑤ 《夜泊江思湖忆元明》，《王阳明全集》，第717页。时为1510年。
⑥ 《睡起写怀》，《王阳明全集》，第717页。
⑦ 《三山晚眺》，《王阳明全集》，第717页。
⑧ 《鹅羊山》，《王阳明全集》，第718页。

时对《易》道的追寻[①]不同，是时阳明更多是见道后的评判："渌水西头泗洲寺，经过转眼又三年。老僧熟认直呼姓，笑我清癯只似前。每有客来看宿处，诗留佛壁作灯传。开轩扫榻还相慰，惭愧维摩世外缘。"[②] 与"赴谪"时的思亲[③]不同，是时阳明是物各付物而思亲："碧山道士曾相约，归路还来宿武云。月满仙台依鹤侣，书留苍壁看鹅群。春岩多雨林芳淡，暗水穿花石溜分。奔走连年家尚远，空余魂梦到柴门"[④]。于道而言，万物自得，是个体的饱满。于人而言，人伦定在，是个体的归向。与"赴谪"时对濂溪的推崇[⑤]不同，见道后，阳明对道统的承担有了新的理解，对儒家学脉的分疏更为清晰："曾向图书识面真，半生长自愧儒巾。斯文久已无先觉，圣世今应有逸民。一自支离乖学术，竞将雕刻费精神。瞻依多少高山意，水漫莲池长绿萍"[⑥]。阳明欲以"逸民"承担儒家之道统。此"逸民"已悟得圣人易简之学，而世人则为学支离，处处雕刻，枉费精神。由此诗也不难看出，正是对道家思想的借助，濂溪才当之无愧为儒家道统之承担者。此时，阳明不仅已归向儒学，而且已以己身从容承担道统。[⑦]

以上为阳明三年悟道对动静关系的处理、对坐禅入定的反对、对道体和乐境界的体认、对儒家道统的承担等，体现了阳明对三教关系的处理。

阳明归程的终点是庐陵。1510 年 3 月，阳明至庐陵[⑧]，撰诗云："松古尚存经雪干，竹高还长拂云梢。溪山处处堪行乐，正是浮名未易抛。"[⑨]

---

① 《醴陵道中，风雨夜宿泗州寺次韵》，《王阳明全集》，第 688 页。

② 《泗洲寺》，《王阳明全集》，第 718 页。

③ 《宿萍乡武云观》，《王阳明全集》，第 688 页。

④ 《再经武云观书林玉玑道士壁》，《王阳明全集》，第 718 页。时为 1510 年。

⑤ 《萍乡道中谒濂溪祠》，《王阳明全集》，第 687 页。时为 1508 年。

⑥ 《再过濂溪祠用前韵》，《王阳明全集》，第 718 页。时为 1510 年。

⑦ "……及在夷中三年，颇见得此意思，乃知天下之物本无可格者。其格物之功，只在身心上做，决然以圣人为人人可到，便自有担当了。……"《传习录》（下），《王阳明全集》，第 674 页。

⑧ 《王阳明年谱》："三十九岁"条载："先生三月至庐陵。"《王阳明全集》，第 1230 页。

⑨ 《游瑞峰二首》，《王阳明全集》，第 720 页。时为 1510 年 3 月。

正如施邦曜之评语“读此诗，先生经国之志已见，诗以言志，然哉”[①]所示，阳明此时的儒家经世之意已赫然在目。阳明为官庐陵时，亦有其他相关撰述，然其儒家旨趣实未离于此。[②]

以上关于静坐、知行合一与三教关系的呈现，即是阳明龙场后悟之“去脉”所在。此不仅关联着阳明工夫论从悟到静坐再到头脑工夫的递进，而且关联着阳明本体论在知行合一层面与心即理层面的双重打开[③]，因此，其在阳明心学的发展史上，具有极为重要的意义。

综上所述，以三年悟道为范域，阳明龙场悟道之“来龙”依次体现为“箪瓢”之乐、“无欲见真体”、“超然”之乐以及“寒根固生意”等，“去脉”主要体现为静坐、知行合一以及三教关系等。对此“来龙”与“去脉”进行勾勒，不仅为研究承载于其间的龙场悟道的主体内容（亦即阳明三年悟道之中期与晚期、亦即龙场之前悟与后悟）——这一学界关注的热点问题，提供更具内在性[④]的线索，而且为研究阳明早年思想[⑤]向三年悟道的收拢性转化、三年悟道向心学本体论与工夫论等层面的发散性转化，提供更为客观、更为理性的参照。由此，阳明龙场悟道的神秘性质可逐步得到澄清。

① 施邦曜辑评：《阳明先生集要》，第961页。

② 《阳明先生集要》置《陈言边务疏》《乞宥言官去权奸以章圣德疏》《谏言佛疏》《庐陵县公移》于“经济编”“奏疏公移”篇首，缘由在于：“右四篇俱成于先生初仕时，然安内攘外、致君泽民之大概，已见于此，故冠集首。”（施邦曜辑评：《阳明先生集要》，《目录》第4页）然就龙场后悟之“去脉”而言，主要呈现于《庐陵县公移》一篇中。此“公移”乃阳明悟后之生命状态在政治层面的展开。

③ 知行合一是本体的基本特性；心即理乃本体之客观面相。

④ 内在性是指因置于某一系统中而具有的相互关联性。

⑤ 参见拙作《检讨钱德洪系〈王阳明年谱〉之立场——以王阳明的早年经历为例》，《复旦学报》2010年第5期。

由朱、王经典诠释路向试论二者关于“知言养气章”解释之差异

盛　宁

（上海大学哲学系）

摘要：“知言养气章”作为《孟子》工夫论的重要篇章为宋明理学家所重，其中，朱熹和王阳明分别代表了关于此章的两种不同理解路向。而具体文本理解的差异实导源于二人各自独特的经典诠释取向。本文将采取逆向的方式，即先从后一问题出发，分判二人的经典诠释特色及背后动因，再回到“知言养气章”，具体论析他们在诠释形式、内容偏重、诠释框架建构等方面所呈现的不同特点。

关键词：朱熹　王阳明　孟子　知言养气　不动心　工夫论

“知言养气章”是《孟子》公认较难理解的篇目，同时又是诠解孟子关于德性生命建构理论的关键。随着《孟子》在唐宋之际完成由子书向经书的升格，此章的重要性日渐突出。北宋大儒程颐曾特别提示学人：“孟子《养气》一篇，诸君宜潜心玩索。须是实识得方可。”并与学生专就此章所及孟子之“持志养气”“勿忘勿助”等工夫论作了探讨。①

通观《孟子》此章，只在谈一个“不动心”之道。借由拣择孟施舍、北宫黝、告子等人的“不动心”，孟子提出其主张的不动心为“不得于心，勿求于气，可；不得于言，勿求于心，不可。夫志，气之帅也；气，体之充也。夫志至焉，气次也，故曰：‘持其志，无暴其气’”。然而，具

① （宋）程颢、程颐：《二程集》，王孝鱼点校，中华书局1981年版，第205—206页。

体到如何理解“不动心”及在达成“不动心”过程中所涉及的持志、养气、知言、集义等工夫之内涵与工夫之偏重，理学家内部取向各异。其中，朱熹首先将“不动心”理解为心之理想状态，乃工夫所成之效验，即由“敬守其志”，循于天理，“致养其气”，“内外本末，交相培养”所成之心自然自主的贞定状态。进言之，此心非告子所偏重的认知心，“不动心”也非外力强制把捉，而是建立在本心基础上融贯道德心、意志心与认知心而复归浩然无际的生命气象。从反面来说，“不动心”则包摄“不惑”“不畏”之义。同时，“不动心”的第二层意思在朱熹看来还包括工夫论意义上的“不动心”。借由对《大学》的阐发，朱熹特别强调“不动心”之道与“格物致知”工夫的衔接，提出：“窃谓孟子之学，盖以穷理、集义为始，不动心为效。盖唯穷理为能知言，唯集义为能养浩然之气。理明而无可疑，气充而无所惧，故能当大任而不动心。考于本章次第可见矣。”① 除此之外，朱熹还围绕心、志、气、言、体五者之关系分别予以条陈，对由如何成就“不动心”所引导出的孟子之工夫论作了细致周备的阐释。② 相较之下，王阳明则主张心体之本然不动乃“不动

① （宋）朱熹：《晦庵先生朱文公文集》卷32，载朱杰人、严佐之、刘永翔主编《朱子全书》，上海古籍出版社、安徽教育出版社2002年版，第21册，第1639—1640页。更为明确的说法尚有：“孟子论浩然之气一段，紧要全在‘知言’上，所以《大学》许多工夫全在格物致知。”朱杰人、严佐之、刘永翔主编：《朱子全书》，第15册，第1708页。朱熹不仅以“知言”“养气”之践行而达至“不动心”赅括孟学，在对“知言养气章”的分析中，他进一步谈到“知言”“养气”之于“不动心”的重要性，并以此为孟子该此章的主旨：“或问〈知言养气章〉。曰：‘此一章专以知言为主，若不知言，则自以为意而未必是义；自以为直而未必是直，是非且莫辨矣。……盖天下事，只是一个是与不是而已。若辨得那不是底，则便识得那是底了。且如集义。皆是见得道理分明，则动静出处皆循道理，无非集义也。而今人多见理不明，于当为者反以为不当为，于不当为者反以为当为，则如何能集义也？惟见理明则义可集，义既集则那“自反而缩”便不必说，自是在了’。”朱杰人、严佐之、刘永翔主编：《朱子全书》，第15册，第1742—1743页。

② 关于朱熹对《孟子》“知言养气章”的解释，并非确论，从古至今皆不乏反对者，根据黄俊杰《朱子对孟子知言养气说的诠释及其回响》一文的看法，朱熹之后至少王阳明、黄宗羲等心学一派以及日本的伊藤仁斋、中井履轩等人提出反对意见。除此之外，尚有金履祥、陈天祥、王夫之、焦循等持不同看法，而现代学者因脱逸于理学影响，故能够从现代学术视角对朱注与孟子文本的差距进行反思。具体可参见董洪利《孟子研究》，江苏古籍出版社1997年版；黄俊杰《中国孟学诠释史论》，社会科学文献出版2004年版；蔡家和《朱子的孟子学——以知言养气篇为例》，《东海大学文学院学报》2005年第46卷；梁涛、杨海文《20世纪以来的孟学史研究》，《文史哲》2012年第6期。

心”的核心内涵，换言之，“不动心”是对本心之实相的论述，故不能以普通的修身效验来界定。同时，一切工夫即在全然复明此本然不动之心体。这直接影响到阳明关于“不动心”工夫的诠释，即始终基于人存在之内外、身心一贯的立场，着重阐扬“不动心”工夫的贯通性。两人关于《孟子》“知言养气章”理解的不同远不止此，而其差异实则透显二人在经典诠释取向上的不同。本文将采取逆向的方式，即先从后一问题出发，分判二人的经典诠释特色及背后动因，再回到“知言养气章”，具体论析他们于诠释中所呈现的不同特点。

一 朱熹与王阳明经典诠释之特色

就经典诠释的内涵看，它并非单纯的文本注释，而是依托文本注释以揭示文本所隐藏的意涵及意义，从而进一步导向思想建构的过程。就中国的经典诠释传统看，按刘笑敢先生的看法，王弼和郭象确立了以经典注释为体例的哲学诠释和体系创构的方式，是中国哲学诠释传统成熟的标志，而朱熹《四书章句集注》则是中国哲学史上以经典注释形式发展哲学体系并产生重大影响的高峰。① 换言之，由王弼、郭象而下贯至程朱理学一派的经典诠释路向开创的是中国经典诠释传统的大宗——以经典注释的形式来实现哲学表达。除此之外，宋明理学另有一派，即陆王心学为代表的经典诠释路向，其特点则以对《孟子》的诠释为思想建构的主要依据②，且无系统严格的文本注释形式，而代之以讲学、问答、辩

① 参见刘笑敢《诠释与定向——中国哲学研究方法之探究》，商务印书馆2009年版，第35页。

② 较之朱熹在经典诠释中对《大学》文本的倚重，作为理学内部分化与演化结果的心学一派自象山以来即尤为注重《孟子》心性思想的重要价值。象山曾自谓其学“本无师承，因读《孟子》而自得之”，并大倡孟子心性论以为其“心即理”之先导。另外，还说“见到孟子道性善处，方是见得尽”，“近来论学者言：‘扩而充之，须是四端上逐一充。’焉有此理？孟子当来，只是发出人有是四端，以明人性之善，不可自暴自弃。苟此心之存，则此理自明，当恻隐处自恻隐的，当羞恶，当辞逊，是非在前，自能辨之。”参见（宋）陆九渊《陆九渊集》卷11、卷34、卷35，钟哲点校，中华书局1980年版。受此影响，王阳明承继象山，多次借与学生（转下页）

难或书信的方式，着重于个人体悟对经典意蕴的发挥，较之程朱一派理学家更具“六经注我”的特质。[①]

之所以有如此分判，缘故在于较之程朱，陆王一派在治学目的上更为强调个人基于本心而有的德性践履工夫，以纠正前者因偏重“格物致知”所可能带来的陷溺于单纯的知识积累而颠倒甚至于割裂道德实践与读书讲学的偏蔽。[②] 其中，陆象山更是提出“六经当注我，我何注六经”的观点。[③] 在与弟子杨简的论学中，陆象山指出注疏的增多确为学术发展之必然趋势，所谓“六经既作，传注日繁，其势使然也”，但更当于此中“得其实，本末终始，较然甚明。知所先后，则是非邪正知所择矣”，否则“虽多且繁，非以为病，祇以为益。不得其实而蔽于其末，则非以为

(接上页) 讲学之机探讨《孟子》。而阳明编撰《朱子晚年定论》所录朱子晚年论定为学要诀即在孟子“求放心”三字：“近因病后，不敢极力读书，闲中却觉有进步处。大抵孟子所论‘求其放心’，是要诀尔!”此段是否确为朱子所言有待考证，然当为阳明所认同则无疑。(明) 王守仁：《王阳明全集》，吴光、钱明、董平、姚延福编校，上海古籍出版社 2014 年版，第 156 页。另，检索《王阳明全集》，提到孟子至少有 109 处。

① 朱熹疏解经典的基本目的乃是希望借此疏通经义以便读者理解。其曾自述解《论语》初衷：“程先生解经，理在解语内。某集注《论语》，只是发明其辞，使人玩味经文，理皆在经文内。《易传》不看本文，亦是自成一书。杜预《左传解》，不看经文，亦自成一书。郑笺不识经大旨，故多随句解。”(朱杰人、严佐之、刘永翔主编：《朱子全书》，上海古籍出版社、安徽教育出版社 2002 年版，第 14 册，第 656 页) 关于诠释、注释、建构以及中国哲学诠释传统的“两种定向”可参见刘笑敢《诠释与定向——中国哲学研究方法之探究》，商务印书馆 2009 年版。

② 但这并不是说两者截然不同，因为探寻经典的“微言大义”，体察经典背后的圣人之心，并在此基础上予儒家经典义理以更高层次的统一是宋儒尤其二程以来儒者诠释经典的普遍追求，从这个角度上说，程朱一派兼采“我注六经”方式诠释经典同样是面向当下和现实的，强调将个人对圣学的体悟内蕴于经典的解释过程中，并且与陆王心学一样均主张将此“圣人之道”落实在人性的发掘与德性修养上。关于朱熹的经典诠释与思想建构，陈卫平、刘笑敢等均认为“我注六经”和“六经注我”在其著作中是交替使用，双向同构的，并且朱熹本人对此有较为充分的自觉，能够看到其由前者向后者的转接。具体可参见陈卫平《传统经典与大众生活》，《文汇报·文艺百家》2007 年 10 月 28 日；刘笑敢《诠释与定向——中国哲学研究方法之探究》，第 208—209 页。

③ 刘笑敢教授认为陆象山对“我注六经”和“六经注我”的分判，其原意主要还是着重于反思儒者的学习目的与重点，并未直接指称读书或经典诠释的方法。这个说法是值得注意的，但不可否认的是，陆象山关于如何处理学习问题的思考对其关于经典、经典注释以及经典诠释是有影响的。

益，衹以为病”①。这里的“实”或者说“本”在陆象山处即其一贯倡导之与天理一体的本心。此本心，象山认为乃充塞宇宙，遍于万物，所谓“万物森然于方寸之间，满心而发，充塞宇宙，无非此理”②。同时，作为为学之道的根本指归，象山主张对本心的体悟当首先坚信此禀于天道者未始泯灭，并能为“学之本者见诸日用”③，由此引导出心学一派在治学路向上偏向不拘泥于儒家经典的积累性研读，只视之为到达本心之“指”④，并始终秉持易简和直截为经典诠释之核心原则，推崇于日用中切实做工夫。

王阳明作为陆九渊的后继，基本采纳了后者基于发明“本心”立场而开拓出的经典诠释传统，只不过，在阳明处，“本心”多用“良知”替代。对此“良知”，王阳明赋予极高地位，不仅以之为万物之主，同时也视之为人之所以为人的根本，所谓“良知是造化的精灵，这些精灵生天生地，成鬼成帝，皆从此出，与物无对”⑤，“良知在人，随你如何不能泯灭，虽盗贼亦自知不当为盗”⑥。同时，阳明对自己觉证之“良知”亦极自信：“我此‘良知’二字，实千古圣圣相传，一点滴骨血也”。阳明的自信非无端而起，乃是其坚信此“良知”即圣圣相传之心，同时也是往古来今曰儒家经典的精髓所在，二者非内外，无彼我，乃本然一体相通，所谓“故六经者，吾心之记籍也，而六经之实则具于吾心”⑦。

到此，看起来“良知”和经典诠释是相互推动的关系，但从究竟的意义上说，“良知”因阳明于“百死千难”中切身体验而得之，故在其心学体系中无疑是更为根本的存在，较之经典诠释具有先在性，是后者的根据与终极目的。对此，可从阳明关于如何证取良知的论述中见出，这

---

① （宋）陆九渊：《陆九渊集》，第 245 页。

② 同上书，第 423 页。

③ 同上书，第 378 页。

④ 这一点可由陆九渊对以书为主要知识载体以及读书始终持较通脱灵活之态度中获证，所谓“尽信书，则不如无书”。具体可参见（宋）陆九渊《陆九渊集》卷 32《取二三策而已矣》。

⑤ （明）王守仁：《王阳明全集》，第 119 页。

⑥ 同上书，第 105 页。

⑦ 同上书，第 284 页。

同时也指示学人阳明的一种独特的经典诠释方式，即逆向诠解。阳明证悟良知最早可溯源于龙场悟道，因受刘瑾迫害，谪居龙场，期间于石廓中“端居默坐，澄心精虑”①，得证“圣人之道，吾性自足，向之求理于事物者误矣”②，并验之所忆《五经》，一一相契而著《五经臆说》。门人洪曾请其出示，阳明只告之“只致良知，虽千经万典，异端曲学，如执权衡，天下轻重莫逃焉，更不必支分句析，以知接人也”③。由此可知，阳明乃先明其理——良知，再以此理通贯诸经，非以揭示经文字面义为归，而是借经悟互证，以彰明其致良知之教。④ 这与朱熹立足传统的完整注经形式以厘清文义，同时建构其理学思想体系的正向经典诠释方式有明显的差异。当然，朱熹式的诠释路向亦未被阳明全然摈弃，此可见之其《大学问》，只不过其对经典与道的关系始终保持本末体用的自觉。在《五经臆说序》中，阳明引用庄子“鱼筌之论”，强调经典之于悟道有其存在的必要性，所谓“五经，圣人之学具焉”⑤，然于悟道者言，则转成无用之筌，当断然舍弃。换言之，较之悟道，经典为用为末。并且，真正证悟后的境界乃鱼筌两忘，不当拘滞经典，亦不当把捉所悟，且其悟亦不必尽合于先贤，本是专意于于己有得上，主体性的精神体验维度得到充分凸显。⑥

究实而论，阳明与朱熹之所以采用不同经典诠释方式，与两者所处之学术环境，所秉持之学术关切与思想任务有差异外，更为根本的乃在于两人理论基点不同。朱熹以天理为本，强调天理之于万物的本质规定性，不仅是万物所以然的依据，同时也是万物所当然的归向，作为人而言，践行人道以达天道就在于循沿即物穷理而致知的进路，由明其当然，而在实践理性层面达到道德之自觉，进而行其当然，完成内在德性的提

① （明）王守仁：《王阳明全集》，第1557页。

② 同上书，第1354页。

③ 同上书，第1075页。

④ 关于这一点，另可见阳明答弟子陈九川所论：“只要解心。心明白，书自然融会。若心上不同，只要书上文义通，却自生意见。”（明）王守仁：《王阳明全集》，第107页。

⑤ 同上书，第965页。

⑥ 对此，阳明曾明确提出：“学问也要点化，但不如自家解化者，自一了百当。不然，亦点化许多不得”。同上书，第129页。

升，最终达成天人一体的精神境界。这就造成格物致知在朱熹诠释思想中的基本地位是不可撼动的，并进一步决定了其在经典诠释过程中所体现出形式化与知识化的特质，并且着力于主要概念与命题阐释中注入其理学思想。而王阳明，如上述分析，始终坚持良知本体的立场，以六经为圣人写心之书，“以经学为心学”，强调从确证之良知本心出发去理解文义，注重“内向以求”的文本解释路径，并以良知之全然开显为经典诠释的目的，换言之，在阳明看来，注经并非单纯求真过程，而是融摄于其工夫论体系中，作为体道的重要一环，因此，较之朱熹，阳明基本很少有文义的全面爬梳，相反更多是在与弟子论学中针对特定命题的直陈，以因应弟子不同根机，直接点化出各自一点灵明。并且，他亦多次提点弟子此处不用加“说”：“圣贤垂训，固有书不尽言，言不尽意者。凡看经书，要在致吾之良知，取其有益于学而已，则千经万典，颠倒纵横，皆为我之所用。”①

二　朱熹与王阳明关于“知言养气章”诠释之特点

上述所论朱熹与阳明在经典诠释路向上的差异无疑对两人关于“知言养气章”的理解发生深刻影响，具体可由微观诠解形式、内容偏重和宏观诠解框架建构三方面见出。

首先，从诠解形式的角度说，结合朱熹《孟子集注》以及《朱子语类》中所收相关内容可见，一方面，其对“知言养气章”之疏解同样秉持解经明理的主张，对“不动心”命题的提出，支撑“不动心”的具体工夫范畴，最后所达至境界，以及各概念间的内在联系，乃至对话双方隐而未发之意，朱熹均予一一疏通辨明，这表明其始终秉持以文本为依归的历史自觉；但另一方面，此一自觉与阐发其理学思想之间存在张力，这也使得朱熹在解经过程中努力做着弥缝二者理论差异的工作，而在一

① （明）王守仁：《王阳明全集》，第238页。

定程度上显示其某些解释存在勉强或支离之嫌。如朱熹在关于“其为气也，配义与道，无是，馁矣”解释认为“人能养成此气，则其气合乎道义而为之助，使其行之勇决，无所疑惮；若无此气，则其一时所为虽必不出于道义，然其体有所不充，则亦不免于疑惧，而不足以有为矣”①。此处，朱熹单言“养气”，认为可以助成道义，但并未解释如何养得此气，且有将“养气”与“集义”断为两种工夫之嫌，由此而牵扯出与吕子约的一段公案，不得不说与朱熹偏执文句梳理有关。并且，朱熹理解也并非全合孟子原义。按照孟子关于人作为整体而存在，并以仁心仁性作为人之存在的根本看法，气非一般“形气”之气，而是“理义之气”，由心所发。因此，关于心气关系，便不可断然分作两截。对此，黄俊杰先生特别指出孟子是持心气统一，且从本体论角度，心是先于气的。② 由此，养气的根本还是当回到养心上，且道义本内在于心，是心之内涵，故一方面“养浩然之气”当为“集义所生”，是“集义”自然导达的境界，而非别一种工夫；另一方面，“集义”根本还在回复心之本体，而非仅仅停留于某一具体情境下的为善。③

反观阳明，其虽未对朱熹关于此章的解释提出直接批评，但其诠解从形式上说并不拘泥于文本的逐句拆解，而是围绕核心思想“本心说”对相关内容作出统合性理解，明显与朱熹的诠释进路不同。同时，阳明对《孟子》此章的诠解多是出于同弟子论学需要，反容易变得碎片化，但通观阳明的解答，其始终保持以核心观念——心之本体贯通和收摄文义的高度自觉，而往往能透过文本字面含义，别出新见。同样是关于“养气”，王阳明在向学生解释何谓“志至气次”时说是“志之所至，气亦至焉”，强调的是志气一体，志为气之帅之义，而非将志与气分作两段，前者为尊，后者为次。可见，阳明主张“养气”“持志”乃同一种工

① （宋）朱熹：《四书章句集注》，中华书局1983年版，第232页。

② 黄俊杰：《孟学思想史论》卷一，东大图书公司1991年版，第366页。

③ 后世关于朱熹解《孟子》“集义养气章”所存牵强或支离之弊论述颇多，具体可参见黄俊杰《孟学思想史论》卷一，东大图书公司1991年版；蔡家和《王船山对朱子〈孟子·浩然章〉诠释之批评——以〈读孟子大全说〉为据》，《当代儒学研究》2012年第12期；杨泽波《孟子气论难点辨疑》，《中国哲学史》2001年第1期。

夫内蕴两条路向，“‘持其志’则养气在其中，‘无暴其气’则亦持其志矣”，孟子实为纠告子把持心体的偏蔽而提出此夹持之道。① 言下之意，人之存在诸面向的统一性决定了工夫亦是一体，故无论是由内而外的“持志”，抑或由外而内的“养气”皆指向最终对心体的澄明与扩充。再深一步，“志”为心之所发，故“持志”与“养气”又可收摄到被阳明视为复心复性工夫的“集义”上，从而，“养气”“持志”“集义”在阳明处渐次递进、渐次收摄、一体通贯。

除了经典诠释路向差异造成的上述朱、王二人关于“知言养气章”诠解形式不同外，更为重要的是，还直接影响到朱熹与阳明在诠释过程中内容偏重各有不同，这是微观上的第二层面的差异。而由此偏重不同，进一步导致两人在整体诠释框架建构上亦存在明显差异。其中，朱熹坚持天理为本的立场，将天理置于万物之上，以明天理作为个体成德的重要通路，自然进入《大学》的工夫论视阈，而以“格物致知”或者说“即物穷理”去观照经典，从而引导出其在“知言养气”的理解中首先突出“知言”的重要地位，因在其看来“知言”就是“知理”，故为此章核心。同时朱熹还说：“知言，正是格物致知，不知言，则不能辨天下许多淫、邪、诐、遁。将以为仁，不知其非仁，将以为义，不知其非义，则将何以集义而生此浩然之气。”同时，朱熹亦认为“不动心”也是“知言养气章”核心，如此一来，“知言”则成为工夫核心，从而将关于“不动心”的解释和“知言”所内蕴之“明理”直接联系起来，所谓“知言者，尽心知性，于凡天下之言，无不有以穷极其理，而识其是非得失之所以然也”。而阳明则始终坚持本心立场，并一以贯之于“知言养气章”的诠解中，无论是在“不动心”的解释上，还是关于“养气”“集义”等工夫的界定，最后必以回复本然心体为依归，且在具体诠释中着力凸显此一宗旨。如其论“集义”时说：“心之本体原自不动。心之本体即是性，性即是理，性元不动，理元不动。集义就是复其心之本体”。② 因对“心之本体”尤加留意，故在对孟子“不动心”的发挥上能透破文义而言

① （明）王守仁：《王阳明全集》，第25页。

② 同上书，第28页。

孟子所未言，如“定者心之本体，天理也。动静所遇之时也”，从而将孟子所论“不动心”转为先明“心体”本然贞定状态，再展开工夫之建构，这与朱熹由明理而上溯之“不动心”的路向显然有别。依此，进一步来看二人在诠释框架建构上的取向。

诠释框架代表诠释者对具体诠释对象的整体性把握，是对诠释内容重构的结果，而对诠释对象具体内涵的偏重则直接决定诠释框架的整体搭建。关于“知言养气章”，因朱熹持“理本论”及“理气二元”的立场，故其对相关内容的排布完全遵循其理学的内在思路。他首先界定“不动心”乃通过“知言”以尽心知性，再辅之以“养气”“集义”而得不忧不惧不惑的心体贞定状态。具体到何以“不动心”的问题，即由“不动心”引导出的工夫路向，朱熹反复强调“知言”的重要性，主张“不动心”诸工夫中当一“知言”为根本，并以之为“集义”和“养气”得以顺利展开的前提与基础，如谓“盖知言本也，养气助也。三者恰如行军，知言则其先锋，知虚实者：行恰如主帅，气则卒徒也……至于集义工夫，乃在知言之后。不能知言，亦不能集义”①。如此，在朱熹处，“知言养气章”的诠释框架乃在“不动心”这一主旨统摄下的以“知言”为先为本而“养气”“集义”为后为辅的基本工夫论诠释架构。

与朱熹不同，阳明关于“知言养气章”诠释结构的安排始终秉持其“心本论”与“一体论”的学术立场。其中，“心本论”主要指向阳明的良知说，而“一体论”则主要指向阳明所强调的人乃内外上下一体圆融之存在及即本体即工夫之主张。具体到“不动心”，阳明以“不动”为“定”，提出“定者心之本体，天理也”② 的主张，恰与其良知说相契合，而被置于全章的核心。接下来的问题是如何实现此“不动心”，或者说“不动心”何以可能？阳明一方面强调工夫不离本体，故不可离本心而求仁义于外，同时工夫之落实也必以心体或者说良知之复明为归，故可以看到阳明在谈到“集义”“养气”“持志”“知言”“勿忘勿助”等工夫

① （宋）黎靖德编：《朱子语类》，王星贤点校，中华书局1986年版，第1236页。

② （明）王守仁：《王阳明全集》，第28页。

时皆向内收摄到“致良知”中①；另一方面，涉及具体的工夫，阳明一反朱熹基于《大学》“格物致知”主张而将“知言”置于“不动心”工夫之根本②，相反，阳明更为强调“集义”的重要性。在他看来，心体原自不动，而孟、告区别即如何理解“不动心”，孟子以“不动心”为根本，为逻辑起点，而告子则以“不动心”为工夫到达之境，因此，孟子所述种种工夫乃围绕如何开显此心体之本然状态，而非拘滞“不动”，并强加此“不动”给心体。而“集义”本身，阳明认为即“心得其宜”，也就是“不动心”，同时也是“致良知”，三者本为一事，故其谓：“君子之学终生只是‘集义’一事”③。至于，另一为朱熹看重工夫——“养气”，阳明则将之收摄到“集义”之中，主张此与“集义”相伴随，乃一体之功：“孟子‘集义’工夫，自是养得充满，并无馁歉；自是纵横自在，活泼泼地：此便是浩然之气”。④ 无疑，阳明此论与其心气合一的思想有关。另外，阳明强调心体复明，因此除了“集义”“养气”之外，阳明对“必有事焉”“勿忘勿助”亦颇多论述，但是作为彰明心体之工夫及所当秉持之基本原则，依然还是围绕其良知之教在谈，未见散乱。

打个不恰当的比方，在对《孟子》“知言养气章”内容的诠释架构安排上，朱熹呈现的是一种线性的阶次性结构，而阳明则围绕良知而呈现为一种圆环式的结构，即以心体或者说良知为圆心，而其他工夫皆围绕此圆心所共成之圆环，圆环上各点不仅相互连接，一体通贯，且无论从圆环上何处出发，均为圆心——良知所收摄。进言之，在阳明看来，顺应心体本然或者说良知而展开生活世界本身即是工夫。⑤

---

① 此不唯与心体直接关涉之“持志”“集义”与“知言”，即如朱熹认为是着重于外养之道的“养气”在阳明处也被视作是内养其心的工夫。具体可见其论“持志”与“养气”为同一，以及以养气根本在“收拾身心”等论。（明）王守仁：《王阳明全集》，第25、151页。

② 同上书，第138页。

③ 同上书，第82页。

④ 同上书，第121页。

⑤ 对此，阳明在论述儒、释“养心”差异时曾言：“吾儒养心，未尝离却事物，只顺其天则自然，就是工夫。释氏却要绝尽事物，把心看作幻象，渐入虚寂去了。”（明）王守仁：《王阳明全集》，第121页。

王阳明《南赣乡约》乡治思想探析*

彭传华

（宁波大学国学与哲学研究中心）

摘要：《南赣乡约》是中国古代乡约的重要代表，研究《南赣乡约》对于了解中国古代的乡治思想具有典型性意义。《南赣乡约》的思想来源，主要是三礼尤以《周礼》为甚，并糅合了《吕氏乡约》与洪武的《圣谕六言》的部分思想，而阳明心学是其诞生的自身理论基础。《南赣乡约》的主旨在于立人心、厚风俗，阳明为善去恶的善恶观尤其成为其乡治思想的精神内核。《南赣乡约》在历史上产生了重要的影响，但同时也存在不可忽视的历史局限性。《南赣乡约》虽然标榜乡村自治，但默认暴力型国家机构在整治乡村以形成良好的乡村秩序的合理合法性，因此极大地挤压了普通民众的自由空间，为恶势力的扩张提供了更多的可能。

关键词： 王阳明　《南赣乡约》　善恶观　乡治思想　历史局限

一　《南赣乡约》诞生的背景

所谓“乡约”是一种以血缘、地缘和人情为纽带建立起来的基层社会关系，而不是单纯在皇权之下由行政官僚实施的法规秩序。可以说，乡约的倡行，是中国古代乡治理论与实践的一项重要内容。据现有的资料考查，“乡约盖渊源于周礼读法之典，州长、党正、族师咸以时属民而

* 本文受宁波大学“王宽诚幸福基金”资助，特致谢忱；另已发表于《哲学与文化》（月刊）2018 年第 4 期。

读邦法；其滥觞于北宋蓝田四吕兄弟，以《吕氏乡约》为后世作则；大张于里甲毁坏、社学失修、朱明统治出现全面深刻危机的明代中后期"①。《南赣乡约》是中国古代乡约的重要代表，研究《南赣乡约》对于了解中国古代的乡治思想具有典型性意义。

《南赣乡约》是王阳明巡抚南赣时颁布的重要乡约。正德五年(1510)，阳明莅任庐陵的时候，为政不事威刑，惟以开导人心为本，常稽洪武旧制，慎选里正三老，坐申明亭，使之委曲劝谕，其时虽无乡约的制度，已有教化的基础。正德十二年（1517）巡抚南赣，劝谕人民曰："务要父慈子孝，兄爱弟敬，夫和妇随，长惠幼顺，小心以奉官法，勤谨以办国课，恭俭以守家业，谦和以处乡里，心要平恕，毋得轻易忿争，事要含忍，毋得辄兴词讼，见善互相劝勉，有恶互相惩戒，务兴礼让之风，以成敦厚之俗。"② 已初现《南赣乡约》乡治理论之轮廓。

正德十三年（1518）（王阳明47岁），在阳明看来，"民风不善，由于教化未明"③，因此在盗贼稍平、民困渐息的背景下提出兴办社学："今教童子者，当以孝悌忠信、礼义廉耻为专务，其培植涵养之方，则宜诱之歌诗，以发其志意；导之习礼，以肃其威仪；讽之读书，以开其知觉。"④ 又发现教养之过和官治不善都是造成民乱的原因，遂颁布《南赣乡约》，作为地方长久之计。阳明认为，盗贼可以暂时平息，若不从根本上立人心、正风俗，难免又会出乱子，"以为民虽格面，未知格心，乃举乡约告谕父老子弟，使相警戒"⑤。他用保甲乡约的办法，使百姓"以相警戒。联属父老，其率子弟慎行之。务和尔邻里，齐尔姻族"⑥，希望逐渐养成人民礼让淳厚的风气（"敦礼让之风，成淳厚之俗"⑦）。

---

① 曹国庆：《明代乡约推行的特点》，《中国文化研究》1997年第1期。

② （明）王守仁：《十家牌法告谕各府父老子弟》，《王阳明全集》，吴光、钱明、董平、姚延福编校，上海古籍出版社2011年版，第587页。

③ （明）钱德洪：《王阳明年谱》卷1，载（明）王守仁《王阳明全集》，第1381页。

④ 同上。

⑤ 同上书，第1386页。

⑥ 同上。

⑦ 同上。

二 《南赣乡约》的思想来源及其精神内核

《南赣乡约》的思想来源，主要是三礼，尤以《周礼》为甚。《周礼》完全采用教化主义的治民政策，而教化主义的工具多半是礼俗，这和乡约的“德业相劝，过失相规，礼俗相交，患难相助”的根本原则是相同的。只不过乡约是离开政治范围以外的纯粹民约，而《周礼》则是完全在政治范围以内的官民合治。保甲乡约的理论来源于《周礼·地官》“大司徒施教法于邦国都鄙，使之各以教其所治民”的所谓“教法”，即家庭、邻里互相联属的“保法”和以“读法”劝诫为核心的“乡法”。《南赣乡约》受周礼影响尤以乡饮酒礼为甚，《礼记·经解》说：“乡饮酒之礼，所以明长幼之序也”，又从反面说：“乡饮酒之礼废，则长幼之序失，而争斗之狱繁矣”。另外《南赣乡约》也受老子、孟子的思想影响。如《老子》第五十四章的“修之于身，其德乃真，修之于家，其德乃余，修之于乡，其德乃长，修之于国，其德乃丰，修之于天下、其德乃普；故以身观身，以家观家，以乡观乡，以国观国，以天下观天下”的思想和《孟子·滕文公上》的“死徙无出乡，乡田同井，出入相友，守望相助，疾病相扶持，则百姓亲睦”的思想，都是《南赣乡约》的思想来源。

其次，《吕氏乡约》与洪武的《圣谕六言》也是《南赣乡约》的重要思想来源。《南赣乡约》章文云：“故今特为乡约，以协和尔民，自今凡尔同约之民，皆宜孝尔父母，敬尔兄长，教训尔子孙，和顺尔乡里，死丧相助，患难相恤，善相劝勉，恶相告戒，息讼罢争，讲信修睦，务为良善之民，共成仁厚之俗。”① 可见，阳明的乡约设计不仅汲取了宋代吕大钧《吕氏乡约》中的“德业相劝，过失相规，礼俗相交，患难相恤”四大宗旨，采用了朱子《增损吕氏乡约》中立“记善籍”“记过籍”② 的

① （明）王守仁：《南赣乡约》，《王阳明全集》，中册，第665页。

② 王云五主编，张伯行纂：《丛书集成初编·学规类编》，商务印书馆1935年版，第235页。

方法，而且吸纳了朱元璋颁布的《教民榜文·圣谕六言》（孝顺父母，尊敬长上，和睦乡里，教训子孙，各安生理，毋作非为）的内容。对照阳明《南赣乡约》之内容，可看出除“各安生理，毋作非为”两条未被引用之外，其余均被阳明纳人“乡约”之中。从明代社会思想史的角度看，将《圣谕六言》与《乡约》相结合，加强“劝善规过”的教化作用，为乡约的推行提供了一把官方的保护伞，得以保证了乡约的顺利推展，应当说这是阳明的首创，只是阳明在《南赣乡约》中没有直接点出《圣谕六言》之名而已。及至王艮便直言不讳地宣称：“钦惟我太祖高皇帝《教民榜文》。以孝弟为先，诚万世之至训也。”[①] 然而，朱子的教诲与太祖的《圣谕六言》都是从上至下地施行教化，相较于此，南赣乡约乃是共同体成员之间的横向联系与制约，可说是开始具有自主性规约的功能，甚至其制约能力更强有力。

另外，阳明心学是《南赣乡约》产生的自身理论基础。《南赣乡约》首先强调民俗之善恶有积习使然，认为新民弃其宗族、畔其乡里、四出而为暴，非独性之异、人之罪！[②] 有司与父老子弟都应该分受其责，因为这可能是由于“有司治之无道，教之无方”以及父老子弟“训诲戒饬于家庭者不早”“熏陶渐染于里閈者无素”“诱掖奖劝之不行”“连属叶和之无具”，加上“愤怨相激”“狡伪相残”，最终导致新民“日流于恶”。阳明非常强调一念之间的作用，认为人之善恶由于一念之间，其曰：“毋念新民之旧恶而不与其善，彼一念而善，即善人矣；毋自恃为良民而不修其身，尔一念而恶，即恶人矣。”[③] 阳明为善去恶的善恶观尤其成为其乡约思想的精神内核。“无有为善而不蒙福，无有为恶而不受殃”[④] 是阳明善恶观的基本观点。阳明认为善恶都有一个量变引起质变的过程，他说：“人孰无善，亦孰无恶；为善虽人不知，积之既久，自然善积而不可掩；为恶若不知改，积之既久，必至恶

① （明）王艮著，陈祝生主编：《王心斋全集》，江苏教育出版社 2001 年版，第 50 页。
② 此种观点有受荀子影响的痕迹。
③ （明）王守仁：《南赣乡约》，《王阳明全集》，中册，第 665 页。
④ 同上书，第 598 页。

积而不可赦。”① 阳明尤其强调善恶之间是可以互相转化的：“今有善而为人所彰，固可喜；苟遂以为善而自恃，将日入于恶矣！有恶而为人所纠，固可愧；苟能悔其恶而自改，将日进于善矣！然则今日之善者，未可自恃以为善；而今日之恶者，亦岂遂终于恶哉？”② 总之，《南赣乡约》整个文本，都充分体现了阳明“见善互相劝勉，有恶互相惩戒”③这一为善去恶的精神内核。

总体来讲，王阳明制定的《南赣乡约》主要内容有15条，核心内容约有四端：“一曰约中职员出于约众之推选，二曰约众赴会为不可规避之义务，三曰约长会同约众得调解民事之争讼，四曰约长于开会时询约众之公意以彰善纠过。”④ 另外还有一些崇尚恭俭、淳厚之风俗的规定，以求达到“务为良善之民，共成仁厚之俗”⑤ 的目标。

三 《南赣乡约》的意义和影响

以《南赣乡约》为代表的乡约，是利弊并存，但就其本身所起的作用，积极是主流，正如同时人吕坤所说：“劝善惩恶，莫如乡约；缉奸弭盗，莫如保甲。……实行则事理民安，虚行则事繁民扰，不行则事废民恣。”⑥ 萧公权曾对《南赣乡约》评价道：“阳明之论治术似少新意。其最可注意者，为近于近世地方自治制度之乡约、社学、保甲诸法。盖远袭前人遗意，近依洪武故事，变通改进而成者。社学、保甲，可置不论。其南赣乡约则为明代乡约之肇始，内容详密，为后人称道。”⑦ 肯定了

① （明）王守仁：《南赣乡约》，《王阳明全集》，中册，第669页。

② 同上。

③ （明）王守仁：《十家牌法告谕各府父老子弟》，《王阳明全集》，中册，第587页。

④ 萧公权：《中国政治思想史》，载刘梦溪主编《中国现代学术经典·萧公权卷》，河北教育出版社1999年版，第476页。

⑤ （明）王守仁：《仰南安赣州印行告谕牌》，《王阳明全集》，中册，第628页。

⑥ （明）吕坤：《查理乡甲》，《吕坤全集》，王国轩、王秀梅整理，中华书局2008年版，中册，第987页。

⑦ 萧公权：《中国政治思想史》，载刘梦溪主编《中国现代学术经典·萧公权卷》，第476页。

《南赣乡约》为明代乡约的肇始之功。张君劢也曾对《南赣乡约》的意义如此评价说："王阳明拟想的乡约是教人在道德责任之下结合一起，彼此友善相对，彼此相助，避免诉讼—总之，自我检点而避免邪恶。"① 又说："王阳明的乡约变成了一种劝人如何成为优秀公民的方法。"②

总体来看，《南赣乡约》的意义表现有三。首先就是美俗息讼、安民弭盗，这是乡约的宗旨，也是明代乡约能兴盛一时的主要原因之所在。如王阳明多次表示乡治的目标是要"共兴恭俭之风，以成淳厚之俗"③，"务兴礼让之风，以成敦厚之俗"④，"务兴礼义之习，永为良善之民"⑤，"礼让日新，风俗日美"⑥，"务为良善之民，共成仁厚之俗"⑦，等等。其次，南赣乡约的发展是明代统治者为维护自己的统治，利用地方乡绅与宗族的势力，加强对地方上的控制，巩固政权基础的重要内容，这也是以自治标榜的明代乡约能够生存和发展的根本原因之所在。最后，《南赣乡约》倡导的"孝尔父母、敬尔兄长、教训尔子孙、和顺尔邻里、死伤相助、患难相恤、善相劝勉、恶相告诫、息讼罢争、讲信修睦"的处世原则和定期聚会、书写彰善纠恶册簿的管理形式，对于发展现代社会新型的人与人之间的关系，完善新型的乡村基层治理管理模式，都有很好的借鉴作用。

从历史影响来看，南赣乡约对当地百姓产生了明显的教化作用。明人史桂芬曾说："近阳明先生抚南赣，率用此法，其治效可睹也。"⑧ 黄绾在《明军功以励忠勤疏》中说，在阳明到来之前，南赣一带"溪谷凶民聚党为盗，视效虐劫，肆无忌惮。凡在虔、楚、闽、广接壤山泽，无

---

① 张君劢：《新儒家思想史》，台北：弘文馆出版社 1986 年版，第 64 页。

② 同上书，第 65 页。

③ （明）王守仁：《仰南安赣州印行告谕牌》，《王阳明全集》，第 628 页。

④ （明）王守仁：《十家牌法告谕各府父老子弟》，《王阳明全集》，中册，第 587 页。

⑤ （明）王守仁：《告谕新民》，《王阳明全集》，中册，第 598 页。

⑥ （明）王守仁：《颁行社学教条》，《王阳明全集》，中册，第 677 页。

⑦ （明）王守仁：《南赣乡约》，《王阳明全集》，第 665 页。

⑧ 史桂芳：《题汝南乡约册》，载陈梦雷、蒋廷锡《古今图书集成·明伦汇编·交谊典》卷 28《乡里部·艺文一》，第 40018 页。

非贼巢。大小有司，束手无策，皆谓终不可理"①。及至阳明立明约，遂为治境。在黄绾看来，正是由于阳明举行了乡约，南赣才由乱而治的，这并非完全是黄绾的溢美之词。据地方志记载，《南赣乡约》的实行使瑞金"近被政教，甄陶稍识，礼度趋正，休风惟日有渐矣。习欲之交，存乎其人也"②。大庾"俗尚朴淳，事简民怡，为先贤过化之邦，有中州清淑之气"，南康"士知守法，民皆力农，骚驳乎有振兴之意"③。赣县"人心大约淳正，急公物纳，守礼畏法……子弟有游惰争讼者，父兄闻而严惩之，乡党见而耻辱之"④。这都说明阳明推行乡约确是卓有成效的。嘉靖七年（1528），王阳明卒于南安府的青龙铺，当地约长王秉言亲自为其守殓哭奠。⑤ 嘉靖中叶，南安、赣州府属各县都立有阳明祠，纪念阳明先生"立明约，遂为治境"⑥ 的功绩。

在阳明的影响下，重视乡约的人越来越多。阳明弟子罗洪先、邹守益、季本等人都是乡约的积极倡导者。罗洪先撰有《刻乡约引》一文，认为乡约"有五善：利御寇，故众乐从；世家力钧，故专横绝；听命于官，故威难相假；不摄讼，故谤无由作；事已而退，各守常业，故人莫擅功"，可以使"大憝消，外侮拒，矜棘之呼，顾忌而不敢逞"。因此，他"爰集众思，考故补亡……移文盟主，得之旁搜，惩往诏来，梓传以永"⑦，下大力气研究和刻印乡约，为的是要让乡约发挥更大的作用。邹守益曾为《南赣乡约》写后语，为《新昌乡约》《永丰乡约》作序，为《广德乡约》题辞，还有着《书乡约义谷簿》《立里社乡厉及乡约》等文章，对王阳明的南赣乡约大加赞赏："蓝田通都大邑，名卿世族也，公以世族大邑之法望于村童野叟，其仁矣乎!"⑧ 季本在任揭阳县主簿时呈请

---

① （明）黄绾：《明军功以励忠勤疏》，载（明）王守仁《王阳明全集》，第1620页。

② （明）赵勋：《风俗》，《嘉靖瑞金县志》卷1，上海古籍书店1961年版，第6页。

③ 蒋有道修，史珥纂：《疆域附土俗》，载《南安府志》卷1，道光十七年刻本，第28页。

④ 黄德溥：《风俗》，载《赣县志》卷8，同治十一年刻本，第1页。

⑤ （明）程燁：《丧纪》，载（明）王守仁《王阳明全集》，第1608页。

⑥ （明）黄绾：《明军功以励忠勤疏》，载（明）王守仁《王阳明全集》，第1620页。

⑦ （明）罗洪先：《刻乡约引》，载《念庵文集》卷6，文渊阁《四库全书》本。

⑧ （明）邹守益：《南赣乡约后语》，《邹守益集》卷17，凤凰出版社2007年版，第794页。

举行乡约，阳明肯定此举为“爱人之诚心，亲民之实学”，又赞赏他“不卑小官，克勤细务，使为有司者皆能以是实心修举”①，表扬季本“以化民为事，约为条规。乡立约长以总其教，约副以助其决，约正司训诲，约史主劝惩，知约掌约事，约赞修约仪，月朔会民读约讲义，数约复为一总约”②。遂成下民皆被其泽、风俗尽归于厚之境。此处要强调的是，季本在揭阳县所推行的乡约正是以《南赣乡约》为蓝本的。其后，季本又在聂豹的倡议下，在同知吉安时，于永丰县推行乡约。

此外，甘泉弟子曾汝檀也曾“行乡约法，岁时集郡邑弟子于拟岘台，讲论邹鲁之业，化行俗美”③，影响也颇大。

在《南赣乡约》之后，有关乡约的著作也出现了不少。比阳明稍晚的黄佐就在其《泰泉乡礼》中论述了乡约，吕坤的《实政录》第五卷专论“乡甲约”，亦即乡约与保甲法。清初的陆世仪虽然对阳明持严厉批评的态度，但也认为其乡约法甚妙，并作有《治乡三约》，对乡约与保甲、社学、社仓的关系进行了很好的研究。此外，江右王门的章璜、明末的刘宗周等也有关于乡约的著作。这些论著都或多或少受到《南赣乡约》的影响。

由于阳明等人推行乡约的成功，加上明王朝统治危机的加深，嘉靖年间（1522—1566）朝廷下令推广王阳明的乡约法④，随后全国的很多地区都举行了乡约。万历《休宁县志》载，在城者四处，在乡者二百七十处。万历《平原县志》卷上《乡约》记，该县分居民为一百五十五约。万历《溧水县志》卷二谓，该县十二乡各有乡约一所。这些乡约都直接或间接以《南赣乡约》为蓝本。在杨开道看来，如果不是明末起义与清军入关，只要“少假时日，整个乡治或者可以立定基础，成为中国民治张本”。⑤

---

① （明）王守仁：《揭阳县主簿季本乡约呈》，《王阳明全集》，第700页。

② 屈大均：《广东新语》卷9《事语·乡约》，《屈大均全集》，人民文学出版社1996年版，第262页。

③ 童范俨修，陈庆龄纂：《名宦》，载《临川县志》卷35，同治九年刻本，第17页。

④ “嘉靖间，部檄天下，举行乡约，大抵增损王文成公之教。”（明）叶春及：《乡约篇》，《惠安政书》，福建人民出版社1987年版，第328页。

⑤ 杨开道：《中国乡约制度》，商务印书馆2015年版，第185页。

四 《南赣乡约》的局限

上文笔者重点肯定了《南赣乡约》的积极意义是主流的，不过也应该客观看到《南赣乡约》作为特定历史时期的乡约也存在着自身的局限性。

首先，乡约成为君权进一步向下层社会渗透的工具，乡约沦为政治的工具、绳民的工具，《南赣乡约》为始作俑者。《南赣乡约》是《吕氏乡约》和洪武《圣谕六言》的一种混合产品，约文采取《圣谕六言》，组织采取《吕氏乡约》《圣谕六言》正式加入乡约，乡约名称才正式采入乡治。明代早期的自治乡约明显是民间宗族力量向地方公共空间的延伸，是一种迈向地方自治的尝试。在一些学者看来，乡约的积极作用在于"儒者莅官，也有以乡约辅官治者。……盖虽官治极盛之时，亦时时思以民治为基本，第未能一切决于民治，而使之荡然平等耳"①。不过，乡约与自治是不同的，正如萧公权所说，"然约事既由政府推动，约会亦无法律裁制之权，其性质固与真正之地方自治有别也"②。由于轻公重私的乡土观念，这种自下而上的公权力非常薄弱，并不足以完全填补地方公权力的真空，且有与国家权力发生冲突的风险。况且由于皇权相对于士绅权力的强大，这种官、民同治的新式乡约往往以士绅权力向皇权的屈从收场，从而逐渐丧失传导地方民意、凝聚民间价值的功能，沦为君权进一步向下层社会渗透的工具。③ 乡约也就极大地挤压了普通民众的自由空间，《南赣乡约》宣称对于子弟群小中有不遵教诲而出外生事为非者，父老头目应将之执送官府即可说明这一点。阳明所提倡的南赣乡约，比起吕氏乡约来，又是另一种精神。《吕氏乡约》是人民主持，《南赣乡约》是政府提倡；《吕氏乡约》是根据约言，《南赣乡约》是根据圣训。乡约

---

① 柳诒徵：《中国文化史》，中国和平出版社 2014 年版，中册，第 1077、1078 页。

② 萧公权：《中国政治思想史》，载刘梦溪主编《中国现代学术经典·萧公权卷》，第 476 页。

③ 宋文慧：《明代乡约的发展与乡治实践》，《广西社会科学》2016 年第 5 期。

效力或许因为官府的提倡可以增加，乡约精神也许因为官府的提倡愈加丧失，所以官府提倡并不是乡约之福。① 因此，乡约可能沦为政治的工具、绳民的工具。明代吕坤将乡约与保甲合一，借助皇权专制的政治力量来推行乡约。乡约的自由精神与保甲的严密组织圆凿方枘，勉强绾合二者，则势必牺牲乡约的自由精神。于是杨开道尖锐地指出："乡约因合于保甲而施行愈广，乡约因合于保甲而地位愈低，神圣民权的表示，成了卑污政治的工具。"② 可见杨开道对乡约与保甲合一制度的严重不满。特别是到了清代，乡约与宣讲圣谕紧密结合，沾染了浓厚的皇权专制色彩，沦为一套僵化的带有官方意识形态似的宣讲制度。③ 杨开道指出："阳明提倡以后乡约完全成为地方施政的工具，清朝开国以后乡约又辗转成为政府宣传的工具，状况愈下，工作日卑，未始非阳明始作之俑！"④ 批评非常严厉。施邦曜在《阳明先生集要》一书中有评曰："化民成俗之方，莫善于此。然必要先有诸己，而后求诸人。无诸己，而后非诸人，若徒借此为绳民之具，民反有持以议上者，无怪近世之行而罔效也。"⑤

其次，《南赣乡约》没有把乡约、保甲、社仓社学打成一片，没有整个的系统。乡约、保甲、社仓、社学四者中，乡约保甲根本而社仓社学枝叶，乡约保甲主要而社仓社学次要。关于乡约保甲、社仓社学之间的关系，《图书编》论述非常清楚："是故保甲之法，人知足以弭盗贼也，而不知比闾族党之籍定，则民自不敢以为非；乡约之法，人知足以息争讼也，而不知孝顺忠敬之教行，则民自相率以为善；由是社仓兴焉，其所以厚民生者为益周；由是社学兴焉，其所以正民德者为有素；可见四者之法，实相须也。使以此行之一乡，则一乡之风俗同，道德一，弦诵

① 杨开道：《中国乡约制度》，第 18 页。

② 同上书，第 189、190 页。

③ 不过，即便在这种情况下，乡约也对专制制度发挥了积极的影响。例如，正是乡约重视道德教化的精神，才使保甲严苛的控制有所缓和。因此，乡约虽与现代协商民主有契合之处，但既非完全的协商，亦非现代意义的民主。在重视乡约优秀成分的同时，也要充分意识到其历史局限性。参见李卓《乡约制度与协商民主》，《光明日报》2016 年 11 月 2 日第 14 版。

④ 杨开道：《中国乡约制度》，第 111 页。

⑤ （清）苏渊雷纂：《经世文鉴》，红旗出版社 1998 年版，上册，第 279 页。

之声，遍于族党，礼让之化，达于闾阎，民日迁善违罪而不自知，而古道其再见于今乎”①。在王阳明的乡治思想中，保甲、乡约、社学是三个重要的组成部分，并且是分三个步骤独立举行的。基于明人“乡约原为劝民，保甲原为安民”②，“敷教同风莫善于乡约，禁奸止乱莫善于保甲”③ 的共识，王阳明首先推行的是十家牌法（即保甲法），先后颁布《十家牌法告谕各府父老子弟》《案行各分巡道督编十家牌》《申谕十家牌法》《申谕十家牌法增立保长》等法令，此法编十家为一牌，开列各户姓名，“日轮一家，沿门按牌审察动静”，但有面目生疏之人，踪迹可疑之事，即报官究理，若有隐匿，十家连罪，以达“居民不敢纵恶、奸伪无所潜形”④ 之目的。显然，十家牌法是王阳明针对南赣治安状况差坏而采取的禁奸止乱以安民的重要措施。阳明认为：“凡十家牌式，其法甚约，其治甚广。有司果能着实举行，不但盗贼可息，词讼可简，因是而修之，补其偏而救其弊，则赋役可均；因是而修之，连其伍而制其什，则外侮可御；因是而修之，警其薄而劝其厚，则风俗可淳；因是而修之，导以德而训以学，则礼乐可兴。凡有司之有高才远识者，亦不必更立法制，其于民情土俗，或有不备；但循此而润色修举之，则一邑之治真可以不劳而致。”⑤ 王阳明认为，保甲和乡约的推行，可以使老百姓“勤尔农业，守尔门户，爱尔身命，保尔室家，孝顺尔父母，抚养尔子孙”，不出现“以众暴寡，以强凌弱”的现象，使得百姓“各安生理”“兴礼义之习，永为善良之民”。⑥ 至于社学，在阳明看来，“教民成俗，莫先于学。然须诚爱恻怛，实有视民如子之心，乃能涵育熏陶，委曲开导，使之感发兴起；不然则是未信而劳其民，反以为历己矣”⑦。又强调社学的宗旨

---

① （清）章潢辑：《图书编》，广陵书社 2011 年版，第 4 册，第 797 页。

② （明）吕坤：《乡甲约》，《吕坤全集》，第 1063 页。

③ 史桂芳：《题汝南乡约册》，载陈梦雷、蒋廷锡《古今图书集成·明伦汇编·交谊典》卷 28《乡里部·艺文一》，第 40018 页。

④ （明）王守仁：《十家牌法告谕各府父老子弟》，《王阳明全集》，第 590 页。

⑤ （明）王守仁：《申谕十家牌法》，《王阳明全集》，第 676 页。

⑥ （明）王守仁：《告谕新民》，《王阳明全集》，第 598 页。

⑦ （明）王守仁：《批立社学师耆老名呈》，《王阳明全集》，第 694 页。

在于："尽心训导，视童蒙如己子，以启迪为家事，不但训饬其子弟，亦复化喻其父兄；不但勤劳于诗礼章句之间，尤在致力于德行心术之本；务使礼让日新，风俗日美，庶不负有司作兴之意，与士民趋向之心，而凡教授于兹土者，亦永有光矣。"① 遗憾的是，与吕新吾以乡约为主保甲为辅不同，阳明以保甲为主乡约为辅。吕新吾除了重视乡约保甲以外，还提倡社仓社学，王阳明除了乡约保甲以外，只有社学而没有社仓。王阳明忽视了乡治的整体性以及保甲、乡约、社学、社仓的相关性，也是其乡治理论的一大缺陷。

最后，存在无德政而徒以言教的缺陷。除了乡约和保甲制度以外，《南赣乡约》并无很好的制度性建构以保证百姓为善去恶，只能言辞恳切、反复叮咛。如其《告谕各府父老子弟》曰："今兵荒之余，困苦良甚，其各休养生息，相勉于善。父慈子孝，兄友弟恭，夫和妇从，长惠幼顺，勤俭以守家业，谦和以处乡里，心要平恕，毋怀险谲，事贵含忍，毋轻斗争。"② 又如《告谕父老子弟》云："务和尔邻里，齐尔姻族，道义相劝，过失相规，敦礼让之风，成淳厚之俗。"③ 阳明多次反复告谕百姓："共兴恭俭之风，以成淳厚之俗"，"务兴礼义之习，永为良善之民"，"务为良善之民，共成仁厚之俗"，都只是一些道德劝谕的言教而已，连阳明自己对此也表示非常无奈："吾愧无德政，而徒以言教，父老其勉听吾言，各训戒其子弟，毋忽！"④ 对于仍前妄为者、怙恶不悛者、踵前非者除了呈官诛殄、呈官究治、呈官惩治外并无很好的对策，甚至只能祈求神明。

总之，《南赣乡约》设计了乡约这种乡治模式，该乡约对乡村社会不同层次、不同情况的人规定了不同的礼法责任，对乡村社会生活各个方面的弊病进行了针对性地治理。《南赣乡约》将乡治的主要责任落实到约长等士绅阶层身上，使乡村的一些社会弊病能够得到有效地解决。因此，《南赣乡约》在历史上产生了重要的影响。当然，《南赣乡约》虽然标榜

① （明）王守仁：《颁行社学教条》，《王阳明全集》，第677页。

② （明）王守仁：《告谕各府父老子弟》，《王阳明全集》，第590页。

③ （明）王守仁：《告谕父老子弟》，《王阳明全集》，第631页。

④ （明）王守仁：《告谕各府父老子弟》，《王阳明全集》，第591页。

乡村自治，但默认暴力型国家机构在整治乡村以形成良好的乡村秩序的合理合法性（即呈官诛殄、呈官究治、呈官惩治的合理合法性），因此极大地挤压了普通民众的自由空间，为恶势力的扩张提供了更多的可能，这也是研究者不应忽视的重要方面。

经学与政教

“三代王制”与中国思想的开端问题*

陈 赟

（华东师范大学哲学系暨中国现代思想文化研究所）

摘要：从中国思想奠基的意义来看，孔子及其集团与六经乃是最为重要的事件。孔子及其集团通过对六经的整理，一方面总结了上古政教遗产，类型化地区分了帝、王两种政教史观，另一方面又开辟了治教出于二的新格局。三代王制对于中国思想奠基的意义必须通过孔子之道才可以理解。孔子集团从三代之法中提炼出三代之道，对西周王制的总结而建立的“家天下”的理念，实际上为自秦至清的传统中国政制奠定了理念根基。而从经史之学的视角对王国维《殷周制度论》加以重新诠释，上溯孔子及其集团，乃可以重释中国思想的开端。

关键词：三代王制　孔子及其集团　《殷周制度论》

春秋战国时代，往往被今人视为中华文明的轴心时代。尽管“轴心时代”的概念近年来受到了不少批评，[①] 但如果在有限而适当的层面加以理解，它仍可以被视为一个具有思想潜力的概念。即谓之“轴心”，则此前的政教实践及其产生的思想归于“轴心”，此后的思想格局与政教实践由“轴心”开启。由此视域出发，轴心时代的思想家，一方面对前轴心时代的文明加以总结，另一方面对后轴心时代的文明予以奠基。在中国

---

* 本文为作者《周礼与“家天下”的王制——以〈殷周制度论〉为中心》一书的导言，该书已由中国人民大学出版社于2019年1月出版，原文另已发表于《船山学刊》2018年第2期。

① 张汝伦：《轴心时代的概念与中国哲学的诞生》，《哲学动态》2017年第5期；张京华《中国何来“轴心时代”》，《学术月刊》2007年第7、8期。

的思想脉络中，正是通过对前轴心时代的反思与总结，上古的政教实践才被划分为帝、王两个阶段，换言之，被后世称为“帝”与“王”的政教实践，虽然产生在前轴心时代，但帝、王政教史观的真正成立却出自轴心时代的思想劳作。在某种意义上，帝、王政教史观正是孔子及其弟子在整理六经的过程中形成的，此后的诸子们推波助澜，使得这一政教史观被广泛接受。帝、王政教史观体现了一种历史分期的意识，前轴心时代的文明史被刻画为帝的时代与王的时代，而这两个时代之所以被分别开来，其实是轴心时代的思想家从政教典范的角度出发，对之所作的类型性刻画。而以这种对政教实践的类型化方式对历史的处理，本身就是轴心时代思想的一个重要方面。换言之，轴心时代的思想展开为双重的维度，不仅生发出基于轴心时代的视阈对此前历史的再理解，而且产生了对当下与未来的思想建构。而对当下的现实理解与未来的理想建构，又是通过对历史的理解展开的。无论是历史理解，还是当下判断，抑或未来建构，其承担主体都是轴心时代的思想家。

顾颉刚在《与钱玄同先生论古史书》中提出三种古史观：战国以前的古史观、战国时的古史观以及战国以后的古史观。① 这实际上是以战国为古史观的主轴。笔者认为这种分期虽然有一定的合理性，但问题也很大。重要的不是以战国为主轴，而是以孔子及其集团为主轴，因为就各种古史观的成立而言，重要的不是某一个作为理解对象的时代，而是这种古史观的建立者。就此而言，孔子之前的古史观、孔子的古史观与孔子之后的古史观，才是问题的关键。所谓孔子及其集团的古史观，即是以六经及其传承为核心的古史系统，这一系统严格意义上并不是今日意义上的历史学，而是六经的成果。六经的成立是与轴心时代相表里的重大事件，通过六经，由宗周王官之学以及各个诸侯国的巫史系统所流传的上古文明叙事获得了系统化的一贯处理。这个处理不同于现代历史学与考古学的历史书写，后者追求的是历史过程的客观真实之再现；而六经的历史处理，则是在轴心时代新的思想基础上，以新的理念重新理解

① 顾颉刚：《顾颉刚古史论文集》卷3《中国上古史研究讲义》，《顾颉刚全集》，中华书局2011年版，第74页。

历史，建构出于历史又超越历史的东西，这就是作为大经大法的政教纲纪——六经之所以为六经者，其要在此。现代新史学对文明开端的处理，并没有一个确定的具有思想奠基意义上的开端，即在新史学那里存在着某种历史的开端，这个开端随着考古资料的发现也是可以无限期地向前推移的，而且，这一“历史开端”对于此后的文明整体并不具有奠基性的意义，而只是漫长的已知历史过程中的一个时间点或历史段。但以二帝与三代叙事为主体的六经，对历史过程开端的拣择本身，比如《尚书》断自《尧典》，则是对上古政教文明开端的理念性处理方式。这种经学处理历史开端的方式并不会随着因为已知历史过程的向前扩展而前移，因为它关注的是为此后的中华文明总体奠定基础的那样一种东西，从而使得自己极大地区别于以求真意志为主导的现代新史学。无论在何种意义上，都可以说，中华文明的轴心时代的最大事件，就是六经的成立。

如果说，孔子及其弟子通过六经的传承书写，同时也建立了一套系统化的古史体系，那么此后的百家学一旦涉及上古文明的历史，便无法事实上再绕开孔子。因而战国时代的百家学以及独尊儒术之前的汉代学术，都面临着如何消化孔子的问题。① 不仅如此，孔子及其集团所确立的六经系统，实质上完成了中华文明的经典奠基。轴心时代的思想突破，最大的成果便是轴心文明各自经典系统的建立，希伯来传统完成了《圣经》的经典化过程，而古希腊则出现了柏拉图、色诺芬、亚里士多德对古希腊文明肉身即苏格拉底的经典书写，印度则有《奥义书》以及佛经等的结集，中国则是六经系统的成立。与经典的确立相关的是，每一个文明的人格肉身的确立，以色列的耶稣、中国的孔子、印度的释迦牟尼、希腊的苏格拉底，成为这个文明及其精神的化身。而经典系统与圣人系统是一体化的，圣人或者成为经典陈述的主题，或者隐藏在经典的背景之中，但无论如何，经典作为大经大法的纲纪的效用，与圣人的人格榜样互为表里，共同支撑着一个文明的政教精神及其对人性、生活方式等的理解。这样，处理中国的轴心时代，便不能不围绕着孔子与

① 譬如《庄子》中，就可以发现那种消化孔子的努力，参见陈赟《庄子对孔子的消化：以中国思想的轴心奠基为视域》，《中山大学学报》（社会科学版）2017 年第 6 期。

六经展开，中国思想的成立在很大意义上意味着如何理解孔子，如何理解六经，而如何理解孔子则又与如何理解六经不可分割地关联在一起。中国思想的每一次变动，无论是两汉的经学、魏晋的玄学，还是宋明的理学以及清代的朴学，都是一再地返回到孔子与六经。由此而言，孔子与六经，便是中华文明与中国思想的一桩“大事因缘”。

在《中国上古史研究讲义》中，顾颉刚特别提出他关于古史思考的基本架构，即所谓“古史四考”的构想：（1）辨古代帝王系统及年历、事迹，称为《帝系考》；（2）辨三代文物制度的由来与异同，称为《王制考》；（3）辨帝王的心传及圣贤的学派，称为《道统考》；（4）辨经书的构成及经学的演变，称为《经学考》。① 孙庆伟先生正确地指出：“古史四考”堪称顾颉刚先生毕生的事业追求。② 20 世纪 30 年代，顾颉刚陆续写成《五德终始下的政治和历史》《三皇考》，详细论证三皇五帝观念的历史演化，此为“古史四考”中帝系考的关键部分。1935 年出版的《秦汉的方士与儒生》一书则以通俗体裁将上述两文的思想展现出来，以通俗方式叙述三皇五帝的演变，由此成为顾颉刚本人最重要的史学著作。顾颉刚先生“古史四考”的前两项，即相当于我们这里所谓的对前轴心时代的历史建构，分别对应帝的典范、王的时代，顾颉刚认为五帝时代的核心是帝系问题，三王时代的核心是王制问题，毫无疑问，深刻地抓住了问题的实质。③

顾先生所试图达到的帝系与王制的本然面貌，从哲学的层面看，意味着“客观真理”意义上的历史真实，这本来也是求真意志主导下的现代历史学的追求④，这样的历史面貌的真实性并不因为时空条件的不同而

---

① 顾颉刚：《古史辨第四册序》，《顾颉刚古史论文集》卷 1，《顾颉刚全集》，第 109 页。

② 孙庆伟：《追迹三代》，上海古籍出版社 2015 年版，第 56 页。

③ 王煦华说：“他的《古史考》虽然未能作成，但他提出的帝系、王制、道统和经学四考，确是抓住了考辨古史传说的中心，是他深邃、宏伟的构思，有重要的学术价值，对后人继起考辨古史传说有参考意义。”王煦华：《〈中国上古史讲义〉前言》，载顾颉刚《顾颉刚古史论文集》卷 3，《顾颉刚全集》，第 76 页。

④ 顾颉刚说：“在学问上则只当问真不真，不当问用不用。学问固然可以应用，但应用只是学问的自然的结果，而不是着手做学问时的目的。”顾颉刚认为这对他而言是一个觉悟，“真是我的生命中最可纪念的；我将来如能在学问上有所建树，这一个觉悟决是成功的根源”。《顾颉刚古史论文集》卷 1《古史辨第一册自序》，《顾颉刚全集》，第 22 页。

不同，而那些在时空条件下产生的变异，则被顾颉刚本人视为层累地造成的伪史。① 剥离各个时代附加在历史事实中的成分，剩下的就是纯粹的历史真实。现代历史学与考古学的文明探源与历史研究，就是力图抵达这样的历史真实。李济说："殷墟发掘的经验启示于我们的就是：中国古史的构成，是一个极复杂的问题。上古的传说并不能算一篇完全的谎账。那些传说的价值，是不能遽然估定的。只有多找新资料，一步一步地分析他们构成的分子，然后再分别去取，积久了，我们自然会有一部较靠得住的中国上古史可写。"② 但相对于这种本然的历史真实，另有一种真实的历史，即在层累的"地质褶皱"中不断叠加、堆积而构成的历史，这就是通过伽达默尔意义上的"效果历史"（Wirkungsgeschichte）而不断加厚的历史，对某一事件的认识本身，也作为具有历史效应的"历史事件"的部分，甚至是包裹着历史事件的部分，而进入历史过程。历史在本然意义上的纯粹真实与历史的认识与理解，并不是彼此隔绝的，一个时代的历史必然同时包含了对其历史的认识，而这种认识与其说是认识，毋宁说是诠释与建构。轴心时代对上古文明的历史理解，主要是轴心时代的思想意识的构成部分，而不是上古文明的构成部分，而现代历史学则将这种理解系于理解对象而不是理解主体那里了。对于顾颉刚来说，孔子通过六经对帝、王的理解，就是抵达帝王时代的历史真实，但对我们而言，这本身就是轴心时代思想的展开方式，也是孔子"与于斯文"的方式。在尧舜那里并没有生发出与王区分的帝的政教类型，正如汤、武本人也未必将自己与尧舜的实践自觉区别开来，只有到了孔子及其集团那里，帝、王作为两种不同政教典范才被明确表述。但这并不是说，现代历史学就没有意义，相反，它的意义恰恰在于为我们提供了理解孔子的出现及六经的叙事系统得以建立的更广阔的背景，它使我们明白，

---

① 顾颉刚说："古史是层累地造成的，发生的次序和排列的系统恰是一个反背。"《顾颉刚古史论文集》卷1《古史辨第一册自序》，《顾颉刚全集》，第45页。有人认为：顾颉刚的这个论断，否定了整个三皇五帝时代，也否定了古史记载的那个黄金时代，传统古史系统于是崩溃，作为中华文明一大成就的大一统也失去依托。

② 李济：《城子崖发掘报告序》，《李济文集》第2卷，上海人民出版社2006年版，第210页。

那些被传统经学所坚持而被现代历史学对其历史真实性加以否定的东西，那些所谓层累地造成的东西，恰恰是通过历史理解与历史赋义而达成的思想创造。

随着古典的六经学与现代新史学各自的发展，在二者之间展开对勘比的可能性得以呈现。孔子及其弟子通过六经的传承对上古文明做了总结，这一总结恰恰包括两个方面的工作：一是顾颉刚所谓的王制的问题，也就是司马迁所谓的“追迹三代”的问题；二是顾颉刚所谓的帝系的问题，也就是我们所说的“上出尧舜”的问题。此二者的关系是，正是在“从周”，并由周而总结三代礼乐文化、思考其何以崩坏的过程中，孔子不仅提炼了三代王制的精神，而且发现了三代王制“家天下”的局限，由此而走向更高的可能性——即“公天下”，这就是尧舜之道的成立。因而，在古典六经学中，尚书断自尧舜的问题，主要是超越“家天下”的“公天下”的问题，换言之，与“家天下”相联系的帝系就不再是经学的重点，真正的重点却是与“公天下”相联系的帝德问题；反而是在新史学中，例如对顾颉刚而言，五帝的问题的重心却在帝系的问题，而不是帝德的问题。这里不难看到经学与史学的差异，经学对五帝的叙述，面向的是对三代“家天下”王制的超越，即“公天下”如何可能的问题。虽然顾颉刚以帝系为出发点，产生了帝系本来也是主观建构、层累造成的观点，这在新史学所追求的客观真实性上当然是毫无疑义的，但经学的公天下的理想却并不能蕴含在新史学中，而这种从历史过程中开采出政教尺度、政教理想与大经大法的历史叙述，似乎成为经学不同于新史学的重要特点。

在“古史四考”中，顾颉刚以否定的态度提出的《道统考》与《经学考》，如果从经学的视角来看，就顾颉刚抓住核心问题的识度可谓至深至巨，因为经学以明大道，它本身就承载着道统，因而可以将之放置在一起加以考虑，无论是经学还是道统，其实都与孔子作为圣人形象的成立有着重大的关系。而孔子之所以为孔子，正是他以圣人之统承接了帝王之统，也终结了治教出于一的帝王之统，六经的成立与孔子的圣化昭示的乃是同一个事实，即教统的成立。建立对人性的真实理解，对美好生活方式的理解，正是教统的工作，而这也是我们思考轴心时代中国政教问题的又一大问题。在治教出于二的前提下，政统的问题必须被重新考虑，重新被概念化的“王道”中的“王”字不再可能指禹、汤、文、武、周公那样的三代王者之王，毕竟后者乃是融治教为一炉而没有分工的；轴心时代所展现的新的王道，乃是建基于治教分而有统的基础之上，由此而对家、国、天下秩序的思考，构成了新的王道的内容。如果说荀子所谓的“圣者尽伦”构成教统（孔子的圣化与六经之经典化），那么“王者尽制”则构成了与教统分离的新治道的主体内容。

由此，对中华文明的奠基问题，我们获得了一个新的视域，其核心就是政教关系结构的中国式奠基，其内容则包含多个方面。但从周礼出发理解“三代王制”则是一系列工作的重要起点。如果不能理解这个在“先王之道”的名目下包蕴良多的周代王制，那么就无法获得对中国文明奠基的自我理解的真正始点，而且，对反思中国思想的成立、中华文明的自我贞定问题，这也是一项不可绕过的重要工作。在两千年传统经学所提供的中国之为中国的叙事遭遇前所未有之变局与根本性危机的现代，我们必须立足于新的知识背景，重建中国之为中国的叙述，而这一重建是重新理解业已被现代否弃了的经学曾经所达成的中国叙事。这是一件艰苦卓绝而又长期的系统性大工程，《周礼与“家天下”的王制——以〈殷周制度论〉为中心》所能面对的只是这个总体计划的一个环节。

根据《礼记·礼运》，三代作为一种政教典范，其核心在于礼。“经礼三百，礼仪三千”，礼至于周而大备，王制中国也通过家天下之礼制而为自秦至清的传统政制奠基。所以在自秦至清的两千余年间，无论在哪个历史阶段，三代的内涵不断被以典范化的方式充实，最终成为高不可及的典范。孔子的“从周论”，汉人的“通三统论”，都在某种意义上成为三代典范化的环节。自从欧阳修《新唐书·礼乐志》提出“由三代而上，治出于一，而礼乐达于天下；由三代而下，治出于二，而礼乐为虚名”，业已经历唐宋转型的中国，出现了重建三代叙事的思想潮流。神宗召见张载，问治国之法，张载“皆以渐复三代为对”，以为“为政不法三代者，终苟道也”。① 在张载看来，似乎美好的政治必须从恢复三代的井

① （宋）吕大临《横渠先生行状》、（元）脱脱等《宋史·张载传》、（明）冯从吾《关学篇·横渠张先生传》，载（宋）张载《张子全书》，林乐昌编校，西北大学出版社2015年版，第456、459、461页。

田、封建、宗法开始。明清之际黄宗羲将三代的典范化推到了新的高度："三代以上有法，三代以下无法"，"三代以上之法也，固未尝为一己而立也……三代之法，藏天下于天下者也"。[①] 原本在经典中作为"家天下"的三代已经被上升为"公天下"的代名词了，甚至，连早期儒学中被领会到的三代家天下体制的历史局限性也已经被放弃了，三代成为终极性的政治理想。

可以说，三代的典范化，是"家天下"时代政教思想的主旋律。但这样一来，就产生了如下的问题：向前而言，如果三代之治最为典范，那么，《尚书》断自尧舜的经学书写，也就没有意义，《论语》《孟子》《荀子》《公羊传》等文献在其结尾不约而同地上溯尧舜之道，也就难以理解。[②] 换言之，必须要追问：尧舜之道与周公之道在什么意义上是不同的，又在什么意义上被纳入了同一谱系。与此相应的是，向下而言，如果回归三代成为最高的理想，那么，成为中国文化肉身的就不应该是孔子，而应该是周公，换言之，是周公而不是孔子，才是中华文明奠基或成立中最具有历史性精神的人格。这就需要追问，周公与孔子到底有什么不同，他们又是在什么意义上被纳入同一道统谱系中？无论是章学诚，还是张尔田，都在极力地区分周、孔，唯其如此，作为王者的周公与作为圣者的孔子对中华文明的奠基的不同意义才各有攸归。

事实上，如果中华文明的真正奠基者是周公，那么周礼就是回溯中华文明成立的真正起点，而对中华文明开端的回溯也就将会是对周礼的历史描述，超出历史的经学向度在此也就变得多余。而且，孔子并不可以归属在先王的系列，因而如同周公那样被史官记录下来的制礼作乐的政教实践，并不是孔子的主要劳作，他的劳作甚至并不能以历史学的方式给出，他的本有贡献在于以述作六经而立教统，从先王之法提炼出先

---

① （清）黄宗羲：《明夷待访录》卷4《原法》，载沈善洪主编、吴光执行主编《黄宗羲全集》，浙江古籍出版社2005年版，第1册，第6—7页。

② 宋代学者王应麟云："《论语》终于《尧曰篇》，《孟子》终于'尧、舜、禹、汤、文、孔子'，而《荀子》亦终于《尧问》，其意一也。"王应麟：《困学纪闻》，上海古籍出版社2008年版，第1017—1018页。

王之道，进而提供在家、国、天下的人间，人之所以成为人的道路。① 但孔子对来世的立法，以微言大义的方式隐藏在其对二帝三王的政教实践的述作中。王夫之说："法备于三王，道著于孔子。"② 一句话就将以周公所代表的先王与作为圣者的孔子区别开来。

三代之法，即构成"三代王制"的礼之总体，因时而兴，亦因时而衰。是故《礼记·礼器》云："礼，时为大。"二帝与三王之法，或禅或继，一因于时，孟子主张禅继皆天、"天与"则一："天与贤，则与贤；天与子，则与子。……唐虞禅，夏后、殷、周继，其义一也。"（《孟子·万章上》）但这并不是否定禅、继在类型学上的本有区别，而是在"天与"意义上同归于"一"。孟子所理解的"天与"本身并没有特别的神学性内涵，天的内涵有两个层面：一方面"莫之为而为者，天也；莫之致而至者，命也"；另一方面"天视自我民视，天听自我民听"。（《孟子·万章上》）就前者而言，"莫之为而为者""莫之致而至者"，在尧舜时代与周公时代的内涵却并不一样；就后者而言，同样是民，尧舜之民与周公之民也并不相同。尧舜时代与周公时代的变化，都可以理解为随时势不同而产生的历史性变化。③ 历史过程中的时势，意味着一种不可逆的历史必然性，讨论在历史过程中产生的思想与义理并不能脱离时势，赵翼说："义理之说与时势之论往往不能相符，则有不可全执义理者，盖

---

① 陈赟：《从帝王之统到圣统：治教分立与孔子圣化》，载庞朴、王学典主编《儒林》第五辑，上海古籍出版社 2016 年版。

② （明清）王夫之：《读通鉴论》卷 1，《船山全书》，岳麓书社 2011 年版，第 10 册，第 68 页。

③ 在孟子思想中，尧舜、周公、孔子作为道统谱系线索的不同阶段的成员，仍然有其类型性的区别。譬如《滕文公下》中，孟子说："当尧之时，水逆行，泛滥于中国。蛇龙居之，民无所定。下者为巢，上者为营窟。《书》曰：'洚水警余。'洚水者，洪水也。使禹治之。禹掘地而注之海，驱蛇龙而放之菹，水由地中行，江、淮、河、汉是也。险阻既远，鸟兽之害人者消，然后人得平土而居之。尧舜既没，圣人之道衰。暴君代作，壊宫室以为污池，民无所安息；弃田以为园囿，使民不得衣食。邪说暴行又作。园囿污地沛泽多，而禽兽至。及纣之身，天下又大乱。周公相武王，诛纣、伐奄，三年讨其君；驱飞廉于海隅而戮之；灭国者五十；驱虎豹犀象而远之。天下大悦。《书》曰：'丕显哉文王谟！丕承哉武王烈！佑启我后人，咸以正无缺。'世衰道微，邪说暴行有作。臣弑其君者有之，子弑其父者有之。孔子惧，作《春秋》。《春秋》，天子之事也。是故孔子曰：'知我者，其惟《春秋》乎！罪我者，其惟《春秋》乎！'"

义理必参之以时势，乃为真义理也。”① 这一陈述与章学诚“言性命者必究于史”②，同样令人震撼。不仅如此，它们都可与深具历史意识的孔子如下言述相互发明：“我欲载之空言，不若见诸行事之深切著明也。”（《史记·太史公自序》）孔子整理六经，直面先王的政教实践遗产，但他不是采用脱离行事的纯粹理论性言述，而是藏经于史：表面上整理尧舜三王的政教历史，述而不作，但实际上却寓作于述，由先王之事揭示先王之道。六经中最能代表孔子晚年思想的是《春秋》，它叙述春秋时代242年的历史，形式上采用鲁国史官的史记体裁，内容上却是贬天子、退诸侯、讨大夫、使乱臣贼子惧的经学著作，《庄子·齐物论》所谓“《春秋》经世，先王之志”，就体现了对《春秋》的经学性质的认知。

但是三代之法，如井田、封建、大宗宗法等周代礼制，真的如同一些儒者所主张的那样，可以恢复吗？历史地看，井田之制后世再也没有实行过，而大宗宗法除了在皇室方面还有一些用法，在战国以后其实再也没有恢复过，这就好像尧舜的禅让在战国以及其后再度出现的时候，从来都是以荒唐的闹剧的形式登场的。如果人类的历史具有一种由时势规定的不可逆的结构，那么三代之法就只能是过去的历史。但果真如此，作为典范的三代还有什么意义呢？王夫之区分三代之法与三代之道，为这个问题提供了解决的线索。三代之法总是与三代的社会历史条件不可分割地关联在一起，而不能超出它的时代，未来的任何一种重演都是不可能的；但三代之道却值得认真面对，它为未来的礼乐损益提供了参照性的原则。王夫之云：“《易》曰：‘通其变，使民不倦。’君子所师于三

① 赵翼：《廿二史札记校证》卷26，王树民校证，中华书局2013年版，第585页。

② 章学诚谓：“天人性命之学，不可以空言讲也，故司马迁本董氏天人性命之说而为经世之书。儒者欲尊德性，而空言义理以为功，此宋学之所以见讥于大雅也。夫子曰：‘我欲托之空言，不如见诸行事之深切著明也。’此《春秋》之所以经世也。圣如孔子，言为天铎，犹且不以空言制胜，况他人乎？故善言天人性命，未有不切于人事者。三代学术，知有史而不知有经，切人事也。后人贵经术，以其即三代之史耳。近儒谈经，似于人事之外，别有所谓义理矣。浙东之学，言性命者必究于史，此其所以卓也。”（清）章学诚：《文史通义新编新注》内篇二《浙东学术》，仓修良编注，浙江古籍出版社2005年版，第121页。

代者，道也，非法也。”① 以三代之道而随时损益其法，使之与天理、人情、时势相协调，因而“通古今之变”并不外在于“究天人之际”，而是同一桩事业的不同层面而已。而从历史学家记述的三代之法，走向三代之道，则是研究三代的根本意义，而这就要求从史学转向经学。

但是在传统经学解体之后，历史学逐渐成为中国现代学术之主体，经学的实质被历史学所替代，即便是经学的研究也蜕变为经学史的架构下，这正是王国维所面临的根本处境。② 传统的道统叙事从尧舜禹汤一直到文武周公，最终归于孔子，然而在不仅尧舜的时代成了神话，成了传说，而且作为三代构成部分的夏朝的存在也被否决了，疑古精神笼罩的民国时代，中国的历史只从殷商开始。这样一来，传统中国关于中国成立的道统叙事便自然崩解，原有的中华文明的开端叙事也式微了，而未来中国走向哪里，与它的开端到底构成什么样的关系？所有这些，都构成《殷周制度论》写作的深层背景。这一篇被视为新史学奠基之作的典范性作品，却被王国维自视为经史二学上的大文字，这意味着世人与王国维本人的自我理解之间存在着的巨大距离：经学解体之后，藏经于史的写作方式自然不易为时人乃至后人理解。然而这正是王国维卓异于时人之处。对于三代礼制的思考，在《殷周制度论》中，早已超出了求真意志主导的历史学兴趣，而是展现为一种对中华文明奠基在现代处境下的重新刻画。正是基于如上的认识，我们不再刻意去求助于考古学，转而从经史之学特别是藏经于史、寓经于史的视角，去重新追问《殷周制度论》所追问的那些问题。《周礼与“家天下”的王制——以〈殷周制度论〉为中心》一书并不是对《殷周制度论》的文本学阐释，而是沿着《殷周制度论》的方向继续追问中华文明的奠基方式，更确切地说，这是一种从《殷周制度论》出发但却又不停留于《殷周制度论》的探寻尝试。

---

① （明清）王夫之：《读通鉴论》卷19《隋文帝八》，《船山全书》，岳麓书社2011年版，第10册，第706页。

② 以顾颉刚为例，他曾自叙自己的为学历程云：“我自己最感兴味的是文学，其次是经学。”（直到后来才知道我所爱好的经学也即是史学）《顾颉刚古史论文集》卷1《古史辨第一册自序》，《顾颉刚全集》，第13页。又据顾潮《顾颉刚年谱》（修订版），中华书局2011年版，第39页，顾颉刚于1916年24岁因仿《太平广记》编《学览》，其时对于经学认识如下：“经者古史耳，儒者九流之一家耳。”

对于这项具有试探意味的工作，必须交代它的方法，王国维先生所谓的“经史之学”，可谓庶几近之，它其实是在经学式微的情况下，原有的经学系统无法持续，而必须藏经于史，也就是通过即史而即经的方式，在历史的梳理中发现经学的微言大义；而且，这一方法是开放性的，它随着问题本身的内容的转换而使用不同的方法，对于哲学性的问题予以哲学的回答，而对于历史的问题予以历史的处理，对于经学的问题则予以经学的观照，而最核心的则是在这种种不同的方式中予以一以贯之而同时又获得谱系化的处理。因而，我们在处理周礼与三代王制的时候，就不是站在今日的历史学与考古学的地平线上，而是站在王国维经史之学的基础上，向着孔子及其儒家集团对周礼的经学阐释回归。王国维给予我们的是一个现代学术的视阈，这无疑构成了我们的出发点，但我们所到达的却不是考古学与现代新史学所描绘的三代，而是轴心时代的思想家，尤其是孔子及其弟子们，也就是那些缔造了六艺经学的学者们对三代的理解。借助于王国维以来的现代学术的成就，我们将先秦儒家对三代的理解置放在凸凹不平的粗糙地面；借助于孔子及其弟子们，我们进而试图敞开那从粗糙地面生长出来并具有历史纵深与文明厚度的对西周王制的理解，那种理解本身成了中华文明自我构建的展开方式。

《礼运》首章再考辨*

吴　飞

（北京大学哲学系）

摘要：随着出土文献的发掘以及对《孔子家语》的重新重视，人们对《礼运》文本的认识大为改观。在目前的学术界，康有为、郭沫若那样的诠释方法已经基本被抛弃了，但究竟该如何理解《礼运》一篇，又成为一个新的问题。笔者认为，《礼运》虽然并没有康、郭两位先生所认为的那种乌托邦思想，但其中仍然体现出关于礼的演进的重要问题，这在礼学思想中非常重要，而且与汉唐礼学的历史性理解有非常密切的关系。

关键词：《礼运》　康有为　大同　小康

在现代中国思想中，最受重视的《礼记》文本莫过于《礼运》一篇，尤其是其开篇的大同、小康之论，由于康有为、郭沫若两位先生的创造性诠释，对百年来的中国思想有着至关重要的影响。但从 20 世纪 70 年代以来，随着出土文献的发掘以及对《孔子家语》的重新重视，人们对《礼运》文本的认识大为改观。在目前的学术界，康、郭那样的诠释方法已经基本被抛弃了，但究竟该如何理解《礼运》一篇，又成为一个新的问题。笔者认为，《礼运》虽然并没有康、郭两位先生所认为的那种乌托邦思想，但其中仍然体现出关于礼的演进的重要问题，这在礼学思想中非常重要，而且与汉唐礼学的历史性理解有非常密切的关系。本文就是理解《礼运》文本与义理的一个尝试。

---

* 本文另已发表于《传统中国研究集刊》第十九辑，上海社会科学院出版社 2018 年版。

一 《礼运》诠释中的问题

《礼运》作为《小戴礼记》中的一篇，于刘向《别录》属“通论”。郑康成注：“《礼运》者，以其记五帝三王相变易及阴阳旋转之道。”孔颖达对比《曾子问》和《礼运》说：“不以子游为篇目者，以曾子所问，事类既烦杂，不可以一理目篇，子游所问，唯论礼之运转之事，故以礼运为标目耳。”礼之变易，礼之运转，当然是礼学研究中至关重要的问题，在汉唐经学中，这是比较受重视的一篇礼学文献。但从宋代以后，却不时有人对它提出质疑。如北宋李清臣说：“尝观《礼运》，虽有夫子之言，然其冠篇言大道与三代之治，其语尤杂而不伦。”他的质疑主要有三个方面：第一，以天下为公、不独亲其亲、不独子其子为大同，以各亲其亲、各子其子为薄俗，而不以君臣父子之伦为永久不变；第二，认为人伦的确定是“起兵作谋贼乱之本”；第三，郑注引老子之言，薄礼而厚忠信。他自己认为：“有天地则有生民，有生民则有情欲，有情欲则有争夺，民与天地同时而生，情欲与民同时而生，事与情欲同时而生，故虽太古不能无事。”① 即，不存在《礼运》中所谓的大同之世，礼与天地并。其后陆续有学者给出类似的批评，认为《礼运》中的大同、小康之论混杂了老庄之说，甚至梁漱溟先生都觉得，《礼运》一篇不符合孔子的思想。② 而随着宋儒析出《大学》《中庸》两篇，《礼运》的地位更显得晦暗不明。

但在康有为之后，《礼运》的地位却得到了空前的提升。康氏 1884 年刊行的《〈礼运〉注》结合了公羊三世说与西方乌托邦思想，认为《礼运》中的大同就是太平世，“三代之英”的小康就是升平世，而孔子自己生活的时代是据乱世。他说：“夫有国，有家，有己，则各有其界而

---

① （魏）李清臣：《礼论》（下），《宋文选》，文渊阁《四库全书》本卷 18，第 19 页 a—21 页 a。

② 梁漱溟：《东西文化及其哲学》，商务印书馆 2003 年版，第 30 页。

自私之，其害公理而阻进化，甚矣！惟天为生人之本，人人皆天所生而直隶焉。凡隶天之下者皆公之，故不得立国界，以至强弱相争；并不得有家界，以至亲爱不广；且不得有身界，以至货力自为。"① 后来在《大同书》中，他进一步发展了这一思想，详尽描述了大同社会消灭私有制、国家、家族等之后的状况。

在《中国古代社会研究》中，郭沫若先生继承了康氏的说法，将大同之世理解为盛行普纳路亚式母系婚姻制度的原始共产主义社会，而小康就是家庭、私有制和国家产生之后的阶级社会。② 两位先生所用的名词虽然不同，但以西方世界历史观来理解《礼运》的方法，却是完全一样的。而且，两位先生对大同、小康的理解，也直接继承了李清臣以来的理解，即认为大同之世是一切公有、没有家庭，因而没有父子君臣之礼的，只不过因为立场和标准不同，他们没有像李清臣那样批评这一段，反而认为这一段是非常重要的思想资源。

牟宗三先生也非常重视《礼运》一篇，像康、郭两位先生一样，他也试图用西学思想理解大同、小康之辨，只是认为大同之世的禅让制寄托着孔子类似于民主制的理想，而其经济方面的平等则有类于社会主义，小康之世则政权在私。但牟先生有一点不仅与两位先生不同，且与李清臣以来的理解都不同，即他并没有认为"不独亲其亲，不独子其子"指的是没有家庭，因而没有父子之伦，否则如何解释"男有分，女有归"之意？两位先生也已经清楚地意识到了这个困难，康说"归"为"岿"字之误，郭说这两句为后世窜入。但牟先生只是认为，这是配合经济、政治上平等的"普遍的德化意识"③，因为《礼运》中从来没有说过大同之世要取消家庭，"不独亲其亲，不独子其子"并不意味着不亲其亲，不子其子。张横渠曾说："既曰不独亲亲、子子，则固先亲其亲、子其子矣。"④ 牟先生显然深入分析了这一段的逻辑。

---

① 康有为：《礼运注》，《康有为全集》，姜义华、张荣华编校，第 5 册，中国人民大学出版社 1998 年版，第 555 页。

② 郭沫若：《中国古代社会研究》，《郭沫若全集》，人民出版社 1982 年版，第 238 页。

③ 牟宗三：《政道与治道》，广西师范大学出版社 2006 年版，第 10 页，以下版本同。

④ （宋）张载：《礼记说·礼运》，《张子全书》，林乐昌编校，西北大学出版社 2015 年版，第 337 页。（从卫湜，《礼记集说》卷 54 辑出）

《礼运》本来的主题“礼之运转之事”，康、郭两位先生完全忽略了这一点，非常牵强地附会于西方乌托邦思想。牟先生却没有忘记，这一篇的主题是礼，因而非常深入地分析其中所描述的礼的历史演进：“实则此只是人文历史开始具定形之发展。在此发展中，有礼以运之。故下文亟言‘礼之急’，言礼之最高意义及作用。此不但是言礼本身之进化，而实是由礼之运以观历史之发展也。礼代表人之精神、理想以及人类之价值观念。如是，礼之运即是历史之精神表现观也，即以精神表现、价值实现解析历史也。”① 此说应该是杂糅了黑格尔的精神概念，但牟先生借助黑格尔的理论，却讲出了更加切合于《礼运》研究传统的理解，远比康、郭两位先生贴切得多。

对于李清臣以来的质疑，牟先生也有很深的思考。应该是借鉴了康有为以来的历史哲学，他认为“大同之境界托始于尧舜，以为治平之道之最高理想，而此理想却并未实现于已有之历史中”，既然大同之世只是政治理想，而非实有的阶段，牟先生就不会像李清臣那样质疑文本的历史性叙述。他与李清臣一样，认为，“礼无时可缺，无时不须谨，即大同时亦然，且其实现与表现将更多”②。大同之世并不是一个没有家庭和礼制的时代，李氏的攻击建立在误解的基础上，当然这误解也并非空穴来风，牟先生说：“于言三代小康之局时，措辞稍有不妥，或令人有可误会之处，此即‘谨于礼’一句之所表示者。在小康之局时，须谨于礼，则一方面礼似乎只是消极之意义，一方面似乎在大同时即可不须谨于礼。此即措辞不妥，而可误引也。”③

牟先生的这几段话非常重要，他不仅打破了《礼运》现代解读的固有模式，而且已经触及宋人以来对《礼运》的诸多误读。现代学者对《礼运》的理解，就肇始于宋人的误读。牟先生的重要修正，为我们重新解读《礼运》中的历史哲学，指出了基本的方向。

① 牟宗三：《政道与治道》，第 11 页。
② 同上。
③ 同上。

二 《礼运》的文本问题

对经典义理的理解离不开对其文本的正确诠释。自从宋人对《礼运》的思想提出质疑之后，清人进一步围绕《礼运》文本提出了质疑。

首先，邵懿辰提出《礼运》文本有错简，他说："《礼运》一篇，先儒每叹其言之精，而不甚表彰者，以不知道章有错简，而疑其发端近乎老氏之意也。今以'禹汤文武成王周公由此其选也，此六君子者，未有不谨于礼者也'二十六字，移置'不必为己'之下，'是故谋闭而不兴'之上，则文顺而意亦无病矣。"① 邵懿辰的怀疑，仍然发端于李清臣的质疑，一方面，他很喜欢《礼运》一篇，不肯把它当成老氏之书；但另一方面又不得不正视李清臣等人的批评，于是通过改变文字顺序，来挽救《礼运》可能的道家倾向。今人徐仁甫和永良先生也都延续了邵懿辰的说法，认为此处有错简。②

此外，《礼运》中所记孔子与子游的对话，也引起了很多人的质疑。如钱穆先生说："考孔子年五十一为司寇，子游年六岁，孔子五十五岁去鲁，子游年十岁，孔子与语大同小康，有是理乎？后人犹有信《礼运》大同为真孔子当日之言者，皆坐不知论世考年之咎。"③ 这一立论的主要根据，是《史记·仲尼弟子列传》中说的，子游少孔子四十五岁。基于这一理由，很多学者认为《礼运》是后人托名之作，而非孔子与子游的对话，因而其中出现一些并非孔子的思想，也就不足为奇了。

《礼运》中论小康一段，多有学者疑其有错简。除邵懿辰提出的之外，任铭善先生又认为，"故谋用是作，而兵由此起"应在"货力为己"

---

① （清）邵懿辰：《礼经通论·论〈礼运〉首段有错简》，皇清经解续编本卷1277，南菁书院，第17页b—20页a。

② 徐仁甫：《〈礼记·礼运篇〉的误解与错简》，《晋阳学刊》1985年第2期；永良《〈礼记·礼运〉首段错简应当纠正》，《西南民族学院学报》（人文社科版）1996年第6期。

③ 钱穆：《先秦诸子系年》，河北教育出版社2002年版，第103页。

之后，语义方顺畅。[①]

以上是前辈学者对《礼运》文本的主要疑问，虽然表面上看是错简与著作年代的问题，但实质上都和对《礼运》义理的理解有密切关系。正是因为其义理不像儒家一般的说法，所以大家怀疑其中要么文本有问题，要么是伪托之作。

在《礼记·礼运》之外，《孔子家语》中也有《礼运》一篇，但是因为长期以来《孔子家语》被认为是王肃根据各种文献缀集而成的伪书，其中的《礼运》篇是受《礼记·礼运》影响的。但近几十年来，由于大量简牍的出土，学术界对《孔子家语》的真伪展开了激烈争论，因而也牵涉《礼运》的文本研究，我们也因此可以重审《礼运》的义理问题。1973 年河北定县八角廊汉墓出土竹简[②]，1977 年，安徽阜阳双古堆也出土一批简牍[③]，均有与《说苑》《新序》《孔子家语》重合的不少内容。[④]上海博物馆所藏战国楚简中也出现了与《礼记》和《孔子家语》相同的内容。[⑤]

但究竟应该如何解读这些简牍，学术界出现了非常激烈的争论。李学勤、庞朴、杨朝明等先生均认为，这些简牍证明《孔子家语》并非伪书。最极端的观点以杨朝明先生为代表，认为《孔子家语》根本不是伪书，是孔子弟子直接记录的孔子言论，后经孔安国整理为今本，但因为种种缘故，几次献书均未成功，一直只在孔家内部流传，直到魏晋之际的孔猛，因为是王肃弟子，将书交给王肃，王肃为之作注，此书才得以广泛流传。[⑥] 另有邬可晶博士，通过对《孔子家语》、出土文献、其他相关传世文献之间逐篇、逐段深入而详细的对比，证明《孔子家语》的文本都是在较早文献的基础上修改而成的，且其中犯了很多错误，且根据

---

① 任铭善：《〈礼记〉目录后按》，齐鲁书社 1982 年版，第 24 页。

② 定县汉墓竹简整理组：《〈儒家者言〉释文》，《文物》1981 年第 8 期。

③ 韩自强：《阜阳汉简〈周易〉研究》，附录一《阜阳西汉汝阴侯墓一号木牍〈儒家者言〉章题》，上海古籍出版社 2004 年版。

④ 李学勤：《竹简〈家语〉与汉魏孔氏家学》，《孔子研究》1987 年第 2 期。

⑤ 庞朴：《话说"五至三无"》，《文史哲》2004 年第 1 期。

⑥ 参见杨朝明《〈孔子家语〉的成书与可靠性研究》，载杨朝明、宋立林《孔子家语通解》前言，齐鲁书社 2009 年版。

对孔安国后序及孔衍上疏的仔细甄别，认为其中存在许多矛盾，因而，今本《孔子家语》中的文献都有来源，而且不排除其中部分文本保存了较古老的资料，但就《孔子家语》全书而言，应该是魏晋时的孔猛所伪撰，王肃也应该知道这些情况，所以王肃伪撰《家语》的旧说仍然成立。① 另外，宁镇疆先生就《孔子家语》也做了长期的研究，他的观点处于这两个极端说法之间，他认为，根据现有出土文献和传世文献，王肃作伪说已经抛弃了，但他也不接受杨朝明先生所主张的，《家语》直接来自孔子及其弟子的说法，他认为今本《家语》不是作伪成书，而是层累形成的，即历代学者根据较早文献，不断整理编辑而成书。在《家语》的流传过程中，孔安国的整理起到了决定性的作用，但孔安国的整理水平不是很高，所以造成了各种问题。②

以上就是目前学术界对《孔子家语》的三派看法，各有各的道理。笔者对《家语》全书没有上述各位学者那样深入的研究比对，不敢妄下判断，但认为可以确定如下三点：第一，《家语》中的文献大多出自先秦时期，但不一定可以确定是孔子及其弟子所作；第二，今本《家语》应该经过了两汉至魏晋历代学者的整理编辑，最终成型；第三，虽然不能如杨朝明先生那样，用《家语》的材料来修正《礼记》等传世文献，但可以将《家语》文本作为研究《礼记》文本的重要参考。而这三点，对我们进一步理解《礼运》的文本与义理，都有很大帮助。

首先，《孔子家语》中对孔子很多弟子年龄的记载都与《史记·仲尼弟子列传》不同，特别是有一个系统性的不同，即《家语》中记载的弟子年龄，很多比《史记》中记载的大 10 岁，子游即为其中一位。卢梅经过比照和考证，认为《孔子家语》中的记载更恰当，《史记》中的记载要么是本来就有问题，要么是传抄过程中造成的讹误。③ 这样，按照《孔子家语》的记述，子游少孔子 35 岁，而不是 45 岁，孔子做鲁司寇时，他已经是 16—20 岁的青年，从孔子游已经完全没有问题，则钱穆等人的质

---

① 邬可晶：《〈孔子家语〉成书考》，中西书局 2015 年版。
② 宁镇疆：《〈孔子家语〉新证》，中西书局 2017 年版。
③ 卢梅：《〈礼运篇〉研究》，硕士学位论文，曲阜师范大学，2010 年，第 14—15 页。

疑已经不再成立，《礼运》就有可能是孔子与子游的对话内容，由子游记录下来的。[①] 笔者以为，虽然不能确定《礼运》就是孔子与子游的真实对话，但确定为先秦较早的文献，应该是可以的。孔子弟子的年龄问题，有可能《家语》或其来源文献有比《史记》更早的资料来源，也有可能就是参照《史记》，但《史记》传抄讹误导致了现在的问题，虽然不能确定《家语》一定是对的，但像钱穆先生那样因为年龄问题否定《礼运》，已经无法成立了。

经过学者们对《孔子家语》的重新研究，我们更可以重新比照《孔子家语·礼运》来研究《礼记·礼运》文本。两个版本孰先孰后，历来有不少争论。范家相的《家语证伪》与孙志祖的《家语疏证》都认为，是《家语》抄袭了《礼记》。[②] 但也有人认为是小戴本有后人掺入的成分，应该以《家语》校正，《钦定礼记义疏》、任启运、姜兆锡、日本武内义雄都这么认为。[③] 杨朝明先生及其弟子卢梅等认为，两者相比，《礼记》中的文本也保留了一些可修正《孔子家语》文本的字句，但总体而言，《孔子家语·礼运》的文本应该比《礼记·礼运》更早，《礼记·礼运》是小戴编入《礼记》时做了修改的，因而加入了原文中没有的一些内容，最主要的是，将小康之说加了进去，结果对后世影响巨大。按照《孔子家语》中的文本，大同之世与“三代之英”并无不同，没有大同与小康的区别，郑康成之后将大同理解为五帝之世，小康理解为三代之世，是受到小戴本误导而形成的错误。笔者并不认为是小戴本抄袭了《家语》本，但他们的研究成果足以纠正李清臣以来，认为《礼运》是伪作，或其中混入了道家思想的说法，更否定了康有为以来的理解。不过，究竟应该如何看待《礼运》的两个版本，以及如何理解其中表达的历史观，

---

① 杨朝明：《〈礼运〉成篇与学派属性等问题》，《中国文化研究》2005年春之卷，第26—27页。

② 范家相：《家语证伪》卷7，《续修四库全书》影印本，上海古籍出版社，第931册，第150页；孙志祖《家语疏证》卷4，《续修四库全书》影印本，第931册，第229页。

③ 参见《钦定礼记义疏》，文渊阁《四库全书》本，卷30；姜兆锡《礼记章义》，清雍正十二年（1734）寅清楼刻九经补注本，卷98；（清）任启运《礼记章句》，《续修四库全书》影印乾隆刻本，卷九之二；［日］武内义雄《〈礼运〉考》，载［日］内藤虎次郎编《先秦经籍考》（上），江侠庵编译，商务印书馆1931年版。

笔者认为还需要进一步讨论。

邬可晶对两个版本的详细对比证明，《家语》本是在后的，比较可信。① 即使我们接受杨朝明和宁镇疆先生的说法，认为今本《孔子家语》虽并不都是王肃伪造，其中包含汉人的整理与增删，是两位先生也并不完全否定的事实。所以，两篇《礼运》之间的差异，不一定都是因为《家语》本更接近原本，小戴本更为晚出。当然，大小戴编辑《礼记》时，对各篇常有修改增删，这也是一个没有争议的事实，今所见《小戴礼记》，更加上郑康成所作的整理诠释。可以说，两篇《礼运》同源于秘府所藏《孔子家语》，我们今天所见的《礼记·礼运》文本及诠释，乃是经小戴整理、郑康成诠释的本子，而《孔子家语·礼运》，则是可能经孔安国或孔猛整理、王肃诠释的本子。在一定程度上，两个本子之间的比较，乃是郑、王之争的一种形态。

大小戴编辑《礼记》，取舍增删是有通盘考虑的。按刘向《别录》，记礼之文 204 篇，经过大小戴的整理，《礼记》剩下了不到四分之一，且其中很多篇章都修订过。因为毕竟是将不同作者、不同学派，甚至观点可能相冲突的文章统合到一起，其编辑整理难度远远超过《家语》，中间出现一些疏漏，自是在所难免。更重要的是，将这些不同学派的文章整理成一个整体，必然已经体现出整理者自己的礼学思想体系，所以，他们取舍哪篇文章，如何增删，应当不是以“保存文献”的心态来做的，否则就会尽可能多地将文献收入书中，而是按照作者确定的礼学标准做的。大戴收入 85 篇，已经删去了一多半，小戴又删去了其中一小半，且将大戴中的许多文章做了大幅度的删改。而郑君遍注诸经背后的思想体系，虽然在琐细的经注中不易辨明，但已经越来越得到经学研究界的认可。② 他之所以选择最后成书的《小戴礼记》作注，更是有三《礼》之间，乃至群经之间的总体考量。所以，今本《小戴礼记》绝不是一个大杂烩或拼凑的论文集，它之所以能够长期流传，与其选文精当、增删合

① 邬可晶：《〈孔子家语〉成书考》，第 333 页。

② 乔秀严：《郑学第一原理》，《古典学集刊》第一辑，华东师范大学出版社 2015 年版，第 349 页以下；李霖：《从〈大雅·思齐〉看郑玄解〈诗〉的原则》，载彭林主编《中国经学》第十五辑，广西师范大学出版社 2015 年版。

理、结构严整、义理贯通的特点有莫大的干系。即使我们相信作为孔子裔孙的孔安国整理《孔子家语》，他主要的考虑是“惧先人之典辞将遂泯灭”，他整理的方式也是“以事类相次”，更多是为了保存文献，而非形成体系。王肃作注，常与郑君立异，自然有了更多经学义理上的考虑。他在《孔子家语序》中明确说了自己与郑学立异，是考虑到“义理不安，违错者多，是以夺而易之”。客观地讲，王肃的许多说法确实更符合古义，因而他与郑君不同的地方，却常常与马融相似。不过，《孔子家语》中既有支持王肃经学观点的许多材料，也有很多不支持他的材料，比如庙制，明显就更倾向于郑学的说法，由此可见，无论孔安国还是王肃，都没有在义理上系统整理《孔子家语》。两个版本的《礼运》之间的差别，除了文献流传的原因外，也和整理者的意图有很大关系。

三　大同小康辨

正是大同小康说，使《礼运》成为最重要的礼学文献之一，其对礼学演进的描述，蕴含着礼学思想相当根本的内容。如何理解此篇中的大同与小康，需要我们在认真审视《礼运》文本的基础上完成。

从邵懿辰以来，就不断有人认为《礼运》有错简，最终导致了对“大同小康说”的否定，杨朝明先生仍然继续了这一理解。我们就先对照两个文本辨析，看“大同小康说”到底是否是《礼运》中应有的内容。

《礼记》的文本：

> 昔者仲尼与于蜡，宾事毕，出游于观之上，喟然而叹。仲尼之叹，盖叹鲁也。言偃在侧，曰：“君子何叹?”孔子曰：“大道之行也，与三代之英，丘未之逮也，而有志焉。大道之行也，天下为公。选贤与能，讲信修睦，故人不独亲其亲，不独子其子，使老有所终，壮有所用，幼有所长，矜寡孤独废疾者，皆有所养。男有分，女有归。货，恶其弃于地也，不必藏于己；力，恶其不出于身也，不必

为己。是故谋闭而不兴，盗窃乱贼而不作，故外户而不闭，是谓大同。今大道既隐，天下为家，各亲其亲，各子其子，货力为己。大人世及以为礼，城郭沟池以为固。礼义以为纪，以正君臣，以笃父子，以睦兄弟，以和夫妇，以设制度，以立田里，以贤勇知，以功为己。故谋用是作，而兵由此起。禹汤文武成王周公，由此其选也。此六君子者，未有不谨于礼者也。以着其义，以考其信，着有过，刑仁讲让，示民有常，如有不由此者，在势者去，众以为殃。是谓小康。”

《孔子家语》的文本：

孔子为鲁司寇，与于蜡，既宾事毕，乃出游于观之上，喟然而叹。言偃侍，曰：“夫子何叹也？”孔子曰：“昔大道之行，与三代之英，吾未之逮也，而有记焉。大道之行，天下为公，选贤与能，讲信修睦。故人不独亲其亲，不独子其子，老有所终，壮有所用，矜寡孤疾，皆有所养. 货恶其弃于地，不必藏于己。力恶其不出于身，不必为人。是以奸谋闭而不兴，盗窃乱贼不作。故外户而不闭，谓之大同。今大道既隐，天下为家，各亲其亲，各子其子，货则为己，力则为人。大人世及以为常，城郭沟池以为固。禹、汤、文、武、成王、周公，由此而选，未有不谨于礼。礼之所兴，与天地并，如有不由礼而在位者，则以为殃。”

郑注：“大道，谓五帝时也。”王肃注：“此谓三皇五帝时，大道行也。”二家并无异词。而邵懿辰说：“先儒泥一‘与’字，以大道之行属大同，三代之英属小康，不知大道之行概指其治功之盛，三代之英切指其治世之人，‘与’字止一意，无两意，而下句‘有志’‘未逮’正谓徒想望焉，而莫能躬逢其盛也，否则有志未逮当作何解？”

《礼记》的“而有志焉”，《家语》作“而有记焉”，“志”即“记”之意，是记载的意思，并没有邵懿辰所说“徒想望”的意思，今人也很少由此论证。但卢梅由“志”与“记”两个字认为，这里说的是三代而非五帝时，因为三代文献较多，五帝时没有什么文献。① 以此论证这一段说的不是五帝时，应该不是一个很有力的证据。孔安国传《尚书》，今所传虽为伪书，但孔子至孔安国都不会认为五帝时毫无文献，以“志”和“记”论证孔子没有说五帝时，证据不足。

最关键的还是“与”字。邵懿辰认为“‘与’字止一意，无两意”，语焉不详，徐仁甫先生进一步澄清：“‘与’本训‘谓’，大道之行也谓三代之英，即‘大道之行也’说的就是三代之英，原本是一回事，汉人误解‘与’为连词，于是以大道之行为五帝时，以与三代之英并列，这样就变成两回事了。”② 此后永良、杨朝明、卢梅等皆从此说。以“谓”训“与”，来自高邮王氏父子。我们且来看王氏父子是如何阐释这个字的。

《经传释词》卷一的第一个字就是“与”，其中确有训“谓”一条：“家大人曰：与犹谓也。”其例证有六。(1)《大戴礼记·夏小正》：“獭兽祭鱼，其比与之兽，何也？曰：非其类也。”“与之兽”，即“谓之兽”之意。(2) 同篇“与之室”，亦当训为“谓之室”。(3)《大戴礼记·曾子事父母》：“夫礼，大之由也，不与小之自也。”“与”为“谓”之意。(4) 李善本《文选》中的《报任少卿书》：“假令仆伏法受诛，若九牛亡一毛，与蝼蚁何以异，而世又不与能死节者。”王引之释：“言世人不谓我能死节也。”《汉书·司马迁传》作“不与能死节者比”，五臣本《文选》作“不能与死节者次”。王氏云：“此皆后人不能晓文义，而妄加增改。”③ 最后这一条，王念孙在《读书杂志》中已有讨论，同样引了《夏小正》的例子，另外又增加了两个。(5)《韩诗外传》：“子路与巫马期曰。”“与巫马期”即“谓巫马期”。(6)《史记·高祖本纪》：“刘季乃书帛射城上，与沛父老曰。”《汉书》作“谓沛父老曰”。④

王念孙举的例5、例6相当特殊，“与某某曰”解为“谓某某曰”，即“告诉某人说”，并非如《说文》释“谓”字所说的“论人论事得其

① 卢梅：《〈礼运篇〉研究》，第23页。

② 徐仁甫：《〈礼记·礼运篇〉的误解与错简》，《晋阳学刊》1985年第2期。

③ (清) 王引之：《经传释词》卷1，凤凰出版社2000年影印版，第6页。

④ (清) 王念孙：《读书杂志·汉书第十一》，凤凰出版社2000年影印版，第328页。

实”的下定义之意，自然不可用来解“与三代之英”。《经传释词》中所收录的四条，确有下定义的意思，这四处按照通常对“与”的理解，都会文义不通，只能解为“谓”。《经传释词》所收录的，本来就是助词很生僻的用法，“其易晓者则略而不论”①。且由《汉书》与五臣本《文选》中《报任少卿书》的增字来看，古人是很少这样用“与”字的，以致无法理解司马迁的那句话。在上述六例之外，恐怕是很难再找出更多的用例了。但“与三代之英”中的“与”不是这样的情况，完全可以训为“及”，孔子叹息，五帝和三代时的状况，自己虽然没有见到，还是有记载的，文义非常顺畅；但若训为“谓”，全句变成：“大道之行也，谓三代之英，丘未之逮也，而有志焉。”孔子自己提出“大道之行”的说法，然后又自己解释为“三代之英”，又说未逮与有志，颇为牵强。在这样的情况下，一定要用生僻而牵强的“谓”来训“与”，实在没有必要。

其次是“今”字，孔颖达说：“孔子生及三代之末，故称今也。”此说确不甚妥，所以邵懿辰抓住这个问题，说：“今大道既隐，以周为今犹可，以夏、商为今可乎？既曰未逮，又曰今，自相矛盾。”② 但邵懿辰并未提出解决方案。杨朝明先生更好地解决了这个问题：“‘今大道既隐’的‘今’也不是‘现在’‘当今’的意思，应该依清人王引之《经传释词》‘今，指事之词也’为训，强调的是‘大道既隐之后’。‘今大道既隐’泛指三代末世，既指夏、商末世，亦模糊包含有指孔子所处的时代。”③ 杨先生如此解“今”，比孔颖达和邵懿辰都要高明许多，反而与他自己所说的大同小康无别之说有冲突。按照此说，则夏禹之时为大同之世，夏桀之时为“今”，商汤之时又回到了大同之世，到商纣又到了“今”，文、武、成王、周公时回到了大同，自周衰到孔子时又是“今”，岂有这样混乱的古今观念？笔者以为，“今”确实不是简单的“现在”，而是泛指五帝之后的时代，也并不是小康时代，小康只是“今”的时代一个特别的时期（详见后）。

---

① （清）王引之：《经传释词·自序》，第2页。

② （清）邵懿辰：《礼经通论》，皇清经解读编本卷1277，第18页b。

③ 杨朝明：《〈礼运〉成篇与学派属性等问题》，第33页。

邵懿辰提出的其他理由都没有太大的力量，此不赘言。而今人否定“小康说”最有力的证据是，《家语》中没有“是谓小康”一句。卢梅说：“戴圣在编纂《礼记》时，不解文意，添入‘小康’等字，形成了今天的《礼记·礼运》。‘小康’最早见于《诗经》，其《大雅·劳民篇》说道：‘民亦劳止，可小康，惠此中国，以绥四方。’这里的小康之意为‘小安’。戴圣将‘小康’提升为一个时代的名称置于《礼运》篇中，从而引发了后世学者的种种推断。”① 此一点，《钦定礼记义疏》、任启运《礼记章句》、姜兆锡《礼记章义》等都曾提出过，他们之所以有这样的质疑，根本上还是在义理上难以接受大同小康之辨中类似于老庄之说的历史观，以及礼的非永恒性，但因为当时多数人相信《家语》是伪书，所以虽然多人有疑问，影响并不大，但今人在试图为《家语》翻案的时候，这一说法自然更有杀伤力。我们首先从两个方面来看“是谓小康”是否应该在文本当中。第一，从文字上看，“是谓小康”是否不应该存在？第二，从文义上看，“是谓小康”是否显得突兀。

从文字上看，《家语》本没有小康一句，是很多学者否定“小康说”的文本原因，但因为并没有充足的证据证明《家语》本一定在先，所以要证明《家语》本在文本上是正确的，必须证明小康就不应该存在于文本中。任启运和日本学者武内义雄都提出了他们的猜测。任启运认为，后文有“是谓大顺”之说，大同应与“大顺”并列②；武内义雄又认为，贾谊《新书》中将小康与“大康”相对，这才是更合理的文字。③

但细读《礼运》的两个版本，我们发现，在两个文本中，“是谓某某”的句式都贯穿了通篇，在《礼记》本中，不仅有“是谓大同”“是谓小康”，而且随后还有“是谓承天之佑”、“是谓合莫”、“是谓大祥”（这三处《孔子家语》中无，这一段被编入《问礼》，只有“是谓大祥”，而杨朝明先生认为，《礼记》的编排应该是对的④）、“是谓大假”（《孔子

---

① 卢梅：《〈礼运篇〉研究》，第 21 页。

② （清）任启运：《礼记章句》，文渊阁《四库全书》影印乾隆刻本，卷九之二，第 22 页 b。

③ ［日］武内义雄：《〈礼运〉考》，载［日］内藤虎次郎编《先秦经籍考》（上），第 208 页。

④ 杨朝明：《〈礼运〉成篇与学派属性等问题》，第 26 页。

家语》作“大嘉”)、“是谓幽国”、“是谓僭君”、“是谓胁君”、“是谓乱国”、“是谓君与臣同国”、“是谓制度”、“是谓天子坏法乱纪”、“是谓君臣为谑”、“是谓疵国”、“是谓大顺”等语，其中既有许多正面的说法，也有“是谓幽国”“是谓僭君”等负面的说法。在全文结束时，确实特别突出“顺”的概念，但还不足以使“大顺”成为与大同呼应和并列的概念，“大祥”“大嘉”等似乎都是类似的说法。因而，“是谓某某”是贯穿《礼运》全篇的句式，在“是谓大同”之后有“是谓小康”，在文法上完全是可能的。在所有这些“是谓”的句式中，只有首章的大同、小康是在总括地谈礼之历史观，因而二者特别突出，而成为相互呼应的两个概念，并无不合理之处。倒是《家语》本中，“是谓大同”作“谓之大同”，似乎与其他的“是谓某某”相区别，而被突出出来，不大可能与“是谓大顺”相呼应。文中的“是谓某某”的各个句式参差不齐，不仅对仗不那么工整，字数也常常有多有少，大同未必对“大顺”，小康更没有必要对“大康”。从文字上看，“是谓小康”的存在完全是合理的。

《家语》本删掉了《礼记》本的一些虚字，并且把一大段文字移到了《问礼》中，无论杨朝明还是邬可晶，都倾向于认为《礼记》本的结构更加合理。说《家语》本一定比《礼记》本可靠，并没有充足的理由，所以，完全有可能，《礼记》本在前，《家语》本修改和拆分《礼记》本，丢掉了“是谓小康”四字。

在文义上否定“小康说”，其根源在于大同、小康两个时期的差别是否合理。李清臣以来对《礼运》首章的质疑，在于其历史观有些像老庄的观点。而杨朝明先生为了挽救《礼运》，就说文本中本来没有小康，大同也并不是实行禅让的五帝之时，而就是“三代之英”，所以在三代也就不会有一个小康时代来与大同相对。

杨朝明先生虽然否定小康说，但对于《礼运》篇的历史性主题，却没有任何疑义。即使按照《孔子家语》的文本来读，虽然缺少《礼记》文本中的“故谋是用作，而兵由此起”十字，但在“是谓大同”之后，以“今大道既隐”起首，描述另外一个时代的状况，还是没有疑问的。按照本篇后文的行文通例，凡“是谓某某”的句式，都是对前文描述状况的一个概括和定义，此后就描述另外一个状况了，此处也不应例外。

杨先生也承认，“今大道既隐”一段所说的是与大同之世不一样的状况，只是认为，后文又通过“禹汤文武成王周公”回到了大同之世。前文已论，这种时空反复的读法，是比较牵强的。所以，《礼运》作者或整理者认为这里存在历史的变迁，大同与小康指的是不一样的两种状况，应该有非常充足的理由。当然，要进一步辩驳此问题，就需要深入到大同小康的实质义理了。

四 何谓大同

对于《礼运》混杂了阴阳家、墨家等的说法，杨朝明先生已经做了有力的批驳，兹不赘述。① 但究竟如何理解其中的历史观，却仍然存在着比较大的问题。归根到底，之所以出现对《礼运》的种种质疑，主要是因为其中有一些类似老庄的历史观。杨朝明先生及其弟子之所以否定“小康说”，也有他们的道理，即大同之世根本就不是在说没有家庭、没有礼制的乌托邦，而就是圣明的三代之世。相对于宋代以来，特别是康有为之后对大同之世的理解，这已经是非常重要的修正了。但笔者认为他们的修正还不够彻底，大同之世既不是老庄所描述的上古毫无礼制的时代，也不是三代之世。对大同、小康的区分，是先秦两汉儒家在与其他学派既彼此争论，又相互对话的过程中，形成的独特历史观和礼学观，对汉唐学术有很大的影响，只是宋代儒学转向，已经不再这样理解了。

笔者认为，是因为宋代以后门户渐严，儒者不能接受《礼运》中出现一些接近老庄的说法，但这在唐以前并不是问题。先秦各家本就相互错杂，虽然彼此有争论，但各家之间也有很多相互的吸收。到了汉代，儒、道之间的相互吸收也是很常见的事。郑康成直接引老子“法令滋彰，盗贼多有”来解释“故谋是用作，而兵由此起”一句，本来没有什么特别的问题，孔颖达疏也不以为怪，到宋代之后，郑君的这句引语竟然成了《礼运》杂用老氏之语的证据。但《礼运》与老庄之间的相似，也只

① 杨朝明：《〈礼运〉成篇与学派属性等问题》，第30页。

是在字句上和一些局部说法上而已。如果深入分析大同、小康的义理，我们会发现，其对历史的理解与老庄有相当根本的差别。

为了理解大同小康说的历史观，我们先来看另外一个相关的例子。《白虎通·号》云："古之时未有三纲六纪，民人但知其母不知其父，能覆前而不能覆后，卧之詓詓，行之吁吁，饥即求食，饱即弃余，茹毛饮血而衣皮苇。于是伏羲仰观象于天，俯察法于地，因夫妇，正五行，始定人道，画八卦以治下，下伏而化之，故谓之伏羲也。"① 这段话是为了解释伏羲画卦制礼的过程，其核心在三纲六纪这典型的儒家概念，但其中说到制礼之前的状况，却与《庄子·盗跖》中的一段非常相似："神农之世，卧则居居，起则于于，民知其母不知其父，与麋鹿共处，耕而食，织而衣，无有相害之心。此至德之隆也。然而黄帝不能致德，与蚩尤战于涿鹿之野，流血百里。尧舜作，立群臣，汤放其主，武王杀纣。自是之后，以强凌弱，以众暴寡，汤武以来皆乱人之徒也。"② 显然，《白虎通》对于制礼之前状况的描述，直接来自《庄子》，但这两段对历史演进的理解有非常大的不同。《庄子》中认为，那个完全没有礼制的"神农之世"质朴自然，是至德之隆，到了黄帝、尧、舜之时，就产生了争斗相杀，民风浇薄，陷入了乱世。而《白虎通》中则认为，伏羲制礼之前的时代虽然也很自然质朴，但没有三纲六纪是大有问题的，伏羲画卦制礼，才进入到真正的治世。王充在《论衡·齐世》中也引了一段非常类似的说法："夫宓牺之前，人民至质朴，卧者居居，坐者于于，群居聚处，知其母不识其父。至宓牺时，人民颇文，知欲诈愚，勇欲恐怯，强欲凌弱，众欲暴寡，故宓牺作八卦以治之。"③ 这不是王充自己的观点，而是他批评的一种说法，应该是当时比较流行的一种儒家观点，与《白虎通》对历史的理解非常相似，但略有不同，即把礼制的形成分为三个状态，而不是《白虎通》那样的两个：伏羲之前是第一个状态，也是自然而淳朴的，不需要制礼；伏羲时代的初期，"人民颇文"，陷入了混乱；针对已

① （清）陈立：《白虎通疏证》卷2，中华书局1994年版，第50页。
② （清）王先谦：《庄子集解》，上海书店影印《诸子集成》本，第2册，第195页。
③ （汉）王充：《论衡》，上海书店影印《诸子集成》本，第7册，第186页。

经混乱的状况，伏羲制礼，就进入了第三种状态。

上面的三段话对历史演进过程的理解是相近的，但评价却很不同。此外还有《商君书·开塞》《吕氏春秋·恃君览》《淮南子·本经训》等书，都假定了上古没有礼制的状况。《周易·系辞传》中说伏羲制礼，《白虎通》《论衡》等对伏羲的理解就由此演化而来，《孟子·滕文公上》中说了葬礼未产生时的状况，《仪礼·丧服传》更有“知母不知父”的时代。先秦两汉的这些文献中都有对礼制从无到有这一过程的诠释，虽然对于这一过程发生在何时，意味着什么，有非常不同的理解。由此可见，既然礼制是当时的学者都要面对的问题，大家对于礼的产生过程有一个大致类似的历史性理解，《庄子》中的描述尤其生动、具体，很多不接受其中观点的人，也认可了《庄子》叙述这一历史过程的一些文字，只是会给以自己的解释。而《礼运》中所体现出来的，与《论衡》所引的那种解释更接近一些，但比这几种都更系统得多。不论《礼记》本还是《孔子家语》本，都是对礼学演进最系统和深刻的表述。

《礼运》中的“天下为公”与“人不独亲其亲，不独子其子”，说的并不是一件事。“天下为公”指的是禅让制，郑注：“公，共也，禅位授圣，不家之。”天子之位不传子，并没有说一切都是公有。“不独亲其亲，不独子其子”的意思，也不是说自己的父母与他人的父母完全没有区别，自己的儿子与他人的儿子完全没有区别。卫湜的《礼记集说》引长乐陈氏说：“不独亲其亲，不独子其子，货、力不必藏于己，非无所别也。”①郑注：“孝慈之道广也。”指的就是孟子“老吾老以及人之老，幼吾幼以及人之幼”的情况，即人们不仅孝敬自己的父母，而且能够推己及人，照顾其他人的父母，不仅慈爱自己的孩子，而且慈爱他人的孩子，所以那些无儿女的老人、无父母的孩子都能够得到应有的照顾，才有“矜寡孤独废疾者，皆有所养”的情况。所以这就是仁始于事亲，但推展到四海的理想状态。随后说“选贤与能”，《中庸》云：“义者，宜也，尊贤为大。”那时候并非没有国家政治，而是天子由最贤能的人来做。因而，家庭与国家，在大同之世都是存在的，只是以仁义的最高形态存在着。

① （宋）卫湜：《礼记集说》卷54，通志堂经解本，第5页b。

所以会达到讲信修睦的和谐之境，使得“老有所终，壮有所用，幼有所长”，即人人各得其所。“男有分，女有归”也是这一个层次的情况，郑注说：“有分，分犹职业；有归，皆得良奥之家也。”既然“女有归”，自然不可能消灭家庭。货、力不必藏于己，刘氏已经解释了，未必就是没有区别的公有制，而只是人们不会那么自私而已。这样的结果，是没有阴谋，没有盗贼，人们睡觉时也不必关上门。

这个大同之世到底是一个什么样的时代，卫湜所引长乐刘氏做了很好的概括：“五帝之治，世质民纯，人人内尽其情而情不生，外无其己而善益劝，故君不自尊而天下共尊之，臣不自贤而天下共贤之，一德安于上而兆民莫不化之，一善出于人而四海莫不师之。是以选贤与能，讲信修睦，不必自于朝廷，而族党人人公共推让，不敢以为己私也，虽以天下让于人而人不以为德，虽以天下外于子而人不以为疏，故不谨于礼而人无作伪以踰于中，不由于乐而人无纵精以失其和。”① 此时并非没有内在的礼义，只是没有外在的礼文。在这最淳朴的时代，不需要外在制度的约束，人们自然就可以将仁义礼智做到极致，即爱敬之情都由内而发，不需要外在的节文，和乐之情也都由内而发，不需要乐的和谐。

清人黄薇香曾言：“礼也者，制之圣人而秩之自天。当民之初生，礼仪未备，而本于性之所自然，发于情之不容已，礼遂行于其间。”② 《礼运》后文说“夫礼，必本于太一”，《孔子家语》本说“礼与天地并”，强调的都是礼“秩之自天”，即礼的根据在天道人情之自然，圣人可以根据它制定礼仪制度。《礼运》又说：“礼虽先王未之有，可以义起也。”在必要的时候，可以根据人情自然之礼义制定以前没有的礼仪制度。那么，最理想的状态就是，完全不必制定礼仪制度，礼义可以自然得到实现，这就是“大同之世”。

按照《礼运》中的历史观，家庭、私有制和国家的起源并不是一个重要的问题，重要的是民风的淳朴与否。这里所理解的淳朴无文，也并

---

① （宋）卫湜：《礼记集说》卷 54，第 5 页 a。

② （清）黄式三：《复礼说》，《儆居集》经说一，载（清）黄式三、黄以周《黄式三黄以周合集》，詹亚园、张涅注，上海古籍出版社 2019 年版，第 5 册，第 24—25 页。

不是《庄子》中那种浑浑噩噩的淳朴无文，而是既有最普遍的淳朴，又有最高的理智，有最有条理的秩序，人们都知道国家需要君的治理，知道应该选贤与能，在明君贤臣的治理下，每个家庭不仅都是和睦快乐的，而且都有意愿和余力来帮助周围的人，不是没有私有财产，但不会吝啬自己的私有财产，而是随时愿意帮助别人。因而，大同之世的理想，就是礼乐制度的最高理想，并不是取消家庭、私有制、国家等制度，而是人们都能生而知之，不需要礼乐制度的节文与激励，皆可以使家庭、国家中的生活都井然有序。《礼运》后文说："故人情者，圣王之田也，修礼以耕之，陈义以种之，讲学以耨之，本仁以聚之，播乐以安之。"大同之世的民风，就像一块天然的肥沃良田，不需要人的整饬侍弄就没有任何杂草，可以长出丰硕的庄稼。

所以《礼运》中所构想的，是一种以礼为核心的历史哲学，而不是按照经济、政治的不同形态构想的社会发展阶段。这里并没有一种目的论的世界历史观，所以不存在从某个社会形态到某个社会形态的发展，我们如果强行把大同、小康的更替理解为社会形态的演变，就是将西方的世界历史观强加在中国的历史诠释中，而无法从《礼运》自身的逻辑来理解大同、小康之辨。《礼运》中的核心问题是人性之质与礼乐之文之间的关系，所以其历史哲学的主题也是文质关系，而这也正是我们在诸多儒家著作中看到的历史演进模式。在这个架构之下，大同之世就是不仅质朴无文，而且完全不需要文饰，一切就都是恰到好处的极致理想状态，是质中已经有完美之礼的状态。

五　何谓小康

大同之世既非老庄所认为的浑浑噩噩，也不是现代学者所认为的乌托邦，而是儒家礼制的最高理想，即不需要制礼，人们也按照礼的要求去生活。基于这一点，我们也就可以理解后文的小康之世。不过小康之世的文本情况会更复杂一些。这一段里也确实有错简的可能，因而使文本的解读变得更加困难。

人们通常的理解，是认为从“今大道既隐”到“是谓小康”都是在说小康之世，这就似乎更接近老庄的历史观，即认为礼乐的兴起伴随着历史的退化。但杨朝明先生已经发现，在这一段里并非每一句话都在说同一种状态，而我们也认为，这里其实包括了两种状态。第一种，是从“今大道既隐”到“故谋用是作，而兵由此起”，说的并不是小康之世，而是大道既隐之后民风的普遍状况。此后才是在讲小康之世，并不是三代的整个时期，而只是“三代之英”，即“禹、汤、文、武、成王、周公”六君子在位的时期。我们需要清楚的是，不可强行按照现代社会发展史的理论来理解《礼运》的历史观，小康并不是大同之后的一个时代。大同，是最高的礼制理想，被投射到了五帝时期，在现实历史中基本上是不可能实现的。小康，是现实历史中可以达到的礼宜乐和的最高境界。而所谓“今”，不仅不是狭义的现在、当今，而且应该泛指整个现实历史时期，既包括三代最好的时候，也包括夏桀、商纣、周之幽厉，以及孔子当时，民风都是大致如此的。

大道既隐之后，人们已经不再像原来那么淳朴，没有教化与约束就不可能自然向善。现代学者常常把“各亲其亲，各子其子”与“天下为家”连在一起读，似乎是在说家庭的出现。但这里说的是两件事，虽然二者有关系。天下为家，指的是天子传位于其子，也就是后文“大人世及以为礼”。郑注：“大人，诸侯也。”郑氏之所以在这里作注，就是强调“大人”并非后文所说的“六君子”，这些掌权者由于无法做到天下为公，人们有各种各样的私心，所以他们是实行家天下的。张横渠说：“大人世及以为礼，由古以来固亦有传世，但道隐之后，虽有子如均、朱，有臣如伊、周者，亦不能举行尧、舜之事，故以世及为定礼。”① 其关键并不在禅让制与世袭制的差别，而在于贤能是否是最高的标准。如以贤能为第一标准，在子为商均、丹朱，而臣有舜、禹之时，就会禅让给贤臣，而不会传位给不肖之子，但在大道既隐之后，却宁传不肖子，也不传贤大臣，于是，“亲亲为大”之仁与“尊贤为大”之义被混为一谈，门内之治及门外之治的区别也因此而模糊。世袭成为确定下来的制度，此时制

① （宋）张载：《礼记说》，《张子全书》，第 337 页。

礼，必须依此而制。在《孔子家语》本，此句作“大人世及以为常”，这就更清楚了，此处强调的，并不是圣人制定了“大人世及”之礼，而是这种制度成为常法。这句话与“城郭沟池以为固”并列，讲的都是掌权者对私天下的。

随后的“各亲其亲，各子其子，货力为己”是连在一起说的，郑注解为“俗狭啬”，即风俗变得自私而吝啬，人们更愿意照顾自己的亲人，而不肯照顾别人的亲人，照顾自己的子女，而不再照顾别人的子女，财货和力气都不愿意与别人分享。“货力为己”，《家语》本作“货则为己，力则为人”。杨朝明先生认为，《孔子家语》本文义更顺畅。其实，这是两个版本的系统性差异。因为在大同部分时，《礼记》本的“力恶其不出于身也，不必为己”，《家语》本就作“力恶其不出于身，不必为人”。对勘文本，更像是《家语》本修改《礼记》本所致。我们且不管两个版本的先后，但从义理上，两个版本讲的都是从无私变成了狭啬。

正是因为民风变得狭啬，人们不再能很自然地做到“老吾老以及人之老，幼吾幼以及人之幼”，但是还有可能做到孝亲慈子这些最基本的道德。孔疏：“君以天位为家，故四海各亲亲而子子也。”无论在上位的“大人”，还是在下位的百姓，都陷入了私心之中，这是二者之间的关联，却并不是指家庭制度的起源。张横渠说：“各亲其亲，各子其子，亦不害于不独亲、不独子，止是各亲各子者恩差狭，至于顺达之后，则不独亲其亲，不独子其子。”① 此语颇中肯綮。“不独亲其亲，不独子其子”，并不是说将亲人视同路人，因而两个阶段的差别并不是有没有家庭，而是爱敬之情是否只局限于家庭之中。由于爱敬之情局限于自己的亲人，无法推展到家庭之外，所以对于家庭之外的人，就相互为敌，彼此防范。这并不是家庭、私有制和国家的起源，而是家庭变得狭隘，私有制变得刻薄，国家的外在制度与暴力得到了强化。按照《礼运》的逻辑，这个时期的实质问题是，人心浇薄，文巧俗弊。执掌政权的大人们更要防范其他人群的伤害，所以有必要建立城郭，挖掘沟池。阴谋与战争，就必然会出现了。

---

① （宋）张载：《礼记说》，《张子全书》，第 337 页。

但这个地方的文本有些混乱。如果按照《礼记》本，“城郭沟池以为固”之后接的是“礼义以为纪，以正君臣，以笃父子，以睦兄弟，以和夫妇，以设制度，以立田里，以贤勇知，以功为己。故谋用是作，而兵由此起”，好像是说因为建立城郭，随后制礼，又因为制礼而有了阴谋和战争，虽经郑注孔疏百般缘饰，逻辑还是很奇怪。所以任铭善先生怀疑此处有错简，试图将“故谋用是作，而兵由此起”移置到“货力为己”之后[①]，这是一种解决方案，任先生应该是考虑到“大人世及以为礼”之“礼”即“礼义”之礼。而我们已经说过，这个“礼”只是制度的意思，所以笔者以为，这十个字移到“礼义以为纪”之前，应该会更顺畅些。而在《家语》本，从“礼义以为纪”到“而兵由此起”都是没有的，则更加清楚，当然也略显单薄，应该是《家语》的整理者已经感到此处有些混乱，所以删掉了这些内容，而不是像杨朝明先生认为的那样，这段话完全是后人所加。但不论哪种处理方式，这里都是在说两个情况，一个是大道既隐之后，民风狭啬浇薄，导致了争斗与战争的状况；另一个，就是通过制礼以改变这种状况。这里对历史的理解，与《论衡》中所引的那段很相似：因为民风变得浇薄了，所以人们已经不能自然而然地按照爱敬之情来做事，那就必须通过外在的礼制来约束甚至强迫。但《庄子》中的逻辑是：因为礼制的制定，才导致民风浇薄。这一段显然也不是道家的逻辑。

礼以时为大，在这样的情况下，就需要有特定的礼制，于是才有小康之世的出现。孔疏：“康，安也。行礼自卫，乃得不去势位，及不为众所殃，而比大道为劣。故曰小安也。”“禹、汤、文、武、成王、周公”六君子，是“由此其选也”，前文还被称为“三代之英”。郑注：“英，俊选之尤者。”夏、商、周三代并非都是小康之世，只有这六位“俊选之尤者”在位之时，才算小康。如果这里确实有错简的话，则“礼义以为纪，以正君臣，以笃父子，以睦兄弟，以和夫妇，以设制度，以立田里，以贤勇知”都是他们制礼作乐的情况。其中“以功为己”有些不可解，或为窜入之文。这一段与“以着其义，以考其信，着有过，刑仁讲让，

① 任铭善：《〈礼记〉目录后按》，齐鲁书社 1982 年版，第 24 页。

示民有常”，文义相连，应该都是六君子制礼作乐之迹。这些均为《孔子家语》本所无，所以《孔子家语》本对六君子的叙述过于简略，疑有脱漏，而不是《礼记》本为后人所补。

最后几句，两个版本差别也比较大，《礼记》本作“如有不由此者，在势者去，众以为殃”。郑注：“势，势位也。去，罪退之也。殃，犹祸恶也。”孔疏：“若为君而不用上‘谨于礼’以下五事者，虽在富贵势位，而众人必以为祸恶，共以罪黜退之。”按照这种理解，此处说的仍然是六君子治国后的效果，因为“刑仁讲让，示民有常”，所以那些在位的“大人”，若有违礼之事，就会被加罪，众人也认为他是祸患。但《家语》本作“礼之所兴，与天地并，如有不由礼而在位者，则以为殃”。虽然有些字句相同，但含义差别很大，变成了对上述一段的概括总结，已经不再是对六君子功业的描述了。

之所以在后半段出现这么大的差别，不一定是因为《孔子家语》本更早更近真，而很可能是因为孔、戴二人共同面对的来源在这里就有些混乱，所以两个编辑者都根据自己的理解做了删改整理，形成了非常不同的两种理解。孔安国删去的内容更多，虽然文本更精简，但显得意犹未尽，小戴保留的更多，也可能自己添加了一些字句，文字就更混乱一些，描述却也更详尽。但两个版本在这里的文字差别并未影响到整体结构，上述大道既隐的乱世里，因制礼作乐而成小康的逻辑，对于二者都是成立的。因而《礼记》本所概括的“小康”，放在这里并不显得突兀，即使不是原本所有的，也是一个恰当的概括。

由上所述，大同之世是礼制的最高境界，即不必制礼，而人人皆以礼行事，五帝之时被认为是这样，而在通常的历史进程中，这只是一个美好的理想；小康之世是三代圣王治下的状况，是现实历史中，通过制礼作乐约束教化人民，所可能达到的最高形态。这就是《礼运》首章所描述的历史演进。其中最重要的并不是对五帝、三代这两个历史时代的具体理解，而是对礼与人性、民风、自然之间关系的理解。儒家和道家一样，也认为最自然的状况是最好的，但他们对自然本身的理解很不一样，不认为《庄子》中描述的那种浑浑噩噩、无所事事的状态是最自然的，而是认为不需要强制、人们的爱亲敬长之情最充分地流露出来，才是最自然的状态。因而，《庄子》认为礼制的兴起是对自然人性的扼杀与戕害，《礼运》却认为礼制是对自然人性的维护、成全与回归。

这样也就不难理解，在《礼运》的后文中，为什么没有再谈大同之世，因为那只是一个理想状态的设定，而现实生活中礼制的作用，是要以小康之世为参照的。孔子说："夫礼，先王以承天之道，以治人之情，故失之者死，得之者生。"这当然是针对小康之世说的，因为在大同之世，大道（就是天道）就行于人间，礼就在民情当中，不需要王者来治理，是在大道隐去、人情浇薄之后，才需要先王以礼为治民之器。

在下文，孔子又谈到了礼制起源的另外一个说法："夫礼之初，始诸饮食，其燔黍捭豚，污尊而抔饮，蒉桴而土鼓，犹若可以致其敬于鬼神……昔者先王未有宫室，冬则居营窟，夏则居橧巢。未有火化，食草木之实，鸟兽之肉，饮其血，茹其毛，未有麻丝，衣其羽皮。后圣有作，然后脩火之利，范金合土，以爲台榭宫室牖户……"（在《孔子家语》中，这一段被编入《问礼》）这是对礼制起源一种更现实主义的描述，谈的是各种制度的起源，与《系辞传》《孟子》等书中对各种具体礼制起源的描述相互呼应。对礼制起源的这两种描述并行不悖。首章所谈，是在理论上，根据民风的演变和治道的变化，谈礼的本质与意义；此处所言，是就具体礼制和礼器，描述其逐渐演进的过程。两种起源都在强调礼与自然天道的关系，也都在谈礼在治道中的功能，以及圣王的制礼作乐。归根到底，礼制与礼器都是为了服务于礼义。我们只要读《礼运》全篇就可以明白，此处就不赘述了。

六　《礼运》历史观的后世影响

《礼运》中表达的这种历史观，是先秦儒家礼乐思想在历史演进上的系统展开，在汉代以后的经学思想中，有非常深远的影响。前述《白虎通》和郑注中，我们都可以看到这一理解的影响，甚至王肃自己，也并未否定这种历史理解。而到了魏晋南北朝的义疏学中，这一历史观得到了更加系统的发展。虽然那时候的大部分经学著作已经亡佚，但我们在唐人孔颖达、贾公彦、杜佑的著作中都可以看到。

比如贾公彦在《仪礼疏·丧服》中，对丧服的演进有一个非常系统的描述，方苞认为是袭自魏晋六朝学者的旧说，从行文看是有道理的："第一，明黄帝之时，朴略尚质，行心丧之礼，终身不变。第二，明唐、虞之日，淳朴渐亏，虽行心丧，更以三年爲限。第三，明三王以降，浇伪渐起，故制丧服以表哀情。"① 这里对丧服演进的描述是：黄帝时因为完全自然质朴，不需要制定丧服，人们会自觉地心丧三年；到了尧舜之时，已经不那么淳朴，所以有了更多的礼制，定为心丧三年；到了三代之时，人心浇薄，就必须有更严格的人为规定，于是有了丧服。这正是将《礼运》中所说大同小康的礼制演进模式运用到丧服制度中的结果。孔颖达、杜佑都有非常类似的看法②，但不及贾公彦所言系统，他们之间或是相互影响，或是各自受到了同一学术传统的影响，都秉有非常类似的历史观。

到了宋代之后，学术风气为之大变，儒学关心的问题也已大不一样，这样的历史性理解就渐渐被淡忘，甚至变得不可理解了，所以才会出现了李清臣那样的疑问；至现代学者受到西学的影响，就更不容易理解《礼运》本身的历史观了。

---

① （唐）贾公彦等：《仪礼疏》，嘉业堂丛书本，1918 年版，第 10 册，第 1560 页。

② 参见（唐）孔颖达：《礼记正义·三年问》，吕友仁整理，上海古籍出版社 2008 年版；杜佑：《通典》卷 80，中华书局 1988 年版。

严遵《老子指归》的“无为”“自然”概念及其政治哲学*

丁四新

（清华大学哲学系）

摘要：（1）严遵继承了老子“无为”“自然”的概念，注入了新的内涵和解释。他认为“无为”是“道之身体而天地之始”，是“治之元”“政教之元”“成功之主”，高度重视“无为”概念。他又认为“自然”是“性命之理”，在实质的意义上提出了“性分”概念和“自然之验”的说法。（2）严遵重视“阴阳刑德论”和“啬道”，认为它们是“无为”“自然”概念在政治方法上的落实。他以“文武”“赏罚”等推演了“刑德”概念，提出了“名实为纪，赏罚为纲”的口号，具有综合名、法的思想特征。他又提出了“治国之道，生民之本，啬为祖宗”的观点，将啬道看作是保护政治主体（人主）之形神生命的重要手段。（3）严遵吸纳了许多儒家元素，建立了政治人格系统和皇、帝、王、伯（霸）的历史观念，他的思想无疑具有综合、折中的特点。

关键词：严遵　老子指归　无为　自然　政治哲学

严遵，字君平，与刘向并时，西汉后期的黄老学者，扬雄“少时从游学”①。严遵的著作，一般说来，流传至今的只有《老子指归》（简称

* 本文系国家社会科学基金重大项目“出土简帛四古本《老子》综合研究”（编号15ZDB006）的阶段性成果，另已发表于《哲学研究》2018年第7期。

① 《汉书》卷72《王贡两龚鲍传》。扬雄的思想受到严遵的直接影响，《太玄》的“玄”即来自严遵。

《指归》)一书。[①] 目前，研究严遵及《指归》的论著不多，就本论题来说，相关文献就更少了。[②] 职是之故，本论题的研究在当前是颇为必要的。

一 “无为”:《指归》政治哲学的基本原则

一般来说，黄老的政治哲学着眼于君对臣和君对民的有效统治，它以“无为”和“自然”为基本原理。通常，黄老以“无为”规范君主的统治（或治理），而以“自然”规定其政治效果，即所谓“君无为而民自然”，这是黄老“君人南面之术”[③] 中最一般的层面。严遵亦不例外，其政治哲学亦以“无为”和“自然”为关键概念。从《指归》来看，严遵的政治哲学以“自然”“无为”为中心概念，以“阴阳刑德论”和“啬道”为基本手段，而以“君子”和“圣人”等为政治上的理想人格。

何谓“无为”?“无为”是相对于“为”或“有为”而提出来的，并由老子首先作出了深入的哲学思考。[④] 从《老子》来看，“无为”即针对

---

① 班固在《汉书》卷72《王贡两龚鲍传》中说严遵“著书十余万言”，陆德明《经典释文序录》曾列《老子严遵注》2卷，并说严遵作《老子指归》14卷。（陆德明撰，黄焯汇校，黄延祖重辑:《经典释文汇校》，中华书局2006年版，第27页）很显然严遵生前不只撰写了《老子指归》一书。一般，学者认为严遵《老子注》已佚。不过，樊波成不同意这一看法，他认为道藏本、怡兰堂丛书本《老子指归》所附之注即严氏《老子注》。参见樊波成《〈老子指归〉当为严遵〈老子章句〉——严遵〈老子注〉的发现以及〈老子指归〉的性质》，《中国典籍与文化》2013年第1期。按，本文论述严遵思想，仅依据《老子指归》一书。本文凡引《指归》及文字校改，均依王德有点校《老子指归》，中华书局1994年版。

② 在期刊上发表的论文，目前可见王德有、邱乐媛的两篇。参见王德有《老子指归自然观初探》，《哲学研究》1984年第9期；邱乐媛《〈老子指归〉“无为”思想的易学渊源》，《周易研究》2011年第6期。其中，王文后来编入王氏点校，中华书局1994年版《老子指归》的“自序”。此外，《中国老学史》一书有所涉及，但论述不多。参见熊铁基等《中国老学史》，福建人民出版社1995年版，第175、178—179页。

③ 《汉书》卷30《艺文志》。

④ “无为”观念产生于老子和孔子之前，儒家和道家都作了继承。老子首先在批判意识中提升了这一概念。“无为”一词在楚竹书《老子》中出现了6次，楚竹书《老子》甲组上篇即以“道恒无为”为主题，足见“无为”对于老子哲学的重要性。参见丁四新《郭店楚竹书〈老子〉校注》，武汉大学出版社2010年版，第70、86、96、151、269、406页。

"有为"这一概念而发，是对于后一概念的重构。通常，人们主张人君"有为"，但是老子相反，他批判"有为"，而以"无为"为治世的原理。大体说来，老子对于"无为"的论述包括三个层次。其一，"无为"是规范和主宰"为"（或"有为"）的原理。老子并不简单地反对"为"或者"有为"，而着重以"无为"为原理来重构"为"或者"有为"："无为"是"体"，而"有为"是"用"；"至柔"的"无为"驰骋于"至坚"的"有为"之中。① 其二，老子主张"为无为"。② "为无为"既是"无为"对于"为"的主宰和定向，也是"为"（政治活动等）对于"无为"的推演和实现。没有"为"的"无为"，乃是一个消极的、无底的黑洞。其三，老子提出了"无为而无不为"的命题③，这再次肯定了"无为"的原理，并由此阐明了"为"实现了对于"无不为"的超越。在"无为"的天际中，"为"鸢飞鱼跃，是无所不为，而全幅敞开的。总之，从表面看，"无为"是消极的，但是从作用和目的的角度看，它又是积极的，对于人君的政治活动具有建构意义。

严遵继承了老子关于"无为"的观点，并有所侧重和发展。《老子指归》对于"无为"的论述较多，归纳起来，大约包括四点。

其一，严遵认为"无为"是"道"的根本特性，不仅是形上、形下二界的生成法则，天地万物的生成之根，而且是规定人君圣主政治活动的根本法则。《指归·天下有始篇》（以下或省略书名）曰："夫道之为

---

① 通行本《老子》第四十三章曰："天下之至柔，驰骋天下之至坚。无有入无间，吾是以知无为之有益。不言之教，无为之益，天下希及之。"第四十五章曰："清静为天下正。"第五十七章曰："故圣人云：我无为而民自化，我好静而民自正，我无事而民自富，我无欲而民自朴。"第六十四章："其安易持，其未兆易谋……为之于未有，治之于未乱……是以圣人无为故无败，无执故无失……以辅万物之自然，而不敢为。"

② 通行本《老子》第三章曰："不尚贤，使民不争；不贵难得之货，使民不为盗；不见同现可欲，使民心不乱。是以圣人之治，虚其心，实其腹；弱其志，强其骨。常使民无知无欲，使夫智者不敢为也。为无为，则无不治。"第六十三章曰："为无为，事无事，味无味，大小多少，报怨以德。图难于其易，为大于其细。天下难事必作于易，天下大事必作于细，是以圣人终不为大，故能成其大。"

③ 通行本《老子》第三十七章曰："道常无为而无不为。侯王若能守之，万物将自化。"第四十八章曰："为学日益，为道日损。损之又损，以至于无为。无为而无不为。取天下常以无事，及其有事，不足以取天下。"

物，无形无状，无心无意，不忘不念，无知无识，无首无向，无为无事，虚无澹泊，恍惚清静。其为化也，变于不变，动于不动，反以生复，复以生反，有以生无，无以生有，反复相因，自然是守。无为为之，万物兴矣；无事事之，万物遂矣。是故无为者，道之身体而天地之始也。”这段话既从自然流行的形下、形下世界而言，也从人君的政治活动及其政治修养而言。道是世界的本体，既是本根，也是原理。而这个道落实下来，就是所谓“无为”。《天下有始篇》曰：“是故无为者，道之身体而天地之始也。”这一句颇为重要，说明严遵高度重视“无为”概念，他是以“无为”来具体理解何谓道的。

其二，在《指归》中，“无为”在含义上固然具有减少（人君之）言命和行为的一面，（例如，《得一篇》《道生一篇》曰“无为无事”是也）但是它更主要的是作为规范“为”的原理而得到严遵的肯定和运用的。《至柔篇》曰：“无为之为，遂成无穷，天地是造，人物是兴。”《为学日益篇》曰：“无为之为，万物之根。由此观之，不知之知，知之祖也；不教之教，教之宗也，无为之为，为之始也；无事之事，事之元也。”“无为之为”，即老子之“为无为”。（通行本第三、六十三章）《大成若缺篇》曰：“是无为者，有为之君而成功之主也，政教之元而变化之母也。”这三段话都阐明了“无为”是“有为”的主宰和原理，它既是自然生化也是人君政治活动的根本依据。在此，严遵还特别强调了“无为之为”的概念，可见严遵不但不反对人君之“为”，而是力图以“无为”规范人君的“为”。当然，这是继承老子思想而反复致意并强化之的结果。

其三，严遵从正负两个方面规定了“无为”概念的内涵，正的方面为“虚无”“清静”“恬淡”（《上德不德篇》《至柔篇》）、“柔弱”（《言甚易知篇》），负的方面为“损心弃意”（《上德不德篇》）、“无心无意”（《得一篇》），以及“去知去虑”（《大成若缺篇》）、“不思不虑”（《得一篇》）。从修养论来看，无论是正的方面还是负的方面，都是针对“知（智）故”（《大成若缺篇》）或“智欲”而发的。“智故”和“智欲”，正是来自主体自身而扰乱其心灵清静，使之无法认识和把握道的根本因素。作为修身原则，“无为”就是要除去和澄汰人主自身的“智故”和

“智欲”。不仅如此，《指归》还以“顺保性命”的概念解释了所谓“无为”。《得一篇》曰：“不欲不求，无为无事，以顺其性。不仁不义，不与不施，以保其命。……侯王之性得一之正，而侯王之所为非正也。去心去志，无为无事，以顺其性。去聪去明，虚无自应，以保其命。是以和平自起，万物自正。”“顺保性命”是一种正的思维和阐释，它不是《老子》所本有的，而是严遵吸纳《庄子》思想的结果。

其四，从功用来看，《指归》不仅认为“无为”乃“治之元也”，（《至柔篇》）“成功之主也，政教之元”（《大成若缺篇》），“无为之为，万物之根”（《为学日益篇》），而且认为它是治身、治家和治天下的根本原则。《出生入死篇》曰：“夫立则遗其身，坐则忘其心。澹如赤子，泊如无形。不视不听，不为不言，变化消息，动静无常。与道俯仰，与德浮沉，与神合体，与和屈伸。不贱为物，不贵为人，与王侯异利，与万性殊患。死生为一，故不别存亡。此治身之无为也。春生夏长，秋收冬藏。奉主之法，顺天之命。内慈父母，外绝名利。不思不虑，不与不求。独往独来，体和袭顺。辞让与人，不与时争。此治家之无为也。尊天敬地，不敢忘先。修身正法，去已任人。审实定名，顺物和神。参伍左右，前后相连。随时循理，曲因其当，万物并作，归之自然。此治国之无为也。冠无有，被无形；抱空虚，履太清；载道德，浮神明，秉太和；驱天地，驰阴阳，骋五行，从群物，涉玄冥，游乎无功，归乎无名。此治天下之无为也。”对于如何“治身”“治家”和“治天下”，严遵在此的阐释虽然甚多，但他无疑以“无为”为贯通原则，而这充分表明了“无为”在严遵思想中的重要性。

二　“自然”：《指归》政治哲学的原理

（一）何谓“自然”

何谓“自然”？“自然”包含“自然而然”和“自己如此”两义。它在通行本《老子》中共出现5次，见第十七、二十三、二十五、五十一、六十四章。它在楚简本《老子》中共出现4次。[①] 老子所谓“自然”包括三层含义：一者，指道的终极原理，所谓“道法自然”（第二十五章）是也；二者，是对于主位的规定，所谓“希言自然”（第二十三章）是也；三者，是对于宾位的规定，所谓“百姓皆谓我自然”（第十七章）、“夫莫之命而常自然”（第五十一章）和“以辅万物之自然而莫敢为”（第六十四章）是也。这最后一层含义其实与主位之“无为”相配合，《老子》一书强调了这一层含义。而《指归》阐述老子“自然”概念的重点即落在第三层含义上。对于这层含义的阐述，更能反映出严遵的思想深度，因为主位的“无为”正体现在宾位的“自然”之中，或者说主位的“无为”必须通过宾位的“自然”概念而得到规范和充实。严遵反对有主宰性、有目的性和违反政治规律的统治，而那样一种统治叫作“有为”。

从用法来看，《指归》的“自然”概念包括六重含义。

其一，从本然世界的生化流行来看，“自然”是天地万物的内在本性。《至柔篇》曰：“览天地之变动，观万物之自然。”《柔弱于水篇》曰：“道德所包，天地所载，阴阳所化，日月所照，物类并兴，纷缪杂乱，盛衰存亡，与时变化，积坚者败，体柔者胜，万物之理，自然之称也。”“万物之自然”，出自《老子》。而严遵在此将这一概念主要引向自然事物的自己如此（自然），“自然”成为自然世界的本质规定之一。当然，这种意义的“自然”在暗中与“人为”是相对的。

其二，“自然”不是一个实体性概念，而是规范形上、形下世界的根本原理，严遵继承了老子意义上的“自然”观念，而没有将其实体化。《道生一篇》曰：“夫天人之生也，形因于气，气因于和，和因于神明，神明因于道德，道德因于自然：万物以存。”“德道因于自然”，即老子的“道法自然”。（通行本第二十五章）“自然”是万物存在的依据和原理。

其三，“自然”乃性命之理。这一层含义又包括两点，一者，在万物生成、禀受性命的过程中，“自然”为其固然之理。《天地之道篇》曰：

① “自然”一词在楚简本《老子》中共出现4次，参见丁四新《郭店楚竹书〈老子〉校注》，武汉大学出版社2010年版，第70、406、173、365页。

“是以天地之道，不利不害，无为是守，大通和正，顺物深厚，不虚一物，不主一所，各正性命，物自然矣。”二者，在客观事物的自身运动及政治实践关联着的主客双方，“自然”均为应然之理。《江海篇》曰：“百川非闻海之美、被其德化归慕之也，又非拘禁束教、有界道、画东西而趋之也，然而水之所以贯金触石、钻崖溃山、驰骋丘阜以赴随江海无有还者，形偶性合，事物自然也。”万物合乎其形性，即为自然。《其安易持篇》曰：“教以无教，导以无名，知以无知，状以无形；治不得起，乱不得生，天下无为，性命自然。”此即所谓上无为而下自然。《上德不德篇》曰：“（上德之君）性命同于自然……（下德之君）性命比于自然。”这是以“性命同于自然”的命题要求君主修身，反对扭曲人的性命之情。“性命自然”本是《庄子》的思想，严遵将其引入进来，以阐发《老子》思想，这是对于老学的思想贡献。

其四，从被统治者（即民众）的一端，或从统治的全过程及效果来看，“自然”在《指归》中表现为“自为”“自得”“自化”“自生”等含义。严遵通过这些衍生概念深入地阐发了“自然”概念的内涵和思想。《江海篇》曰：“道德不生万物，而万物自生焉；天地不含群类，而群类自托焉；自然之物不求为王，而物自王焉。……凡此九王，不为物主，而物自归焉；无有法式，而物自治焉；不为仁义，而物自附焉；不任知力，而物自畏焉。何故哉？体道合和，无以物为，而物自为之化。”文中的“自生”“自托”“自王”“自归”“自治”“自附”“自畏”和“自为”，皆是“自然”概念的衍生，它们共同展示了“自然”含义的丰富性。特别值得指出的是，《指归》所说的“自化”概念都是就“万民自化”而言，《大成若缺篇》曰：“上欲不欲，天下自化。”《以正治国篇》曰：“是故人主诚［能］为无为之为，则……万民自化。”“自化”，在《指归》中无疑是一个政治哲学的术语。

其五，严遵多次论及“自然之验”，即所谓“自然”的效验问题。“自然之验”这一概念是由严遵首先提出来的，它在一定程度上深化了道家哲学。《指归》曰：

（1）夫道以无有之有，通无间，游无理，光耀有为之室，澄清无为之府，出入无外而无圻，经历珠玉而无朕。何以效其然也？夫有形镰利不入无理，神明在身，出无间，入无孔，俯仰之顷经千里。由此言之，有为之为，有废无功；无为之为，遂成无穷，天地是造，人物是兴。有声之声，闻于百里；无声之声，动于天外，震于四海。言之所言，异类不通；不言之言，阴阳化，天地感。且道德无为而天地成，天地不言而四时行。凡此两者，神明之符，自然之验也。（《至柔篇》）

（2）何以明之？庄子曰：道之所生，天之所兴。始始于不始，生生于不生。存存于不存，亡亡于不亡。凡此数者，自然之验、变化之常也。（《行于大道篇》）

（3）道德之教，自然是也。自然之验，影响是也。凡事有形声，取舍有影响，非独万物而已也。夫形动不生形而生影，声动不生声而生响，无不生无而生有，覆不生覆而生反。故道者以无为为治，而知者以多事为扰，婴儿以不知益，高年以多事损。由此观之，愚为智巧之形也，智巧为愚之影也。无为，逐（遂）事之声也；遂事，无为之响也。智巧，扰乱之罗也；有为，败事之网也。（《知不知篇》）

严遵所说的“自然之验”，包括两层意思。其一，“自然之验，影响是也”。“验”谓效验，“自然”有其“自然之验”，二者犹人影、声响的关系。“自然之验”，与“智巧之验”“有为之验”都不同。“自然”与“自然之验”，是从无到有、从无为到有为的关系。“百姓皆谓我自然”是“自然”之验，“无不为”是“无为”之验。其二，从效果看，“自然之验”有神化之功，无能生有，无为而天地成，“天地是造，人物是兴”，这些都是“自然之验”。与此相对，智巧、有为之验包括两个方面，一者有形迹可据，拘于一物一事；二者扰乱甚至败坏事情的成功，所谓“智巧，扰乱之罗也”，“有为，败事之网也”是也。

最后，严遵很重视“分”的概念，在实质的意义上提出了“性分”的概念。“分”字既可以作动词，也可以作名词使用。作名词用，“分”读去声，有“性分”“职分”和“分度”义，其中“分度”为总义，可以统摄前二者。《民不畏死篇》曰：“故人君有分，群臣有职，审分明职，不可相代。"此"分"即"职分"义。《名身孰亲篇》曰："万物之性，各有分度，不得相干。"此"分度"就"万物之性"而言，则所谓"分"为"性分"义。《天之道篇》上文曰"各正性命，物自然矣"，下文曰"各受一分，不得兼有"，据此，此"分"字亦为"性分"义。《人之饥篇》曰：

> 道德之生人也，有分；天地之足人也，有分；侯王之守国也，有分；臣下之奉职也，有分；万物之守身也，有分。……失道之分，性不可然；失天之分，家不可安；失主之分，国不可存；失臣之分，命不可全；失民之分，身不可生。

这段话是讲万物之性各有分度，而不可失此"性分"；同时，"性分"表现在外，即表现在伦理关系上就是"职分"。严遵的"分"概念是此二者的结合。严遵主张"守分如常"；失分与过分，都是他所批判的。从一定意义上来看，"守分"也就是"无为"和"自然"。这与上文"性命自然"的主张是高度一致的。

尽管《指归》没有"性分"一词，但在实质意义上严遵已提出了此一概念。"性分"是对于"性命"概念的深化，体现在将人伦的"分位"收摄在"性命"的内含之中，使得"分位"直接被天道化和天命化。《庄子》虽然有"分位"和"性命"二词，但它们在文中都是彼此独立的。黄老帛书《道原》曰："分之以其分，而万民不争；授之以其名，而万物自定。"① 这是融合了儒家的"名分"思想。②《淮南子》是在"种

---

① 国家文物局古文献研究室编：《马王堆汉墓帛书（壹）》，文物出版社1980年版，第87页。

② 参见《论语·颜渊》《周易·象传》《郭店楚墓竹简》和《荀子》等书篇。其中，楚简《六德》篇的论述最为系统，竹书以"六位"（父、子、君、臣、夫、妇）为核心，构造了一个由"六位""六职""六德"组成的思想系统。楚简《成之闻之》即将此"六位"称为"人伦"，并认为它们根源于"天"，"人伦"不过是"天常"在人间的现实化。《成之闻之》曰："天降大常，以理人伦。制为君臣之义，著为父子之亲，分为夫妻之辨。"又曰："是故君子慎六位以配天常。"参见荆门市博物馆编《郭店楚墓竹简》，文物出版社1998年版，第187—188、168页；丁四新《郭店楚墓竹简思想研究》，东方出版社2000年版，第342—351页。

类”及其受命的本原上来使用“性命”概念的①，且多次使用“性命之情”一词，很明显，这是继承了庄学“性命”概念的结果。这样看来，严遵提出实质意义上的“性分”概念，确实深化了黄老的思想，在一定意义上开启了玄学的性分说。

（二）“自然”与“无为”的关系

“自然”和“无为”是什么关系？这是严遵必然会思考到的一个问题。在老子那里，“自然”有三层含义，其中“道法自然”（《老子》第二十五章）之“自然”乃最高原理。据此可知，“无为”是“自然”概念的推衍：“无为”从属于“自然”，而“自然”高于“无为”概念。这是上下关系。《老子》第十七章曰“功成事遂，百姓皆谓我自然”，第五十一章曰“夫莫之命而常自然”，第六十四章曰“以辅万物之自然”，此三“自然”皆从宾位而言，是描述万物、百姓之存在状态，或者规定圣人统治之理想效果的词语。从主位（人主，圣人）到宾位，是从“无为”到“自然”的关系：“无为”乃人主、圣人之无为，这是前因；“自然”乃万物、百姓之自然——好像自然如此，非由人主或圣人统治的结果，这是后果。这是因果关系。“自然”与“无为”的这两重关系，严遵在《指归》中都作了继承。

“自然”是最高原理，严遵特别放在人主（或圣人）为政的意义上来说。《上士闻道篇》曰：“惟柄自然之归，以统万方之指者能有之。”又曰：“心为身主，身为国心，天下应之，若性自然。”《道生篇》曰：“非有巧能，自然之物，圣人因之，与天周密。”《言甚易知篇》曰：“夫圣人之言，宗於自然，祖於神明。”诸“自然”皆从人主、圣人之主体性而言，它涵摄了“无为”之义。换一句话说，此“自然”即“无为”，而“无为”实际上是此“自然”义的一种推衍：“自然”是原理，而“无为”是手段。当然，相对于“有为”来说，“无为”又是一种颇具批判

① 例如，《淮南子·诠言》曰：“洞同天地，浑沌为朴，未造而成物，谓之太一。同出于一，所为各异，有鸟、有鱼、有兽，谓之分物。方以类别，物以群分，性命不同，皆形于有。隔而不通，分而为万物，莫能及宗，故动而谓之生，死而谓之穷。”很容易看出，“性命”是种类的概念。或者说，物种不同，其性命即不同。

性的原则：既是对于“有为”的解构，又是对于“为”或“有为”的再建构。

“无为”为因，“自然”为果，构成政治事件的因果两端，这是“自然”“无为”的又一重关系。严遵特别重视这层关系。《不出户篇》曰：“故圣人之为君也，犹心之于我，我之于身也。不知以因道，不欲以应天，无为以道世，无事以养民。玄玄默默，使化自得，上与神明同意，下与万物同心。动与之反，静与之存，空虚寂泊，使物自然。”《其安易持篇》曰：“不思不虑，若无所识，使物自然，令事自事。”这是从政治主体作用于政治客体的角度来阐述“无为”和“自然”的关系的：人君“无为”则“使物自然”。《言甚易知篇》曰：“夫无形无声而使物自然者，道与神也；有形有声而使物自然者，地与天也。”需要注意的是，此处的所谓“使物自然”，是从宇宙生成的角度来说的，并且可分为“无形无声”和“有形有声”两种情况。前一种因果关系，从君主消解自身之“有为”之主体性而言，其“使”乃不使之使：在此，君主的“无为”不是一种外在的强加，而是事物如此生成和展现的主体性前提。实际上，正如《其安易持篇》所云：“故圣人无为为之以生万物，无执执之以制所欲，犹工匠之造高台，而天地之生巨木，自然而已。”“自然”是“无为”的内在尺度。后一种因果关系，从宇宙生成而言，其“使”乃虚设之义：道与神、地与天都是无为的，均非所谓主宰。

“我无为而民自化”等是《老子》的名句，充分体现了“无为”与“自然”之间的政治因果关系。《指归·以正治国篇》曰：

何以明之？庄子曰：夫起福生利，成功遂事，备物致用，使人大富，天下奢僭，财货不足，民人愈丑。福满山泽，金玉成积，国愈不安，民益少利。饰智相愚，以诈相要，防堤邪淫，奸伪之路密。分别同异，是非之变众，则国家昏而政事衰。作方遂伎，雕琢文彩，奇变异怪，以褒有德，以别尊卑，巧故滋起，俊出愈奇。令速赏深，罚峻刑严，凿肌肤，断四肢，疏远不隐，亲近不和。罪至夷灭，赏至封侯，天地振栗，盗贼愈多。故圣人之言云：“我无为

> 而民自化”。夫何故哉？主者，天下之心也，气感而体应，心动而身随，声响相应，形影相随，不足以为喻。是故人主诚［能］为无为之为，则天下之心皆无所之，被道含德，无思无求，无令无法，万民自化。人主诚能事无事之事，则天下无效无象，无知无识，不赏不与，万民自富。人主诚能安无静而静，乐无清之清，则天下不学不问，无闻无见，无刑无罚，万民自正。人主诚能欲不欲之欲，则天下心虚志平，大身细物，动而反止，静而归足，不拘不制，万民自朴。

何谓“我无为”？此“我”是从人主而言。何谓“人主无为”？“无为”不是不为，而是“为无为之为”的根本原则。礼法刑赏，有为也；“无为”则是反其道而行之，道德是也，自然是也。而人主为无为之为，需要许多策略和手段，但均以“无为”为其原则。这样，“天下之心皆无所之，被道含德，无思无求，无令无法”，而“万民自化”。“化”谓变化，洗心革面，自然而然地顺应圣人的政治目的而彻底改变其自身。万民自化、自正、自富和自朴而构成一浑然的、自然而然的世界，这正是圣人为无为的根本政治目的。

三　治国之道：“阴阳刑德论”与“啬道”

“无为”“自然”是严遵政治哲学的基本原则，而“阴阳刑德论”和“啬道”是严遵政治哲学在统治方法（术）上的重要特色。“阴阳刑德论”本属于阴阳家的理论，而“啬道”则出自老子本人。

（一）“阴阳刑德论”

“阴阳刑德论”，是《指归》统治术的一个思想重点。“阴阳刑德论”是人主根据四时的阴阳不同而如何相应地实施德惠或刑杀的政治活动。这套理论本属于阴阳家学说，兴起于战国中期。典型的“阴阳刑德论”，最先出现在《管子·四时篇》，其主旨在于“务时寄政”。① 阴阳家认为一年四时的阴阳消息具有阳生阴杀的作用，而人主应当据此施政，或德或刑，与四时之阴阳相符。② 这套理论在黄老帛书《十六经》中得到了更为具体、细致的阐述。《十六经·观篇》曰：“是［故］赢阴布德……宿阳修刑……春夏为德，秋冬为刑。先德后刑以养生。”《十六经·姓争篇》曰：“刑德皇皇，日月相望，以明其当。……天德皇皇，非刑不行；穆穆天刑，非德必倾。刑德相养，逆顺若成。刑晦而德明，刑阴而德阳，刑微而德彰。”③“赢”，盈也；“宿”，久也。《十六经》认为，人主施行刑德的依据在于天道，在于阴阳：赢阴布德，宿阳修刑；春秋为德，秋冬为刑；先德后刑以养生。刑德是相对而存的，有刑必有德，有德必有刑，但二者又是对立的，犹阴阳、晦明之相反。作为黄老后学，严遵毫无疑问继承了《管子·四时》和帛书《十六经》的“阴阳刑德论”。

《指归》“阴阳刑德论”的基本理论如下：

> 道德之情，正信为常。变化动静，一有一亡。覆载天地，经纬阴阳，纪纲日月，育养群生。逆之者死，顺之者昌。故天地之道，一阴一阳。阳气主德，阴气主刑，刑德相反，和在中央。春生夏长，秋收冬藏，终而复始，废而又兴。阳终反阴，阴终反阳，阴阳相反，以至无穷。(《以正治国篇》)
>
> 夫天地之道，一阴一阳，分为四时，离为五行，流为万物，精

---

① 刑德理论有多种，除本文所述“阴阳刑德论”之外，还有数术意义上的和法家意义上的“刑德说”。数术意义上的“刑德说”，参见帛书《刑德》三篇，属于《论六家要旨》所说“使人拘而多畏”的一派。《韩非子·二柄》曰：“何谓刑德？曰：杀戮之谓刑，庆赏之谓德。”这属于法家意义上的“刑德说”，专以杀戮、庆赏二柄为刑德，而没有推及天道之阴阳。阴阳、黄老的“刑德说”，一定以四时阴阳为刑德的天道依据。帛书《刑德》三篇，参见湖南省博物馆、复旦大学出土文献与古文字研究中心编纂《长沙马王堆汉墓简帛集成（伍）》，中华书局2014年版，第1—64页。司马谈的《论六家要旨》，参见司马迁《史记》卷130《太史公自序》。

② 《管子·四时篇》曰：“是故阴阳者，天地之大理也；四时者，阴阳之大经也。刑德者，四时之合也。刑德合于时则生福，诡则生祸。”又曰：“德始于春，长于夏，刑始于秋，流于冬。刑德不失，四时如一。刑德离乡，时乃逆行，作事不成，必有大殃。”又曰：“是故圣王务时而寄政焉。作教而寄武，作祀而寄德焉，此三者圣王所以合于天地之行也。”

③ 国家文物局古文献研究室编：《马王堆汉墓帛书（壹）》，中华书局1980年版，第62、69页。

为三光。阳气主德，阴气主刑，覆载群类，含吐异方。（《勇敢篇》）

上述两段话，已将《指归》“阴阳刑德论”的基本要点揭示出来了。首先，德惠和刑杀的根据在于天道。天道一阴一阳，刑德随之，“阳气主德，阴气主刑”；表现在节令上就是“春生夏长，秋收冬藏”。人主之政，即应当顺应阴阳运动而随时施之以德刑：阳德阴刑，四时各有其政，以助春生夏长秋收冬藏之阴阳运动。

根据天道阴阳原理，严遵从人君为治的角度阐明了《指归》刑德理论的内涵。严遵认为，人君在为政或统治的过程中需要将刚柔、文武、威德（兵德）的两种手段结合起来，而以“中正为经”。《以正治国篇》曰：“故王道人事，一柔一刚，一文一武，中正为经。刚柔相反，兵与德连。兵终反德，德终反兵，兵德相保，法在中央。”“德”，德惠；“兵”，刑也。《用兵篇》曰：“庄子曰：夫阴而不阳，万物不生；阳而不阴，万物不成。由此观之，有威无德，民不可治；有德无为（威），宗庙必倾；无德无威，谓之引殃，遭运时变，身死国亡。故人主者，国之腹心也；兵者，国之威神也。”是篇又曰：“夫德之与兵，若天之与地，阴之与阳，威德文武，表里相当。”“威”，刑也。“兵德”“威德”，都是“刑德”概念的变换说法。阴阳互相依赖，缺一不可，严遵即据此论证了刑德（兵德、威德）也是彼此依赖而缺一不可的。此外，“刚柔”“文武”都与“阴阳”相应，都属于刑德的推衍。在古代（具体在汉代）社会，时令对于人类的生活具有极大的影响和制约作用，时令不同则其政不同，这是自然之理。严遵继承和阐发了“阴阳刑德论”，这是符合古代文明的具体历史条件的。

从“阴阳刑德论”来看，刑德、恩威在政治活动中是必不可少的，因为落在人主政治活动中的刑德、恩威正体现了阴阳循环之天道，这是必须且应当的。而如何实施刑德、恩威？在《以正治国篇》中，严遵说，应当根据“正名以覆实，审实以督名”来施行赏罚①，在《用兵篇》中说要以“名实为纪，赏罚为纲”。如果“名实失当”，那么“赏罚妄举”。

① 《以正治国篇》曰：“正名以覆实，审实以督名。一名一实，平和周密，方圆曲直，不得相失。赏罚施行，不赢不缩，名之与实，若月若日。”

（《民不畏死篇》）如果“名实有孚”，那么“赏罚得中”。（《柔弱于水篇》）进一步，需要对君臣“审分明职”，《民不畏死篇》曰：“故人君有分，群臣有职，审分明职，不可相代。”以上，这是一套形名学的思想，韩非子和黄老学者都充分吸纳了这一学说。《指归》的特别之处在于将形名学和“阴阳刑德论”结合起来。如何施行刑德？严遵认为应当根据形名学的一套理论来作赏罚，即根据“名实为纪，赏罚为纲”来作赏罚。“赏罚”即刑德。在此，我们看到，严遵的“阴阳刑德论”变得更为现实，更为具体，而落实在实际的层面上。如此看来，严遵虽然继承了传统的“阴阳刑德论”，但是已经做了较大的超越，在政治活动上充满了更多的技术色彩。

（二）“啬道”

在政治方法上，《指归》的啬道也值得注意。“啬”是一种负的方法，一种保守的方法。“啬道”，出自《老子》。楚简《老子》乙组曰：“治人事天莫若啬。夫唯啬，是以早服，早服是谓［重积德］。”（通行本为第五十九章）① “啬”与“费”相对，即俭啬、爱啬之义。严遵《指归》的“啬”概念，包含两层含义，一作为养气、养生的方法，二作为人君治国的方法，当然这二者之间是有关联的。《上士闻道篇》曰“啬为气容”，《出生入死篇》以“啬”为“生之徒”十三法之一，它们都是从养气和养生上来说的。此义与作为政治主体之修养保证的方法在目的上是不同的，这应当是严遵的发明。

至于作为人君治国的“啬道”，见于《指归·方而不割篇》。是篇曰：

> 故治国之道，生民之本，啬为祖宗。是故明王圣主，损形容，卑宫室，绝五味，灭声色，智以居愚，明以语默，建无状之容，立无象之式，恐彼知我，藏于不测。……故万物玄同，天下和洽，浮沉轧軮，与道相得。……自修有余，故能有国；治人理物，子孙不

① 荆门市博物馆编《郭店楚墓竹简》，第118页；丁四新《郭店楚竹书〈老子〉校注》，第261页。

绝。夫何故哉？以其啬也。为啬之道，不施不予，俭爱微妙，盈若无有，诚通其意，可以长久。形小神大，至于万倍，一以载万，故能轻举。一以物然，与天同道，根深蒂固，与神明处。真人所体，圣人所保也。

这段文字提出了“治国之道，生民之本，啬为祖宗”的说法。“啬为祖宗”在此包括两个要点。其一，从御臣之术而言，具体为“损形容，卑宫室，绝五味，灭声色”和“智以居愚，明以语默，建无状之容，立无象之式，恐彼知我，藏于不测”。这是一个自我隐匿和神秘化的“啬道”，目的在于防备臣下的揣测和把捉。其二，从自保精神而言，具体为“不施不予，俭爱微妙，盈若无有，诚通其意，可以长久”，如此“根深蒂固，与神明处”。长生久视以及爱啬精神，在此都是为政治服务的，因为人君的寿命长短及其健康状况如何，都严重地影响着社会和政权的稳定。而这层关系，正是早期黄老政治关心的重要问题。韩非子所谓“啬道”——“爱其精神，啬其智识”，目的正是“深根固蒂，长生久视”和为顺循道理的政治目的服务的。① 需要指出的是，帛书《经法》《十六经》《称》《道原》四篇没有出现“精神”和“啬”字，没有提出和回答形神关系的问题，这是值得学者注意的文本现象。

四　理想的政治人格与功业层次：圣人与皇、帝、王、霸

根据“自然”“无为”的政治哲学，严遵在《指归》中设立了一系

① 《韩非子·解老》曰：“所谓‘事天’者，不极聪明之力，不尽智识于任。苟极尽，则费神多；费神多，则盲聋悖狂之祸至，是以啬之。啬之者，爱其精神，啬其智识也。故曰：‘治人事天莫如啬。’众人之用神也躁，躁则多费，多费之谓侈。圣人之用神也静，静则少费，少费之谓啬。啬之谓术也，生于道理。夫能啬也，是从于道而服于理者也。众人离患，陷于祸，犹未知退，而不服从道理。圣人虽未见祸患之形，虚无服从于道理，以称蚤服。故曰：‘夫谓啬，是以蚤服。’”

列的理想政治人格，从臣下来看，他们包括贤人和君子，从人主（人君、君主）来看，他们包括圣人、明王、圣主、贤君。此外，皇、帝、王、伯（霸）和上德之君、下德之君的差别，在严遵的思想中也是值得注意的问题。

（一）君子与圣人

贤人、君子，这是一组概念，其中君子为其代表。圣人、明王、圣主、贤君，这是一组概念，其中圣人为其代表。

《老子》有"贤人"的概念，[①] 但没有"君子"一词。"君子"本来是一个从位而言的概念，后来儒家将其道德化，成为一种道德人格。在《指归》中，"贤人"一共出现了两次，均指富有才干的臣子。"君子"（此"君子"在一定程度上已道家化）一共出现了十多次，与"小人"相对。在《指归》中，君子的人格高于贤人。据《上德不德篇》，严遵在小人、君子划分的基础上进一步将君子"剖判为数等"，即将君子划分为道人、德人、仁人、义人和礼人五等。这五种人，"皆乐长生，尊厚德，贵高名"。从另一方面来看，严遵在此受到了儒家的深刻影响，他将儒家的人格概念吸纳到他的思想系统之中，从而丰富了汉代黄老学的内涵。

据《万物之奥篇》，严遵认为，圣人高于君子的人格。是篇曰："圣人之下，朝多君子。"儒家和道家各有其"圣人"的概念。在《老子》一书中，"圣人"共出现31次，是老子刻意塑造和诠释的人格概念。老子首先阐明了圣人人格的道家属性及其内涵。何谓圣人？简言之，根据《老子》一书，圣人就是最能实践"无为""自然"原则而抱道怀德的人格存在。这个圣人，相对于传统所谓圣人、君子、贤人而言。严遵同样重视圣人的人格，在今存本《指归》中，"圣人"一词约出现了70次。此外，"明王圣主"出现了10次，"贤君圣主"出现了两次。毫无疑问，圣人在《指归》的思想系统中占据了非常重要的位置。从来源说，《指归》的圣人人格是继承《老子》和黄老的双重结果。帛书《道法》等四篇、《韩非子》和《淮南子》都重视"圣人"概念，严遵进一步综合，

---

① 通行本《老子》第三章曰："不尚贤，使民不争。"此"贤"，指贤能之人。

在一定程度上丰富了圣人的内涵。而作为理想的政治人格，圣人必须出现在《指归》的思想体系中。

（二）皇、帝、王、霸与上德、下德之君

"王霸"的概念在春秋时期已经产生了，但所谓三皇五帝的说法则是在春秋后期至战国后期逐步形成的。《孟子》有帝尧、帝舜的说法，但不见三皇之称。《周易·系辞》有伏羲、神农、黄帝、尧、舜的说法，亦不见三皇之称。[①] 实际上，孟子仅以王霸为议。皇、帝、王、霸最终是在战国晚期至汉初这一段时间形成的，是以道德和功业为评价标准建立起来的，但它是一种退化的历史观。在严遵之前，人们很少系统地叙述或讨论皇、帝、王、霸的问题。严遵接过了这一话题，在《上德不德篇》（《指归》首篇，通行本第三十八章）等中作了系统而深入的阐发。

严遵首先依道、德、仁、义、礼的层次而将人区分为道人、德人、仁人、义人和礼人五种。《上德不德篇》曰：

> 天地所由，物类所以，道为之元，德为之始，神明为宗，太和为祖。道有深微，德有厚薄，神有清浊，和有高下。清者为天，浊者为地，阳者为男，阴者为女。人物禀假，受有多少，性有精粗，命有长短，情有美恶，意有大小。或为小人，或为君子，变化分离，剖判为数等。故有道人，有德人，有仁人，有义人，有礼人。敢问彼人何行而名号殊谬以至于斯？庄子曰：虚无无为，开导万物，谓之道人。清静因应，为所不为，谓之德人。兼爱万物，博施无穷，谓之仁人。理名正实，处事之义，谓之义人。谦退辞让，敬以守和，谓之礼人。凡此五人，皆乐长生，尊厚德，贵高名。

在此基础上，严遵接着根据"德有优劣，世有盛衰，风离俗异，民命不

① 关于三皇五帝的考论，参见吕思勉、童书业编著《古史辨》，上海古籍出版社1982年版，第7册。

同"的标准对世间君主作了皇、帝、王、伯（霸）的划分。《上德不德篇》曰：

> 德有优劣，世有盛衰，风离俗异，民命不同。故或有溟涬玄寥而无名，或蒙澒芒芒而称皇，或汪然漭泛而称帝，或廓然昭昭而称王，或远通参差而称伯。此其可言者也。然而伯非伯，而王非王，而帝非帝，而皇非皇，而有非有，而无非无，千变万化，不可为计，重累亿万，不可为名。何以明之？夫易姓而王，封于泰山，禅于梁父者，七十有二义，其有形兆圻堮髣髴不可识者，不可称言，此其性命不同、功名不齐者非也耶？

严遵之所以引入皇、帝、王、伯（霸）的概念，是因为受到儒家经学的深刻影响。皇、帝、王、伯（霸）是汉代儒林讨论得颇为热烈的话题。皇、帝、王、伯（霸）均为人君之号，《白虎通》卷二曰："号者，功之表也。所以表功明德，号令臣下者也。"① 对皇、帝、王、伯（霸）的尊号，严遵当然根据老子的宗旨而重新设立了它们的标准。《上德不德篇》曰："故或有溟涬玄寥而无名，或蒙澒芒芒而称皇，或汪然漭泛而称帝，或廓然昭昭而称王，或远通参差而称伯。"乃至皇非皇，帝非帝，王非王，伯（霸）非伯（霸），"千变万化，不可为计，重累亿万，不可为名"。皇、帝、王、伯（霸）的名号，寄托着中国人的对于人君功德的理想和要求，但实际上，世间绝大部分君主是难以担当这些尊号的，严遵对此有清醒的认识。此外，在《指归》中皇、帝、王、伯（霸）或省称"帝王"。关于"帝王"的内涵，《上德不德篇》《善为道者篇》和《民不畏死篇》均有专门的论述。

在划分上德、下德、上仁、上义和上礼五个层次的基础上，严遵在《上德不德篇》中又对"上德之君""下德之君""上仁之君""上义之君""上礼之君"分别作了规定和论述。他们之间的差别，简言之，正如《上德不德篇》所说："是故帝王根本，道为元始。道失而德次之，德失

① 陈立：《白虎通疏证》，吴则虞点校，中华书局1994年版，第43页。

而仁次之，仁失而义次之，义失而礼次之，礼失而乱次之。凡此五者，道之以一体而世主之所长短也。”

五 结语

严遵是西汉后期一位杰出的思想家，在思想上具有较强的创新意识。他的哲学体系建立在老子“道生一，一生二，二生三，三生万物”（通行本第四十二章）上，相应地严遵构造了一个从虚无到实有，从道、德、神明、太和到天地、万物生成的思想体系。首先，“道”为虚之虚者；进而“道生一”，“一”为“德”，“德”为虚者；进而“一生二”，“二”为“神明”，“神明”为无之无者；进而“二生三”，“三”为“太和”，“太和”为无者；最后“三生万物”，生成实有的世界。所谓“三生万物”，即“太和”（元气）经过“清浊”“高卑”“阴阳”“和气”的分化而生成天地万物。① 从虚无到实有，有生于无，并将先天地的“虚无”始源阶段化，这是汉代宇宙论哲学的通说。不过，将老子的“道生一，一生二，二生三”均理解为“先天地”的生成阶段，并以“道”“德”“神明”“太和”相应解释之，这很可能是严遵的独创。

就本论题来看，严遵政治哲学的第一个层面是继承了老子的“无为”“自然”概念并作出了一定的创新性解释。尽管老子的政治哲学以“无为”“自然”两概念为核心，但是严遵给这两个概念加入了新内涵。除了继承老子“为无为”和“无为而无不为”的说法之外，严遵肯定了“无为”是道的最根本的内涵之一，《天下有始篇》说“无为”是“道之身体而天地之始”；并认为它包括“虚无”“清静”“恬淡”“柔弱”（《上德不德篇》《至柔篇》《言甚易知篇》）和“损心弃意”“无心无意”“去知去虑”“不思不虑”（《上德不德篇》《得一篇》《大成若缺篇》《得一

① 参见《老子指归·道生一篇》。相关阐述，参见王德有《老子指归自然观初探》，《哲学研究》1984 年第 9 期；熊铁基等《中国老学史》，福建人民出版社 1995 年版，第 173 页。王文后来编为中华书局 1994 年版《老子指归》的“自序”。

篇》）的内涵。进一步，从功用来看，严遵认为，“无为”是“治之元”“政教之元”“成功之主”（《至柔篇》《大成若缺篇》），“无为之为”是“万物之根”。（《为学日益篇》）毫无疑问，严遵对于“无为”的内涵及其与道的关系作出了新的论断。

严遵认为，从本然世界的生化流行来看，“自然”是天地万物的内在本性，《得一篇》即曰：“夫天人之生也，形因于气，气因于和，和因于神明，神明因于道德，道德因于自然：万物以存。”“自然”又是“性命之理”——既是固然之理，又是应然之理。由此，严遵重视“分”（fèn）的问题，在实质的意义上提出了“性分”的概念。严遵继承老子的思想，进一步阐发了“自然”的“自为”“自得”“自化”“自生”等含义，不过比较特别的是，他提出了“自然之验”，即“自然的效验”的说法，由此深化了道家哲学。

严遵更清晰地阐明了“无为”与“自然”的关系：“自然”“无为”都是道的根本内涵，不过从“道法自然”来看，前一概念高于后一概念，而后一概念乃是前一概念的推演；从统治过程来看，“无为”和“自然”有主（人主）宾（百姓）之分，有因果（效果）之分。在这些观点的基础上，严遵进一步指出，“圣人无为之为以生万物”，实际上是以“自然”为“无为”的内在尺度的。（《其安易持篇》）他还认为，礼法刑赏是有为，而道德、“自然”是“无为”。

严遵政治哲学的第二个层面是重视“阴阳刑德论”和所谓“啬道”。“阴阳刑德论”和“啬道”是统治手段，是“无为”“自然”概念在政治方法上的具体落实。“阴阳刑德论”源出于阴阳家，黄老继承了这一学说，（参见帛书《十六经》）严遵也继承了这一理论。在此，严遵的创新之处在于：其一，以刚柔、文武、恩威、赏罚等更为系统地推演了刑德概念；其二，通过赏罚将刑德概念落实到考核官吏的政治活动中。（古人称之为“术”）后一点尤其值得注意，“阴阳刑德论”被用作一种抽象的论证理论，论证赏罚的必要性来源于所谓天道之阴阳。严遵具体将刑德理论落实和转变为术，即以“名实为纪，赏罚为纲”（《用兵篇》），而“审分明职”（《民不畏死篇》《以正治国篇》），使“赏罚得中”（《柔弱于水篇》）。无疑，严遵的“刑德说”具有更多的术（政治手段、策略）

的色彩。严遵在政治上还非常重视“啬道”，提出了“治国之道，生民之本，啬为祖宗”的观点。所谓“啬为祖宗”，一个是从御臣之术来说，“啬道”是一种防备臣下窥望人主权力的自我隐秘之术；一个是从爱啬精神来说，所谓“爱啬精神”是为了确保人君（统治主体）的健康长寿，从而满足王朝政治的一个重要要求。而无论是“阴阳刑德论”还是所谓“啬道”，在严遵的哲学中都属于术的层面，具有南面之术和安定神形的作用。①

最后，严遵政治哲学的第三个层面是政治人格系统和皇、帝、王、伯（霸）观念及其历史观的建立。其特点是吸纳了儒家元素，并作了道家化的改造和重新定义。这既是汉代黄老思想在发展中的特点之一，也是儒家思想在当时影响黄老、影响严遵的结果。

总之，严遵的政治哲学有其基础、内容和特点，对于“自然”“无为”概念及其政治哲学，他的解释更为细致、具体和明晰，新见时出。他广泛吸纳诸家思想特别是儒家因素，并加以道家化的改造，这使得他的政治思想更为丰富和接近汉代政治的实际。毫无疑问，严遵是西汉后期最为杰出的一位黄老道家。

---

① 术的运用，不仅是一种统治手段，是“无为”的直接体现，而且有间接的安定和保养形神的作用。“阴阳刑德”和“啬道”都属于“术”，具有直接或间接的保养神形的政治功能。司马谈《论六家要旨》曰：“至于大道之要，去健羡，绌聪明，释此而任术。夫神大用则竭，形大劳则敝，形神骚动，欲与天地长久，非所闻也。……凡人所生者神也，所托者形也。神大用则竭，形大劳则敝，形神离则死。死者不可复生，离者不可复反，故圣人重之。由是观之，神者生之本也也，形者生之具也。不先定其神形，而曰‘我有以治天下’，何由哉？”载《史记》卷130《太史公自序》。人主的形神问题，在家天下的时代是一个严重的政治问题。

理学视域中的道统与政教

——以朱子《论语集注》为中心的考察*

陈 畅

（同济大学哲学系）

摘要：朱子的道统论思想蕴含丰富，既包含对于道（中华文明）之发端及其内容的根源理解，也包含对于其所处时代的社会政治难题的总体思考以及解决方案。朱子道统论并非仅仅是儒佛竞争下的产物，而主要是儒家源远流长的回向三代之治政教理想的产物。其作用机制表现在：经由性理思想的奠基，三代礼乐从封建制中分离出来，礼乐重建的主体从贵族阶层转移到平民群体；以道心人心之辨重构日常生活的公共性（神圣性），每一个体内在本性的实现，也是礼乐生活之神圣性的达致。

关键词：道统　政教　《论语集注》

在当前哲学界的语境中，宋明理学往往是一种内在化、微观化的心性之学。这种观点主要是针对宋明理学抽象而烦琐的心性论思考特质而提出。然而，在历史学界的语境中，宋明理学却是一种与社会政治及文化塑造密切相关的思想资源。例如，科大卫面向华南地区的历史人类学研究指出，宋明理学在构建地方宗族，尤其是把华南地区纳入中央王朝国家体制中发挥了重要作用。① 这种反差提醒我们：宋明理学除了是今人

---

* 本文另已发表于《现代哲学》2018 年第 1 期。

① 科大卫：《皇帝和祖宗：华南的国家与宗族》，江苏人民出版社 2010 年版；科大卫《明清社会和礼仪》，北京师范大学 2016 年版。

熟悉的思想运动，还是一场影响深远的社会政治运动；其所包含的诸如心性之学与社会政治治理在内的丰富内涵，尚有待哲学界深入挖掘。若要理解上述内涵如何融汇成一个完整的宋明理学义理整体，需要一个更加广阔的视野。而宋明理学道统论就具有这样的功能，它能帮助我们从整体的层面审视理学义理建构及其政教机制。

理学道统论源于朱子《中庸章句序》："盖自上古圣神继天立极，而道统之传有自来矣。其见于经，则'允执厥中'者，尧之所以授舜也；'人心惟危，道心惟微，惟精惟一，允执厥中'者，舜之所以授禹也。"① 学术界以往的研究或者将其理解为一个虚构的、一线单传式的道之传授谱系，或者将其理解为一种纯粹哲学形上学视野中的儒家心性论思想体系。这两种解读的共同特点在于：将理学道统论从其所从出的思想脉络中抽离出来，作出片面的单一化处理。事实上，朱子提出的理学道统论思想蕴含丰富，既包含对于道（中华文明）之发端及其内容的根源理解，也包含对于其所处时代的社会政治难题的总体思考以及解决方案。本文以朱子《论语集注》对《尧曰》道统说以及《先进》"吾与点也"的阐释为切入点，对这一议题作出初步探讨。

一　道统：回向三代与大中之道思潮

儒家道统学说由唐代韩愈作《原道》而正式提出。韩愈描述了尧、舜、禹、汤、文、武、周公、孔子、孟子一线单传的先王之道，指出此道的核心内容是仁、义、道、德。② 但是，朱子"道统论"原型并非韩愈道统说，而是来自孔子。《论语·尧曰》记载尧、舜、禹授受之际相传之道："尧曰：'咨！尔舜！天之历数在尔躬。允执其中。四海困穷，天禄永终。'舜亦以命禹。"朱子注释称："此尧命舜，而禅以帝位之

① （宋）朱熹：《中庸章句序》，《四书章句集注》，中华书局1983年版，第14页。

② （唐）韩愈：《原道》，《韩昌黎文集校注》，马旭昶校，上海古籍出版社1986年版，第18页。

辞。……舜后逊位于禹，亦以此辞命之。今见于《虞书·大禹谟》，比此加详。”① 《尚书·大禹谟》对此道的记载更详细：“人心惟危，道心惟微，惟精惟一，允执厥中。”② 对朱子而言，《尚书》与《论语》等经典文献在内容上的呼应构成了其道统论的思想来源。而作为传自孔子的重要文献，《尧曰》道统思想的意义在于：孔子以讲述上古圣王相传谱系的方式彰显和确认尧舜禹授受之中道思想，为中华政教文明提供了理念性的基础。③ 朱子道统论则是在新的历史条件下重新疏理中华政教文明，为时代的社会政治革新指引方向。一个明显的证据就是，作为朱子道统论核心的十六字心法是尧、舜、禹授受之法，其所代表的是儒家念兹在兹的三代之治。这一点可通过与韩愈道统论比较而得到进一步确认。

韩愈道统论是针对佛老思想压力而提出的竞争理论。韩愈首先寻找儒家与佛教思想的共同点并作出高下对比。他找到的是孔子仁义之道与佛教治心之学。韩愈指责佛教治心之学外政治、灭人伦，强调只有贯通身心家国天下为一体的儒家学问才是治心正道。④ 因此，他以孔子所开辟的仁义之道，而不是作为三代之治核心原则的“允执其中”来概括道统。其次，韩愈主张禁止佛老之道、“人其人，火其书，庐其居”，以恢复儒家伦理秩序。⑤ 北宋欧阳修撰有《本论》并严厉批评韩愈的观点。欧阳修认为儒佛之争的历史原因是，在尧舜三代的王道政治和礼义教化废阙衰败之后，佛教趁虚而入；因此胜佛之本不在于“火其书，庐其居”，而在于重建三代礼义教化。⑥ 欧阳修主张回到三代之治以立本，这是宋代士大夫政治思潮及其核心议题的体现。例如朱子曾评论欧阳修《本论》，他

---

① （宋）朱熹：《论语集注》卷10，《四书章句集注》，中华书局1983年版，第193页。

② （汉）孔安国疏，孔颖达整理：《尚书正义》卷4，载李学勤主编《十三经注疏》，北京大学出版社1999年版，第93页。

③ 详见陈赟《中的思想、中国的成立与儒学的道统论》，《儒家思想与中国之道》，浙江大学出版社2016年版，第176页。

④ （唐）韩愈：《原道》，《韩昌黎文集校注》，第17页。

⑤ 同上书，第19页。

⑥ （宋）欧阳修：《居士集》卷17《本论》，《欧阳修全集》，中国书店1986年版，第123页。

在肯定欧阳修意图恢复三代礼制的前提下，批评他的具体方法过于笨拙。① 陆九渊在这一问题上与朱子有共识，他认为《本论》固好，但只说得皮肤，亦即指《本论》方向正确但流于表面。② 综上，我们可以得出一个初步的论断：朱子道统论并非仅仅是儒佛竞争下的产物，而主要是儒家源远流长的回向三代之治政教理想的产物。

且以朱子本人的文字再作说明。绍兴三十二年（1162），宋孝宗即位诏求直言，时年33岁的朱子撰《壬午应诏封事》。该文将“十六字心法”定位为贯本末而立大中的治道渊源。③ 大中，又称大中之道，是宋代士大夫的常用词汇。例如皇祐二年（1050），时年18岁的程颐上书宋仁宗，自言“臣所学者，天下大中之道也。……其为道也至大，其行之也至易，三代以上，莫不由之。自秦而下，衰而不振”④。在程颐的用法中，大中之道是三代之治的最高原则，是圣人之道的核心内容。这一用法的最早源头是《尚书·洪范》记载的洪范九畴之第五畴“皇极”：“五，皇极。皇建有其极。”孔安国释为“大中之道，大立有其中，谓行九畴之义”，孔颖达疏为“皇，大也。极，中也。……欲使人主先自立其大中，乃以大中教民也。……《中庸》所谓‘从容中道’，《论语》‘允执其中’，皆谓此也”⑤。王道、大中之道、中庸之道是同义词。而朱子、程颐用法的宋代源头，则是宋初三先生之一的孙复。余英时指出，大中之道在两宋时代最早是孙复的特有用语。⑥ 孙复认为“夫子之道者，治天下经国家大中之道也”，他强调三代大中之道经由孔子损益而集大成、焕然齐备，其

---

① （宋）黎靖德编：《朱子语类》卷139，王星贤点校，中华书局1994年版，第3310页。

② （宋）陆九渊：《陆九渊集》卷34《语录上》，钟哲点校，中华书局1980年版，第408页。

③ （宋）朱熹：《壬午应诏封事》，载朱杰人、严佐之、刘永翔主编《朱子全书》，上海古籍出版社、安徽教育出版社2002年版，第20册，第571—572页。

④ （宋）程颢、程颐：《河南程氏文集》卷5《上仁宗皇帝书》，《二程集》，王孝鱼点校，中华书局1981年版，第510页。

⑤ （汉）孔安国疏、孔颖达整理：《尚书正义》卷12，载李学勤主编《十三经注疏》，第307—311页。按：朱子后来作《皇极辨》，认为“皇”应释为“君”，反对释为“大”。但这种观点差异并不妨碍下文所论述的内容，亦即朱子道统说是两宋回向三代、大中之道思潮的产物。

⑥ 余英时：《朱熹的历史世界》，生活·读书·新知三联书店2004年版，上册，第313页。

贡献高于三代圣王。[①] 这是宋初儒家士大夫回向三代的政治理想之表现。余英时认为北宋“回向三代论”大盛于仁宗之世：北宋立国之后经过七八十年的酝酿，不少士大夫开始在三代理想的号召下，提出了对文化、政治和社会进行大规模革新的要求。[②] 朱子本人亦有评论：“国初人便已崇礼义，尊经术，欲复二帝三代，已自胜如唐人，但说未透在。直至二程出，此理始说得透。”[③] 此理如何说得透的问题下文再作讨论，这已足以说明朱子道统论是继承了宋初儒家士大夫回向三代的政治理想，而非蹈袭韩愈旧说。

另外需要提及的是，以仁义之道或大中之道界定儒家道统论，在韩愈与朱子那里主要是时代差异：大中之道是宋代回向三代思潮的产物。其他方面并没有太大区别，例如韩愈也强调孔孟与三代圣王的一贯之道，朱子也以仁义礼智信解释中。但在现代语境中，两者却有本质的差异；因为这涉及究竟是把儒学降格为与经世济民无涉的思想资源，抑或返回其作为更为根本的文明之大经大法原貌。现代学术界误解宋明理学为内在化、微观化之学术，在很大程度上就是混淆了这一点。牟宗三的道统观念即为典型。牟宗三将三代之道与孔子之道作出断裂式的处理：三代之道是“政规业绩”之道、文制之道，区别于孔子所创辟的内圣之道；两者对应于物质领域与精神领域之别。经由这种区别，牟宗三把理学心性之学从三代之治中作出某种抽离：宋明理学家承续的是孔子所创辟的内圣成德之教，并以此内圣之教来“觉润”唐虞三代所传文制之道、使之成为活法。在牟先生的解说中，理学内圣之学趋向于个体性的学问，其意义在于“建立自己的道德人格”，传统儒家念兹在兹的经世济民成了“偶然的义务”[④]：有之甚好，无之亦不影响理学之意义。牟宗三断裂式的道统观消解了儒学的政教意义，儒家道德被局限在社会历史之外的纯粹空间，而成为独立、独断的存在。这是现代语境中以仁义之道为道统

① 孙复：《孙明复小集·上孔给事书》，载四川大学古籍整理所编《宋集珍本丛刊》，线装书局2004年版，第3册，第166页。

② 余英时：《朱熹的历史世界》，上册，第184—198页。

③ （宋）黎靖德编：《朱子语类》卷129，第3085页。

④ 牟宗三：《心体与性体》，上海古籍出版社1999年版，上册，第225页。

核心内容并做抽象思考时，容易陷入的误区。这也反过来彰显出朱子道统论特质：以朱子为代表的宋代儒家士大夫大中之道思想，关注的是回向三代之治，而非断裂；其重点是在新时代再现三代之治的政教规模，而非局限于个体内在的道德人格。

二　性理：封建制礼乐的重建基石

北宋初期士大夫对大中之道的理解多在制度层面，孙复的弟子石介即为典型。石介以井田、什一、封建、乡射、学校等具体的制度来解释“三王大中之道”，他坚持三代之道得以实施的关键在于圣人而与时势无关，“圣人存则道从而隆，圣人亡则道从而降”①。石介所论三王之礼法主要是周代礼法。众所周知，周礼是封建宗法的产物。自秦代废除封建、推行郡县制以后，古代社会一直面临如何损益以及重建礼乐生活的问题。石介认为新时代能够“尽行三王之道”，但是他并没有考虑封建制向郡县制的转变问题。当三代大中之道被归结为三代礼法时，回向三代之治就变成损益、恢复这些具体的礼与法。朱子批评此类学说并不透彻。朱子在评论《本论》时指出欧阳修意在恢复封建、井田与冠、婚、丧、祭、搜田、燕飨之礼，重建礼乐塑造民众生活的功能。② 朱子和陆九渊批评欧阳修《本论》为“拙”“只说得皮肤”，主要因为其并未思考平民化的郡县制时代如何重建封建制（贵族制）礼乐的问题。朱子认为只有二程才真正提出了解决这个问题的原理。③ 换言之，朱子认为回向三代之治不是简单的制度损益能够做到的，还必须有一个更加根源的基础。下文根据朱子对《论语·尧曰》和《先进》“吾与点也”的注释，作出具体考察。

《尧曰》“天之历数在尔躬”一句，朱子注释为：“历数，帝王相继

---

① 石介：《汉论上》《汉论下》，《徂徕石先生文集》卷10，中华书局1984年版，第111、114页。

② （宋）黎靖德编：《朱子语类》卷139，第3310页。

③ （宋）黎靖德编：《朱子语类》卷129，第3085页。

之次第，犹岁时气节之先后也。”① 朱子认为历数是指帝王相传的顺序，具有如同四季节气般的公共性和客观性，它是由“其人之德”而非“图箓”谶纬来决定的。② 那么，“其人之德”如何能决定历数的公共性？朱子对《先进》“吾与点也”的注释透露了个中信息。略引“吾与点也”章文字如下：

> 子路、曾皙、冉有、公西华侍坐。子曰：“以吾一日长乎尔，毋吾以也。居则曰：‘不吾知也！’如或知尔，则何以哉？”……“点，尔何如？”……曰：“暮春者，春服既成，冠者五六人，童子六七人，浴乎沂，风乎舞雩，咏而归。”夫子喟然叹曰：“吾与点也！”（《论语·先进》）

朱子注释称：

> 曾点之学，盖有以见夫人欲尽处，天理流行，随处充满，无少欠阙。……而其胸次悠然，直与天地万物上下同流，各得其所之妙，隐然自见于言外。……（程子）曰：“……孔子之志，在于老者安之，朋友信之，少者怀之，使万物莫不遂其性。”曾点知之，故孔子喟然叹曰“吾与点也。”③

简言之，贯穿孔子师弟问答中的核心问题，是如何理解三代王道、礼乐精神的问题。子路、冉有、公西华的回答仅得其表，曾点的回答却能够深得其意，故而孔子赞许曾点。朱子引程子之言阐释三代王道之真意为“老者安之，朋友信之，少者怀之，使万物莫不遂其性”，天地万物各得其所，此为孔子之志，也是上文所说的能够决定历数公共性的“其人之德”。这种诠释具有多层次的政教与道德实践意义，试述如下。

---

① （宋）朱熹：《论语集注》卷10，《四书章句集注》，第193页。

② （宋）朱熹：《论语或问》卷20，《四书或问》，上海古籍出版社2001年版，第410页。

③ （宋）朱熹：《论语集注》卷6《先进第十一》，《四书章句集注》，第130—131页。

《礼记·礼运》记载孔子之言曰:"夫礼,必本于天,殽于地,列于鬼神,达于丧、祭、射、御、冠、昏、朝、聘。"① 古典世界人的日常生活是在丧、祭、射、御等礼乐实践中展开的,日常性和神圣性在礼乐秩序中贯通为一。这种贯通被朱子解释为天理流行境域中的各得其所、各遂其性。众所周知,天理观念是朱子诠释话语的核心与基石。在朱子,万物各遂其性之性,是万物得之于天之理。朱子对天理的定义是"所以然之故、所当然之则"②。所当然之则,是事物内在的规律和性质;所以然之故,则是事物之所以成立的原由。概言之,天理是事物内在的本性与本然应然状态。因此,人、物个体本性与本然状态的实现,既是每一个体内在秩序的完成,也是礼乐生活之神圣性的达致。由此,天理观在回向三代之治的进程中具备了两大功能:一是获得批判和建构的双重视野,以内在于历史的方式审视历史、开创未来,以个体自治的方式建立道德状态;二是将礼乐与封建制作出某种程度的分离,令其更具当下的实践性。

先来看天理观的批判视野及建构视野。通过对比《宋史·道学传》与欧阳修所撰《新唐书·礼乐志》的不同历史叙述,可以了解这个双重视野,其中亦能彰显礼乐从封建制中分离的具体机制。《宋史·道学传》称:

> 三代盛时,天子以是道为政教,大臣百官有司以是道为职业,党、庠、术、序师弟子以是道为讲习,四方百姓日用是道而不知。是故盈覆载之间,无一民一物不被是道之泽,以遂其性。……孟子没而无传。……千有余载,至宋中叶,周敦颐出于舂陵,乃得圣贤不传之学。……后之时君世主,欲复天德王道之治,必来此取法矣。③

① (清)孙希旦:《礼记集解》,中华书局1989年版,中册,第585页。

② (宋)朱熹:《大学或问》上,《四书或问》,第8页。

③ (元)脱脱等:《宋史》卷427《道学一》,《宋史》,中华书局1977年版,第36册,第12709—12710页。

欧阳修撰写的《新唐书·礼乐志》则称：

> 由三代而上，治出于一，而礼乐达于天下；由三代而下，治出于二，而礼乐为虚名。①

对比可知两家文字所指是同一个历史现象：封建制向郡县制的转型及其历史断裂。《新唐书·礼乐志》的叙述，以礼乐为核心：三代治教皆出于礼乐，以礼导民、治教合一；三代以后则是治教分离，官府以簿书、狱讼、兵食为治，礼乐沦为形式化的虚名，失去化民成俗的实质功能。在这一叙事中，解决历史断裂、回向三代之治的途径无疑就是恢复那些具体的三代礼乐制度。《宋史·道学传》的叙述方式是以道为核心：三代以道为政教、职业、讲习、日用生活，此为天德王道之治；三代以后道失其用，异端邪说起而乘之，几至大坏。其所描述的道之内容，是民、物皆被是道之泽，各遂其性（自治）；此即意味着道是引导民、物自治之意。在理学的历史叙述中，三代封建制度的实质是一种引导性的政教伦理：引导万物各遂其性、各正性命，以完成和实现自己天性的方式确立自身。这种历史叙述的实质是把性理作为礼乐制度的基石，进而将礼乐与封建制作出某种程度的分离。

《宋史·道学传》对三代之后的描述以道统传承谱系刻画为主，没有涉及其治教状况。朱子的文字可视为补充："儒者之学不传，而尧、舜、禹、汤、文、武以来转相授受之心不明于天下，故汉唐之君虽或不能无暗合之时，而其全体却只在利欲上。此其所以尧、舜、三代自尧、舜、三代，汉祖、唐宗自汉祖、唐宗，终不能合而为一也。"② 朱子寓道德批判于历史批判之中，而道学论述的建构性就由其批判性奠基。朱子对于历史的道德判断，表面上是断裂古今，但实质上是为不同的历史时空建立起一个共通的性理基础，在这个基础之上重建礼乐的神圣性。由于性

---

① （宋）欧阳修、宋祁：《新唐书》卷 11《礼乐一》，中华书局 1975 年版，第 307—308 页。

② （宋）朱熹：《答陈同甫》，《朱子全书》，第 21 册，第 1588 页。

理是礼乐的基石，基于古今共通的人性，礼乐得以从封建制分离出来，能够重新应用于新的历史时空。在《新唐书·礼乐志》历史叙述中，礼乐本身就具有神圣性和规范性；欧阳修没有思考的是：在礼乐已经成为虚名，其神圣性和规范性在实际的政教生活中受到摧毁的情况下，回到三代礼乐制度这一做法是否有效？而《宋史·道学传》的历史叙事以及朱子的汉唐批判，找到了礼乐在不同时代的共通基础，能够指向当下与未来，具有非凡的建构意义和巨大的实践空间。其建构性和实践性主要表现在：礼乐经由性理奠基，得以从封建制中分离出来之后；但这并不意味着封建制礼乐的问题被取消了，而是以精神内核的方式重现于平民化时代的伦理秩序。

且以宗族建设为例加以说明。汪晖指出，郡县制度之下的封建问题集中在宗法家族制度的演变问题上。① 此即宋代以后中国社会兴起的建祠堂、置族田、修家谱等宗族重建运动。宗族共同体是一个血缘、伦理甚至政治共同体，其成员以血脉亲情及建立在情感基础之上的伦理秩序为纽带。宗族是宋代以降中国伦理社会的基本单位。所谓伦理社会，就是以伦理组织社会。梁漱溟认为中国传统伦理社会的形成是由于古代圣人基于对人性的洞见而作出的制度性建构，而不是由宗法社会自然演成；而伦理的核心内容表现为：人在情感中，恒只见对方而忘了自己；在欲望中，则只知为我。② 梁先生这一观点可谓洞见，亦是道心与人心的注解：互以对方为重的情感关系是道心的表现，是人类社会凝聚和合的基础；自私自利的欲望关系是人心的表现，是社会冲突的源头。从人心转变到道心，在群体层面是伦理秩序的形成；在个体层面则是个体道德状态的建立。换言之，礼乐秩序与个体道德在性理层面统合成整体。因此，性理学不仅是生命成长之道，同时也是社会政治和教化之道。

综上所述，在郡县制的历史条件下，回向三代封建礼乐之实践得以可能，正是基于理学家性理之学所开拓的思想空间与实践空间。经由人

---

① 汪晖：《现代中国思想的兴起》上卷，生活·读书·新知三联书店 2004 年版，第 223 页。

② 梁漱溟：《中国文化要义》，上海人民出版社 2005 年版，第 86—87 页。

人同禀于天的性理之奠基，三代礼乐从封建制中分离出来，礼乐重建的主体从贵族阶层转移到平民群体。从由上而下的为政者损益制度颁行天下，转变为民间社会各遂其性（自治）的个体道德完善与群体伦理共同体建构。此即朱子所说的直到二程的出场才说得透的理，它为解决时代政治难题、回向三代之治奠定了基石。

三 道心：自我中的公共性(神圣性)及其工夫义蕴

《论语·尧曰》“允执其中”一句，朱子释为“中者，无过不及之名”①，“盖以其在事者而言。”② “中”是在事情、行为当中所体现的恰到好处、“无过不及”。以“中”来概括三代礼乐核心原则，彰显了日常生活本身所蕴含的公共性（神圣性）。宋初回向三代之治思潮以及作为其后续的理学运动有一个共同之处，即对社会文化（礼乐）脱离人的真实生命这一现象的批判性思考。在宋代士大夫的各种历史叙述中，这一现象是三代之治在历史上断裂之产物。无论是礼乐沦为虚名，还是经学末流以烦琐的注疏训诂为务，都是文化与人的生命脱节之表现。因此，当文化脱离真实生命，失去塑造生活的功能时，需要人内在新生力量的觉醒，以重塑文化对于生命的规范性和养护性。在《新唐书·礼乐志》和《宋史·道学传》的历史叙述中，真实生命都来自公共性（神圣性）与日常性的融合。而理学的独创之处就在于，以道心人心之辨重构日常生活的公共性（神圣性）。此即前文所说的每一个体内在本性的实现，也是礼乐生活之神圣性的达致。

朱子论述“十六字心法”与国家政教的一体机制称：

> 夫人自有生而梏于形体之私，则固不能无人心矣。然而必有得

① （宋）朱熹：《论语集注》，《四书章句集注》，第193页。

② （宋）朱熹：《论语或问》，《四书或问》，第410—411页。

> 于天地之正，则又不能无道心矣。日用之间，二者并行，迭为胜负，而一身之是非得失，天下之治乱安危，莫不系焉。是以欲其择之精而不使人心得以杂乎道心，欲其守之一而不使天理得以流于人欲，则凡其所行，无一事之不得其中，而于天下国家无所处而不当。①

一般而言，心是指称“自我”的概念。朱子所说的道心则是表述自我中的公共性（神圣性）的概念。朱子指出道心是得之于天地之正，而古典思想中的天地是人物共生的场域，是公共性、规范性、神圣性的根源；这表明道心是人的生命存在通向天地的通孔。“通”主要表现在心能够以“思”的方式通达于万物。② 换言之，心本身就蕴含着通达于天地场域中的人、事、物和家、国、天下的功能；圣人将其发挥到极致，尽心知性知天，就能够建立长治久安的治天下之大法。而与道心相对的人心，则是由于人的形气之私欲障蔽了通向天地的通孔所造成。得于天地之正的道心，朱子《中庸章句序》释为“原于性命之正”③。而性命之理是“所以然之故、所当然之则”。这种界定至少有如下两个意义：一是指出性理并非事物之外的孤高存在，而是事物内在的本性与秩序；二是指出性理既包括当下事物之变化的个别性之理，也包括超越个别性限定的根源之理、结构之理，天下万事万物因此而被纳入相互通达、彼此相与的贯通状态，亦即“各正性命”“物各付物”。上述两个意义分别代表个体性与公共性（规范性），说明性理之学本身就内在蕴含着个体性与公共性的恰当平衡结构。这是理学家针对宋代以后平民化社会之政教秩序问题而提出的解决方案，具有最根源的政教意义。由此，在理学视阈中，天地就是由性理而统合起来的共同体；在以天地为范型建构而成的人伦共同体中，人与人之间的关系不是以利益交换或外在强力为媒介建立的，而是以内在本性为纽带连接起来的社会关系。换言之，理学的目标是建

① （宋）朱熹：《答陈同甫》，《朱子全书》，第21册，第1586页。
② （宋）朱熹：《孟子集注》卷11，《四书章句集注》，第335页。
③ （宋）朱熹：《中庸章句序》，《四书章句集注》，第14页。

构一个由多种多样的个体融合而成的公共社会，这一社会尊重彼此相异的个体并追求个体之间和谐协调的共存状态。而共同体内部所有个体（自天子以至于庶人）内在本性的自觉，都是一种维护共同体的责任承担。由此，每一个体“各正性命”的行为，都具有身心道德秩序和政治伦理秩序的双重意义。符合人的本性和道德原则行事，推而行诸天下，就是大中之道：“凡其所行，无一事不得其中，而于天下国家无所处而不当”。

然而，自我中的公共性并不必然意味着它能够自然开显，这需要修养工夫。心在儒家思想脉络中，向来是与工夫修养联系在一起。例如先秦儒学典籍中，《孟子》之“尽心知性”、《荀子》之“虚壹而静”，皆表现出这种工夫义蕴。朱子的心论亦不例外。在朱子的论说中，人心的实践场域就是上述个体性与公共性平衡结构之具体展现。前文提到，性理之学公共性的落实，是基于每一个体内在本性的自觉。朱子对这一自觉有一个影响深远的诠释方案。此即知觉论：“心之虚灵知觉，一而已矣，而以为有人心、道心之异者，则以其或生于形气之私，或原于性命之正，而所以为知觉者不同，是以或危殆而不安，或微妙而难见耳。”① 心的主要功能是虚灵知觉，“虚”指涉心之无形象无方所；“灵”是指示心之功用，例如，心可体察万物而无不察照等；知觉则分“所知觉者”与“能知觉者”，前者是心之理，后者是气之灵，能、所合起来表示心“具众理而应万事”的功能。② 也就是说，知觉的内涵和定位是认知道理以及运用道理。朱子认为知觉是“智之用而仁者之所兼也”③。在朱子对四端之心解释中，“智之端”为是非之心，“智之用”（知觉）则是对于道理的认知与辨别。知觉为“仁者之所兼”，则是在“能知能觉”为仁心发动状态的意义上言说，也是在仁包四德而贯四端的意义上说。朱子在论“未发之中”时有一解说：“盖当至静之时，但有能知觉者，而未有所知觉也。……且夫未发已发，日用之间，固有自然之机，不假人力。方其未

① （宋）朱熹：《中庸章句序》，《四书章句集注》，第 14 页。

② 详见（宋）黎靖德《朱子语类》卷 5，第 85 页；（宋）朱熹《大学章句》，《四书章句集注》，第 5 页。

③ （宋）朱熹：《答吴晦叔》，《朱子全书》，第 22 册，第 1918 页。

发，本自寂然，固无所事于执；及其当发，则又当即事即物，随感而应……"① 静坐之时，此心尚未应事接物，没有所知所觉之事，但能知能觉之心未尝停息。能知能觉治心类似于未尝发动的"恻隐之心"，是不假人力、贯通人的生命全过程的自然生机。换言之，能知能觉是仁心发动的状态。仁心是天地生生不息之心，是爱人利物之心。② 仁心温然爱人利物的原型是天地生育万物；生育、生长是一个动态的过程，一个与外界交换能量的过程。心也是如此。因此，朱子的知觉论是对自我中的公共性的一种开显，它意味着自我不是封闭的主体，而是与天地之间万事万物不断沟通的创造性自我，是不断进行生命转化的自我。知觉论同时也意味着，沟通中的自我也有可能走向封闭。此即"梏于形体之私"的人心。

朱子在解释道心、人心之辨时强调区分的根源在于"所以为知觉者不同"，这说明心具有自觉与超自觉两层内涵：如果说性理是超自觉的存在，那么知觉便是将性理落实于具体生命的自觉状态。落实，是指发挥知觉具备的认知、运用道理之功能。这表明朱子力图将人性的深层品性开显出来，获得精神上的自新之思想目标；同时也展现了朱子所坚持的理性主义立场，亦即强调理对于心的主宰性。朱子认为"天理人欲之判、中节不中节之分，特在乎心之宰与不宰"③，亦即在于心能否认知和运用道理。通过充分发挥心的这一功能，就能够根据公共客观规范对情的种种活动进行检查，以使人的意念与行动符合理的要求。在朱子看来，性理并非外在于人的存在，而是人人自有之物；知觉功能的运作机制并非以人的知觉去认知外在的道理，而是把人所固有的道理发挥、运用出来。"道理固本有，用知，方发得出来。若无知，道理何从而见！"④ 因此，发挥自我中的公共性，建构日常生活的公共性（神圣性），最终落实于心之"虚灵知觉"所具有的主宰功能上面。总而言之，朱子的知觉论述表

① （宋）朱熹：《中庸或问》，《四书或问》，第58—59页。

② （宋）朱熹：《仁说》，《朱子全书》，第23册，第3279—3280页。

③ （宋）朱熹：《问张敬夫》，《朱子全书》，第21册，第1395页。

④ （宋）黎靖德：《朱子语类》卷17，第382页。

明，作为理学道统论核心的道心、人心之辨，不是纯粹个体化、内在化的精神修养，而是以天地为场域的生命转化。朱子对于儒家恕道的诠释有助于理解。

> 天地之化，生生不穷，特以气机阖辟，有通有塞。故当其通也，天地变化草木蕃，则有似于恕；当其塞也，天地闭而贤人隐，则有似于不恕耳。①

在朱子，“恕”是“随事应接，略假人为”② 的“求仁工夫”③，是道德实践过程。“气机之通塞”显然就是道心、人心之辨的原型。这种诠释方式表明理学道德实践的思想原型是天地之化：破除事物彼此不相与、不相知、不相通的存在状态，重建事物之间的本真联系，实现万物在时间、空间上的恰到好处的配置。这就是理学道统论重塑文化对于生活、生命的规范性和养护性的核心机制。三代礼乐的规范性和权威性由此得以落实于人的生命过程，而不仅仅是空头的虚名。

四　结语

从上文的讨论可知，朱子的道统解释并没有局限在内在的精神体验之中，而是展开于广阔而具体的家、国、天下、社会历史政治视野之中。理学道统论的思想目标是在新的历史条件下复活一种思想文化经验，开辟一个文化的生活世界。具体地说，理学道统论塑造了一种独特的思维方式，其核心内容是将人的本性与社会公共性融合一体、以内在于日常生活的方式建立神圣性（规范性）。随着理学运动的推广，这种思维方式最终落实于整个民族的社会生活当中，成为人们为生活世界之合理性作

① （宋）朱熹：《中庸或问》，《四书或问》，第72页。
② （宋）黎靖德：《朱子语类》卷27，第691页。
③ （宋）黎靖德：《朱子语类》卷29，第757—758页。

论证的主要途径。例如，人们往往以理、性、心作为日常生活、文化、经济、政治、社会制度和所有社会行为的终极判准；民众在日常生活中遇到争端、冤屈时往往诉诸天理、良知。这一思维甚至延续至今。由此可见理学道统论述深远的历史影响。

儒学史新研

儒家“乐教”论释要

祁海文

（山东大学哲学系）

摘要：《乐记》主要从社会教化功能、道德属性和宇宙本体论强调乐高于礼、先于礼，俞正燮等诸说则侧重从礼乐文化的历史起源和发展上论证乐教的优先地位。关于“乐教”的地位与影响，有三个关键问题需要辨析：第一，从起源上看，“乐”在甲骨文中多次出现，但甲骨文是否有“礼”字出现，学界还有争论。儒家乐教以乐成德，其“德”大多与“礼”有关。这是儒家一直注重从礼乐文化传统、从与礼的关系方面理解乐、阐释乐的主要原因。第二，“乐教”本身就包含着诗教、舞教等。原始的乐是集音乐、舞蹈、歌诗等为一体的混融性的艺术形态。第三，无论是从礼乐关系的历史发展和先王乐教传统来看，还是从儒家乐教观念上看，乐教可以说从来都不是专门性的音乐或审美的教育，而是其他教育的实现形式。

关键词：《乐记》　礼乐　德

“乐教”一词最早见于《礼记·经解》篇，指与诗教、礼教等并立的儒家六经之教之一。先秦两汉文献广泛记载了上古历代帝王“以乐为教”的历史传统，自春秋以后，儒家极力提倡、阐发这一传统，对“以乐为教”的内容与性质、对象与目的、地位与影响等重要问题进行了丰富而深刻的论述，为“乐教”概念的形成奠定了观念基础。儒家最为重视乐的审美教化功能，其乐论可以说是以“乐教”为中心展开的，因而我们将儒家的乐论定性为“乐教”论。

一 “乐教”之传统与观念

《礼记·经解》云：

> 孔子曰：“入其国，其教可知也。其为人也：温柔敦厚，《诗》教也；疏通知远，《书》教也；广博易良，乐教也；洁静精微，《易》教也；恭俭庄敬，礼教也；属辞比事，《春秋》教也。故《诗》之失愚，《书》之失诬，乐之失奢，《易》之失贼，礼之失烦，《春秋》之失乱。其为人也：温柔敦厚而不愚，则深于《诗》者也；疏通知远而不诬，则深于《书》者也；广博易良而不奢，则深于乐者也；洁静精微而不贼，则深于《易》者也；恭俭庄敬而不烦，则深于礼者也；属辞比事而不乱，则深于《春秋》者也。”

这是“乐教”等概念的最早记载。《经解》并论六经之教的得与失，“温柔敦厚”“广博易良”等是指“诗教”，“乐教”等在“为人”即人格教养方面的成就。

《经解》的上述文字虽然托名孔子，但肯定是后出的。关于“乐教”概念的提出时间，可以从《礼记》的编订成书、《经解》的成篇、六经并提的时间等方面进行考察。但《礼记》之编定时间、《经解》的成篇时间争议都很大①，难以得到确据。儒家六经并提，最早见于郭店楚简出现的“公元前四世纪中期至前三世纪初”②。此后，《庄子·天下》、陆贾《新语·道基》、贾谊的《新书》《六术》《道德说》、董仲舒的《春秋繁露》等都曾并论六经。但上述诸书都未从“得”或“失”的角度立论。先秦两汉文献，除《礼记·经解》外，兼论六经之得失的只有《淮南子·泰族训》。该篇指出：

① 参见王锷《〈礼记〉成书考》，中华书局2007年版。

② 《荆门郭店一号楚墓》，《文物》1997年第7期。

故《易》之失也卦，《书》之失也敷，乐之失也淫，《诗》之失也辟，礼之失也责，《春秋》之失也刺。

五行异气而皆适调，六艺异科而皆同道。温惠柔良者，《诗》之风也；淳庞敦厚者，《书》之教也；清明条达者，《易》之义也；恭俭尊让者，礼之为也；宽裕简易者，乐之化也；刺几辩义者，《春秋》之靡也。故《易》之失鬼，乐之失淫，《诗》之失愚，《书》之失拘，礼之失忮，《春秋》之失訾。六者，圣人兼用而财制之。

两段文字原不相衔接，前段只言“失”，后段则分论得失。《泰族训》未托名孔子，对六经之得失的论述，显然也较朴质。朱自清曾指出：“《泰族篇》的‘风’‘义’‘为’‘化’‘靡’其实都是‘教’；《经解》一律称为‘教’，显得更明白些。——《经解篇》似乎写定在《淮南子》之后，所论六艺之教比《泰族篇》要确切些。《泰族篇》‘诗风’和‘书教’含混，《经解》便分得很清楚了。”① 这一判断是可靠的。《经解》的论述精练而有条理，且最后将六经之教的得失作综合概括，显然是在《泰族训》基础上的提炼和引申。《淮南子》上于西汉武帝建元二年（公元前139），则“乐教”概念最有可能出现在此后至《礼记》编定成书之间。

西汉自武帝起将儒家经典立为官学，设“五经博士”予以传授，但终汉之世，儒家经学中从未有“乐经”之教。因此，“乐教”概念虽最有可能提出于汉代，但不应视为汉代经学教育之成立的结果，而只可能是自先秦以来文献中对“以乐为教”传统的记载和以儒家为主对这一传统的不断提倡、阐发的结果。

综观先秦两汉文献，“以乐为教”之事大体以三种形态被论及。

其一是见于对“先王之乐”的追溯。先秦两汉文献中有相当丰富的关于上古历代帝王制乐、作乐的记载，如《吕氏春秋·古乐》历述自朱襄氏至周成王历代帝王制乐过程、乐舞名称，并论及作乐目的，《庄

① 朱自清：《诗言志辩》，古籍出版社1956年版，第99页。

子·天下》备载黄帝至西周六代乐舞名称，《礼记·乐记》《汉书·礼乐志》都曾对自尧舜至西周历代“大乐”释名以章其义。关于历代帝王的作乐目的，虽记载多端，但“以乐为教”得到了突出强调。如《吕氏春秋·察传》载孔子说：“昔者舜欲以乐传教于天下，乃令重黎举夔于草莽之中而进之。舜以夔为乐正，于是正六律，和五声，以通八风，而天下大服。”《史记·乐书》云：“上古明王举乐者，……上以事宗庙，下以变化黎庶也。”

其二是见于对古代官制或学制的记述。《周礼》地官“掌邦教”，其属官六乡大夫“以乡三物教万民而宾兴之”，“保氏掌谏王恶，而养国子以道”，其教育内容即礼、乐、射、御、书、数，即“六艺”。《周礼》春官“掌邦礼”，其属官“大司乐掌成均之法，以治建国之学政，而合国之子弟焉”，以其内容为“乐德”“乐语”“乐舞”等，以《云门》《大卷》《大咸》《大磬》《大夏》《大濩》《大武》等“六乐”教育“国之子弟”。汉代编定的《礼记》等文献多从学制方面谈及“以乐为教”之事。如《礼记·文王世子》云：“凡三王教世子必以礼乐。”《王制》：“乐正崇四术，立四教，顺先王《诗》《书》、礼、乐以造士。”《内则》：“十有三年学乐，诵《诗》、舞《勺》，成童舞《象》，学射御。二十而冠，始学礼，可以衣裘帛，舞《大夏》。”

其三是基于对“乐教”传统的追述而对此传统加以提倡或阐发。春秋时楚申叔时论太子教育，其内容就有“教之《诗》，而为之导广显德，以耀明其志；教之礼，使知上下之则；教之乐，以疏其秽而镇其浮”（《国语·楚语上》）。孔子立私学，“以《诗》《书》礼乐教”（《史记·孔子世家》）。郭店楚简明确提出：“为政者教导之取先。教以礼，使民果以劲；教以乐，则民弗德争将。”（《尊德义》）① 《荀子·乐论》提倡“制雅颂之声以道之”的“先王立乐之方”或“立乐之术”，突出雅乐的“可以善民心，其感人深，其移风易俗”的教化作用。《吕氏春秋·适音》也指出：“先王必托于音乐以论其教。”此后，《史记·乐书》《礼

① 李零：《郭店楚简校读记》，载陈鼓应主编《道家文化研究》第17辑，生活·读书·新知三联书店1999年版，第523页。

记·乐记》《汉书·礼乐志》等文献对"乐教"问题进行了更全面的阐发。

综上所述，"乐教"概念的形成，大体经历了三个阶段。即先有历代帝王"制礼作乐"之事，然后有以历代所作之大乐教育"国之子弟"或"万民"，春秋以降，儒家对"以乐为教"传统予以表彰、阐发，从而形成以乐教化天下的观念。概括地说，"乐教"观念起源于春秋时期随西周礼乐制度崩坏而兴起的说礼论乐风潮，战国时期随百家蜂起而达到高潮，儒家肯定、提倡并阐发"以乐为教"传统，诸子则多持批判甚至否定态度。至西汉武帝时，河间献王与毛苌等"采《周官》及诸子言乐事者以作《乐记》"（《汉书·艺文志》），以儒家思想为主对先秦以来的乐论思想进行了系统的整理、发挥。

二 "乐教"之内容与性质

《周礼》对乡大夫"教万民"和保氏"养国子以道"的"六艺"中乐的内容均未有交代。"掌成均之法"的大司乐"以乐德教国子中和祇庸孝友，以乐语教国子兴道讽诵言语，以乐舞教国子舞《云门》《大卷》《大咸》《大韶》《大夏》《大濩》《大武》，以六律、六同、五声、八音、六舞大合乐，以致鬼神示，以和邦国，以谐万民，以安宾客，以说远人，以作动物"。大司乐以下的属官均掌乐教，其内容大致可分为乐德、乐诗、乐舞、乐仪、乐律等。《周礼》所述的乐教，大体包含了后世的诗教、乐教、舞教甚至礼教等。《周礼》并非西周职官制度的实录，其职官设置之完备、乐官职能分类之具体、乐教内容安排之详密，确足使人怀疑其真实性。但其乐官、乐舞名称等大多可以在先秦两汉文献中得到证实，说明其内容"有夸大而无歪曲，基本可以依赖"①。

《周礼》"教国子"的《云门》等大乐，均为"先王之乐"。《周易·豫·象》载"先王作乐崇德，殷荐之上帝，以配祖考"，以"先王之乐"

① 杨向奎：《宗周社会与礼乐文明》（修订本），人民出版社 1997 年版，第 296—297 页。

之功能为表彰功德和祭祀神灵。文献所载之历代大乐名称或有不同，但关于大乐之制作目的的理解却比较接近。《吕氏春秋·古乐》对历代大乐制作之目的，认为或“以祭上帝”，或“以见其善”，或“以昭其功”，或“以嘉其德”。《乐记》《汉书·艺文志》等对历代大乐名称之内涵的解释，也大体不出崇德、明功、祭祀等。这些历代帝王表彰功德、祭祀天地及祖先神灵的乐舞，就是孔子所说的“雅乐”。文献中关于乐教传统的记述和提倡均以“雅乐”为主，因此，儒家“乐教”的性质可以概括为“雅乐之教”。

春秋以后的儒家文献着重通过明雅俗之辨以体现其崇尚雅乐之教的宗旨。《周礼》有“凡建国，禁其淫声、过声、凶声、慢声”（《春官·大司乐》）的记载。孔子关于政治的理想设计是“行夏之时，乘殷之辂，服周之冕，乐则《韶》《武》[①]。放郑声，远佞人”（《论语·卫灵公》）。《韶》《武》均是“雅乐”。孔子“放郑声”，既因为“郑声淫”（《卫灵公》），也是为了“恶郑声之乱雅乐也”（《阳货》）。“郑声”是春秋末期兴起的民间乐曲的代表，其势力强大到足以“乱雅乐”的地步。孔子以后，儒家更加强化了明雅俗之辨的意识。楚简称《韶》《夏》《赉》《武》等“古乐”为“益乐”：“凡古乐动心，益乐动指，皆教其人者也。”而“郑卫之声，则非其声而从之也。”（《性自命出》）[②] 荀子明确指出：“郑卫之音，使人心淫”，强调君子明“奸声”“淫乐”与“正声”“和乐”之辨，“慎其所去就”而“听其雅颂之声”。他所称道的“先王立乐之方”，即“制雅颂之声以道之”“贵礼乐而贱邪音”，认为“导之以礼乐而民和睦”（《荀子·乐论》）。

“雅乐”在艺术上表现为“和声”“中声”“中音”。《左传·昭公元年》载，秦医和称“先王之乐”为“中声”。“中声”“有五节”，可以“节百事”，而“烦手淫声”则“慆堙心耳，乃忘平和”以致“生疾”。《左传·昭公二十一年》载，周王朝乐官伶州鸠认为，天子之乐应为“和声”：“故和声入于耳而藏于心，心亿则乐”。又说：“夫有和

---

① 参见蔡仲德《中国音乐美学史资料注译》（上），人民音乐出版社1990年版。

② 李零：《郭店楚简校读记》，载陈鼓应主编《道家文化研究》第17辑，第505页。

平之声，则有蕃殖之财。于是乎道之以中德，咏之以中音，德音不愆，以合神人，神是以宁，民是以听。”（《国语·周语下》）荀子论乐，尤其突出乐的“中和”的特征：“礼之敬文也，乐之中和也，《诗》《书》之博也，《春秋》之微也，在天地间者毕矣”（《荀子·劝学》），“乐者，天下之大齐也，中和之纪也”（《乐论》）。所谓“和声”“中声”，首先是指艺术风格上的“和平”，也就是荀子所说的“中正”“肃庄”，以及《乐记》所说的“治世之音”的“安以乐”等。其次则指“度量”上的合于乐律。《吕氏春秋·大乐》指出，音乐“生于度量”。所谓“度量”，主要是指该书《音律》所论的“十二律”和以“黄钟之宫”为“律吕之本”。《大乐》指出：“声出于乐，和出于适。和适，先王定乐，由此而生。”《适音》云：“何谓适？衷音之适也。何谓衷？大不出钧，重不过石，小大轻重之衷也。黄钟之宫，音之本也，清浊之衷也。衷也者，适也。”“适音”即“中音”，其特点是乐器之大小、乐声之清浊之“生于度量”。《吕氏春秋》论乐与儒家不尽相同，但其对“适音”的论述有助于理解儒家的“和声”“中和”等的艺术特征。

在政治、伦理观念层面上，“雅乐”表现为“德音”。春秋时，晏婴曾引《诗经》的“德音不瑕”称先王之乐，伶州鸠则直接称“道之以中德，咏之以中音”的天子之乐为“德音”。孔子以“尽善尽美”为“雅乐”之理想：“子谓《韶》，尽善矣，又尽美也。谓《武》，尽美矣，未尽善也”。（《论语·八佾》）楚简提出“德生礼，礼生乐”（《语丛一》）①之说，荀子则称“先王之乐”为“正声”“雅颂之声”“礼乐”。至《乐记》，则明确提出乐以“德”为本，“德者，性之端也；乐者，德之华也。金石丝竹，乐之器也”。《乐记》指出：“夫乐者，与音相近而不同。”“德音之谓乐”，而“郑音好滥淫志，宋音燕女溺志，卫音趋数烦志，齐音敖辟乔志。此四者皆淫于色而害于德”。只有“德音”，才能“情见而义立，乐终而备尊。君子以好善，小人以听过”，发挥“修身及家，平均天下”的作用。《乐记》认为，先王作乐贯彻了以“德”为本的原则：

① 李零：《郭店楚简校读记》，载陈鼓应主编《道家文化研究》第17辑，第532页。

“本之情性，稽之度数，制之礼义”，“使亲疏贵贱长幼男女之理，皆形见于乐”，主张“君子反情以和其志，比类以成其行。奸声乱色，不留聪明，淫乐慝礼，不接心术，惰慢邪辟之气不设于身体。使耳目鼻口心知百体，皆由顺正以行其义”。

综上所述，所谓“雅乐之教”，就是指以合乎音律的“和平”“中正”的与礼相应而体现出儒家政治、伦理之观念和理想的“中声”“正声”进行教化。

三 “乐教”之对象与目的

《周礼》所述的“乐教”对象，一为“万民”。地官司徒“帅其属而掌邦教，以佐王安扰邦国”（《地官·司徒》）。大司徒“以五礼防万民之伪而教之中，以六乐防万民之情而教之和”（《地官·大司徒》）。其属官六乡大夫以“六德”“六行”“六艺”“教万民而宾兴之”。二为“国子”，“国之子弟”。地官师氏“以三德教国子”，保氏以“六艺”等“养国子以道”。一般认为，地官所教之“国子”，性质为小学，而春官大司乐所掌“国之子弟”之“乐教”，则为大学。《尚书·尧典》云：“帝曰：夔，命汝典乐，教胄子。直而温，宽而栗，刚而无虐，简而无傲。”“胄子”，孔安国谓：“胄，长也，谓元子以下至卿大夫子弟。”大致相当于《周礼》的“国子”。《礼记·王制》载乐正“顺先王《诗》《书》、礼、乐以造士”，“王大子、王子、群后之大子、卿大夫元士之适子，国之俊选，皆造焉”。“士”所包甚广，清孙诒让认为，“周制大学，所教有三：一为国子，即王大子以下至元士之子，由小学而升者也；二为乡遂大夫所兴贤者、能者，司徒论其秀者入大学……三为侯国所贡士。此三者皆大司乐教之”①。《左传》《国语》等所载单穆公、伶州鸠等论乐，因其卿士大夫或天子乐官之身份，则均以“万民”或“民”为乐之教化对象，申叔时所论则为“太子”之“乐教”。孔子“以《诗》《书》、礼、乐教，

① 孙诒让：《周礼正义》，中华书局 1987 年版，第 1713 页。

弟子盖三千焉，身通六艺者七十有二人”（《史记·孔子世家》），因其以“有教无类”（《论语·卫灵公》）为原则，弟子不分身份贵贱，所教对象颇具普遍性。春秋之后的儒家乐论，如《荀子·乐论》《礼记·乐记》对于“乐教”对象所述较概括，即一方面以“民”为对象论述“乐教”的普遍意义，另一方面着重论述“君子”的乐之修养。由此可见，无论就“乐教”传统来说，还是就儒家“乐教”观念来说，“乐教”都表现出比较明显的社会性与个体性相统一的特点。

“乐教”之目的，是儒家“乐教”思想之重点，然亦因对象而于大同之中有小异。概括来说，大体有四。

其一，成就德行。《周礼》所述的“万民”或“国子”教育，体现出“德行”与“道艺”双修的特点，但“德行”与“道艺”尚处并立分教关系。春秋时，魏绛曾提出“乐以安德”（《左传·襄公十一年》）的主张，晏婴认为，先王之乐可以“平其心”，而“心平，德和”。（《左传·昭公二十年》）春秋以后的儒家乐论则始终贯穿着“以乐成德”的观念。荀子所理解的“先王立乐之方”，就是“制雅颂之声”，“以感动人之善心”，所谓“乐行而民乡方矣”。（《荀子·乐论》）《乐记》更明确地指出：“先王之制礼乐也，非以极口腹耳目之欲也，将以教民平好恶，而反人道之正也。”“以乐成德”是儒家“乐教”最基本的目的，“乐教”的其他目的的实现都以此为前提和基础。

其二，塑造人格。《尚书·尧典》载帝舜命夔“典乐，教胄子”，目的是培养“直而温，宽而栗，刚而无虐，简而无傲”的人格。孔子论人格之成长，以“兴于诗，立于礼，成于乐”（《论语·泰伯》）为序，并指出“文之以礼乐，亦可以为成人矣”（《宪问》）。“成人”即人格的完成，其标志是“文质彬彬，然后君子”（《雍也》）。《礼记·经解》以“广博易良”释“乐教”，亦是就人格之养成立论。人格之养成最初主要是“国子”或“胄子”之“乐教”的目的，后来则多见于关于“君子”“乐教”之“情志”修养论述。荀子主张“君子以钟鼓道志，以琴瑟乐心”，达到“乐行而志清，礼修而行成”（《乐论》）的境界。《乐记》则强调“君子反情以和其志，比类以成其行”，“使耳目鼻口心知百体，皆由顺正以行其义”。

其三，培养从政才能。《礼记·王制》载，乐正掌“造士”，“大乐正论造士之秀者以告于王，而升诸司马，曰进士。司马辨论官材，论进士之贤者以告于王，而定其论。论定然后官之”。可见，“乐教”是培养士之从政才能的重要途径。《左传·僖公二十七年》载晋文公谋三军之帅，赵衰举荐郤谷，其理由是郤谷“说礼、乐而敦《诗》《书》”。春秋时士大夫出使国外，大多能从容地“赋诗言志”，可见其时诗、书、礼、乐之教的政治才能之养成效能。孔子云：“诵《诗》三百，授之以政，不达；使于四方，不能专对。虽多，亦奚以为?”（《论语·子路》）亦将从政视为乐教、诗教之目的。其弟子分“德行”“政事”“言语”“文章”（《先进》）四科，当亦先修诗、书、礼、乐或“六艺”之教。荀子的《乐论》《礼记·乐记》等已远离春秋时的礼乐文化背景，故均未将培养从政才能作为乐教之目的加以论述。

其四，谐合社会关系。以礼乐广施教化，是儒家政治观念、“乐教”思想的基本信念。孔子以“礼乐征伐自天子出”为“天下有道”（《论语·季氏》）的标志，于其理想政治的设计中亦将“乐则《韶》《武》”作为重要组成部分。荀子指出“乐合同，礼别异，礼乐之统，管乎人心矣”，“乐在宗庙之中，君臣上下同听之，则莫不和敬；闺门之内，父子兄弟同听之，则莫不和亲；乡里族长之中，长少同听之，则莫不和顺”（《乐论》）。乐的作用在于协调“上下”“父子”“长幼”等政治、伦理关系，从“人心”上使之“和敬”“和亲”“和顺”，达到“合同”。《乐记》将“礼乐刑政”视为治国平天下之道：“礼以道其志，乐以和其声，政以一其行，刑以防其奸。礼乐刑政，其极一也，所以同民心而出治道也”，“礼节民心，乐和民声，政以行之，刑以防之。礼乐刑政，四达而不悖，则王道备矣”。礼乐的作用是促进社会政治、伦理关系上的“相亲”“相敬”，从而达到“上下和”即社会整体和谐之目的：“乐者为同，礼者为异。同则相亲，异则相敬”，“礼义立，则贵贱等矣；乐文同，则上下和矣”。这就是所谓的“乐至则无怨，礼至则不争。揖让而治天下者，礼乐之谓也”。谐合社会关系以达到社会整体的和谐，这可以说儒家乐教的最高理想。

四 "乐教"之根据与境界

春秋时人论乐，于阐扬"先王之乐"传统时多注意论述"乐教"的内容与性质、对象与目的等，孔子之后的儒家乐论则着重揭示"乐教"之根据、核心及其理想状态。

其一，人性根源。楚简儒家文献多从"性""情"论礼乐，指出"情生于性，礼生于情"（《性自命出》）①，"礼因人之情而为之"（《语丛一》）②，"凡声其出于情也信，然后其入拨人之心也厚"（《性自命出》）③。礼乐皆与"情"有关，而"情生于性"。荀子说得更为清楚："夫乐者，乐也，人情之所必不免也。故人不能无乐，乐则必发于声音，形于动静。……故人不能不乐，乐则不能无形，形而不为道，则不能无乱。先王恶其乱也，故制雅颂之声以道之。"（《乐论》）乐是"人情"之必然表现，按荀子的"性恶"论，"人情"如不加以合理引导则必将导致社会秩序的混乱，所以先王"制雅颂之声以道之"。这是荀子论"先王立乐之方"的人性论根据。《乐记》云："人生而静，天之性也；感于物而动，性之欲也。物至知知，然后好恶形焉。好恶无节于内，知诱于外，不能反躬，天理灭矣。""是故先王之制礼乐，人为之节。"《乐记》的"人生而静"之说或许受到《吕氏春秋》《淮南子》所体现的道家学说之影响，但强调礼乐之制作根源于人性，其目的在就"人情"而"道"之、"节"之，与荀子的论乐思路还是比较一致的。

其二，美感根据。春秋时人论乐，已认识到乐的情感愉悦特征。伶州鸠指出："和声入于耳而藏于心，心亿则乐"，若所听非"和声"，"心是以感，感实生疾"（《左传·昭公二十一年》），此后，楚简强调"乐，服德者之所乐也"（《语丛三》）④，荀子概括地指出："夫乐者，乐也"，

---

① 李零：《郭店楚简校读记》，载陈鼓应主编《道家文化研究》第17辑，第5377页。
② 同上书，第532页。
③ 同上书，第505页。
④ 同上书，第528页。

“乐者，圣人之所乐也，而可以善民心，其感人深，其移风易俗。故先王导之以礼乐而民和睦”。又说：“夫声乐之入人也深，化人也速。故先王谨为之文。”（《乐论》）荀子正是从乐的审美愉悦特征认识到其“入人也深”“化人也速”的审美作用，因而主张“导之以礼乐”，使之“感动人之善心”，从而达到“民和睦”的境界。荀子此说为《乐记》所继承发挥，代表了儒家乐教论的基本看法。当然，对于儒家来说，只有雅乐，即“和声”或“礼乐”才能发挥“善民心”的教化作用。春秋时期，单穆公曾对乐之审美的“听和”与“视听不和”的不同的情感心理有较详细论述。《吕氏春秋》继承了荀子的看法，指出：“大乐，君臣父子之所欢欣而说也”（《大乐》），“凡古圣王之所为贵乐者，为其乐也”（《侈乐》）。但又强调只有“生于度量”的“大乐”或“适音”才能给人带来审美愉悦，而“不用度量”的“侈乐”则“失乐之情，其乐不乐”。（《侈乐》）对儒家来说，“淫声”“奸声”或“郑卫之音”等虽也“入人也深，化人也速”，但“其乐不乐”，不仅不能“感动人之善心”，反而“乐而不安，慢易以犯节，流湎以忘本。广则容奸，狭则思欲。感条畅之气而灭平如之德。是以君子贱之也”（《乐记》）。这也是荀子强调“先王谨为之文”的重要原因。

其三，以情感陶冶为基本途径。儒家对于乐教之目的以“以乐成德”为核心有很广大、深刻的设计，至于如何“以乐成德”，儒家强调发挥乐的感动人心的审美功能以陶冶、塑造“人情”。荀子基于其“性恶”论，认为“情”出于人的本性，既不可遏止亦不可放纵，而只能“导之”。他指出：“夫民有好恶之情，而无喜怒之应则乱。先王恶其乱也，故修其行，正其乐，而天下顺焉。”“正其乐”即“制雅颂之声以道之”“导之以礼乐”，目的是使其好恶皆得其正。具体来说：“乐者，乐也。君子乐得其道，小人乐得其欲；以道制欲，则乐而不乱；以欲忘道，则惑而不乐。故乐者，所以道乐也；金石丝竹，所以道德也；乐行而民乡方矣。”所谓“道乐”“道德”，即“以道制欲”。（《乐论》）《乐记》指出：“乐者，音之所由生也，其本在人心之感于物也。是故其哀心感者，其声噍以杀；其乐心感者，其声啴以缓；其喜心感者，其声发以散；其怒心感者，其声粗以厉；其敬心感者，其声直以廉；其爱心感者，其声和以柔。六者，非性也，感于物而后动。是故先王慎所以感之者。”“哀心”等六者“非性”，而是“感于物而后动”的“情”。至于先王如何“慎所以感之”，《乐记》指出：“先王本之情性，稽之度数，制之礼义。合生气之和，道五常之行，使之阳而不散，阴而不密，刚气不怒，柔气不慑，四畅交于中而发作于外，皆安其位而不相夺也。然后立之学等，广其节奏，省其文采，以绳德厚。律小大之称，比终始之序，以象事行。使亲疏贵贱长幼男女之理，皆形见于乐。”先王作乐的目的是“以绳德厚”，其制作则既要“本之情性”，又要“制之礼乐”，具体来说就是“使亲疏贵贱长幼男女之理，皆形见于乐”。如此才能达到荀子所说的“乐行而乡方矣”的境界。

其四，“美善相乐”之极境。儒家以乐教为德行之培养的有效途径，确有使艺术审美教育成为道德教化之附庸的倾向。但儒家并未因此而否定艺术、审美的独立地位与价值。从孔子到《乐记》，儒家乐教论的核心观念是“中和”。“中和”在政治理想上表现为礼与乐的统一，也就礼所体现的“中”或道德，与乐所体现的“和”或情感的统一。孔子的艺术理想是“尽善尽美”、人格理想是“文质彬彬”，都是“中和”原则的体现。美与善，文与质的“中和”境界，用荀子的话来说就是“美善相乐”。也就是礼与乐、美与善、文与质、道德与情感既各自保持其相对独立性而又能融合统一。这才是儒家乐教所追求的以乐成德的极境。《乐记》云：“君子曰：礼乐不可斯须去身。致乐以治心，则易直子谅之心油然生矣。易直子谅之心生则乐，乐则安，安则久，久则天，天则神。天则不言而信，神则不怒而威，致乐以治心者也。致礼以治躬则庄敬，庄敬则严威。心中斯须不和不乐，而鄙诈之心入之矣，外貌斯须不庄不敬，而易慢之心入之矣。”“易直子谅之心”即乐教所要成就的德行。“致乐以治心”的最高境界是使“易直子谅之心”油然而生，能达到这种境界，则其心自然无“斯须不和不乐”，情感与道德完美地融合统一。“安”“久”“天”“神”，则是形容审美与道德融合统一的和谐、持久、自然状态。

五 “乐教”之地位与影响

儒家乐论是在西周以来的礼乐文化背景下和“乐”与“礼”的关系中展开的。春秋以后，儒家文献一直“礼”“乐”并称。荀子至《史记》《汉书》论礼乐，皆将礼置于乐之前。不过，孔子论人格成长，讲到“兴于诗，立于礼，成于乐”，将“乐”置于最后或者最高的地位。而在《乐记》中，有着比较明显的乐高于礼的倾向。具体来说，在社会功能上，“乐者为同，礼者为异。同则相亲，异则相敬。”“乐统同，礼辨异。”“礼义立，则贵贱等矣；乐文同，则上下和矣。”“礼辨异”使“贵贱等”而“相敬”只是前提，“乐统同”使“上下和”而“相亲”才是最后的目的；在道德属性上，“仁以爱之，义以正之”；在来源上，“乐由天作，礼以地制”；在性质上，“乐者，天地之和也。礼者，天地之序也”，“大乐与天地同和，大礼与天地同节”。此外，“乐者敦和，率神而从天；礼者别宜，居鬼而从地。故圣人作乐以应天，制礼以配地。”“乐著大始，而礼居成物”等，都表现出重乐轻礼的倾向。

清初学者姚际恒曾严厉批评《乐记》的“先乐后礼，本乐末礼，重乐轻礼”的倾向，指责“其意欲抬高乐，却抑下礼”。[①] 然而，晚近学者颇有坚持《乐记》的重乐倾向。清人俞正燮综合《论语》《周礼》和《礼记》的《内则》等篇的乐教论述，指出：“通检三代以上书，乐之外，无所谓学。”[②] 史学家吕思勉称俞氏此说“甚创而确”[③]。近人刘师培《学校原始论》指出：“古代教民，口耳相传，故重声教。而以声感人，莫善于乐。”“古人以礼为教民之本，列于六艺之首。岂知上古教民，六

---

① （清）姚际恒：《礼记通论辑本》，载林庆彰《姚际恒著作集》，台北：中央研究院中国文哲研究所 2004 年版，第 3 册，第 114 页。

② （清）俞正燮：《癸巳存稿》卷 4，载王先谦《清经解续编》，上海书店 1988 年版，第 3 册，第 1360 页。

③ 吕思勉：《吕思勉读史札记》，上海古籍出版社 1982 年版，第 457 页。

艺之中，乐为最崇，固以乐教为教民之本哉？"① 此后，徐复观认为，"乐比礼出现得更早"，上古"以乐为教育的中心"，即使到西周时期，"礼在人生教育中所占的分量，决不能与乐所占的分量相比拟"，"礼取代了乐的传统地位"是春秋时代才出现的事。②

《乐记》主要从社会教化功能、道德属性和宇宙本体论上强调乐高于礼、先于礼，俞正燮等诸说则侧重从礼乐文化的历史起源和发展上论证乐教的优先地位。关于"乐教"的地位与影响问题，有三个关键问题需要辨析。

第一，从起源上看，"乐"在甲骨文中多次出现，但甲骨文是否有"礼"字出现，学界还有争论。郭沫若、侯外庐、徐复观都曾怀疑王国维对礼的释义。③ 郭沫若早年曾认为繁体字禮的右下半部分是"鼓"的初文，得到裘锡圭等人考证的证实④，葛兆光据此认为，"礼本来就是祭祀乐舞"⑤。这说明原始的乐与礼都是"事神"之事，即原始宗教的祭祀仪式。但从"礼"字晚出看，礼的原始形态或许是以乐的形态表现出来的，也就是说礼藏乐中、礼乐一体。因此，原始的"乐教"本身就包含着礼教。从比较可信的周初文献看，"礼"字在周初虽已出现，但以指礼仪为主。大概经过周公"制礼作乐"，礼的地位有所提升，乐则作为礼仪成为礼的组成部分。春秋时期，随着西周礼乐制度的逐渐崩坏，使相当一部分贤士大夫对礼的政治、伦理乃至形而上的本体论意义高度重视，以至出现了礼仪相分的意识，乐的政治、伦理、宗教功能逐渐淡化，而艺术性质愈加凸显出来。但乐教与礼教仍保持着原始统一关系。虽然据《周礼》《礼记》《大戴礼记》等，礼、乐之教在"六艺"或"诗、书、礼、乐""四术"中都是并列分施的。但《周礼》春官"掌邦礼"，其属官大司乐却专掌乐教。由于礼乐的原始联系以及儒家崇尚雅乐之教的观念，

---

① 刘师培：《刘申叔先生遗书》，宁武南氏 1936 年印本，第 17 册，第 27—28 页。

② 徐复观：《中国艺术精神》，春风文艺出版社 1987 年版，第 1—2、3 页。

③ 参见郭沫若《十批判书》，东方出版社 1996 年版；侯外庐《中国思想通史》第 1 卷，人民出版社 1957 年版；徐复观《中国艺术精神》，春风文艺出版社 1987 年版。

④ 裘锡圭：《甲骨文中的几种乐器名称》，《中华文史论丛》1980 年第 2 辑；周聪俊《说礼》，《第三届中国文字学国际学术研讨会论文集》，台北：辅仁大学出版社 1992 年版。

⑤ 葛兆光：《中国思想史》第 1 卷，复旦大学出版社 1998 年版，第 176 页。

即使在乐教中也包括着与礼相关、相近的内容。儒家“乐教”“以乐成德”，其“德”大多与礼有关。这是儒家一直注重从礼乐文化传统、从与礼的关系方面理解乐、阐释乐的主要原因。

第二，乐教本身就包含着诗教、舞教等。原始的乐是集音乐、舞蹈、歌诗等为一体的混融性的艺术形态。因此，乐教的内容本身就包含着音乐之教、舞蹈之教、歌诗之教等。《周礼》大司乐教国子的“乐德”“乐语”“乐舞”和音律等，是这种形态的典型表现。春秋以降，虽然乐的混融一体形态已开始分化，但人们在观念上仍坚持以乐统称诗、乐、舞等。如《尚书·尧典》载舜掌夔“典乐”教胄子，提到“诗言志，歌咏言，声依咏，律合声”，夔称“予击石拊石，百兽率舞”。诗、歌、声、律、舞等，总谓之“乐”。《左传·昭公二十年》晏婴论“声”，包括“五声、六律，七音、八风、九歌”。《国语·周语下》载伶州鸠论“乐从和”，云：“声以和乐，律以平声。金、石以动之，丝、竹以行之，诗以道之，歌以咏之，匏以宣之，瓦以赞之，革木以节之。”大都是将乐作为诗、歌、舞等构成的艺术整体来对待。《乐记》既在与礼的关系下论乐，因而仍将乐视为混融性的艺术整体，如“凡音之起，由人心生也。人心之动，物使之然也。感于物而动，故形于声。声相应。故生变；变成方，谓之音。比音而乐之，及干戚羽旄，谓之乐”。“德者性之端也；乐者，德之华也。金石丝竹，乐之器也。诗言其志也。歌咏其声也，舞动其容也。三者本于心，然后乐气从之”。《乐记》一般多以“音”或“声”专指音乐。即使到汉代，诗、乐、舞已完全分化，诗也被立为官学，但汉人论诗，仍继承和发挥着乐教观念，汉代儒家诗学的经典文献《毛诗大序》的大部分内容就是从《乐记》中移植过来的，而后世儒家的文学艺术观念也大多是从《乐记》生发出来的。

第三，无论是从礼乐关系的历史发展和先王“乐教”传统来看，还是从儒家“乐教”观念上看，“乐教”可以说从来都不是专门性的音乐的、或审美的教育，而是其他教育的实现形式。原始的乐作为祭祀乐舞，在客观上发挥着政治、伦理、宗教、艺术等方面的教育作用。而当礼乐分化、乐成为礼的组成部分之时，乐仍保持着与礼相关的政治、伦理、宗教意涵，“乐教”甚至成为礼教的实现形式。即使在乐取得相对独立地位之后，作为混融性的艺术形态，乐仍然是诗歌、音乐、舞蹈之教育的综合表现形式。而相对的，随着诗、乐、舞一体形态的解体，乐的地位反被降而下之。战国时期的乐论由于礼乐制度的彻底崩坏已不甚局限于传统的礼乐文化关系。如墨子论乐，基本上是把它作为上层社会的享乐对象来看待，孟子甚至认为，只要能“与民同乐”，那么“今之乐”与“古之乐”、“世俗之乐”与“先王之乐”都无所谓。（《孟子·梁惠王上》）荀子虽然仍坚持从礼乐关系论乐，但乐作为诗、乐、舞等一体形态的意识在其乐论中已非常淡化了。至《吕氏春秋》论乐，已基本上把它当作独立的可以给人带来审美愉悦的审美对象来看待了。从春秋到战国，乐首先从礼中分化出来，进一步，其混融一体形态也逐渐瓦解，其政治、伦理、宗教等意味不断淡化，作为艺术的审美特征愈来愈得到凸显，但其在社会整体中或者说在儒家思想观念中的地位反而越来越下降。因此，汉代官学教育中无乐教，其原因并不能完全归之于乐经之有无或本有而散亡。

以直报怨　以义解仇

——从朱子《家训》看儒家对“仇”“怨”的态度及其启示*

冯　兵

（华侨大学国际儒学研究院）

摘要： 朱熹的《家训》中提出“仇者以义解之，怨者以直解之”，其中“仇”与“怨”分属人际关系矛盾的两个不同层面。“仇”往往是“怨”的进一步发展，“义”也是“直”的深化与升华。“以直报怨”历来都被儒家视为解决怨恚心理的最合理方式，而“以义解仇”，与公羊春秋学与礼学的“大复仇”主张以及以张载“仇必和而解”为代表的朴素辩证法思想相比，则显得更加意味深长。在当今社会，朱熹的这一告诫仍有借鉴价值。

关键词： 朱熹　《家训》　以直报怨　以义解仇

朱熹的《家训》也被称为《朱子家训》①，朱熹“把（他自己的）

---

* 本文是福建省哲学社会科学研究基地重大项目“朱熹的生活哲学思想及其现代价值”（编号 FJ2015JDZ012）的阶段性成果，另已发表于《哲学研究》2017 年第 11 期。

① 清初以来社会上出现了另一份《朱子家训》，作者为朱用纯（字致一，号柏庐，明末清初江苏昆山县人）。起初朱用纯自名之为《治家格言》，后人遂称之以《朱子治家格言》《朱柏庐治家格言》，再后来则逐渐也被简称为《朱子家训》而常与朱熹的《朱子家训》相混淆。朱熹的《朱子家训》317 字，朱用纯的 524 字。除了字数上的差异之外，大体来说，朱用纯的《朱子家训》似乎显得更为细致全面，也更具温情，用时下流行的话说就是更“接地气”，因此多为后来的一般家庭所通用和熟知；而朱熹的《朱子家训》立意似乎更高，气象森严宏大，体现出了思想巨匠的气度。

《童蒙须知》和《小学》中的道理抽象出来从哲理的高度用极其精练的语言写了一篇《朱子家训》”。“用通俗、精练的语言规范了人之为人的基本哲学信条，划出了一条做人的底线，深刻而隽永。”[①] 譬如在他的《家训》中，他告诫后世子孙“仇者以义解之，怨者以直解之”。其理论背景和蕴意就十分宏阔、深刻，尤其对“仇”“怨”的态度与处理方法，颇令人思量。下面分述之。

一　“仇”“怨”之辩

首先我们来看“仇”“怨”的释义。许慎在《说文解字》中释“仇”为“雠也”。段玉裁则于《说文解字注》中进一步解释道：“雠犹应也。”释“仇”为匹配、对应，随之又以《左传》“嘉偶曰妃，怨偶曰仇”为据，说：“仇为怨匹，亦为嘉偶。如乱之为治，苦之为快也。”按《说文解字》的理解，“仇”具有明确性、外在性、对应性的特点，通常是人际间明朗化的两相对应关系，既可为嘉偶，也可是仇敌。而随着时代的发展，后一层意涵逐渐占据了主导地位。关于“怨”，《说文解字》释曰：“怨，恚也。从心，夗声。”按《辞源》的说法，“怨”主要指：（1）“不满意，埋怨”；（2）“恨”。[②] 而怨“从心”，似乎具有隐晦性、内在性、单向性特点，是个体自我心理状态的投射与表现，被“怨”的对象则往往不一定具有相应的情感或心理。

很显然，就人际关系的矛盾来看，“仇”与“怨”应分属两个不同层面和阶段。“怨”是矛盾尚未彻底激化或公开化的阶段，“仇”是矛盾公开化、极端化的阶段，“仇”往往是“怨”的进一步发展的结果。

① 朱杰人：《深刻而隽永的〈朱子家训〉》，《光明日报》2016年8月9日第10版。

② 参见广东、广西、湖南、河南辞源修订组，商务印书馆编辑部编：《辞源》（修订本），商务印书馆1988年版。

二 “怨者以直解之”

朱熹在《家训》中要求“怨者以直解之”，其意出于《论语·宪问》：“或曰：‘以德报怨，何如？’子曰：‘何以报德？以直报怨，以德报德。’”其中“以德报怨”一语最早见《老子》第六十三章：“大小多少，报怨以德。”老子出于谦下处柔、无为不争的理念，主张以德报怨。但在孔子看来，若以德报怨，将以何报德？这无法体现应有的社会公平与正义。朱熹在《论语集注》卷7中就指出：

> 或人之言，可谓厚矣。然以圣人之言观之，则见其出于有意之私，而怨德之报皆不得其平也。必如夫子之言，然后二者之报各得其所。然怨有不雠，而德无不报，则又未尝不厚也。①

在朱熹看来，以德报怨其实是出于刻意为之的私心，有违大义。他对此曾举例说：“如吕晦叔为贾昌朝无礼，捕其家人坐狱。后吕为相，适值朝廷治贾事，吕乃乞宽贾之罪，‘恐渠以为臣与有私怨’。后贾竟以此得减其罪。此‘以德报怨’也。然不济事，于大义都背了。”② 最关键的是，以德报怨会导致“怨德之报皆不得其平”，是“以私害公”“以曲胜直”，因此必须“当报则报，不当则止”，不得妨害“公平忠厚”。③

清人刘宝楠则在《论语正义》引吴嘉宾的观点说：

> 以直者不匿怨而已。人之性情，未有不乐其直者，至于有怨，则欲使之含忍而不报。夫含忍而不报，则其怨之本固未尝去，将待其时之可报而报之耳。至于蓄之久而一发，将至于不可御，或终于不报，是其人之于世，必以浮道相与，一无所用其情者，亦何所取

① 参见（宋）朱熹《论语集注》卷7，《四书章句集注》，中华书局1983年版。

② 参见（宋）黎靖德编《朱子语类》卷44，王星贤点校，中华书局1986年版。

③ 参见（宋）朱熹《论语或问》卷14，《四书或问》，上海古籍出版社2009年版。

哉？以直报怨，凡直之道非一，视吾心何如耳。吾心不能忘怨，报之直也，既报则可以忘矣。苟能忘怨而不报之，亦直也，虽不报，固非有所匿矣。怨期于忘之，德期于不忘，故报怨者曰“以直”，欲其心之无余怨也。报德者曰“以德”，欲其心之有余德也。其心不能忘怨，而以理胜之者，亦直以其心之能自胜也。直之反为伪，必若教人以德报怨，是教人使为伪也。乌可乎？

此说是从怨恚心理的合理解决的角度出发，认为“怨期于忘之”，而“吾心不能忘怨”，人若有了怨恚，是无法轻易放下的（当然，能自行放下也是好的），要妥善解决怨恨，就必须使之适当地发泄出来，不至于“匿怨”。因为让怨恨久藏于心中一来会有失控的危险，二来会让人变得虚伪，贻害不小。

另据《礼记·表记》中载：“子曰：以德报德，则民有所劝。以怨报怨，则民有所惩。”《论语》中说“以直报怨”，和《礼记》讲“以怨报怨”仍有不同。以怨报怨固然能让“民有所惩”，从而“戒于树怨”然而一旦坚持以怨报怨，终将引起怨恚的恶性循环，自然不是止怨的最好办法。至于以德报怨，孙希旦说：“以德报怨，则天下无不释之怨矣。虽非中道，而可以宽容其身，亦仁之一偏也。”① 但皇侃则认为：“所以不以德报怨者，若行怨而德报者，则天下皆行怨以要德报之，如此者，是取怨之道也。”② 可见无论如何，以德报怨都不是消除怨恚心理的好办法，至少不是符合中道的最好办法，最好的办法只能是“以直报怨”。

那么，究竟什么是“直”呢？从《论语》中有关“直”的论述来看，“直”在不少场合都与率性、坦直的情感表达方式有关。③ 朱熹则释“以直报怨”之“直”道：“于其所怨者，爱憎取舍，一以至公而无

---

① 参见（清）孙希旦《礼记集解》，中华书局 1989 年版。

② 参见何晏集解，黄侃义疏《论语集解义疏》卷 7，商务印书馆 1937 年版。

③ 如《泰伯》中的“直而无礼则绞”“狂而不直”，《阳货》“好直不好学，其蔽也绞”，“古之愚也直，今之愚也诈而已矣”，等等。在这一类的表述中，“直”与“绞”“狂”“诈”等语词相对应，因而无论其是否主要体现的是“正直”这一德性内涵，我们也都能明显感受到其与率直的情感表达之间的关联。

私，所谓直也。”[①] “直” 就是指大公无私。但要注意的是，这种大公无私是在 “爱憎取舍” 这一人人皆有的普遍性的情感欲望之中的 “无私”，并非超越于情感之外。儒家的 “无私” 绝非 “无情”，只是强调公义之下无偏私不当之情而已。另在《论语 · 子路》中，叶公对孔子说：“吾党有直躬者，其父攘羊，而子证之。” 孔子答曰：“吾党之直者异于是。父为子隐，子为父隐，直在其中矣。” 朱熹对此评论道：“父子相隐，天理人情之至也。故不求为直，而直在其中。”[②] 在朱熹看来，父子相隐既是天理之当然，也是人类普遍情感的必然，这一举措完全合乎天理与普遍之人情，自然是 “至公而无私” 的。今人亦认为：

> 孔子的 “直” 有主、客观两层蕴涵，其在客观视角上有公正、无私或正当之意；主观视角则关涉个人的私德，意为正直、坦直。从内在心理动机和情感层面看，“直” 既有正直坦率且公平的品格，也包含个体在实践活动中的情感反应内容，其胜处在于它的非功利性或非工具目的性之转折思量。“直” 作为真纯素朴的人格构成 “仁” 的基础性要素，而所谓的 “礼” 之 “质” 也在于此。[③]

而无论 “直” 是指公正无私或正当，还是正直、坦直，孔子和叶公的 “直” 事实上都应包含了这些伦理意涵，真正的区别只是在于各自针对 “直” 的价值判断所依据的理论背景不同。

孔子所论之 “直” 的理论依据显然是礼。如孔子论 “以德报怨” 仅为 “宽身之仁”[④]，郑玄注道：“宽，犹爱也，爱身以息怨，非礼之正也。” 孔颖达进一步疏释说：“‘宽身之仁’者，若以直抱怨，是礼之常也。今‘以德报怨’，但是宽爱己身之民，欲苟息祸患，非礼之正也。”[⑤]

---

① 参见（宋）朱熹《论语集注》卷 7，《四书章句集注》，中华书局 1983 年版。

② 同上。

③ 李洪卫：《孔子论 “直” 与儒家心性思想的发端——也从 “父子互隐” 谈起》，《河北学刊》2010 年第 2 期。

④ 《礼记 · 表记》：“子曰：‘以德报怨，则宽身之仁也；以怨报德，则刑戮之民也。’”

⑤ 参见（汉）郑玄注、（唐）孔颖达疏《礼记正义》，载（清）阮元校刻《十三经注疏》，中华书局 1980 年版。

郑玄与孔颖达明确将“以德报怨”与“以直报怨”纳入礼学范畴，显然“直”“应受到礼俗的规导”。[①] 并且，“以直报怨”的“报”象征着强调对等性原则的“礼尚往来”，原本也就是礼的基本要素。[②] 而礼的产生与发展则缘于“人情”，朱熹就说：“先王制礼，本缘人情”。[③] 这在《礼记》中也早有体现，如《礼记·丧服四制》：“凡礼之大体，体天地，法四时，则阴阳，顺人情，故谓之礼。”以及《礼记·礼运》中载：“故圣王修义之柄、礼之序，以治人情。故人情者，圣王之田也”，等等，都充分说明，在儒家这里，“人情”是圣王关注的重心，用来顺应和修治“人情”的，则是礼（乐）。但所有的情感关系中，父子亲情又最为根本，是一切“人情”的起点和基础。有鉴于此，孔子就当然要主张父子互隐了，并认为这才是本然的正当与公正。其所依据的，就正是儒家以宗法血缘为中心的礼，即符合人情世事普遍之理的社会规范。在这一前提之下，个人也就可以坦直地表现情感而自然具有了正当性与合理性。

与之相对应的是，叶公一任于法，其或为申、韩一系的法家式人物。这一系的法家注重刑名法术，轻视人之情感需求，反对礼教，不仅与儒家大相径庭，也和重礼的管仲一系的法家不同。其中最显著的便是韩非子的“计算社会”论。韩非子认为所有的人伦关系全是出于利益的算计，即便是父母与子女之间也不例外：“且父母之于子也，产男则相贺，产女则杀之。此俱出父母之怀衽，然男子受贺，女子杀之者，虑其后便，计之长利也。故父母之于子也，犹用计算之心以相待也，而况无父子之泽乎！”（《韩非子·六反》）可谓“无情”至极。正如东汉刘观等人所撰之《东观汉记·卓茂》所说：“律设大法，礼从人情。”很显然，礼顺人情，而律不容情，在社会治理中强调概循律例的“无情”的法家不会给予人

① 陈探宇、丁建峰：《“直”的情感维度——从中国文华的生命观看“父子相隐”》，《西南民族大学学报》（人文社科版）2010年第4期。

② 如郑玄释《礼记·表记》“子言之：‘仁者，天下之表也；义者，天下之制也；报者，天下之利也。”一句中的“报”为：“报，谓礼也。礼尚往来。”（《礼记正义》）因为“报”的“礼尚往来”含义中潜在地蕴含着对应双方在交往过程中的对等性原则，而“以德报怨”显然破坏了这一点，这也正是其“非礼之正”的一个重要原因。

③ 参见（宋）朱熹《晦庵先生朱文公文集》卷36，载朱杰人、严佐之、刘永翔主编《朱子全书》，上海古籍出版社、安徽教育出版社2002年版。

的情感行为以道德意义的理解。因此，当儿子面对父亲的“攘羊”行为时，叶公必然要主张严格按照律令“证之”才是真正的正直与公平。可见孔子讲“吾党之直者异于是”，所“异”的是他依循的为礼，叶公依循的是法。

综上可见，孔子讲“以直报怨”，这个“直”就绝非简单的冲冠一怒、直抒胸臆，而是情理交融中的“当报则报，不当则止”，“当”与“不当”的标准便是礼。换言之，儒家的“以直报怨”也就是以礼报怨。朱熹在《家训》中主张“怨者以直解之”，同样是基于此。而无论是儒家的礼还是法家的法，都是指明确的行为规则，“以直报怨”中的“直”对“礼尚往来”式公平正义的追求，所体现和强调的也正是严格的规范或规则意识。

三 “仇者以义解之”

“怨”是一种并不明朗化的怨恚情绪，“仇”在一般情况下往往是“怨”的进一步激化、深化和公开化。朱熹强调“仇者以义解之，怨者以直解之”，解“仇”之“义”同样也是解“怨”之“直”的内涵的升华与深化。又如前所述，“直”的理论依据是礼，而《礼记·礼运》说：“礼也者，义之实也。”《左传》中也有“礼以行义”（《左传·僖公二十八年》《左传·成公二年》）、“义以出礼”（《左传·桓公二年》）的说法，都说明“礼”是“义”的具体呈现与形下实践，“义”则是“礼”的形上升华和依据。因此人们又往往“礼义”并称，并以之构成了“人之大端”，即使“礼虽先王未之有”，也“可以义起也”。（《礼记·礼运》）

“义”作为五常之一，是中国哲学中非常重要的概念，《礼记·中庸》释为“义者，宜也”。《说文解字》即以此为“义”作注。另按段玉裁的说法，“义”与“谊”也为“古今字”，“周时作谊，汉时作义，皆今之仁义字也”。① 因而许慎《说文解字》也解“谊”作“人所宜

① 参见（清）段玉裁《说文解字注》，许惟贤整理，凤凰出版社2007年版。

也”。可见“义”的主旨就是“宜”，即合宜、适度与正义、正当等。《礼记·礼运》称“义”为“艺之分，仁之节”，“礼”是其“实”，“仁”为其“本”，便是对其性质较完整的概括。因此，“义”既象征着实践层面的方法论智慧，也有着充分的道德形上学意味。那么，朱熹在《家训》中要求“仇者以义解之”，具体又该作何理解呢？

要深入理解朱熹的“仇者以义解之”，我们不得不考虑到儒家历史上有关“仇”的态度的两个重要理论背景——以春秋公羊学和《礼记》等为代表的儒家“大复仇”理论，以及以宋儒张载为代表的“仇必和而解”的朴素辩证法思想。前者主要体现的是“义”作为一种道德形上学原理的内涵，后者主要强调的则是“义”在具体应用中充满辩证智慧的方法论意义。

（一）“大复仇”

“大复仇”的理念在《周礼》和《礼记》中有不少的论述，如《周礼·秋官·朝士》中说：“凡报仇雠者，书于士，杀之无罪。”强调只要事先在官府报备，杀死仇家是无罪的。《礼记·檀弓上》则记载：

> 子夏问于孔子曰：“居父母之仇如之何？”夫子曰：“寝苫枕干，不仕，弗与共天下也；遇诸市朝，不反兵而斗。”曰：“请问居昆弟之仇如之何？”曰：“仕弗与共国；衔君命而使，虽遇之不斗。”曰：“请问居从父昆弟之仇如之何？”曰：“不为魁，主人能，则执兵而陪其后。”

此处也强烈主张复仇，只是根据血缘关系的亲疏远近而对复仇的态度和方法做了不同的限定，将复仇行为完全纳入礼制之内，并由此赋予了其充分的合理性。

真正张大和发扬儒家的复仇精神的，则是以董仲舒为代表的公羊春秋学。董仲舒在《春秋繁露·王道》中说：“《春秋》之义，臣不讨贼，非臣也。子不复仇，非子也。”将臣为君讨贼与子为父报仇并置，所以《白虎通德论·诛伐》就明确指出：“子得为父报仇者，臣子于君父，其义一也。忠臣孝子所以不能已，以恩义不可夺也。”认为臣为君、子为父报仇，在

“义”上是一致的。蒋庆将公羊家对大复仇的论述，根据其内容的不同分为了三种类型：(1) 国君复国君杀祖杀父之仇，(2) 个人复国君杀父之仇，(3) 臣子复乱贼弑君之仇。从中可见，春秋公羊学对儒家的“复仇”主张比礼学更进一步做了范围的限定。而公羊家“大复仇”也有着特殊的时代背景：“在春秋、战国及秦汉之际，天下无道，政治失序，诸侯相灭，君臣相杀，社会生活中缺乏最基本的公义，故灭人之国，绝人之世，杀人之父，残人之子者比比皆是，社会中的怨毒仇恨极深”。因此，“公羊家提出了大复仇说，赞同通过复仇的方式来恢复社会中的正义”。①

若据此来看朱熹所说的“仇者以义解之”，其“义”就正是指儒家在农业宗法社会中所要维护和宣扬的社会正义，在价值层面上与追求“公平忠厚”的“直”具有内在的一致性，复仇则是其重要手段。

但在东汉时期的一些文献里，却也存在着和解仇怨的思想，如《风俗通义》中对弘农太守河内吴匡的相关叙述：“今匡与琼其是矣，剖符守境，劝民耕桑，肆省冤疑，和解仇怨，国之大事，所当勤恤。”“和解仇怨”被视作了朝廷官吏应当“勤恤”的事务性职责。刘向在《新序》中也对统治者的为政之道做了道德上的要求：“外举不避仇雠，内举不回亲戚，可谓至公矣”。(《新序·杂事一》) 并表扬“齐桓公用其仇，而一匡天下”。(《新序·杂事三》)“外举不避仇雠”“用其仇”，就不仅是和解仇根，而且还举荐任用仇人，以公义超越了具体的仇根。这与张载的“仇必和而解”之说在一定程度上有相合之处。

(二)“仇必和而解”

“仇”的初始意义是指事物间的两两配应或对立关系，“仇恨”意涵实属后起。而两两对应关系最典型的表述就是“阴阳”。中国古代的思想家很早就对阴阳观念做了形而上的系统化讨论，如《易·系辞上》明确指出“一阴一阳之谓道”，将阴阳及其运行变化视为道，《说卦传》说得更清楚：“立天之道，曰阴与阳；立地之道，曰柔与刚；立人之道，曰仁与义……故易八画而成卦，分阴分阳。”认为天地间万事万物都天然具有

① 参见蒋庆《公羊学引论——儒家的政治智慧与历史信仰》，辽宁教育出版社 1995 年版。

阴阳相对的两面。宋儒程颢更进一步说："天地万物之理，无独必有对，皆自然而然，非有安排也。"又道："万物莫不有对，一阴一阳，一善一恶，阳长则阴消，善增则恶减。"① 从理学层面讨论了阴阳作为天地万物之理的绝对性以及阴、阳间的对反消长的辩证关系。张载则在此基础上于《正蒙·太和》中云："有像斯有对，对必反其为；有反斯有仇，仇必和而解。"张载也指出，宇宙间的具体事物中总是存在阴阳的对立两面，阴阳之间又彼此转化、相互依存。因此，有了阴与阳的对立便有了"仇"，而阴阳之间的转化相依又必然会走向"和"。

关于"和"，《国语·郑语》道："以他平他谓之和，故能丰长而物归之，若以同裨同，尽乃弃矣。故先王以土与金木水火杂，以成百物。""和"的"以他平他"是指天地间不同质事物（即阴阳）的彼此对立与统一，而非简单地同化或同一。在《左传·昭公二十年》中，晏婴则进一步认为"和"是事物间的"济其不及，以泄其过"，以及人的"以平其心，心平德和"等，强调"和"对社会与人心具有重要的调节功能。因此，针对张载的"仇必和而解"，冯友兰先生就指出："张载认为，一个社会的正常状态是'和'，宇宙的正常状态也是'和'。""在中国古典哲学中，'和'与'同'不一样。'同'不能容'异'，'和'不但能容'异'，而且必须有'异'，才能称其为'和'。"② 可见"仇必和而解"，强调的就是以和而不同之道在对立中求取辩证的统一。这一辩证智慧告诉人们，所有的对立最终都将走向"和"，人际间的怨仇自然也是如此。因此，相比先哲与时贤的思想，张载更加明确地揭示和凸显出了"和"在阴阳辩证关系中的终极价值导向的地位，也更加充分地阐明了不同事物之间或事物内各要素之间的对立统一的朴素辩证法原理。而事物之阴阳两面走向"和"的过程，则是"义"的具体呈现。

（三）"义"的性质与实践

孔子所讲的"以直报怨"，强调的是根据正当性原则将"怨"解决于

---

① 参见（宋）程颢、程颐《河南程氏遗书》卷 11，《二程集》，王孝鱼点校，中华书局 1981 年版。

② 冯友兰：《中国现代哲学史》，广东人民出版社 1999 年版，第 252—253 页。

激烈与公开的冲突发生之前。这一原则有一明确的现实依据，那便是具有一定自然法意义的礼。春秋公羊学和礼学中所阐扬的复仇理念，是在特殊的情境中为了维护宗法伦理与宗法制度所做出的不得已的选择，可以说是“以直报怨”的极端化延续，其终极目的乃是“以杀止杀”，以维护作为社会体系最高价值的“和”。当然，这也是“仇必和而解”的一种极端化表现，其不仅同样属于礼的范畴，更是上升到了“义”的层面。

在早期的社会观念体系中，礼、法之间的畛域并不分明，礼作为宗法伦理的成文规范与意义象征，是“法之大分，类之纲纪”，（《荀子·劝学》）因此以礼代法是较为普遍的。在这样的情况下，律法，尤其是儒家社会治理理论体系中的律法，对于《周礼》《礼记》与公羊春秋学所宣扬的通过复仇来维护社会的“自然公正”的行为并不具备足够的约束力。但是，随着时移世易，社会法制体系越显发达，礼、法在形式与功能上的界分越发明确①，因复仇而杀人越来越受到律法的限禁。既然通过复仇以维系宗法伦理意义上的社会正义的行为其合法性慢慢受到了质疑，这一原本“合礼”的行为就必然要因应时势的变化而进行调整，此即《礼记·礼运》所强调的礼“以义起”。

对于“义”，朱熹一方面视“义”为天理的运动流行法则，赋予其理学的形上意味，说：“义者，天理之所宜”②；另一方面，朱熹又强调“礼即理”，认为礼是天理的现实呈现与实践，因而“义之所在，礼有时而变”③。要求在礼的具体实践中“酌其中制，适古今之宜”④，以“义”的辩证之道通达礼的古今之变。所以，朱熹对“仇”的解决求之以“义”，要求“仇者以义解之”，就既强调了对社会普遍的公平与正义（并不限于宗法伦理）的维护，也强调了方法论意义上的辩证智慧，乃道德准则与实践智慧的统一，实为“大复仇”与“仇必和而解”两种理论

① 当然，这种界分并不是说传统的礼、法本身是两种完全不同甚至对立的观念与制度体系，事实上，二者恰是相辅相成的，这在先秦时期儒、法两家的礼法学说中就已如此。（参见杨振红）

② 参见（宋）朱熹《论语集注》卷2，《四书章句集注》，中华书局1983年版。

③ 参见（宋）朱熹《孟子集注》卷4，《四书章句集注》，中华书局1983年版。

④ 参见（宋）朱熹《晦庵先生朱文公文集》卷40，载朱杰人、严佐之、刘永翔主编《朱子全书》，上海古籍出版社、安徽教育出版社2002年版。

的会通。因此，相比“直”来说，“义”一方面与“直”一样，同属于儒家伦理中的正义与正当范畴，另一方面又是对“直”所代表和依据的确定性规则（即礼）在具体实践中的超越、升华与完善①，正如美国哲学家麦金太尔指出：“在这些情形下，现存的法律不能提供任何清楚的答案，或者，也许根本就没有任何答案。在这些境况中，法官也缺少规则，也必须运用理智，如同立法者当初一样……就只能以某种方式超出已有的规则……这就是任何一位明智者在更普遍的意义上必须随时依实际情况而具体实例化。这不仅是为了正义，也是为了把各种美德充分地具体实例化。”② 这段话即可视作是对儒家之“义”在日常社会生活中的运用的直白浅近的阐释。

当代人类社会，经济蒸蒸日上，科技日新月异，人们的生活日渐便捷富裕的同时，面临的压力却也越来越大。在高强度的竞争与快节奏的生活中，人际间的矛盾往往难以避免，甚至显得更加复杂。朱熹在《家训》中主张“仇者以义解之，怨者以直解之”，其中所体现出的传统儒学对社会公平正义的价值追求及解决矛盾的富于辩证色彩的方法论智慧，在今天无疑仍有着较为重要的启示意义：“怨者以直解之”主张不要“匿怨”，将心中对他人的不满与怨恚“当报则报，不当则止”，强调以正当和坦直的方式予以及时解决，如此既能维护基本的社会公平与正义，也保障了个体的心理健康。而与之相关的“以怨报怨”易陷于人际矛盾的恶性循环，“以德报怨”又无法成为常态。“仇者以义解之”则告诫我们面对既成的、较为强烈和明确的仇恨，不仅要更为慎重地考虑解决仇恨的行为的正当性、合理性，也要充分考虑手段的有效性。而最终的目的，便是仇恨的合乎情理的解决，其实质乃充满辩证智慧的“仇必和而解”。总之，“仇者以义解之，怨者以直解之”，核心精神都是以和而不同、求同存异之道消弭矛盾，归根结底，仍不过是一个“和”字。无论是人际关系，还是国际关系，都是如此。

---

① 尽管“直”的“当报则报，不当则止”同样不乏辩证色彩，但其主体仍是强调“礼尚往来”的显性规则，而无法达到“义”的形上学高度。

② ［美］阿拉斯戴尔·麦金太尔：《谁之正义？何种合理性?》，万俊人等译，当代中国出版社 1996 年版，第 170—171 页。

《大学》《中庸》思想比较研究

任蜜林

（中国社会科学院哲学研究所）

摘要： 一般认为，《大学》《中庸》出于宋儒所说的一脉相承的思想谱系，但从思想内容来看，二者有诸多不同。如《大学》言心而不及性，《中庸》则言性而不及心，由此造成了修养方式上的不同：《大学》重在"正心"，《中庸》重在"尽性"。此外，二者虽然都讲"慎独"，但其内涵也不相同：《大学》的"慎独"与心有关，并包含内心"诚意"和外在"独处"两个方面；而《中庸》的"慎独"仅包含内在之性一个方面。最后，二者的最终目标大为不同：《大学》的目标是"治国""平天下"，处理的是人与社会的关系；《中庸》则要达至"与天地参"的理想目标，面对的是人与宇宙的关系。因此，从理论建构上讲，《大学》是一种由内至外的过程，《中庸》则是上贯下通的模式。

关键词：《大学》　《中庸》　慎独　修身

《大学》《中庸》分别为《礼记》中的两篇。自韩愈、李翱表彰以后，二者的地位逐渐升高。至宋以后，它们渐渐由《礼记》中的两篇，成为与《论语》《孟子》并称的"四书"，从而成为与"五经"同等重要的儒家经典。

非但如此，宋儒为了突出"道统"的传承，还编排了一个孔子、曾子、子思、孟子一线单传的儒家"道统"传承谱系。《中庸》为子思所作，自司马迁以来皆有此说，还算文献有征，但《大学》则没有记载明确的作者。程颢不过只说其为"孔氏之遗书"（《大学章句》），而朱熹则断定《大学》与曾子有密切关系："而此篇者，则因小学之成功，以著大学之明法……三千之徒，盖莫不闻其说，而曾氏之传独得其宗，于是作为传义，以发其意。”（《大学章句序》）朱熹认为《大学》有经、传之分，并进而认为经乃曾子所述，传乃曾子门人所记。在《中庸章句序》中，朱熹明确提出了其“道统”谱系，并说：“见而知之者，为颜氏、曾氏之传得其宗。及曾氏之再传，而复得夫子之孙子思，则去圣远而异端起矣。”虽然朱熹所说并无史料根据，但由于其在当时的权威地位，他的看法不但没有遭到反对，反而得到比较普遍的认同。这样，孔、曾、思、孟的“道统”谱系就确定了。毫无疑问，这一谱系只是出于理学家的理想建构，并非历史的事实。下面我们从《大学》《中庸》思想的不同方面，来说明二者并非出于一脉相承的思想谱系。

一 心与性

《大学》与《中庸》二者最大的不同就是，《大学》言心而不及性，《中庸》则言性而不及心。这一点前人早已指出，如刘宗周《学言》说：“《大学》言心不言性，心外无性也。《中庸》言性不言心，性即心之所以为心也。”① 韩国李滉说：“《大学》言心而不言性，《中庸》言性而不言心……盖心、性一理也。自其禀于天而言，谓之性；自其存诸人而言，谓之心。《大学》虽不言性，而‘明德’‘明命’何莫非禀于天之性乎？”（《四书总论》）虽然二者立论目的是为了说明《大学》《中庸》的心、性是可以互相涵盖的。但其说的“《大学》言心而不言性”“《中庸》言性而不言心”却是事实。

从《大学》文本来看，全篇仅仅一次提及性，即“好人之所恶，恶人之所好，是谓拂人之性，灾必逮夫身”。从文义来看，这里讲的性实际上指的是人情，并不具有根本上的意义。而且此句话在《大学》中并不具有重要的地位。而心在《大学》中则具有重要的地位，其为朱熹所说的“八条目”之一。所谓“八条目”就是指格物、致知、诚意、正心、

① 吴光主编：《刘宗周全集》，浙江古籍出版社 2007 年版，第 2 册，第 457 页。

修身、齐家、治国、平天下。其中“修身”居于核心的地位，“自天子以至于庶人，壹是皆以修身为本”。而“修身”的关键则在于“正心”，其说：

> 所谓修身在正其心者，身有所忿懥则不得其正，有所恐惧则不得其正，有所好乐则不得其正，有所忧患则不得其正。心不在焉，视而不见，听而不闻，食而不知其味，此谓修身在正其心。

如果身体有忿懥、恐惧、好乐、忧患等情感，则心就会受到影响，从而会不得其正。而如果心不得其正的话，身体的器官也不能发挥其作用。因此，欲修其身，必先正其心。

除了专门讲“正心”外，《大学》还讲到与心关系密切的意，此即其所说的“欲正其心，先诚其意。”诚意也就是不要自己欺骗自己的意思，也就是把自己心中不好的念头去掉，从而使意纯善。这样心也就随之而正了。此外，“知止而后有定，定而后能静，静而后能安，安而后能虑，虑而后能得”也是就心来讲的。

《中庸》则通篇没有提及心，而对性作了详细的论述。其开篇便说：

> 天命之谓性，率性之谓道，修道之谓教。

性是从天所赋予而得的。这里的性从下面两句来看，是就人而讲的。但从《中庸》全篇来看，这里的性不仅仅指人性，而且还包括物性。也就是说，这里的性是从普遍意义上讲的。这一点在先秦儒家性论中是比较特别的，因为从孔子以来，关于性的讨论大多是就人来讲的。那么性的具体内容又是什么呢？《中庸》说：

> 自诚明，谓之性。自明诚，谓之教。

这明确指出，所谓性就是“诚”。对于“诚”，《中庸》说：“诚者，天之道也；诚之者，人之道也。”“诚”即是天道，其下贯下来，就成为万物之性。虽然万物和人的性都是从天那里继承而来的，但只有人能尽自己的性，而万物则不能。因此，《中庸》提出了“尽性”的思想。其说：“唯天下至诚，为能尽其性”，能尽其性，然后才能尽人和物的性。

在《中庸》作者看来，“尽性”有两种方式：一种是“自诚明”的方式，其过程是由内到外的；另一种是“自明诚”的方式，其方向则是从外到内的。前者是“生而知之”者，后者是“学而知之”者。二者的区别，就像孟子所说的“尧、舜，性者也；汤、武，反之也”（《孟子·尽心下》）的区别。前者不假修为，先天而有；后者则需要后天的修养，才能使性显现完备。前者也就是前面所说的“率性之谓道”，后者也就是前面所说的“修道之谓教”。圣人之性，天生完备，不需要后天的修养，就晶莹剔透，因此，顺性而发即是道。这也就是孔子所说“从心所欲不逾距”（《论语·为政》）的意思。《中庸》中说：“喜怒哀乐之未发，谓之中；发而皆中节，谓之和。”圣人天性完备，其发出来皆能合乎规矩，因此，《中庸》中又说：“诚者，不勉而中，不思而得，从容中道，圣人也。”而一般人则需要经过后天的修养，才能充分实现他们的性。因而性发出来会出现“过”与“不及”。

通过比较，可以看出，《大学》的修养工夫重点在心，而《中庸》的修养工夫则重点在性。至于“尽性”需不需要用心，《中庸》没有讲，我们也无从判断。不过从道理上讲，讲心可以不讲性，但讲性却不可不讲心，因为如果性不通过心来把握，则其工夫是无法落实的。从这点来讲，《中庸》的工夫论是不完备的。这也说明《中庸》与《大学》属于不同的思想系统。

二　慎独

《大学》与《中庸》皆谈“慎独”，因此，二者被认为有相似之处。虽然二者皆言“慎独”，但二者所说并不相同。我们先来看《大学》对于“慎独”的论述：

> 所谓诚其意者，毋自欺也，如恶恶臭，如好好色，此之谓自谦，故君子必慎其独也。小人闲居为不善，无所不至，见君子而后厌然，揜其不善，而著其善。人之视己，如见其肺肝然，则何益矣。此谓诚于中，形于外，故君子必慎其独也。

从上下文来看，这里讲的“慎独”实际上是对“诚意”的解释。所谓“诚意”也就是不要自己欺骗自己，见到恶的事情即要痛恨，见到好的事情即要喜欢，这就是下面说的“诚于中，形于外”。而小人则与此相反，不能表达自己真实的情感。在其独处的时候，无恶不作；当其见到君子的时候又以善来掩盖他的不善。这就是不能“诚其意”。可以看出，这里的“慎独”虽然讲的是“诚意”，但同时也强调独处时道德修养的重要。因此，下文又引用曾子的话来说明：“十目所视，十手所指，其严乎！”这强调了独处与群居的不同。

应该来说，把“慎独”解释为独处，这是古代比较常见的看法。郑玄在注《礼记》的时候对“慎独”也作了解释。不过其仅对《中庸》作了注解，而对《大学》则没有进行解释。在《礼记》中，《中庸》居前，《大学》居后。郑玄于《大学》未注，盖因为其在《中庸》中已经解释，前后可以互看，因此不需再注。不过郑玄在注《中庸》“慎独”的时候，明显的受到《大学》思想的影响。其说：“慎独者，慎其闲居之所为。小人于隐者，动作言语，自以为不见睹，不见闻，则必肆尽其情也。”① 这里的“闲居”“小人”显然出于《大学》，因为在《中庸》首段中并未出现这样的字眼。朱熹在注解《大学》时，受到郑玄的影响，也把“慎独”解释为独处。其说：“独者，人所不知而己所独知之地也。言欲自修者知为善以去其恶，则当实用其力，而禁止其自欺。使其恶恶则如恶恶臭，好善则如好好色，皆务决去，而求必得之，以自快足于己，不可徒苟且以殉外而为人也。然其实与不实，盖有他人所不及知而己独知之者，故必谨之于此以审其几焉。”又说：“闲居，独处也。厌然，消沮闭藏之貌。

① 参见（汉）郑玄注、（唐）孔颖达疏《礼记正义》，载（清）阮元校刻《十三经注疏》，中华书局1980年版。

此言小人阴为不善，而阳欲揜之，则是非不知善之当为与恶之当去也；但不能实用其力以至此耳。然欲掩其恶而卒不可揜，欲诈为善而卒不可诈，则亦何益之有哉！此君子所以重以为戒，而必谨其独也。”（《大学章句》）可以看出，朱熹的注解同时照顾到内外两个方面，既说到“独处”，又说到“己独知之者”，实际上强调的是为善要内外如一。

可以说，从上下文来看，郑玄、朱熹对于“慎独”的解释是比较符合原意的。在古代文献中也能找到依据，如《淮南子·缪称训》中说：“夫察所夜行，周公（不）惭乎景，故君子慎其独也。”《文子·精诚》中说：“君子之憯怛，非正为也，自中出者也，亦察其所行。圣人不惭于影，君子慎其独也。”二者都意在说明独处的时候，连面对自己的影子都不感到惭愧。“夜行”正好说明“慎独”有独处的意思。类似的思想还见于《庄子》和《晏子春秋》，《庄子·庚桑楚》中说：“为不善乎显明之中者，人得而诛之；为不善乎幽闲之中者，鬼得而诛之。明乎人，明乎鬼者，然后能独行。”《晏子春秋》中说：“君子独立不惭于影，独寝不惭于魂。”（第八卷外篇第八）二者虽然没有提及“慎独”，但“独行”“独立”“独寝”等说法与《淮南子》《文子》所说的意思完全一样。其实这种思想来源甚早，我们在《诗经》中就能看到类似的思想。《大雅·抑》中说：“相在尔室，尚不愧于屋漏。”屋漏为室内西北角，是比较阴暗的地方。意思是说，即使在屋内不被人注意的地方，也不感到惭愧。这与上面对“慎独”的解释意思完全相同。但在《中庸》中，“慎独”的含义与此并不相同。

> 天命之谓性，率性之谓道，修道之谓教。道也者，不可须臾离也，可离非道也。是故君子戒慎乎其所不睹，恐惧乎其所不闻。莫见乎隐，莫显乎微，故君子慎其独也。

郑玄此处“慎独”的解释，我们前面已经说过其是用《大学》的“慎独”来解释《中庸》。

朱熹亦是如此，其说：“独者，人所不知而己所独知之地也。言幽暗之中，细微之事，迹虽未形而几则已动，人虽不知而己独知之，则是天下之事无有著见明显而过于此者。”[①] 可以看出，除了为了照顾《中庸》原文外，朱熹对于“慎独”的解释完全同于《大学》。不过从上下文来看，《中庸》此处讲的“慎独”与《大学》并不相同。

《中庸》此段主要讲性，因此“慎独”的含义应该与性有关。“天命之谓性”，意思是说性是从天而来的。“率性之谓道，修道之谓教”，我们前面说过，并不能仅仅从字面意思上理解为，顺从性的发展就是道，按照道进行修饰就是教，而是两种完善性的方式。否则性发出来的过与不及也可称作道了，这显然不符合《中庸》原意。因此，下面讲的“道也者，不可须臾离也”，实际上也是讲性的。这样君子“戒慎乎其所不睹，恐惧乎其所不闻”以及“莫见乎隐，莫显乎微”讲的都是性了。因此，“慎独”也就是对性而言了。也就是说，这种“慎独”仅仅包含内在的方面。

与《中庸》这种内在“慎独”相似的思想，还见于《五行》篇。《五行》有经有说。在经中，其说：“能为一，然后能为君子。君子慎其独也。”这里仅仅指出“慎独”是能够为“一”。对于“一”是什么，其并没有指出。从其前后文来看，应该指的是能够把仁、义、礼、智、圣五行协调为一。而五行都是“形于内”的“德之行”，因此，这里指的是心。说则对经的“慎独”作了解释，其说：“‘能为一，然后能为君子’。能为一者，言能以多为一；以多为一也者，言能以夫五为一也……‘君子慎其独’。慎其独也者，言舍夫五而慎其心之谓□……‘是之谓独’。独也者，舍体也。”这里明确把“慎独”解释为“慎心”。可以看出，经和说对于“慎独”都是从心上讲的。这与《中庸》从性上讲“慎独”虽然不同，但都可以看作一种纯内在的修养方式。

从上面的分析可以看出，《大学》《中庸》对于“慎独”的理解是不同的。《大学》的“慎独”可以包含内、外两方面，而《中庸》仅仅有内在的方面。《大学》的“慎独”是“诚意”的意思，虽然侧重内心，但不否定独处的含义。而《中庸》的“慎独”则是就性而言的。对于这一点，刘宗周有着深刻认识。他说：“《中庸》之慎独，与《大学》之慎

① 参见（宋）朱熹《中庸章句》，《四书章句集注》，中华书局 1983 年版。

独不同。《中庸》从不睹不闻说来，《大学》从意根上说来。独是虚位。从性体看来，则曰莫见莫显，是思虑未起，鬼神莫知时也。从心体看来，则曰十目十手，是思虑既起，吾心独知时也。”① 刘氏虽然借助“慎独”来阐发自己的哲学思想，但他指出《大学》《中庸》“慎独”的不同含义，确实是非常有见地的。

三　修身

《大学》《中庸》也都谈到“修身”，但二者对于“修身”的解释并不相同。

“修身”不仅是《大学》的八条目之一，而且在八条目中居于核心的地位。《大学》说：

> 自天子至于庶人，壹是皆以修身为本。其本乱而末治者否矣，其所厚者薄，而其所薄者厚，未之有也！

这就是说，从天子到一般老百姓，都要以“修身”作为根本。如果这根本没有做好，那么也就无法谈齐家、治国、平天下了。那么如何“修身”呢？在《大学》看来，“修身”的关键在于“正心”。如果身体有忿懥、恐惧、好乐、忧患等情感，则心就会不得其正。而心不得其正的话，身体的器官也不能发挥其作用，“心不在焉，视而不见，听而不闻，食而不知其味”。而要正心的话，又必须先“诚意”。所谓“诚意”，就是“慎独”，就是为善内外如一。“格物”“致知”历来解释莫衷一是，但如果按照王阳明批评朱熹“纵格得草木来，如何反来诚得自家意?”② 的话来说，“格物”“致知”也应该是对“正心”而言的。实际上《大学》开始

① 吴光主编：《刘宗周全集》，第 2 册，第 381 页。

② 参见（明）王阳明《传习录下》，《王阳明全集》，吴光、钱明、董平、姚延福编校，上海古籍出版社 1992 年版。

说的“知止而后有定，定而后能静，静而后能安，安而后能虑，虑而后能得。物有本末，事有终始，知所先后，则近道矣”。正是对“格物”“致知”而讲的。这里的“物有本末，事有终始，知所先后”正好可以与“格物”“致知”相对，而“知止而后有定”一句显然是从心上说的。

在“齐家”“治国”“平天下”中，《大学》也强调了“修身”对于它们的重要性。如在“齐家”中，《大学》说：“所谓齐其家在修其身者，人之其所亲爱而辟焉，之其所贱恶而辟焉，之其所敬畏而辟焉，之其所哀矜而辟焉，之其所敖惰而辟焉，故好而知其恶，恶而知其美者，天下鲜矣。”这里讲的“好而知其恶，恶而知其美”显然与前面讲的“诚意”呼应，也是对心而言的。在“治国”中，《大学》说：“一家仁，一国兴仁；一家让，一国兴让；一人贪戾，一国作乱，其机如此……是故君子有诸己而后求诸人，无诸己而后非诸人。所藏乎身不恕，而能喻诸人者，未之有也。”这里讲的实际是“忠恕”之道。“有诸己而后求诸人”，即孔子说的“己欲立而立人，己欲达而达人”（《论语·雍也》）；“无诸己而非诸人”，即孔子说的“己所不欲，勿施于人”（《论语·颜渊》）。而这两者都是靠心衡量的。所谓“藏乎身”，即心也。在“平天下”中，《大学》提出“絜矩之道”的思想。所谓“挈矩之道”，就是“所恶于上，毋以使下；所恶于下，毋以事上；所恶于前，毋以先后；所恶于后，毋以从前；所恶于右，毋以交于左；所恶于左，毋以交于右”。这实际上就是上面讲的“忠恕之道”，显然也是从心上讲的。

可以看出，《大学》的“修身”思想都是从心上讲的。而《中庸》中的“修身”则与此不同，其说：

> 故为政在人，取人以身，修身以道，修道以仁。仁者人也，亲亲为大；义者宜也，尊贤为大；亲亲之杀，尊贤之等，礼所生也……故君子不可以不修身；思修身，不可以不事亲；思事亲，不可以不知人；思知人，不可以不知天。

这是说，治理国家关键在于人才，而取人的标准则在于品行。而品行的修养要通过道来实现，道则要通过仁来完成。所谓仁，就是人与人之间的关系，其中亲亲关系最为重要；而义是合宜的意思，其中尊重贤人最为重要；礼就则是在仁、义基础上形成的。因此，君子要重视“修身”，而“修身”又需要“事亲”“知人”和“知天”。《中庸》又说：

> 好学近乎知，力行近乎仁，知耻近乎勇。知斯三者，则知所以修身；知所以修身，则知所以治人；知所以治人，则知所以治天下国家矣。

知、仁、勇三者被称为“三达德”。知道这三者，就知道如何“修身”。知道如何“修身”，就能知道如何“治人”。知道如何“治人”，就能知道如何治理天下国家。因此，“修身”是非常重要的，它是治理天下国家的基础。《中庸》说：

> 在下位不获乎上，民不可得而治矣；获乎上有道：不信乎朋友，不获乎上矣；信乎朋友有道：不顺乎亲，不信乎朋友矣；顺乎亲有道：反诸身不诚，不顺乎亲矣；诚身有道：不明乎善，不诚乎身矣。

这是说，处在下位的人如果不能得到其上司的信任，那么他就不能治理民众。而只有得到朋友的信任，才能得到其上司的信任。取得朋友的信任，又要以孝顺父母为基础。孝顺父母，则要靠“诚身”来实现。“诚身”又要以“明善”为基础。在《中庸》看来，这是一个环环相扣的链条，而“明善”“诚身”是这个链条的基础。这里的“诚身”就是“修身”的意思。

在《中庸》看来，“诚”是天道的内容，而如何达到“诚”则是人道的目标，“诚者，天之道也；诚之者，人之道也”。达到“诚”有两种方式：一种是“自诚明”的方式，一种是“自明诚”的方式。前者是“生而知之”者，后者是“学而知之”者。《中庸》说：“诚者不勉而中，不思而得，从容中道，圣人也。诚之者，择善而固执之者也。”《中庸》认为，只有“天下至诚”才能“尽性”，然后才能实现他人和物的性。也就是说，在《中庸》那里，“诚身”就是“尽性”，“修身”也就以“尽性”为中心了。这与《大学》所说的以“正心”为中心的“修身”显然不同。

四 “平天下”与“与天地参”

在理想目标上，《大学》与《中庸》也不相同。《大学》的最终目标是“平天下”，而实现这一目标需要八个阶段，其说：

> 古之欲明明德于天下者，先治其国；欲治其国者，先齐其家；欲齐其家者，先修其身；欲修其身者，先正其心；欲正其心者，先诚其意；欲诚其意者，先致其知；致知在格物。物格而后知至，知至而后意诚，意诚而后心正，心正而后身修，身修而后家齐，家齐而后国治，国治而后天下平。

所谓八个阶段，即“八条目”，具体包括“格物”“致知”“诚意”“正心”“修身”“齐家”“治国”“平天下”。在《大学》看来，这八个阶段是一个逐步实现的过程。只有前一个阶段实现了，后一个阶段才能相应的实现。

可以看出，《大学》所说的“平天下”也就是“明明德于天下”。而“明明德”是《大学》的“三纲领”之一。所谓“三纲领”就是“明明德”“亲（新）民”和“止于至善”。其中“明明德”是自己使自己心中的“德”显明起来。而“亲（新）民”则是使他人的“明德”显明起来的意思。而“止于至善”是“明明德”和“亲（新）民”的最终目的。因此，“明明德于天下”也就是使天下人的“明德”都显现出来的意思。只有这样，天下才能达到太平，这也就是“平天下”的意思。

与《大学》有相似的地方，《中庸》也讲“治国”“平天下”，其说：

> 凡为天下国家有九经，曰：修身也、尊贤也、亲亲也、敬大臣也、体群臣也、子庶民也、来百工也、柔远人也、怀诸侯也。修身则道立，尊贤则不惑，亲亲则诸父昆弟不怨，敬大臣则不眩，体群

臣则士之报礼重，子庶民则百姓劝，来百工则财用足，柔远人则四方归之，怀诸侯则天下畏之。

这是说，治理国家有九种大法，即“修身”“尊贤”“亲亲”“敬大臣”“体群臣”“子庶民”“来百工”“柔远人”和“怀诸侯”。其中“尊贤”“亲亲”相当于《大学》中的“齐家”，“敬大臣”“体群臣”“子庶民”“来百工”相当于“治国”，而“柔远人”“怀诸侯”则相当于“平天下”。

不过“平天下”并非《中庸》的最高理想，“与天地参”才是《中庸》的最高理想，其说：

唯天下至诚，为能尽其性；能尽其性，则能尽人之性；能尽人之性，则能尽物之性；能尽物之性，则可以赞天地之化育；可以赞天地之化育，则可以与天地参矣。

只有“天下至诚”的人，才能充分实现自己的性；能够充分实现自己的性，才能充分实现他人的性；能够充分实现他人的性，才能充分实现万物的性；能够充分实现万物的性，才可以参与到天地化育的过程中；这样就可以“与天地参”了。这里的“赞天地之化育”，也就是前面所说的“致中和，天地位焉，万物育焉”。这也就是前面说的“自诚明”的方式。

除了“自诚明”外，《中庸》还讲了“自明诚”的方式，其说：

其次致曲，曲能有诚，诚则形，形则著，著则明，明则动，动则变，变则化，唯天下至诚为能化。

“曲”，郑玄曰：“犹小小之事”，朱熹曰：“一偏也”。所谓“致曲”，就是从一个具体的事情开始来实现“诚”。由“诚”就能逐步实现化育万物的目标。

“自诚明”和“自明诚”虽然实现方式不同，但最终达到的效果都是相同的。《中庸》认为，人与万物的性都是从天而来的，也就是说，人与万物在性上是相同的。二者的区别在于人能尽性，而物不能尽性，而性又是从天道那里得来的，因此，人类通过尽性能够达到“与天地参”的境界。这个“天道”，在《中庸》看来，就是“诚”，“诚者，天之道也”。既然天地万物的性都是从天道得来的，那么地道也体现了“诚”。因此，《中庸》在讲“天道”的时候，常常连同“地道”，其说：“天地之道，可一言而尽也：其为物不贰，则其生物不测。”

因为人的性是从“天道”得来的，因此，人通过“尽性”，能够返回“天道”。《中庸》把此又称作“合外内之道”。

> 诚者自成也，而道自道也。诚者物之终始。不诚无物。是故君子诚之为贵。诚者非自成己而已也，所以成物也。成己，仁也。成物，知也。性之德也，合外内之道也，故时措之宜也。

“诚”是万物的根本。如果没有“诚”，就不会有万物。诚者不仅仅要“成己”，而且还要“成物”，这也就是前面所说的“尽性”“尽人之性”和“尽物之性”。“性之德，合外内之道”，也就是“与天地参”。《中庸》还对这一理想目标进行了描述。

> 故至诚无息。不息则久，久则征，征则悠远，悠远则博厚，博厚则高明。博厚，所以载物也；高明，所以覆物也；悠久，所以成物也。博厚配地，高明配天，悠久无疆。如此者，不见而章，不动而变，无为而成。

这实际是对上面“与天地参”过程的另一种表达。“至诚无息”就是“为天下至诚能尽其性”。“不息则久，久则征”就是“能尽人之性”。“征则悠远”，即“能尽物之性”，也就是下面说的“悠久，所以成物”的意思。“悠远则博厚，博厚则高明”，即“参天地化育”。“博厚”讲的即是“地道”，“高明”讲的即是“天道”，“悠久”讲的即是“人道”。“不见而章”则是描述“与天地参”境界的状态。

虽然《中庸》的最高理想是“与天地参”，但其一再强调实现这个理想要在人类的日常生活中实现，如其说："君子之道，辟如行远必自迩，辟如登高必自卑"，"君子之道，造端乎夫妇，及其至也，察乎天地"，"大哉圣人之道！洋洋乎！发育万物，峻极于天"。这也就是其所说的"极高明而道中庸"。

可以看出，在最高理想上，《大学》和《中庸》并不完全相同。《大学》只是处理人与社会的关系，是一种由内到外的过程；而《中庸》除了人与社会的关系外，更重要的是处理人与宇宙的关系，是一种由下向上的过程。

从上面的分析来看，《大学》和《中庸》在心与性、"慎独"、"修身"以及最高理想上都是不同的。而心与性的不同是造成二者不同的最根本的原因。慎独、修身以及最高理想上的不同都是由心与性的不同推衍而出的。

从理论建构上讲，《大学》是一种由内到外的过程，而《中庸》则是上贯下通的模式。早在20世纪30年代，冯友兰就曾指出，《大学》《中庸》属于不同的儒学派别，二者分别与荀子和孟子学派有关。① 虽然二者是否分别属于荀学、孟学尚有争论，如劳榦、徐复观认为《大学》受孟学影响更大②，王博认为《中庸》包含很多荀学的内容③，等等，但二者在理论形态上不同确是事实。牟宗三曾把宋明儒学的体系分为"横摄系统"和"纵贯系统"两种：前者形而上的实体是"只存有而不活动"的，主观地讲，是静涵静摄系统；客观地讲，是本体论的存有系统。此为程颐、朱熹之系统。而后者形而上的实体是"即存有即活动"的，是本体宇宙论的实体之道德地创生的直贯系统。此为先秦旧义以及周敦颐、张载、程颢等宋、明儒大宗之系统。④ 按照这种区分，《大学》近似"横摄系统"，《中庸》则属于"纵贯系统"。牟宗三还根据宋明理学依据经

---

① 冯友兰：《中国哲学史》，华东师范大学出版社2000年版，上册，第267—278页。

② 参见劳榦《大学出于孟学说》，《中研院历史语言研究所集刊论文类编》（文献考订编），中华书局2009年版；徐复观《中国人性论史》，华东师范大学出版社2005年版。

③ 王博：《〈中庸〉与荀学、〈诗〉学之关系》，《国学研究》第3卷，北京大学出版社1995年版，第61—69页。

④ 牟宗三：《心体与性体》，上海古籍出版社1999年版，上册，第51页。

典建立理论体系的不同，把宋明理学分为三系：周敦颐、张载、程颢等为一系，此系客观地讲性体以《中庸》《易传》为主，主观地讲心体则以《论语》《孟子》为主；程颐、朱熹为一系，其以《中庸》《易传》与《大学》合，而以《大学》为主；陆象山、王阳明为一系，其以《论语》《孟子》摄《易传》《中庸》，而以《论语》《孟子》为主。① 牟氏对于宋明理学这种分析的正确与否暂且不论，但其看到《大学》《中庸》理论体系建构的不同，确属卓见。不过其对于程朱理学和陆王心学的划分并不确切。就《大学》《中庸》而言，在理论形态上，后来的陆王心学与《大学》更为接近，因为其以"正心"为中心；而程朱理学则与《中庸》更为接近，因为其以"尽性"为中心。

① 牟宗三：《心体与性体》，上册，第 42—43 页。

儒家工夫论研究的现状与未来*

王 正

（中国社会科学院哲学研究所）

摘要：儒家工夫论是儒家对人如何在现实世界中实现个人道德与人格境界，进而将之推扩到他人、社会的思考，它关注的是人身心的协调一致与知行合一、人与他者（包括终极）之间的和谐乃至整个社会的道德化成。在中国哲学史学科初创之时，儒家工夫论研究并未获得应有的重视，仅作为知论、人论的一部分被提及；在20世纪后期，由于传统文化的复兴和港台新儒家的影响，儒家工夫论的重要价值和丰富面向开始得到学界的普遍重视；进入21世纪后，一批具有深度和广度的儒家工夫论研究成果出现，为我们理解儒家工夫论提供了借鉴。不过，因为在研究时长、讨论视野、思考维度等方面仍存在限制，因此当前儒家工夫论的研究还存在诸多不足，需要在未来的研究中加以克服，以使儒家工夫论所内涵的丰厚意蕴得到重新的解释和焕发新的活力。

关键词：儒家　工夫论　研究现状　未来路径

工夫论是中国哲学中最具特色的部分，尤其经由与西方哲学的对比，更可以发现它的独特价值与意义。因此，探讨工夫论，既是对中国哲学本身特质和内容的探索，也是为哲学的更新与发展做贡献。而在中国工夫论中，儒家工夫论具有它的独特理论与意义。儒家工夫论不同于道家道教、佛教的工夫论，其主要差别在于：儒家工夫论探讨的是如何在现

---

* 本文为作者提供给中华孔子学会2018年年会的论文，另已发表于《中国哲学年鉴（2018卷）》。

实世界中实现个人道德与人格境界，进而将之推扩到他人、社会；道家道教的工夫论则是通过修养修炼以使个体实现长生不死；佛教工夫论则是通过工夫禅修使人得到对世界与人生的彻悟而进入涅槃的圆满境界。因此，儒家工夫论所思考的维度和道家道教、佛教是不同的，它更关注人身心的协调一致与知行合一、人与他者（包括终极）之间的和谐、整个社会的道德化成与优序良俗。所以，“合内外之道”可以说是对儒家工夫论之特质的极佳概括。而研究儒家工夫论，不仅要关注心性与身体的修养，还要关注其中的超越性维度，更要关注儒家工夫论中对人与他者之关系如何协调、运作的讨论。所以在某种意义上，儒家工夫论也是贯通内圣与外王的，即不仅在内圣的领域需要工夫，其实在外王的领域更需要工夫，因为外王领域的工夫是内圣工夫的进一步扩充与现实应用，其价值决不可轻忽。

正因为儒家工夫论的这些特质，使得对儒家工夫论的研究变得十分困难，这也是为什么至今尚缺乏典范性的儒家工夫论研究成果的原因。而且，因为传统中国哲学的研究范式是按照西方哲学的分类方式进行的，所以此前学界一直欠缺能够从中国哲学自身思想体系出发而对工夫论进行的研究，且迄今为止还没有一部全方面梳理儒家工夫论的发展脉络与内容的著作。有鉴于此，本文的写作不仅要对此前学界的研究作一个综述，而且更希望能发现此前研究中的缺陷、问题、不足，以使学界能更好地开展未来的研究。尤其是希望能为未来儒家工夫论的研究发现此前尚未触及的研究领域，并尝试提出一些可能具有新意的研究范式与方法。需要指出的是，工夫论所探讨的不只是一个中国哲学的话题，更是它本身所关注的“人”的话题，是人如何可以成为一个人或者成为一个更好的人的话题，因此笔者希望通过深化儒家工夫论的研究以带给我们对“人”的更加丰富而深刻的理解。

一　何谓工夫论

在展开具体讨论之前，我们首先需要对工夫、工夫论进行一个范畴性的讨论。顾名思义，工夫论就是对工夫进行探讨与实践而形成的理论。工夫这个词语在先秦时期并未出现，而是出现于两晋时期，表示经过一段时间的努力而做某件事的意思。在宋明理学中，它逐渐成为一个重要的范畴。这个范畴在理学中最初也是泛用的，主要指修养自身人格与气象的方法。而后来，尤其是到心学中，它开始与本体对举而成为一对对应的概念，具有了固定而狭窄了的含义。正因如此，在今日一些研究者的心目中，常以为工夫就是达到本体的方法，但这其实仅是就工夫的狭义范围而言。其实如果我们仔细反思工夫一词，可以发现，它有着丰富而深刻的意涵，需要我们以更加宽泛的视野来审视它，只有这样，才能揭示出其中所蕴含的先哲们的洞见。

为了更好地理解工夫，我们不妨从对狭义的心学工夫的反思入手。在心学的理解中，工夫是达到本体、彰显本体的方法。但其中一个关键的问题是，心学本身的根本追求是否仅仅是彰著本体。显然，并非如此。因为心学家的根本追求是成人、成贤、成圣乃至成外王，所以在心学家的思想逻辑中，儒者需要先通过工夫达到良知本体，然后再经由彰显这个良知本体而完善自身的人格境界，进而将这良知本体运用到事事物物中去，以在社会生活中化民成俗，甚至最终实现对天下的秩序改良。可见，在这样一个思想层级中，作为基础的工夫，虽然与本体相对应，但它实际上对应着后面更广阔和丰富的内容。换句话说，心学家的工夫其实从根本上讲，也并不是狭义的，它必然对应于儒家的成人之学。事实上，对于狭义的本体与工夫，心学家是有所警惕的，如所谓的“玩弄光景”等说法都表明，仅仅停留、耽玩于本体的工夫，恰恰是不正确的工夫，那乃是儒家所批评的佛教禅宗所擅长的“虚”，而讲求“实”的儒家是不能止步于此的。因此，即使从心学的角度来讲工夫，工夫也必须落实到成人上来说，绝不可以局限于与本体对应而已。

正因为如此，我们思考工夫的含义，就必须打破学界一些对工夫的局限性理解，而从具有普遍意义的成人角度来思考工夫。因此，工夫这样一个词汇虽然是晚出的，但它作为一个宽泛而又并非没有限定性的概念，可以用来思考先秦、汉唐、清代儒学中的相关内容，那就是历代儒者对成人之学所取得的思想成果。故而工夫绝不只是单一维度的，历代儒家所呈现的错综多样的思想谱系，正可以为我们理解工夫提供丰富的思想资源。事实上，当我们转换了对工夫的审视视野后，可以帮助我们更好地理解儒学的发展。

一方面，我们对宋明理学的理解可以更加全面，即我们不必要再纠缠于宋明理学的分派问题，而可以更多地认识到其中的多样性与统一性。宋明理学其实都是追求成圣成贤的，只不过各自的工夫有不同，既有朱子的格物穷理，又有阳明的致良知；既有湖湘学派的察识涵养，又有张载及其后学的重礼。如果我们仅以单一的视角去看工夫，则必然会在其中进行判别，这却恰恰忽略了人的多样性维度，使得成人的道路狭窄到难以付诸普遍实践的程度，进而使得成人、成贤、成圣沦为空话。而只有认识到工夫的多样性正是通向目标的统一性的，我们才能对宋明理学有一个更全面的认识，而对其中的诸多问题才可以有更好的理解与定位。

另一方面，对于历代儒者来说，成人始终是一个核心问题，所以即使没有理学的工夫，历代儒者也有他们对成人的思考和实践，而其中的很多内容正可以用工夫来含括，而使之更具有聚焦性和系统性。从这个角度审视儒学发展史，我们可以发现，不仅先秦儒者有工夫，宋明理学有工夫，甚至两汉儒者、魏晋儒者、清代儒者也有工夫。比如，清儒以礼代理的思路，其实也是一条工夫的路径，它虽然不以本体为目标，却仍以成人为目标。由此来看清儒可以发现，清儒的思想展开与学问实践实际上并未远离儒家的目标，只不过他们转换了进入的路径。因此，当清儒在进行经学研究时，他们始终相信经由这条道路是可以通达圣人之意的，而只有正确的理解了圣人之意，才可以成人、成贤、成圣。当然，清儒因为清朝君主圣王合一的制度设计，所以自身不可以再有宋明儒者做圣贤的期待，结果他们便只能止步于对圣人之意的探索，而不能再沿着这条路继续走下去。尽管如此，我们还是应当看到，清儒的努力也是具有工夫含义的，他们仍然是在儒学的发展脉络上继续着儒者的使命。

综上所述，当我们思考工夫的时候，礼学、经学的维度不可忽视，否则将在很大程度上丢掉儒学的基质与特色——对成人的多维度思考。当然，此前一直为学界所重视的静坐、冥契、本体等维度仍旧重要，只不过它们并非儒家工夫的单一维度和唯一目标。还需要注意的是，对工夫也不宜进行过分宽泛的解读。事实上，儒家的工夫始终面向着成人，而所谓的成人，更多是就成德、成贤、成圣等而言的，因此，对儒家工夫的理解也应当紧扣这一主题，而不可将之泛化为一切与人有关的方面。而且，传统儒学对那些方面也并没有太多考察，试图从中攫取相关的资源，是极其困难甚至根本就是不必要的。

在明了了儒家工夫的内涵之后，我们可以说，儒家工夫论就是历代儒者对成人工夫的实践与思考的论述，在儒家思想中具有重要的地位。接下来，我们就来讨论此前儒家工夫论研究的成绩。

二 儒家工夫论研究的现状

中国哲学史学科的诞生已经有百年余的历史了。应当说，因为儒家工夫论在中国哲学中的重要地位，所以一直以来都有对它的研究。但是在中国哲学史诞生之初以至20世纪80年代，对儒家工夫论的讨论因为受制于西方哲学的分类方式，所以一直没有得到应有的重视。而在20世纪90年代以后，由于中国哲学史学科的繁荣发展以及儒学热的推动，儒家工夫论开始得到学界的认可。尤其是进入21世纪以来，儒家工夫论开始具有了独立研究的价值，很多学术成果开始涌现，儒家工夫论的研究进入了一个新的时期。

在20世纪80年代以前，儒家工夫论甚至中国整个工夫论，在中国哲学史学科中一直没有得到应有的重视。因为中国哲学史学科在诞生之初，受到了西方哲学分类方法的巨大影响，所以学者们在对中国哲学进行系统化的过程中，大多采取天论（宇宙论）、人论（人生论）和知论（认识论）的分类方式来进行论述。比如张岱年先生在《中国哲学大纲》[①]中，就将中国哲学分成了宇宙论、人生论和致知论三部分，而关于工夫论的内容混杂在人生论和致知论之中，即在人生论的人生理想和人生问题部分探讨了一些与工夫境界有关的内容，在致知论中探讨了一些与工

① 参见张岱年《中国哲学大纲》，商务印书馆2015年版。

夫方法有关的内容。显然这样一种分类，是以西方的哲学分类为基础的，在当时虽然足以回应中国有没有哲学的问题，但是在目前看来，则无法完全确立起中国哲学自身独特的思想系统，其中一大问题就是无法给予工夫论以恰当的位置。此后，与《中国哲学大纲》类似的以哲学问题史方法来处理中国哲学的著作，也大都把工夫放在人论和知论的部分来进行论述，虽然其中有一些不断加强的趋势，但始终未专门把工夫论单独列出进行讨论（如蒙培元的《理学范畴体系》① 等）。这里想要指出的一点是，传统哲学问题史研究范式对工夫论处理的最大问题是：当把工夫论的内容放在认识论领域进行讨论的时候，显然是把工夫论纳入了西方认识论的范畴，这恰恰忽略了工夫论的独特意义，使得工夫论被极度窄化，而丧失了它所蕴含的丰富意涵。这一倾向在后来工夫论的独立研究中得到了一定纠正，但仍有指出的必要。

在中国哲学史的论著中，工夫论的内容也被提及，但是其地位始终被放在宇宙论、形而上学、认识论之下。比如在冯友兰先生的《中国哲学史》（两卷本）② 《中国哲学简史》③ 中，都曾提及先秦儒学和宋明儒学的工夫论，但是对它的处理基本都是被放在最后一小节中。比如《中国哲学简史》这一向西方人介绍中国哲学特色的著作，较之《中国哲学史（两卷本）》对工夫论的内容予以了更多讨论，但无论是对孔子、孟子还是朱熹、王阳明，有关工夫论的内容都是在讨论完宇宙论、人生论、认识论之后再予以讲述。这一经典的处理方式，成为此后几乎所有中国哲学史著作和教科书的标准模式。

另外，曾有一些学者将儒家工夫论处理成伦理学的问题，因此在20世纪80年代之前，很多关于儒家工夫论的讨论是放在中国伦理学史学科中进行的。而在伦理学中，因为它仅关注道德修养的话题，所以工夫被简单地等同于道德修养，这就使得工夫论所蕴含的丰富维度晦暗不明。而且，由于伦理学受到西方元伦理学、规范伦理学研究范式的影响，所

① 参见蒙培元《理学范畴体系》，人民出版社1998年版。

② 参见冯友兰《中国哲学史》，商务印书馆2001年版。

③ 参见冯友兰《中国哲学简史》，北京大学出版社2012年版。

以更多关注伦理法则等内容，而对工夫修养的讨论只是简单描述而已，并没有带来对工夫论的认真细致的讨论。

自20世纪90年代以来，儒家工夫论的研究开始摆脱以上一些研究范式的局限，在中国哲学研究中占有越来越重要的地位。之所以出现这一局面，与学界对宋明理学的研究日益关注而带来的对其中的工夫论部分不得不予以重视相关，也与港台新儒家所提出的儒学是"生命的学问"这样一种论述的影响有关。

在对这一时段的论述中，港台儒学界的研究在一定程度上占得先机。众所周知，港台新儒学的研究是以宋明理学为擅场的，而工夫论的问题是宋明儒学中的核心问题，因此无论是牟宗三还是唐君毅，虽然都没有专门的工夫论著述，但是他们在20世纪中后期的著作中都已经对工夫论颇多着墨。如唐君毅在他晚年关于中国哲学史的巨著《中国哲学原论》中，就专门开辟章节讨论"格物致知""德性工夫"以及二程、朱子、陆九渊、王阳明的工夫论。① 牟宗三在《心体与性体》②、《从陆象山到刘蕺山》③ 等著作中，更是将工夫与境界作为判分宋明理学系别的重要标志。而唐君毅、牟宗三对工夫的探讨方式和思考模型，成为此后港台学界探讨工夫论的典范。

受唐君毅和牟宗三的影响，此后港台一些学者开始以工夫为题专门撰写论文与著述，这较之大陆确实起步较早。而且，他们对工夫论的讨论广泛涉及工夫所涵摄的众多内容，如气论、身体观、静坐、神秘主义等。

作为第三代新儒学的代表，杜维明一直关注儒家工夫论在儒家哲学中的重要地位和深刻内涵，工夫论这一论题是他始终不断在思考和发掘的儒家思想资源。在他最近发表的《诠释〈论语〉"克己复礼为仁"章方法的反思》一文中，专门有一章讨论修身哲学，他指出，"从整体上反思'克己复礼为仁'，我们可以看到这是一个修身哲学的问题。……修身

① 参见唐君毅《中国哲学原论》，中国社会科学出版社2005年版。

② 参见牟宗三《心体与性体》，吉林出版集团有限责任公司2010年版。

③ 参见牟宗三《从陆象山到刘蕺山》，上海古籍出版社2001年版。

哲学是很广泛的，它是‘为己之学’，关注如何培养人格。……我们现在重构‘克己复礼为仁’的修身哲学，顺着孔子的文句，可以从修身与自我、社会、自然、天道四方面来讨论，展开修身哲学的丰富内涵”①。显然，杜维明是想以传统的儒家工夫论为思想资源，展开对人与自我、社会、自然、天道这四个维度之关系的讨论，丰富对人本身的理解。这是第三代新儒家对工夫论在今日哲学中之价值及其可能对世界的贡献的新讨论。

杨儒宾是当前台湾学者中对儒家工夫论研究做出最多贡献的学者。他主持了一些国际会议来讨论与儒家工夫论有关的话题，相关的成果已编辑出版，如：《中国古代思想中的气论及身体观》②、《儒学的气论与工夫论》③、《东亚的静坐传统》④ 等。而他自己的论文与著作，更是对儒家工夫论的深刻发掘，尤其他能突破此前港台新儒家的窠臼，从而得以开辟出儒家工夫论研究颇多新的领域。如他在《主敬与主静》一文中就指出，要“告别‘心学的静坐论’”，即要打破传统对工夫的狭隘理解，而将工夫的概念予以充分丰满化的理解；在这种理解模式下可以发现，程朱理学的根本工夫是“主敬”，它包含静坐，但又不仅仅是静坐，而是要将在静坐中体验到的精神状态在一切的日常生活中予以实现，这较之静坐要更加艰辛，但这正是程朱工夫的独特价值所在。⑤ 杨儒宾的儒家工夫论研究，不仅关注宋明理学中的相关内容，也对先秦儒学工夫论进行了溯源性探讨。其《儒家的身体观》一书就是对孟子及儒家身体理论的探讨，该书十分详实地呈现了儒家工夫论所蕴含的身体观念，以及这种身体观念反过来对儒家工夫论的影响。⑥ 杨儒宾更通过对儒学与冥契的对比以及对中庸工夫论的考察，将儒家工夫论在先秦时期的丰富内容予以了

---

① 杜维明：《诠释〈论语〉“克己复礼为仁”章方法的反思》，载向世陵主编《“克己复礼为仁”研究与争鸣》，新星出版社 2018 年版，第 508—509 页。

② 参见杨儒宾主编《中国古代思想中的气论及身体观》，台北：巨流图书公司 1993 年版。

③ 参见杨儒宾《儒学的气论与工夫论》，华东师范大学出版社 2008 年版。

④ 参见杨儒宾《东亚的静坐传统》，台北：台大出版中心 2012 年版。

⑤ 参见杨儒宾《主敬与主静》，载杨儒宾、马渊昌也、艾皓德编《东亚的静坐传统》，台北：台大出版中心 2012 年版。

⑥ 参见杨儒宾《儒家的身体观》，台北：中央研究院中国文哲研究所 1996 年版。

阐发，这不仅是一种重要的溯源性研究，而且揭示了工夫论在儒家哲学中的一贯性意义。①

林月惠是台湾另一位对工夫论研究贡献颇多的学者，她的关注点集中在阳明后学的工夫论上。林月惠对聂豹、罗洪先、刘宗周等阳明后学的工夫论予以了体贴入微的论述，而且开掘出儒家工夫论中的超越性维度，从而将儒学的内在超越特征予以了很好地证成。一直以来，颇有学者认为儒家工夫论或是神秘主义的，或是仅仅关注现实修养的，而不能正确对待其中所蕴含的自我超越和面向天道的维度，林月惠的研究在很大程度上改变了这一点。她指出，“道德实践的本质，原是落在本体的呈露觉悟与保任护持上，而非只是念虑杂思的克除。……宋明理学关切的是‘天理’（心体、本体）自作主宰，藉以顺成个体欲望的合理安排与价值显现”②。因此，讨论儒家工夫论，必须关注其中天理、天道的超越性维度，否则将失去工夫论的一个重要方面。

香港的郑宗义、黄敏浩、陈荣开、吴启超等也十分关注工夫论问题，他们的关注点主要集中在宋明理学上。通过对明儒陈献章工夫论的研究，郑宗义揭示了儒家工夫论关心的是本心的复见与发用；黄敏浩发现儒家工夫论即使再推崇对本体的发现，但最终都必须努力落实于日用常行中。③ 而陈荣开通过对朱熹《四书章句集注》等文献的细致考辨，将朱子工夫论的深刻内涵与极其细微精致的部分，都予以了呈现。④ 吴启超的《朱子的穷理工夫论》是近年来专门研究朱子工夫论的一部著作。该书不仅论述了朱子工夫论由“先识本心”到“格物穷理”的转变，而且就工

---

① 参见杨儒宾《〈中庸〉的“参赞”工夫论》，《湖南大学学报》2016年第1期；《恍惚的伦理——儒家观想工夫论之源》，《中华文化》总第43期；《先秦儒家与冥契论述》，《中国文化》总第35期。

② 林月惠：《阳明后学的“克己复礼”解及其工夫论之意涵》，载《诠释与工夫——宋明理学的超越取向与内在辩证》，台北：中央研究院中国文哲研究所2012年版，第284—285页。

③ 参见郑宗义《明儒陈白沙学思探微——兼释心学言觉悟与自然之义》，《中国文哲研究集刊》总第15期；黄敏浩《陈白沙自然之学的定位问题》，《清华学报》（哲学社会科学版）2008年第4期。

④ 参见陈荣开《“致曲”进程中质的提升与量的扩充的相互关系》，《哲学动态》2018年第1期；《朱子对〈中庸章句〉第二十三章结构与义理的剖析》，《鹅湖月刊》2018年第1期。

夫的含义、工夫与知行关系、穷理工夫的开放性格等内容进行了讨论，展示了儒家工夫论的丰富内容。①

在港台学界对儒家工夫论进行充分展开的同时②，大陆的儒家工夫论研究也方兴未艾。具体来讲，20 世纪 90 年代以来，以陈来为代表的一批学者不断深入展开对宋明理学的研究，从而带动了大陆学界对儒家工夫论的重视。陈来在对朱熹、王阳明以及整体宋明理学的研究中，强调了工夫论的内容。尤其是他对王阳明的研究，前所未有地突出了阳明思想中的工夫内容，并引入神秘主义的维度来丰富对阳明工夫论的讨论，开辟了儒家工夫论的新论域。③ 而且，陈来还关注现代新儒家的工夫论，他对梁漱溟的工夫论就曾予以专门探讨，并且关注到梁漱溟工夫论中密宗的因素，这提醒我们在研究儒家工夫论的时候，要关注儒家思想中的道家道教、佛教等的思想因素。④

大陆学界与港台一样，十分重视宋明理学中的工夫论，杨立华、彭国翔、张卫红、高海波、张昭炜、马晓英、陈明等都在对宋明理学专人思想的研究中重点研究了他们的工夫论。杨立华对张载、彭国翔对王龙溪、张卫红对罗念庵、高海波对刘宗周、张昭炜对方以智、马晓英对泰州学派、陈明对王夫之，都极其细致地展示了这几位阳明之后的理学家的工夫理论。⑤ 这里尤其需要提到的是张卫红和张昭炜。张卫红在研究完罗念庵的哲学思想后，转向对阳明及阳明后学工夫论的专门研究，并出

① 参见吴启超《朱子的穷理工夫论》，台北：台大出版中心 2017 年版。

② 除了上面所述的成果外，港台学界还有一些成果值得述及，如王雪卿《静坐、读书与身体：理学工夫论之研究》，台北：万卷楼图书股份有限公司 2015 年版；吴新成《儒家工夫论》，台北：台湾学生书局 2017 年版。

③ 参见陈来《有无之境——王阳明哲学的精神》，北京大学出版社 2006 年版。

④ 参见陈来《梁漱溟与密宗》，载《现代儒家哲学研究》，北京大学出版社 2018 年版。

⑤ 参见杨立华《气本与神化：张载哲学述论》，北京大学出版社 2012 年版；彭国翔《良知学的展开：王龙溪与中晚明的阳明学》，生活·读书·新知三联书店 2015 年版；张卫红《罗念庵的生命历程与思想世界》，生活·读书·新知三联书店 2009 年版；高海波《慎独与诚意：刘蕺山哲学思想研究》，生活·读书·新知三联书店 2016 年版；张昭炜《阳明学发展的困境及出路》，中国社会出版社 2017 年版；马晓英《出位之思：明儒颜钧的民间化思想与实践》，宁夏人民出版社 2007 年版；陈明《王船山的历史意识及其对“克念”为学工夫的阐发》，《孔子研究》2016 年第 4 期。

版了《由凡至圣——阳明心学工夫散论》这本代表了目前大陆学界儒家工夫论研究较高水平的著作。在这本书中，她不仅多维度深刻阐发了阳明及阳明后学的工夫论，而且清楚表达了她对工夫论研究的期许：“在不离现代学术视野的同时，力图脱开概念化思维的哲学研究范式，呈现致良知工夫的直观经验，揭示出儒家心性之学的‘体知性’‘境域性’特点，这也是我对当今学界‘中国研究范式’讨论的一种呼应。”① 这对日后的工夫论研究之趋势具有启发意义。张昭炜的儒家工夫论研究则试图借助更多的思想资源，来探讨儒家工夫论中一些更加隐微的面向，他借鉴道家道教、佛教、密宗的思想资源，探讨了王阳明、方以智等对呼吸方法、唱诵方法的实践与反思，从而让现代人得以认识到儒家工夫论中更加多样的面向。②

在对宋明理学工夫论进行深入挖掘的基础上，也有学者意识到工夫论是中国尤其是儒家的独特思想理论，因此也进行了一些溯源性的研究。比如彭国翔上溯探讨了先秦、两汉儒者的工夫论③；王正则著书梳理了先秦儒家工夫论发展的脉络④。这些工作无疑是将工夫论纳入了中国哲学的整个话语体系中，而试图从工夫论的角度对儒家思想乃至中国哲学重新进行系统化的整理。

另外还有一些学者不仅从哲学史上对工夫论进行疏理，而且从哲学的角度探讨了工夫论所蕴含的理论意义。如陈立胜运用西方现象学以及其他思想资源，对静坐、慎独、独知等宋明理学工夫论中的重要观念进行了富含哲理的阐发。他更指出，“重温与反思儒家静坐文化，不只是要理解儒家修身工夫之特质，更重要的意义或在于激发我们进一步思考，这种作为静坐的修身工夫如何在现代人对幸福生活的追求之中重新发挥

① 张卫红：《由凡至圣——阳明心学工夫散论》，生活·读书·新知三联书店2016年版，第3页。

② 参见张昭炜《王阳明九声四气法的三个层次》，《世界宗教研究》2015年第1期。

③ 参见彭国翔《修身与治国——董仲舒身心修炼的功夫论》，《中国儒学》第10辑，中国社会科学出版社2015年版。

④ 参见王正《先秦儒家工夫论研究》，知识产权出版社2015年版。

其作用”[①]。这提示我们，在今天研究工夫论，不仅要重视哲学史的梳理，更要发掘儒家工夫论所蕴含的对现代哲学敞开的具有真实意义的思想资源。

如前所述，工夫论还关联着社会与政治，所以也有学者从这方面对工夫论的意涵予以了探讨。吴震即以朱子为例，论述了工夫与政治之间的张力，指出朱子之工夫论是以格物致知与正心诚意“不是两事”；而格物致知是更为根本的，可对肩负治理天下重任的君主来说，正心诚意的工夫为更加首要的工夫，所以他在给君主的讲述中始终以正心诚意为主，而将格物致知放在后面，这显示了儒者在由内圣进入外王后对工夫论的自觉思考。[②] 这不禁让我们反思，是否不同人群应有不同的工夫论，因而没有一种绝对唯一的工夫论。对此问题的思考与回答，可以帮助我们走出传统心学理学之争的窠臼，挣脱汉学宋学之争的藩篱。

除了上述成果外，大陆近年来在工夫论上的研究状况还表现为研究的内容越来越丰富，关注的人物越来越多。如对现代新儒家工夫论（如牟宗三、徐复观）的研究[③]，对阳明后学中更多人物之工夫论的研究，对工夫论中美学意义的研究，对工夫论与生活哲学关系的研究等，呈现出日益宽广的视野。这表明，大陆对儒家工夫论的研究正在逐渐升温，甚至有成为重要研究领域的趋势。

而国外的工夫论研究，虽然一直未能在国外的中国哲学研究中占据比较重要的地位，但也在开展着。国外儒家工夫论的研究，因为受到西方固有哲学传统和西方汉学研究范式的影响，所以一直更加重视中国哲学中的宇宙论、形而上学、伦理学和政治哲学，而对工夫论的关注始终不足。不过因为一些特殊的因缘，他们还是进行了一些富有成绩的研究的。在欧美学界，因为陈荣捷的工作[④]以及佛教禅修之流行的影响，所以

---

① 陈立胜：《静坐在儒家修身学中的意义》，《广西大学学报》（哲学社会科学版）2014 年第 4 期。

② 参见吴震《从政治文化角度看道学工夫论之特色——有关朱熹工夫论思想的一项新了解》，《社会科学》2013 年第 8 期。

③ 陶悦：《牟宗三的工夫论思想探析》，《哲学研究》2016 年第 12 期。

④ 参见陈荣捷《朱子新探索》，华东师范大学出版社 2007 年版。

对宋明理学尤其是朱熹的工夫论，有学者进行了探讨，如狄百瑞、罗尼·泰勒等①。而在日本、韩国等东亚国家，因为传统儒学的影响一直存在，所以他们不仅在进行儒家工夫论的哲学研究，甚至还有一些学者在进行儒家工夫的实践，关于他们的工夫的研究也成为东亚国家儒家工夫论研究的一个方面。其中，冈田武彦、吾妻重二、藤井伦明、马渊昌也、孙炳旭等都有富有启发的论著问世。②

综上所述，近几十年来儒家工夫论的研究从不受重视到日益繁荣，表明作为中国哲学之特色理论的工夫论已经得到中国哲学研究者的承认和重视。而迄今为止所取得的研究成果，包含了从孔子到孟子、荀子，从董仲舒到朱熹、王阳明、阳明后学，贯穿儒学发展史的丰富内容。虽然尚未有一本儒家工夫论史著作产生，但是一个基本清晰的脉络与系统已经逐渐呈现。而更值得欣慰的是，已经有学者在通过工夫论来开譬哲学的新领域。如倪培民就从工夫论出发，试图推进哲学的工夫哲学转向，并已经在北美地区取得了一定影响。倪培民试图将工夫论转化成工夫哲学，从而带动哲学的工夫转向和工夫的哲学转向。③ 这样既能使传统工夫的资源日益开显而贡献于现代世界，同时也能让哲学的思考更加丰富与更加关注人本身。的确，工夫论、工夫哲学，正在成为中国哲学界乃至世界哲学界的一个重要话题。

---

① 参见 De Bary, "Neo-Confucian Cultivation and the Seventeenth-Century 'Enlightenment'", in De Bary eds, *The Unfolding of Neo-Confucianism*, Columbia University Press, 1975; Taylor Rodney, "Chu His and Meditation", Irene Bloom and Joshua A. Fogel eds., *Meeting of Minds: intellectual and religious interaction in East Asian Traditions of Thought: Essays in Honor of Wing-tsit Chan and William Theodore de Bary*, Columbia University Press, 1997, pp. 43 – 74。

② 参见［日］冈田武彦《王阳明与明末儒学》，重庆出版社 2016 年版；［日］吾妻重二《静坐考》，载《村山吉广教授古稀纪念中国古典学论集》，东京：汲古书院 2000 年版；［日］藤井伦明《日本研究理学工夫论之概况》，载杨儒宾、祝平次编《儒学的气论与工夫论》，台北：台大出版中心 2005 年版；马渊昌也《宋明时期儒学对静坐的看法以及三教合一思想的兴起》，载杨儒宾、马渊昌也、艾皓德编《东亚的静坐传统》，台北：台大出版中心 2012 年版；孙炳旭《韩国儒学之静坐法》，载杨儒宾、马渊昌也、艾皓德编《东亚的静坐传统》，台北：台大出版中心 2012 年版。

③ 参见倪培民《将"功夫"引入哲学》，《南京大学学报》（哲学·人文科学·社会科学）2011 年第 6 期。

三　未来儒家工夫论研究的问题与路径

在笔者看来，近几十年来的儒家工夫论研究虽然成果颇丰，但也仍旧存在很多不足；而未来对儒家工夫论的研究，还有很多亟待开拓的领域。因此，笔者提出十点当前研究的问题和未来可能的研究方向，以贡献于儒家工夫论的研究。

第一个问题是目前对工夫的理解既嫌狭窄化，又不是很充分，因此导致对工夫与本体、生死等重要问题的关系还认识不清。有学者始终坚持要把工夫和本体相对待，认为仅仅与本体相关的工夫才是工夫。显然，这是从阳明及阳明后学的角度上来理解工夫，但这种理解既不能呈现工夫的深刻内容，更偏离了工夫在中国哲学史上的本来意义。这是亟须改变的一种认识。同时，在传统儒学尤其是宋明理学中，工夫论是儒者解决生死问题、达到终极本体的方法，其中蕴含着儒家思想中最精微、神密、奥妙的部分。这方面的内容，因为隐微难言，所以不易展开。但未来的研究，则必须对这方面的深意予以呈现，即使是描述性的呈现亦十分必要，否则儒家将无法从根本上回答它何以能令人安身立命的问题。

第二个问题是迄今为止尚缺乏专门的儒家工夫论通史著作，以及从工夫论角度对中国哲学、儒家哲学进行系统思考的著作，这不得不说是巨大的遗憾。不过据笔者了解，陈立胜已经在着手组织团队进行相关工作，但显然这样一个工作的完成尚需时间。这种缺憾表明，我们目前对儒家工夫论的研究较之心性论、本体论、宇宙论等尚属起步阶段。而工夫论在中国哲学中的整体意义与价值的呈现，还需假以时日。

第三个问题是当前对工夫的研究，更多是把它放在道德修养与道德人格、道德境界的养成上，因此虽然也关注到了它的神秘主义、超越性、政治性等内在与外在的维度，但对工夫论中更多丰富的内涵仍未予以探究。仅举两例：其一，如前文所述，工夫论的一部分内容曾作为认识论的内容予以讨论，这表明工夫论与认识论之间存在巨大的张力，因而它不仅具有道德领域的内容，也兼涉认识领域的内容，所以我们需要正视这一问题，深入探讨工夫与认识的关系；其二，在传统儒家的工夫论中，除了静坐、体验等比较玄妙的内容外，其实还有读经、循礼等看起来比较日常化的内容，而我们目前的研究关注玄妙者较多，对日常中的工夫则关注不够。事实上，经学、礼学在古人的心目中，也是成人、成德的重要内容，所以天然地不在工夫论之外。我们可以不去关注烦琐的经义、礼仪，但是至少需要探讨这些内容对工夫的意义与价值，以及与此相关的非玄妙的日常工夫背后所蕴含的哲学意义。

第四个问题是目前儒家工夫论研究的历史段落方面尚不完善。目前的研究以宋明理学工夫论最为完善，而先秦儒学工夫论的研究也还算比较多的，但鲜有涉及对汉唐儒学、清代儒学之工夫论的研究。如前所述，汉唐儒学、清代儒学所重视的经学、礼学的目的也是成就儒家所追求的完美人格与优良秩序，所以其中仍有很多值得探讨的工夫论问题。因为对于儒家工夫论来讲，它关注的内容不仅是内在的心性，还有外在的身体与行动；不仅是个体人格的养成，还有个体将自己的德行如何推扩于他人与社会。所以经学、礼学的内容对于儒家工夫论来讲是十分重要的，甚至它们的重要性并不比静坐、体验等弱。因此在今天研究儒家工夫论，应当从整体儒学发展史的角度来进入，从而对历代儒者对工夫论的思考都予以考察。只有这样，才能既还原儒家工夫论的丰富内涵，也将中国儒学的独特意义予以阐发。

第五个问题是当工夫论由内圣进入外王后，到底如何去做工夫的问题。根据前述吴震的研究，统治者和普通人的工夫是不同的，因为个人领域和社会、政治领域所面对的问题与情况是不同的。在社会和政治领域中，人们所面对的情况是极其复杂的，所需要的工夫也和个人进行道德修养不同。这方面的研究目前尚处于比较欠缺的状况。事实上，人本身是同时在公、私两个领域生活的，工夫也应兼顾两个领域。其实传统儒者在做工夫的实践过程中，对这两个领域都有专门对待的工夫方法，但我们的研究一直偏重在内圣方面道德人格、道德境界的养成上，而对为政、施教方面的工夫论关注不够。这是以后的工夫论研究亟须拓展的领域，此方面的研究，可以让我们了解到工夫在人生方方面面的运用，从而更好地思考工夫论的现代价值。

第六个问题是工夫论与哲学的关系问题。如前所述，倪培民在此领域已经颇有贡献，不过他的开掘尚有待完善和进一步发展。这里最需要着重思考的是，当我们用工夫论的视角来探讨哲学，或者用哲学来探讨工夫论的时候，它们之间到底是怎样的一种互动关系。此前中国哲学的研究是将工夫论放在人生论、认识论中的，这样的处理显然是在西方哲学的笼罩下进行的，而如果我们在当下反过来把中国哲学本身的独特性予以呈现和彰显的话，那么就势必打破之前的分类方式而重新探讨中国哲学的系统与样式，甚至要促使整个哲学界来思考未来哲学的形态。在这样一种尝试性的探讨中，更多的哲学思想样态可以纳入进来，并丰富我们对哲学的思考；而我们也可以借助更加丰富的哲学思想资源，来促进自身对工夫论的探讨与发展。这样一种互动，是真正具有哲学意义的对中国哲学的探讨与发展，并将促进中国哲学对世界哲学的贡献。

第七个问题是儒家工夫论、道家道教工夫论、佛教工夫论三者的关系。笔者在文章开始已经指出三者工夫论的一个核心差异是他们的目的不同，其实三教的工夫论还有很多值得深思与发掘的内容。例如，在三教之中都有静坐的工夫，但是三教的静坐因为所要达到的目标不同，所以采取的静坐方法也是不同的。儒家的静坐是体验天地万物一体的境界，道教的静坐是一套气与心的运作方式，佛教的静坐是止观双修的禅定。但不管怎样，他们的姿势看起来是相似的，而为什么看起来基本一致的身体样态，会因着不同意识作用而导致不同的结果，这其中差异的根源和具体的运作机制到底是怎样的，这是需要未来工夫论研究予以回答的问题。而对此类问题的探讨，需要儒释道三家学者的共同参与，同时要突破哲学的固有界限，来探讨这些在工夫论领域十分重要的问题。这种讨论并不是对哲学理性精神的背离，而是对哲学的丰富。因为中国哲学本身就具有这样一些内容，只不过以前的研究是以神秘主义的方式进行的，而我们现在要用哲学的理性讨论的方式将之呈现出来。所以这不仅是对传统工夫论的挑战，也是对哲学本身的一种挑战。

第八个问题与前面的问题相关，即在未来的儒家工夫论研究中，需要对工夫论中的身心运行方式进行探讨。目前的儒家工夫论研究或是从文本出发探讨其内容，或是从哲学的角度对其所蕴含的主体性、主体间性等观念进行发掘。但一个重要的课题是如何运用现代认知科学、神经科学的维度和知识来重新思考传统的工夫论。这样的探讨是一种交叉学科的研究，在某种意义上，它带来的结果是无法预期的。正是这种不可预期所带来的丰富可能，表明了这种研究的必要性和重要性。

第九个问题是对儒家工夫论的当代价值的探讨。众所周知，传统工夫论是在古代农业社会那样一种生活样态下产生的，而在当代工商为本的社会中，人的空闲时间急剧缩小，人每天所要应付的事件和信息急剧增多，在这样一种日益压缩的情况下，人如何有时间做工夫、又如何做工夫，是一个必须探讨的问题。这就要求传统工夫论必须进行自我的因革损益。一方面我们应当承认，任何时代的个体的人都不是一个完成意义上的人，人始终处在一个动态的养成过程中，所以工夫论仍有其现代意义；另一方面，正如工夫论在中国哲学的发展史中也经历了不断地改变一样，它在当今社会也必须进行自我更新，只有这样，它才能重新对当下人的生活有价值。这当然也是儒家工夫论研究者的一个重要责任。

第十个问题是中国工夫论包括儒家工夫论的思想资源是否可以与其他文明关于精神修炼、自我完善的资源相沟通与交融，比如基督教中关于灵修的思想、印度关于瑜伽与苦修的资源等。这些思想资源，既有来自各种其他文明传统对人的不同维度的探索，也有关于工夫修养的不同层面与层次的思考和实践。因而将中国的、儒家的工夫论和其他文明的工夫修养资源相对照与沟通，可以帮助我们更好地理解人本身，以及思考工夫这一类思想与实践在人类文明史上的过去、现在与未来的意义和价值。

以上便是笔者在近年来阅读和研究工夫论中所发现的十个主要问题。这十个问题的解决，是未来工夫论研究和工夫论新发展所应该重视的。如果未来儒家工夫论的研究与发展能够很好回应上述十个问题的话，那么，我们将可以期待成熟的儒家工夫论研究成果的出现，具有当代价值的新的工夫形态的发生，以及在工夫论影响下的新哲学样态的诞生。

投稿须知

《中国儒学》是由中华孔子学会主办的学术辑刊，每年出版一辑，每辑 35 万字左右，逢每年第四季度出版。为了便于编辑，来稿请注意以下事项：

一　来稿篇幅一般以 8000 字至 15000 字为宜。

二　来稿引文和注释格式，采用页下注，引文务请仔细核对原文，引用著作依次注出作者、论著名称、出版社和出版年、页码。引用论文依次注出作者、论文题目、刊名、出版年和期或号。

三　来稿请发电子稿。

四　来稿请在文后注明作者详细地址、邮政编码、联系电话和电子信箱地址，以便及时联系。

五　来稿一经发表，即按统一的稿酬标准寄上稿酬。

六　本刊编辑将对采用的来稿进行必要的技术上的处理，一般不删改内容，如果需要将与作者联系。

《中国儒学》竭诚欢迎国内和海外儒学研究者来稿。

编辑部地址：（100874）北京市海淀区清华大学中华孔子学会（新斋239 室）　《中国儒学》编辑部

联系人：任蜜林　邮箱：renmlzxs@163.com